Renato Stiefenhofer

LÜGEN MÄULER

Es wird Zeit, die Mäuler zu stopfen.

amadeus-verlag.com

zweite Auflage

Copyright © 2021 by
Amadeus Verlag GmbH & Co. KG
Birkenweg 4
74579 Fichtenau
Fax: 07962-710263
www.amadeus-verlag.com
E-Mail: amadeus@amadeus-verlag.com

Druck:
CPI – Ebner & Spiegel, Ulm
Satz und Layout:
Jan Udo Holey
Umschlaggestaltung:
Amadeus Holey

ISBN 978-3-938656-68-6

INHALTSVERZEICHNIS

Einleitung .... S. 7
- Erstens kommt es anders, und zweitens als man denkt ...... S. 8
- Die Lüge als Teil der Wahrheit .... S. 16
- Mehr Informationen, mehr Lebensfreude .... S. 17

9/11 – am Simulator entlarvt .... S. 43
- Ein Gespräch mit dem US-General .... S. 43
- Die Karawane zieht weiter .... S. 47
- Was wir gesehen haben .... S. 50
- Mein ultimativer Test im Boeing-Simulator .... S. 55
- Was mit 9/11 bezweckt wurde .... S. 59
- Ist Frieden nur mit Krieg möglich? .... S. 69
- Kriege – mit Fug und Recht .... S. 72

Allgemeine Corona-Lage .... S. 75
- Der Mensch, die Corona der Schöpfung .... S. 85
- Corona-Akteure im Fieber .... S. 96
- Klima-Hysterie, Banken, Brexit .... S. 102
- Glauben oder nicht glauben .... S. 112
- Der Islam: Zukunft Europas? .... S. 116
- Deutschland am Abgrund? .... S. 121
- Die allgemeine Lage seit es deutsche Gutmenschen gibt .... S. 123

Die Demokratie .... S. 134
- Direkte Demokratie für Deutschland und Österreich? .... S. 144
- Demokratie in Deutschland .... S. 155
- Demokratie der Zukunft .... S. 161
- Demokratie kontra Sozialismus .... S. 162
- Sozialismus vom Fernseh-Philosophen .... S. 165
- Direkte Demokratie mit Hilfe der AfD? .... S. 168

Die Politiker... S. 171
- Politik-Versagen bei Corona .... S. 173
- Politik und Taktik... S. 204
- Politiker und Flüchtlinge................................... S. 206
- Politisch überfordert... S. 212
- Grüne und linke krude Ideologien..................... S. 218
- Wie Politiker dazulernen könnten .... S. 219
- Europa hilft Afrika.. S. 222
- Politik für junge Gutmenschen.......................... S. 224
- Politiker im Corona-Fieber................................ S. 227
- Corona, Politik und die EU .... S. 247

Die Medien.. S. 253
- Wer sind eigentlich „Die Medien"? .... S. 254
- Mit dem Zweiten sieht man besser .... S. 255
- Ein Knebelvertrag, die Fußfessel für Journalisten .... S. 269
- Medien-Monopol... S. 282
- Jung und dynamisch .... S. 284
- Alles linke und grüne Corona-Hetzer?................ S. 284
- Der neue Journalismus....................................... S. 291
- Unabhängige Medien im Vasallenstaat & Atlantik-Brücke.. S. 297
- Medialer Kampf gegen die Multis .... S. 314

Politisch korrekt .... S. 320
- Was gut gemeint ist... S. 321
- Gendern, eine Zivilisationskrankheit.................. S. 328
- Gleiche Rechte, auch für den Mann.................... S. 331
- Quoten über alles... S. 335
- Meinungsfreiheit im Kampf gegen Politische Korrektheit... S. 342

Die EU und der Euro .... S. 345
- Die EU ist tot – es lebe Europa .... S. 350
- Die kleine Schweiz, Herz Europas .... S. 357
- Großbritannien und sein erfolgreicher Brexit................ S. 361
- Russland in Europa .... S. 362
- Das EU-Volk ist müde .... S. 366

Nachwort... S. 390
- Die Klima-Lüge.. S. 391
- Und was machen wir daraus? Das Beste! .... S. 396
- Corona zum Letzten.. S. 399

Über den Autor .... S. 425

Literatur- und Quellenverzeichnis..................................... S. 426

Einleitung

Liebe Leser,
wenn jemand sein Buch *Lügenmäuler* nennt, dann darf man von ihm die Wahrheit erwarten. Um meine Erfahrungen in diesem Buch einzuordnen, ist es hilfreich zu wissen, wer ich bin. Keine Bange, ich fasse mich kurz: Ich bin Ende Fünfzig, und genau wie Sie entstamme ich einer normalen, bürgerlichen Familie, habe eine solide Berufsausbildung und bin auch sonst nicht besonders auffällig. So, wie die meisten Deutschen, Österreicher oder wie in meinem Fall Schweizer, bin auch ich es gewohnt, so unaufdringlich wie nötig, brauchbarer Teil unserer Gesellschaft zu sein. Dazu gehört auch, dass man nicht allzu sehr bei den Nachbarn, Mitarbeitern oder sogar Vorgesetzten aneckt und sich so verhält, wie es dem allgemeinen Standard entspricht. Ich versuche, den Müll zu trennen und die Verkehrsregeln zu beachten und denke, dass das jeder tun sollte. Ich habe also die meiste Zeit meines Lebens so angepasst wie nötig und so zuverlässig wie möglich als kleines Rädchen im großen Uhrwerk unseres Zeitgeistes mitgedreht. Wie auch Sie erfreue ich mich an meinem bürgerlichen Leben, ärgere ich mich über politische Entscheide und schlechte Fußballresultate, und doch mache ich immerzu gute Miene zum bösen Spiel. Das ist normal, das machen schließlich alle so. Das gehört sich so. Ja, ich habe mir sogar meinen Bubentraum erfüllt: Nach verschiedenen, weiterführenden Schulen und Studien habe ich den Verkehrsflugzeugführerschein gemacht.

In unserem Dorf in der Schweiz ist es seit Generationen klar, dass man konservativ denkt und auch so handelt. Zuverlässigkeit und Ehrlichkeit wird bei uns in den Bergen gepflegt und auch geschätzt. Meine Freunde und Bekannten sind allesamt geerdete Menschen, die wissen, dass man das Geld zuerst verdienen muss, bevor man es ausgibt.

Dass ich damals, in meiner Jugend in den 1980er-Jahren, vergleichsweise modern dachte, begeisterte meinen stockkonservativen Vater nicht wirklich. Ein paar Jahre später legte sich das – ich begann langsam zu verstehen, wie wichtig zwar eine solide Meinung über Gott und die

Welt ist, aber auch, dass man damit nicht jeden Mitbürger belästigen sollte. Man sollte die Kirche im Dorf stehen lassen. Die gelernte und trotzdem unaufdringliche Bescheidenheit wurde für mich schon früh zur Harmonie erhaltenden Tugend. Nicht auffällig sein und die sozialen Verflechtungen nicht stören war die Devise. Man wusste im Dorf zwar genau, wie jeder dachte und dass einige Leute *Dreck am Stecken* hatten, trotzdem spielte man den Ball so flach wie möglich. Keine Provokationen, keine Verdächtigungen, keine Skandale. Meine Berggegend war damals typisch schweizerisch: Man grüßte sich, die Straßen waren sauber, es war ruhig bei uns. Auch viele Jahre später, in meinem Leben als Jumbo-Kapitän, war es mir immer wichtig, dass der Garten gepflegt und meine Frau so glücklich war wie halt eben möglich – oder umgekehrt. Mein Leben hatte lange Zeit keine Dramatik, keine Ausrutscher, keinen Skandal, nein, alles verlief in relativ ruhigen Bahnen. Mein Leben war fast ein bisschen langweilig. Ich informierte mich hauptsächlich so wie wahrscheinlich auch Sie und Millionen andere: durch das Staatsfernsehen. Die komplizierte, weltpolitische Lage wurde uns über Jahre von vertrauenswürdigen Moderatoren in leicht verständlicher Sprache in die gute Stube gebeamt. Um trotzdem ein etwas differenziertes Bild zu erhalten, las ich gelegentlich auch mal einschlägige Tageszeitungen von links bis rechts, ja, sogar Boulevardzeitungen. Man will ja in der Kaffeepause mitreden können und wissen, wer wen betrogen hat oder zumindest, wer beim Fußball gewonnen hat. So weit war also alles paletti. Mein Leben dümpelte bis weit in die 1990er-Jahre so vor sich hin.

Erstens kommt es anders, und zweitens als man denkt

Mein beschauliches Leben änderte sich schlagartig mit einer Geschichte im Zusammenhang mit 9/11. Nicht, dass mich die Anschläge der arabischen Terroristen auf die Gebäude in New York und Washington aus der Bahn geworfen hätten, nein, es war uns allen ja klar, dass es bloß ein paar verrückte Terroristen waren, die Flugzeuge gekapert und sie in Gebäude geflogen hatten – bestimmt alles mit Autopilot. Solche Dinge passieren, die Welt ist voller Verrückter. Und außerdem war es ja weit weg im fernen Amerika. Not my business. Nein, es waren nicht die Attacken selbst, sondern ein zufälliges Gespräch mit zwei Pilotenkollegen in London, das ich Jahre später im Zusammenhang mit diesen Anschlägen hatte.

> *Tagebucheintrag Nr. 1: 20. August 2005*
>
> Als Boeing-747-Kapitän komme ich berufsbedingt viel herum, und so führt mich mein Job heute von England nach Abu Dhabi, in die Vereinigten Arabischen Emirate. Da ich viel zu früh am Flughafen bin, habe ich noch Zeit, mich mit meinen alten Fliegerkollegen zu treffen. Ich verabrede mich mit meinen englischen Freunden in der neuen Business Lounge der British Airways am Flughafen Heathrow zum „five o'clock tea". Alkohol ist in unserem Beruf nur während den längeren Ruhezeiten ein Thema, ansonsten gilt natürlich ein striktes Null-Promille-Regime. Seit einiger Zeit werden wir Luftkutscher in unregelmäßigen Abständen auf Alkohol und Drogen getestet, damit wir keinen Unsinn machen. Das ist natürlich richtig. Andererseits könnte man einwenden, dass wir Piloten unsere Karriere für ein paar Gläser Bier eher nicht riskieren würden – zu mühsam war der Weg dorthin. In den Zeitungen finden wir allerdings immer wieder ein schwarzes Schaf, das von den Medien gegrillt wird. Nur, in meiner dreißigjährigen Fliegerzeit habe ich noch nie einen betrunkenen Piloten in Uniform angetroffen. Nie. Zufälle gibt's.
>
> Steve ist schon da. Der ehemalige Royal-Airforce-Commander und Tornado-Pilot fliegt heute die überschallschnelle *Concorde* nach New York. Ein perfekter Pilot, vom Typ her ein George Clooney. Mit der üblichen Verspätung und mit schief sitzender Krawatte trifft Peter ein, sein heutiger Kopilot. Ich würde ihn nicht gerade als perfekt bezeichnen, aber er flog immerhin bei den *Red Arrows*, der Kunstflugstaffel Ihrer Majestät, der Königin von England. Sein Humor ist nicht nur bei British Airways bekannt, und so fängt er schon beim Händeschütteln an: *„Wisst Ihr, was eine schwangere Stewardess ist? Ein Pilotenfehler!"* Nach zwei weiteren lebenswichtigen

Erkenntnissen kommen wir ins Gespräch und haben sicherheitshalber den Wecker von Steves Breitling auf dreißig Minuten eingestellt. Es macht sich schlecht, wenn der Kapitän im Flughafen ausgerufen wird und für die Abflugsverspätung verantwortlich ist. Peter fängt nun an, von seinem gestrigen *Simulator-Experiment* zu erzählen. Er meint, dass es unmöglich wäre, die Türme in New York und das Pentagon mit diesen angeblich irrwitzigen Geschwindigkeiten zu treffen. Auch Steve fügt nun an, dass da einiges faul sein muss an der Geschichte von 9/11. Wie, etwas faul…? Ich beginne nachzuhaken: *„Gentlemen, Ihr glaubt doch nicht ernsthaft, dass die Amerikaner selbst die Türme zum Einsturz brachten, oder? Das wäre ja extrem, das wäre furchtbar!"* Die beiden schauen sich nur an und lächeln vielsagend. Ach so, der britische Humor, ich verstehe. Nein, ich verstand offenbar gar nichts. Peter fängt nun an, mich zu fragen: *„Mein lieber Freund aus den Schweizer Bergen, glaubst Du ernsthaft, dass ein fliegerisch schnell gebleichter Araber eine hochkomplizierte Boeing 767 punktgenau in einer 37 Grad Linkskurve einfach so mitten in den Südturm fliegen könnte? Oder anders gefragt: Könnest Du es etwa mit Deinem Jumbo? Kaum. Dass Du es mit Deiner P-51 Mustang kannst oder wir es mit unserem Tornado können, wissen wir auch, aber mit einem Passagierflugzeug? Never! Hör zu, wenn ein Terrorist so etwas kann, dann gebe ich das Fliegen auf der Stelle auf und bestelle mir sofort eine Flasche Whisky!"* Huch, das war schon mal eine Ansage. Steve meint nun mit besorgter Miene: *„Wisst Ihr, mein Bruder ist Architekt und um einiges schlauer als ich. Er sagte mir noch am Abend des 11. September 2001, dass die Zwillingstürme unmöglich von Passagierflugzeugen zum Einsturz gebracht werden könnten. Die geniale Konstruktion des Stahlgerüstes der beiden 400-Meter-Hochhäuser hat eine gewaltige Massenträgheit und lässt sich von einem vergleichsweise leichten Aluminium-Passagierflugzeug nicht wirklich beeindrucken. Das Ganze wurde schon in den späten 1960er-Jahren bis ins letzte Detail berechnet. Bei einem Vollbrand gibt die Struktur des Stahls erst bei sehr viel höheren Temperaturen nach, als bei der Verbrennung von Flugpetrol überhaupt entstehen können. Selbst wenn*

die Türme fünf Tage lang gebrannt hätten, eingestürzt wäre das Gebäude höchstens bis zum sechzigsten Stockwerk, also etwa bis zur Hälfte, das ist Physik."
Wow, ich bin sprachlos. Wenn zwei fliegerische Asse mit Ingenieurs-Hintergrund und tadellosem Leumund mir so etwas sagen, dann muss was dran sein. Ich bin also – Wie soll ich es sagen? – leicht irritiert. Ich meine, wenn 9/11 tatsächlich nicht so war, wie wir es von unseren Politikern, von den Medien und von den Augenzeugen gehört haben – wer oder was war es dann? Wir drei versuchen nun, unser gemeinsames physikalisches und fliegerisches Wissen zu bündeln und eine Antwort auf die brennenden Fragen zu finden: *Was genau haben wir im Fernsehen gesehen, und was ist tatsächlich passiert?* Die dreißig Minuten sind schnell um, und es ist an der Zeit, für unser Briefing zu unseren Stewardessen und dann zu den Flugzeugen zu gehen. Mein Flug nach Abu Dhabi ist mit fünfeinhalb Stunden relativ kurz und führt uns an einigen Brandherden der jüngeren kriegerischen Europa- und Nahost-Geschichte vorbei – Bosnien, Serbien, Kosovo, Zypern, Libanon, Syrien, Jordanien und dann haarscharf an der Grenze zum Irak vorbei, aber noch über saudi-arabischem Wüstensand – zu unserem Ziel für heute. Aus zehntausend Metern Höhe wirkt in dieser mondlosen Nacht alles irgendwie surreal, fast gespenstisch. Das Gespräch mit meinen Kollegen verfolgt mich die ganze Zeit. Die beiden British-Airways-Concorde-Piloten sind wahrscheinlich, nach ihrem drei Stunden-Hüpfer mit zweitausend Sachen über dem Atlantik, bereits an der Hotelbar in New York. Neue Fragen kommen auf: *Wer könnte hinter den Anschlägen stecken? Warum würde uns die Presse belügen? Warum marschierte Präsident George W. Bush mehr oder weniger unmittelbar nach 9/11 in den Irak ein? Was war dran an den angeblichen Massenvernichtungswaffen des Iraks? Und vor allem: Warum mussten über 600.000 Menschen in diesem zweiten Irakkrieg sterben?*
Viele Fragen verlangen nach logischen Antworten. Mein Aufenthalt in den Emiraten wird drei Tage dauern, genügend Zeit also, das Internet zu durchforsten und Antworten zu finden. Nach und nach

entsteht ein *Hunger nach der Wahrheit* – ein Phänomen, das ich nur von Kinofilmen und Büchern kenne. Ich meine, die Wahrheit zu suchen, das ist doch eher was für Philosophen, Esoteriker oder Leute, die was an der Birne haben. Habe ich vielleicht etwas an der Birne? Wenn ja, warum tut es nicht weh? Morgens früh um sechs weckt mich der Muezzin mit seiner islamischen Werbebotschaft von seinem Minarett: *„Allah u Akhbar."* Ist ja gut, Mohammed – Euer Land, Eure Sitten. Das beherzige ich bei meiner bereits Jahrzehnte dauernden Reiserei immer: Ich passe mich dem Land an, nicht etwa umgekehrt. Der Gedanke um 9/11 lässt mich immer noch nicht los. Ich beschließe, das Ganze mit einem professionellen Ansatz nachzuprüfen. Das Internet wird mir dabei behilflich sein. Das sagt sich so einfach, denn immerhin bin ich im Moment in einem islamischen Gottesstaat, der das Internet peinlichst genau überwacht. Da kann ein Nachforschen über die größte Attacke seit Pearl Harbour schnell auffliegen. Die Aussicht, mich in einem Kerker bei Wasser und Brot wiederzufinden und den Ratten den Koran vorzulesen, gemahnt mich zur Vorsicht. Also, aufpassen beim Surfen. Ich vermeide alle Wörter und Zeichen, die in irgendeiner Weise mit 9/11 in Verbindung gebracht werden könnten und versuche, über ein VPN, so unerkannt wie möglich nachzuforschen. Je mehr ich mich hineinknie, desto undurchsichtiger wird die ganze Geschichte. Um an die Daten zu kommen, wären jetzt eindeutige Suchwörter vonnöten. Zu riskant. Ich beschließe abzuwarten und erst an meinem nächsten Aufenthaltsort weiterzuforschen. Bangkok ist mein nächstes Ziel, und so weit ich weiß, gibt es in Thailand fast keine Stasi-Agenten. Das Surfen im Internet erscheint mir dort ziemlich ungefährlich. Ich übe mich also in Geduld. Noch am selben Nachmittag habe ich einen Zahnarzttermin in Abu Dhabi, natürlich bei einem deutschen Arzt. Die jährliche Kontrolle ist fällig. Dr. Jochen B. führte seine Praxis bis zu seinem fünfzigsten Geburtstag im beschaulichen Schwarzwald, dann lockte ihn die große, weite Welt. Nun ist er in der Wüste gelandet. Ich frage meinen Doktor Brinkmann, was er denn von 9/11 hält. Auch er ist sich bombensicher, dass da was faul sein muss. Er kann mir aber nicht sagen, wo genau die Unstimmigkeit ist. Brinkmann kann auf die Erfahrung von ein paar Semestern Psychologie zurückgreifen und meint, dass die Art und Weise, wie die Fernsehleute auch heute noch darüber berichten, bei ihm einen schalen Geschmack hinterlässt. Die Körpersprache der Moderatoren und Politiker und die Formulierungen in den Texten einerseits und die Realität andererseits klaffen seiner Meinung nach weit auseinander. Die eindeutig tendenziöse Berichterstattung in seiner geliebten süddeutschen Lieblingszeitung veranlasste ihn sogar, diese nach über zwanzig Jahren Treue nicht mehr zu abonnieren. Ich will mehr von ihm wissen, aber er winkt ab: *„Weißt Du, die Scheichs hier mögen es nicht, wenn man zu neugierig ist. Ich möchte schließlich noch ein paar Jahre hierbleiben. Das Geld lässt sich hier vernünftiger verdienen, die Steuern in Deutschland bringen mich um. Die Überwachung hier ist zwar unangenehm, aber so weit okay. Der König will halt wissen, was in seinem Reich läuft, das ist legitim."*

Alles klar. Ich hatte ja bereits das Vergnügen, drei der sieben Emire persönlich kennen zu lernen. Ich flog ein paar Jahre zuvor für einige Zeit die *Airforce One der Vereinigten Arabischen Emirate*, als persönlicher Privatpilot des Herrschers Scheich Sultan von Sharjah, Mohammed Al Qasimi.

Endlich die befreienden Worte meines Zahnarztes: *„Okay, Renato, wir sind fertig, spülen."* Er findet diesmal kein Loch, und so spaziere ich durch die leergefegten Straßen von Abu Dhabi zurück ins Crew-Hotel. Obwohl die Sonne bereits sehr tief steht, ist es immer noch um die vierzig Grad heiß. Das Leben findet in diesen Breiten am Abend und in der Nacht, bei angenehmeren Temperaturen, statt. Da ruft mich unverhofft ein alter Freund aus Dubai an. Na ja, ich sollte ihn nicht wirklich als „Freund" bezeichnen, einigen wir uns auf „Bekannter" und nennen wir ihn Mister X. Er ist in einer etwas zwielichtigen Firma beschäftigt. Es ist irgendwie seine eigene Bude. So ganz klar ist mir das bis heute nicht. Seine *Projekte* schwanken zwischen bezahlter, halbstaatlicher Kontraktor-Tätigkeit, wahlweise für die Saudis, die Iraner oder für die Emirate, und dem Verkauf von Industrieanlagen. Zwischendurch macht er auch Business mit dem Sudan oder Libyen. Man muss ja nicht alle Einzelheiten wissen. In seiner Welt ist es sogar ratsam, nicht zu viel zu wissen. Nun, Mister X ist vor allem seit Jahren mein Kaviar-Lieferant. Er besorgt mir den besten Sevruga- und Beluga-Kaviar zu vernünftigen Preisen. Mein Wohnsitz ist zu dieser Zeit in Taiwan, und so kann ich meine Frau ab und zu damit verwöhnen. Mein Kaviar-Freund X weiß, dass ich die Airforce One des Scheichs geflogen habe, und somit erhofft er sich immer wieder, von mir ein paar geheime Details aus dem Königspalast zu erfahren – das Leben ist schließlich ein Geben und Nehmen. Natürlich würde ich nie irgendwelche Einzelheiten ausplaudern. Wozu auch? So bleibe ich immer beim Ungenauen, Ungefähren und allgemein Bekannten. Mister X erzählt mir hingegen gerne, und speziell nach ein paar Bierchen auch detailliert, was er so die letzten Monate im Sandkasten getrieben hat. Offenbar kommt er mit den unterschiedlichsten Geschäftsleuten und Militärs zusammen. Er zeigt mir Zeitungsausschnitte, in denen er auf Fotos mit lokal bekannten Größen zu sehen ist – immer im Hintergrund, aber klar erkennbar. Unter anderem baut seine Firma etwas in die Jahre gekommene *Flughafen-Instrumentenlandesysteme* an einem Ort ab und baut sie in einem anderen Staat wieder auf. Auch gebrauchte Lastwagen in olivgrün gehören zu seinem breit gefächerten Angebot. Sogar neue Kalaschnikows, Raketenwerfer und Hubschrauber will er verkauft haben – natürlich ausschließlich ans Militär und gegen die einzige harte Währung in diesem Geschäft, den US-Dollar. *(Ja, vielleicht möchten Sie jetzt intervenieren, aber so, wie ich das überblicke, ist der Dollar heute, mehr denn je, weltweit immer noch die härteste Währung. Natürlich erzählen uns die Europäische Zentralbank und unser Staatsfernsehen gerne etwas völlig anderes, aber versuchen Sie mal, im Nahen Osten, in Asien oder Südamerika mit Euros zu bezahlen. Zurück zu Mister X:)* Seine überteuerten Lieferungen von gebrauchten Waffen aus russischer Produktion empfindet er noch heute als sein Gesellenstück. Dass er bei der letzten Geldübergabe fast draufging, weiß ich erst seit kurzem. Mister X ist mittlerweile im vorzeitigen Ruhestand und lebt mit einer neuen Identität in Europa. Kein bisschen zu früh, wie ich finde. Immerhin ist er noch am Leben, denn in seinem Business trennt man sich von Geschäftspartnern mit Hilfe der Häscher und Schergen. Selbst wenn nur die Hälfte seiner Geschichten wahr sind, beeindruckend sind sie allemal. Erst Jahre später machen seine teilweise unglaublichen Informationen und Erzählungen von damals plötzlich Sinn für mich. *Die vielen Mosaiksteinchen verdichten sich langsam zu einem Bild, zu einem neuen Weltbild.* Es ist schon erstaunlich, wer mit wem Geschäfte macht. Wenn beispielsweise die Israelis mit den Arabern dicke Geschäfte machen, uns aber erzählt wird, dass sie sich spinnefeind sind, dann ist das erst die eine Seite der Wahrheit. Wenn nun auch noch die Russen mit den Amerikanern auf saudischem Boden seltsame Verträge unterschreiben, passt das nun überhaupt nicht mehr in unser medial geformtes Weltbild. Oder haben Sie durch den öffentlich-rechtlichen Rundfunk mitbekommen, dass die Chinesen halb Afrika mit zinslosen Darlehen fluten? Natürlich bauen sie dort auch Brunnen und Schulen, damit das Ganze eine fürsorgliche und menschliche Note erhält. Dafür kassieren sie viel Lob von der UNO, von ARD und ZDF und der gesamten Mainstream-Presse. Und von den zwielichtigen Staatsoberhäuptern kassieren sie viel Geld, bevorzugt in – richtig! – US-Dollars. Alles normal. Mister X ist von Hause aus Sohn einer reichen englischen Adelsfamilie. In der Schweiz an einer Eliteschule ausgebildet, ist er viersprachig und hat zudem noch heute die beneidenswerte Eigenschaft, das große Ganze zu überblicken. Seine Sicht ist immer eindeutig. Egal ob Krieg herrscht oder nicht, alle machen mit allen Geschäfte. Deshalb überrascht es mich nicht, dass Mister X auch über 9/11 eine gefestigte Meinung hat. Für ihn ist es sonnenklar, dass die Amis dahinter steckten. *Wer denn sonst?*

Ja, super. Die ganze Unterwelt weiß offenbar, dass die Amerikaner sich selbst angegriffen haben, nur um in den Irakkrieg zu ziehen und gleichzeitig die ganze Welt in Angst und Schrecken zu versetzen.

Ich begreife langsam: Um näher an die Wahrheit zu gelangen, muss ich zunächst selbst herausfinden, ob es überhaupt möglich ist, die Türme in New York mit den sagenhaften 524 Knoten bzw. *970 km/h und in einem konstanten 37-Grad-Querlage-Kurvenflug* zu treffen. Ich weiß auch schon, dass ich für dieses Experiment unseren firmeneigenen Jumbo-Flugsimulator in Taiwan missbrauchen würde. Mir ist sofort klar: Um diese gewaltige Lüge aufzudecken, werde ich mich auf äußerst unsicheres Terrain begeben. Die Dramatik ist spürbar, und die Konsequenzen sind zu erahnen. Trotzdem – die Spannung ist stärker. Ich plötzlich mutig? Die Presse, die Politiker und die UNO – alles Lügenmäuler? Meine Odyssee beginnt!

Die Lüge als Teil der Wahrheit

Es gibt sie nicht erst seit Judas und dem letzten Abendmahl: die Lügner. Vor fast einhundert Jahren wurde mit dem Schlagwort *Lügenmäuler* der Meinungsfaschismus eingeläutet. Waren damals eindeutig die Juden gemeint, möchte ich damit heute die Akteure von Fernsehen, Presse und Politik bezeichnen. Wir sehen uns gesellschaftlich seit ein paar Jahren zunehmend mit einer Lage konfrontiert, die an 1933 erinnert. Die Wirtschaft ist am Boden, die Staatskassen sind leer, das Volk ist gespalten und die Angst geht um. Krieg als Lösung? Nein, natürlich nicht. Zumindest nicht im herkömmlichen Sinn. Sehen Sie, wir haben im *neuen 1933* vielleicht keine bewaffnete, uniformierte Gestapo mehr, aber dafür wird eine ganz bestimmte *Agenda* mit Hilfe von Bildern, Worten und einem neuen *Framing* durchgedrückt. Diese neue Revolution kommt einerseits in Form der Neuen Medien direkt auf unser Handy, andererseits finden Sie unsere politische Achillesferse in Form von Terrorattacken oder Viren-Geschichten. Auf grün-roten Samtpfoten setzen die neuen Lügenmäuler ihre Ziele durch. Ihnen ist jedes Mittel recht – vom offenbar *inszenierten Terroranschlag* bis hin zur *Klima-Lüge*. Diese unheilvolle Allianz von politischen und wirtschaftlichen Machtblöcken und kruden Ideologien schafft Verwirrung. Unbemerkt von der Obrigkeit geführt, zeigen diesbezüglich vor allem die Linken und Grünen keinerlei Skrupel – lügen gehört schließlich zu ihrer DNA. Auch innerhalb der *Illuminaten*, der *Logen*, der *Bilderberger*, des *Club of Rome*, der *Skull & Bones* und der *Freimauer* wird gelogen. Dass die sich alle einig sind, ist nicht anzunehmen, und dass auch sie sich untereinander belügen, ist naheliegend. Die Welt ist kompliziert. Eine *Weltregierung* zu schaffen, erachte ich als schwierig. Es geht hier nicht nur um Amerika, den Internationalen Währungsfond und die Weltbank: Es geht hier vor allem auch um einzelne Machtmenschen.

Mehr Informationen, mehr Lebensfreude

In diesem Buch behandle ich ein paar durchaus ernste Themen. Ich werde manche von Ihnen vielleicht sogar etwas erschrecken. Aber seien Sie unbesorgt, ich werde auch versuchen, Sie ein wenig zu unterhalten. Vor allem möchte ich es schaffen, Ihnen *stichhaltige Argumente* an die Hand zu geben, mit denen Sie dem Mainstream und den angeblichen Weltverbesserern selbstbewusst entgegentreten können. Wenn Sie verstehen, warum gewisse Dinge passieren, dann ist es für Sie auch einfacher, mit diesen augenscheinlichen Widersprüchen umzugehen. Sehen Sie, die Anschläge vom 11. September 2001 sind für die meisten von uns abgehakt und vergessen. Junge Menschen kennen die bisher größte Katastrophe dieses Jahrtausends nur vom Fernsehen oder Kino. Dass unser ganzes Denken und Handeln indirekt von diesem Ereignis bestimmt wird, erkennt nur der scharf beobachtende Bürger. Sind Sie ein scharf beobachtender Bürger? Ich denke schon, denn immerhin haben Sie sich für ein Buch mit dem zugegebenermaßen reißerischen Titel *Lügenmäuler* entschieden. Und nun denken Sie an Ihren Nachbarn – ist er etwa ein scharf beobachtender, differenzierender Zeitgenosse, der ungefähr weiß, wie die Welt funktioniert? Trauen Sie ihm zu, vernetzt zu denken und zwischen den Zeilen zu lesen? Ich kenne ihn zwar nicht, ahne aber, dass Sie Ihrem Nachbarn vieles zutrauen, aber die große Weltpolitik bestimmt nicht.

Es scheint eine angeborene Unart von uns Menschen zu sein, mit der Wahrheit selektiv umzugehen. Wir alle haben schon mal gelogen. Ja, auch ich. Uns stellt sich vielleicht die Frage, ab wann eine Lüge wirklichen Schaden anrichtet. Wer nämlich häufig allzu locker mit der Wahrheit umgeht, der hat auch weniger Mühe mit seinem schlechten Gewissen. Studien des *University College in London* haben festgestellt, welche Regionen im Gehirn dafür zuständig sind.[1] Der Mandelkern, eine Hirnregion in den Schläfenlappen, soll für die *emotionale Bewertung* einer Situation zuständig sein. Dieser Mandelkern produziert beim Lügen negative Reaktionen: Erröten, schwitzen oder nervöse Gestik entlarven dabei den Ungeübten. Aber mit der Zeit und vor allem bei häufigem Lügen, nimmt diese negative Reaktion ab. So wird aus Flunkern bald einmal eine Lüge, und aus einer Lüge wird ein dreister Betrug. Überzeugendes Lügen ist also reine Übungssache. Für uns Menschen ist es oft schwierig, diese Lügen zu erkennen, besonders wenn sie von Politikern in perfekt sitzenden Anzügen stammen. Offenbar steht uns dabei unser Bewusstsein im Weg, unser Bestreben nach Harmonie und Frieden. So wie ich das von meiner Alm aus überblicke, ist die Lüge bereits ein fester Bestandteil der Kommunikation zwischen Bürger und Staat geworden. Gelogen wird natürlich links und rechts der ehemaligen Mitte. Die Medien helfen dabei gleichzeitig der Politik und der Wirtschaft. Umgekehrt wird den Medien auch von ihnen geholfen. Es ist verwirrend. Ich finde, dass es an der Zeit ist, dass wir Bürger uns von diesem staatlich betreuten Denken etwas lösen und wieder selbst herausfinden, was Sache ist. Es ist an der Zeit, die Lügenmäuler zu stopfen oder sie zumindest bloßzustellen und an den Pranger zu stellen. Dazu braucht es Mitbürger, die den Mut aufbringen, hinter dem Ofen hervorzukriechen und aktiv mitzudenken. Es braucht gewissermaßen Krieger gegen Kriecher, *denn wenn die Klugen nachgeben, dann regieren die Dummen.* Das muss nicht sein. Um die vielen Lügen zu erkennen, müssen wir beginnen, selbständig Fakten zusammenzutragen. Das Internet bietet sie zuhauf. Es kommt auf uns an, was wir daraus machen. Ich werde Ihnen dabei helfen, die richtigen Fakten von den Fake-News zu unterscheiden.

Nun bin ich ja seit Jahrzehnten unterwegs und komme immer wieder mit den unterschiedlichsten Menschen zusammen, ob im Privatjet, auf der Luxusjacht, in der First Class oder eben in der Business Lounge. Nach vielen, teilweise sehr privaten Gesprächen mit Ölscheichs, CEOs, Fabrikbesitzern, Wissenschaftlern und Politikern gerät mein eigenes Weltbild aber immer mehr in Schieflage. Dies umso mehr, weil die Mainstream-Medien offenbar alles daransetzen, unser Weltbild nach dem Gusto einer *ominösen herrschenden Klasse* herzurichten. Die in meinen Gesprächen erfahrene Wahrheit und die von den Medien publizierte Scheinwahrheit klaffen weit auseinander. Da ich mit niemandem darüber reden kann und mich dieses Insider-Wissen belastet, habe ich mich entschlossen, dieses Buch zu schreiben.

Alles hängt mit allem zusammen. Die Welt ist nicht nur digital vernetzt, sondern auch ideologisch verbunden. Wenn wir beispielsweise glauben, dass der Kommunismus tot ist, dann ist das auf den ersten Blick vielleicht richtig, aber die Idee dahinter lebt immer noch munter weiter. Er heißt heute nicht mehr Kommunismus, denn diesen könnte man den jungen Menschen nicht andrehen. Nein, der neue Kommunismus braucht gar keinen Namen mehr, er ist erkennbar als *Klima-Bewegung, Gender-Bewegung, Multikulti-Bewegung* und so weiter. Das Ziel ist aber immer noch dasselbe: Man möchte die Welt umkrempeln und „*besser*" machen. Jeder Mensch soll angeblich gleich sein. Wenn ich das seit vierzig Jahren richtig beobachte, dann träumen die Linken gemeinsam mit den Grünen schon seit den 1980er-Jahren von einer *sozialistischen Einheitspartei*, in der der Staat bedingungslos für alle sorgt. Mit ihren Allmachtsgelüsten streben diese Vertreter einer abgehobenen, dekadenten Zusammenrottung urbaner Eliten eine *Verbotsgesellschaft* an, in der das Individuum nichts mehr gilt und *die von ihnen vorgegebene Gesinnung* sakrosankt ist. Das Ganze wird uns dann im grünen Deckmantel des Gutmenschentums und der Weltrettung verkauft. Es ist im Prinzip nichts anderes als das, was der Kommunismus schon immer war. Wenn ich von den „Linken" oder „Grünen" spreche, dann meine ich damit vor allem auch die angepassten Linksliberalen. Ja, ich spreche von Ihrem Nachbarn, der sich einen teuren Tesla S als Zweitwagen gönnt und sich bei Rot aufregt, wenn sein Vordermann den Dieselmotor laufen lässt. Er gehört mit großer Wahrscheinlichkeit zu den Prosecco-Sozialisten, die es schick finden, den Rechtsliberalen die Welt zu erklären und sie mit Hilfe der Medien zu Rechtsextremen abzustempeln. Diese Rosinenpicker geben sich gerne auch als Gutmenschen und Flüchtlings-Versteher. Gegen diese ist dieses Buch gerichtet. Gegen die wirklich Linken braucht es kein Buch, die sind zum Glück nicht ernst zu nehmen. *Aber Ihren Nachbarn nehme ich todernst!* Es sind nämlich genau diese Menschen, die es der Obrigkeit, aber auch den Sozialisten ermöglichen, unsere Länder in eine dauerhafte Krise zu stürzen. Das ist so gewollt. In diesem Jahrtausend gibt es keine Zufälle mehr.

Viele Vertreter dieser, meiner Meinung nach, naiven Fantasten halten alles Private für politisch und alle Menschen für sozialisierungsbedürftig. Wenn sie von „Solidarität" sprechen, dann meinen sie damit den *sanften Sozialismus*. Spätestens hier müssten wir hellwach werden. Sehen Sie, wenn deren *Moralismus* die Rechtsstaatlichkeit überlagert, kommen wir vom richtigen Weg ab und laufen direkt in einen „Unrechts-Staat". Das ist der klassische 68er-Irrglaube. Gerade deshalb müssen wir die Linken und Grünen politisch klug und mit schlagenden Argumenten bekämpfen. *Dass wir dabei trotzdem sehr sorgsam mit unserer Umwelt umgehen, sollte für uns alle selbstverständlich sein.*

Mit diesem Buch versuche ich auch, jedes Fettnäpfchen zu treffen. Nur so wird auch über jedes Problem diskutiert. Dass Sie nicht immer meiner Meinung sein können, nehme ich an. Um als Gesellschaft weiter zu kommen, *sollten wir es zulassen, uns wenigstens die Argumente der Gegenseite anzuhören.* Das ist nicht immer angenehm, aber das ist gelebte Demokratie.

Die beste Waffe im Kampf gegen die Ideologien ist der gesunde Menschenverstand. Wir sind aber leider schon fast verloren, denn die meisten von uns sind diesbezüglich völlig *unbewaffnet*. Hier komme ich ins Spiel: *Wenn Sie es zulassen, bewaffne ich Sie mit ein paar wichtigen und neuen Fakten.* Die Quellen dafür werde ich Ihnen liefern. Versuchen Sie, mit einer eigenen *Google*-Suche auch die Gegenargumente zu finden. Damit können Sie sich nämlich gleichzeitig Ihre eigene Meinung bilden. Erst dann. Dass es nicht meine Meinung sein muss, ist völlig klar. Darum geht es nicht. Es geht darum, dass Sie sich *trotz* Ihrer Lieblingszeitung und *trotz* der Tagesschau eine eigene Meinung bilden. Es wird für Sie eine fantastische Reise werden, bei der Sie endlich mit korrekter Information konfrontiert werden. Ihr Weltbild wird sich in kürzester Zeit positiv verändern, das verspreche ich Ihnen.

Viele Menschen haben es aufgegeben, sich aufzuregen. Viele denken, dass es sowieso keinen Sinn hat, sich aufzulehnen. Das kann ich verstehen. Um zur Quelle zu gelangen, müssen wir aber gegen den Strom schwimmen. Das ist anstrengend. Mit einer angemessenen Wut im Bauch können wir uns über die kurze Strecke vielleicht motivieren, der Weg zur Wahrheit ist aber eine Langstrecke. Es wird leider nicht reichen, wenn Sie sich nur über die Zustände in Ihrem Land empören. Auch wenn es Ihnen schwerfällt: *Sie müssen handeln, Sie müssen Farbe bekennen.*

Dieses Buch wird Ihnen helfen, die richtige Farbe zu wählen. Nochmals: Nicht meine Farbe, sondern Ihre persönlich geformte Meinung ist gefragt. Werden Sie wieder Herr Ihrer Gedanken, und zwingen Sie damit Ihre Politiker, mit uns auf Augenhöhe zu kommunizieren. Zwingen Sie gleichzeitig auch die Mainstream-Medien, wieder intensiver zu recherchieren und wahrheitsgetreuer zu berichten. Diese zum ersten Mal in der Geschichte von Bürgern initiierte, positive Veränderung kann schneller passieren, als die Politiker und die Medien sich das vorstellen.

Das Ziel ist: Mehr Wissen durch Zweifel, weniger Angst durch Wissen.

Warnung! Lesen Sie bitte diese Packungsbeilage, Ihr Weltbild könnte empfindlich gestört werden.

*Dieses Buch ist **nicht für**...*

- ...*junge, faule Menschen, weil ich ihnen schonungslos aufzeige, was für Weicheier sie sind – und warum.*

- ...*Linke, Grüne und andere Gutmenschen, weil sie in diesem Buch keine Nestwärme finden – im Gegenteil, sie werden kalt geduscht.*

- ...*EUphoriker, weil sie mit diesem Buch endlich ihren letzten Sargnagel erhalten. Die EU ist tot, der Euro sowieso.*

- ...*Feministen und Feministinnen – weil nicht nur wir Männer es verdient haben, uns wieder wie Männer zu fühlen, auch die Frauen haben es verdient, dass wir uns wie Männer fühlen.*

- ...*Sozialisten, Marxisten, Kommunisten und andere „Weltverbesserer", weil sie auf dem Holzweg sind – erwiesenermaßen seit über hundert Jahren.*

Dieses Buch richtet sich somit an die *riesige Minderheit* der Millionen anderen Menschen, die nicht mehr wählen gehen, weil sie resigniert haben. Denken Sie daran: Wer nicht wählen geht, der gibt dem Gegner zwei Stimmen.

Mein Buch ist kein Ratgeber, es ist eine Streitschrift! Sie brauchen keinen Rat, Sie brauchen stichhaltige Argumente gegen die Zerstörer unserer Gesellschaft. Dies ist *mein Kampf*, wenn Sie so wollen. Kämpfen Sie mit und gewinnen Sie Ihr Land zurück. Werden Sie wieder Herr der Lage. Wir sind spät dran.

Wer kämpft, kann verlieren. Wer nicht kämpft, hat bereits verloren.

Bei aller Kampfeslust: In diesem Buch lesen Sie meine persönliche Meinung. Die Anschläge von 9/11 haben die politische Welt zwar drastisch verändert, doch im Windschatten dieser Veränderung versucht eine neue, alte Bewegung sich zu etablieren. Die *Marxisten* werden bald wieder salonfähig, natürlich als „Klimaschützer" und „Weltverbesserer" getarnt. Diese unheilvolle Allianz von Weltpolitik, Ideologie und Macht kann dazu führen, dass wir auf einen *perfekten Sturm* zusteuern. Die Corona-Krise hat den Druck erhöht. Die meisten meiner Pilotenkollegen sind sich mittlerweile zumindest darüber einig, dass die 9/11-Geschichtsschreibung völlig falsch sein muss. Je mehr wir nachforschen, umso unglaublicher werden die uns über weite Strecken *vorenthaltenen* Fakten. Es ist heute bekannt, wie wir damals alleine durch das Weglassen wichtiger Fakten manipuliert wurden. Unser aller Denken hat sich seit den Anschlägen verändert, bewusst oder unbewusst. Die gleichen Schlüsse können wir aus der Klimapolitik ziehen: Die Fake-News überlagern die seriöse Recherche. *Dass CO_2 physikalisch keine Temperatur verändern kann*, weiß jeder Physiker und jeder Meteorologe. Trotzdem wird der Mensch von der Politik und ihren Lobbyisten als Klimazerstörer gebrandmarkt, um ihn dann als „Sünder" zur Kasse zu bitten – beichten muss er zwar nicht, aber wenigstens sein Geld im Opferstock deponieren. Auch hier bleibt die Wahrheit auf der Strecke. Obwohl ich mir wünschte, dass auch Sie zu den gleichen Schlüssen kommen wie ich, wird es mir nicht gelingen, Sie einfach so zu überreden. Ich erhoffe mir aber, dass Sie Ihre eigene Meinung hinterfragen. Das ist zugleich das Mindeste, was Sie von Ihrem Ego fordern dürfen. Ich gebe zu, dass ich zwischendurch polemisiere – ich tu das nicht um der Polemik willen, sondern um Ihre Aufmerksamkeit zu wecken. *Ich bin kein Sonntags-Prediger, und Sie sind kein Idiot.* Ich fordere Ihren Intellekt heraus, damit Sie wieder wissen, wo Sie in dieser Welt stehen. Ich nehme Sie ernst. Ja, schlimm genug, dass ich das schreiben muss. Ich denke, wir verstehen uns.

Um ein Missverständnis zu klären: Nicht alles, was grün ist, ist automatisch schlecht. Wie gesagt, dass wir für unsere Umwelt Sorge tragen, ist selbstverständlich. Neue Technologien haben ihren Platz, und auch ein grundsätzliches Energiesparen macht natürlich Sinn. Dazu brauchen wir weder eine grüne Partei noch eine Greta Thunberg oder gar einen Elon Musk. Ist es nicht erbärmlich, wenn wir uns als Gesellschaft vor der dümmsten Person im Raum verneigen? Ich finde, wir sollten endlich damit aufhören, den Gretas und Elons dieser Welt eine Bühne zu geben.

Die grünen und linken Parteien wollen uns in erster Linie *die Freiheit wegnehmen, selbst zu denken*. Dagegen wehre ich mich mit allen legalen Mitteln. Es wird auch Ihnen zwischendurch auffallen, dass es den Linken und Grünen bei näherer Betrachtung nicht um mehr Gerechtigkeit auf der Welt geht. Es geht ihnen um Macht und Ideologie. Das ist manchmal erst auf den zweiten Blick erkennbar. *Ich zeige Ihnen genau, wie man sie entlarvt.*

Ich persönlich finde, dass wir alle für mehr Gerechtigkeit kämpfen sollten, nicht nur für die Ärmeren auf dieser Welt, sondern vor allem auch für unseren Mittelstand. Das geht aber nur, wenn wir mit den Reichen und Wohlhabenden dieser Welt zusammenarbeiten. Das mag Sie zunächst etwas irritieren, aber es ist einfach nicht hilfreich, wenn man neidisch ist. *Die Armen sind nicht arm, weil die Reichen reich sind.* Die meisten wohlhabenden Menschen haben für ihr Geld gearbeitet oder haben zumindest viel riskiert. Dadurch ermöglichen sie es uns weniger reichen Menschen letztlich, einen Job zu haben und dabei selbst erfolgreich und glücklich zu sein. Gewöhnen Sie sich an diesen Gedanken. Die Milliardäre zu stigmatisieren, ist eine beliebte Strategie der Linken, aber auch eine billige Ausrede der Armen und Erfolglosen. Logik: Auch den Reichen wird es dienen, wenn sich die Welt weiterhin in relativ ruhigen Bahnen dreht und es keine revolutionären Umbrüche gibt. Historisch gesehen haben die Reichen dadurch immer sehr viel Geld verloren oder sogar einen Totalverlust ihrer Macht erlitten. Die *Politische Ökonomie* beschäftigt sich mit diesem Thema ausführlich. Zudem ist es für die Reichen nicht besonders angenehm, sich dauernd von uns Armen abschotten zu müssen. Ich habe in der Welt dieser Reichen gelebt und weiß genau, dass sie uns nicht zuletzt deshalb helfen werden. Es kommt auf uns an, wie wir mit ihnen in Zukunft kommunizieren wollen. Aber es kommt natürlich auch auf die Reichen an, ob es für sie langfristig sinnvoll ist, die Zitrone noch weiter auszupressen. Denken Sie ruhig mal darüber nach.

In diesem Buch versuche ich, die klassischen Fragen unserer Zeit zu behandeln und teilweise auch zu beantworten. Ich möchte etwas Ordnung in unsere chaotisch anmutende Zeit bringen. Viele meiner Thesen sind riskant und empirisch nicht abgesichert. Es sind Beobachtungen, die Sie teilweise selbst bestimmt auch schon gemacht haben, wobei Sie aber nie genügend Zeit aufbringen konnten, diese tiefer zu ergründen, sie einzuordnen oder gar zu verstehen. Das ist legitim und bedarf natürlich keiner Kritik. Schon gar nicht von mir, vorerst.

Ich hoffe, dass Sie am Ende dieses Buches wenigstens teilweise mit mir übereinstimmen. Man kann nicht immer darauf warten, bis alles in den Geschichtsbüchern steht, dazu fehlt uns die Zeit. Man kann sich hier allerdings auch den Philosophen *Voltaire* zu Hilfe nehmen. Er meinte: *„Geschichte ist die Lüge, auf die man sich geeinigt hat."*

Ich persönlich wäre ja schon froh, wenn unserer Jugend wenigstens ein einigermaßen komplexes historisches Geschichtsverständnis vermittelt würde. Nun, die eine Lüge, auf die wir uns in unserer Zeit geeinigt haben, heißt „Demokratie". Mit einer kleinen Ausnahme vielleicht – ich werde zwischendurch auf meine kleine Schweiz zurückkommen und Ihnen zeigen, dass Demokratie unter idealen Umständen funktionieren kann. Die zweite Lüge heißt „von Menschen gemachter Klimawandel". Ich bin ein Anhänger der Physik und des gesunden Menschenverstandes. Das sind Eigenschaften, die im herrschenden Zeitgeist völlig unpopulär sind und von den Linken und Grünen niedergeschrien werden. Die dritte Lüge heißt „Migration". Ich versuche, mit diesem Buch die von den Politikern und ihren medialen Trittbrettfahrern auferlegte Schweigespirale zu durchbrechen. Ein schwieriges Unterfangen, dazu brauche ich Ihre Hilfe.

Auf die Corona-Geschichte werde ich hier zunächst nicht vertieft eingehen, weil die Worte im Munde altern. Die Lage ändert sich laufend, und die Politik ist bemüht, ihre Fehlentscheidungen unter den Teppich zu kehren. Ich wittere einen gewaltigen Skandal. Da keiner von uns Virologe ist, wissen wir alle noch zu wenig darüber, um uns ein vernünftiges Urteil zu bilden. Die Auswirkungen hingegen werden einschneidend und für jeden Einzelnen unterschiedlich zu ertragen sein. Das Covid-19-Virus ist zwar real, aber die unüberlegten Reaktionen der Regierungen sind politisch übertrieben und teilweise schon fast totalitär. Die Coronaviren gibt es seit vielen Jahren, sie waren immer wieder da. Es gibt weder epidemiologische noch infektiologische Anzeichen dafür, dass uns deren Auftreten besonders beunruhigen sollte. Es ist klar und liegt in der Natur des Menschen, dass mit dieser Krise ein paar ganz Schlaue ihr Portfolio aufgebessert haben, mit der Angst als treibende Kraft.

In der Frankfurter Business Lounge der Lufthansa wurde ich Zeuge eines interessanten Gespräches. Zwei Nadelstreifenanzüge waren sich einig, dass Leute wie George Soros oder Facebook-Zuckerberg, aber offenbar auch die Chefs unserer Pharma-Giganten zu diesen Zecken gehören. Ob sie ursächlich mit der Krise zu tun hatten, wagten die beiden Geschäftsleute allerdings zu bezweifeln. Nicht, weil es diesen reichen Mitgliedern der Obrigkeit an krimineller Energie fehlte, sondern weil sie zu wenig schlau wären, die ganze Welt zu verschaukeln. Einer meinte noch, so halb im Scherz, dass wir bald einen Chip eingepflanzt bekämen. Sein Kollege antwortete darauf mit: *„Ist nicht nötig, die Corona-Spritze erledigt das von alleine, das weißt Du doch."* Dass diese zwei Herren einen kleinen Aufkleber einer bekannten Firma der chemischen Industrie an ihren Koffern hatten, verwunderte mich zunächst. Ich bekam noch mit, dass sie über New York nach Wilmington, Delaware, fliegen würden. Dass ausgerechnet der Chemie-Riese *DuPont* dort seinen steuerfreien Hauptsitz hat, muss ein Zufall sein.

Nun, ich persönlich denke, dass sich unsere Star-Virologen einmal mehr total überschätzen und *zum wiederholten Male falsche Zahlen* liefern. Sie verrechnen sich bei den zu erwartenden Corona-Toten um den unglaublichen Faktor zehn, mindestens.

Es ist nicht einfach, der Corona-Geschichte etwas Positives abzugewinnen, aber man sprach im Jahre 2020 nicht mehr dauernd über Greta, dafür wieder etwas mehr mit der eigenen Familie, dies allerdings unter einem gewissen Lockdown-Zwang. Die unangenehme Wahrheit ist leider auch, dass die Corona-Krise nicht nur Familien, sondern unsere ganze Gesellschaft spaltet: auf der einen Seite die Corona-Leugner, auf der anderen Seite die pflichtbewussten Schlafschafe. Die Meinungen gehen bis heute mitten durch einstmals stabile Familien. Ein fairer Diskurs scheint bis heute unmöglich. Was wir heute mit Sicherheit wissen ist: *Sars-CoV-2 ist kein Killervirus!* Die Sterblichkeit liegt nicht einmal in der Nähe der relativ hohen Grippesterblichkeit des Jahres 2017/18. Ja, diese Grippe haben wir bereits vergessen, und das ist auch gut so. Aufgrund unserer Medien- und Staatshörigkeit zerstört also eine relativ ungefährliche Grippe einen beträchtlichen Teil der Weltwirtschaft und rettet paradoxerweise genau die Politiker, die für diesen Unfug verantwortlich sind. Gleichzeitig spricht keiner mehr über die wahren und nach wie vor existierenden Probleme, die wiederum von den exakt gleichen Politikern zu verantworten wären. Dass in dieser Krise leider nicht nur den nutzlosen Zombie-Firmen, sondern auch vielen gesunden Unternehmen der Stecker gezogen wird, gehört wohl zum Kollateralschaden dieser Übung. Wir spüren alle, dass wir in spannenden Zeiten leben.

Wer mich kennt, der weiß, dass ich ein positiv denkender Mensch bin. Gleichzeitig bin ich Realist und weiß erfahrungsgemäß, dass man erst dann positiv denken kann, wenn man ausgewogen informiert ist und sein bescheidenes Wissen zu einer eigenen Meinung formt. Wer hingegen grundlos positiv denkt, ist naiv. Optimismus ist somit nicht etwa ein Mangel an Information, sondern eine kluge Auseinandersetzung damit, um die Lage möglichst objektiv einzuschätzen. Die Lage in

Europa ist zwar sehr ernst, aber zu beherrschen. Allerdings müssen wir uns sputen! Machen Sie mit.

Warum interessiert sich ausgerechnet ein Schweizer für die europäische oder sogar für die deutsche Politik? Die kurze und ehrliche Antwort ist: *Weil wir Schweizer direkt von Euch Deutschen abhängig sind.* Wenn Deutschland den Bach runter geht, werden wir Schweizer mitgerissen. Das muss nicht sein. Deutschland hat Schlagseite, und Ihre Frau Kapitänin tut so, als ob alles okay wäre. Ist es nicht. **Da sich in Ihrem schönen Deutschland fast niemand mehr getraut, Tacheles zu reden, nutze ich als neutraler Schweizer dieses Privileg, Euch Deutschen zu sagen, wo der Eisberg steht.** Eure Titanic steuert führerlos darauf zu, und Eure Kanzlerin, inklusive der ganzen Mannschaft, belügt Euch Exportweltmeister nach Strich und Faden. Deshalb ist es höchste Zeit, diese Lügenmäuler zu stopfen. Instinktiv spüren es doch auch Sie: Deutschland fährt mit voller Kraft auf den Eisberg zu, und Ihre Mitbürger reden von Klimawandel, Maskenpflicht und Migration. Liebe Nachbarn aus dem Norden: Sie haben keine zwölf Monate mehr, nicht nur wegen Corona. Obwohl das jeder wache Deutsche weiß, steckt er den Kopf in den Sand und hofft auf Angela. Das ganze Land ist in Schockstarre und wartet auf ein Wunder. Das ist nicht besonders – Wie soll ich es sagen? – intelligent. Liebe Nachbarn aus dem Norden, bitte reißen Sie sich ein bisschen zusammen. Es ist kaum mit anzusehen, wie Sie sich verbiegen. Sorry, dass ich persönlich werde, aber ich mache mir Sorgen um Sie. Es gibt zwar gute Gründe, dass Deutschland die Kurve noch kriegen könnte, aber dann müssen Sie als Staatsbürger koordiniert, richtig und schnell handeln. Sie müssen aufwachen. Sie müssen auch Ihren Nachbarn aufwecken.

Es kann durchaus sein, dass ich mit diesem Buch meine und Ihre Hilflosigkeit artikuliere. Versuchen Sie deshalb zuzulassen, dass meine Meinung als *Ergänzung* zu ihren persönlichen Erfahrungen bestehen darf. Im Verlaufe meines Lebens habe ich gelernt, dass auch diametral unterschiedliche Weltanschauungen durchaus ihre Richtigkeit haben können. Ein Beispiel: Für Buddhisten kann der Glaube möglicherweise Berge versetzen. Obwohl ich kein besonders gläubiger Mensch bin, lasse ich es zu, dass andere Menschen einen Buddha verehren. Solange wir friedlich nebeneinander leben können, gibt es keine Veranlassung zur Sorge. Auf der anderen Seite sehe ich aber im Islam ein riesiges Problem, weil dieser politisch instrumentalisiert zur Unterdrückung ganzer Völker missbraucht wird. Er ruft zur weltweiten Islamisierung auf. Hier hört der Spaß auf, hier ist Widerstand Pflicht.

Da ich als Schweizer und somit auch als Bürger Europas spüre, dass Sie in der EU zunehmend von einem Gefühl der Ohnmacht gegenüber Ihrer Brüsseler Obrigkeit beschlichen werden, habe ich mich entschieden, ein paar allgemeinpolitische Betrachtungen von hoffentlich zeitloser Anmut in Buchform zu gießen und Ihnen diese, nicht zuletzt zwecks Überprüfung meiner eigenen geistigen Haltung, für ein angemessenes Entgelt zur Ansicht zur Verfügung zu stellen. Oder weniger verschwurbelt gesagt: Ich möchte Ihnen meine ungetrübte Sicht der Dinge aus der Vogelperspektive eines Kosmopoliten darlegen – eine Sicht aus übersichtlichen 10.000 Metern Höhe, aber trotzdem nicht von oben herab. Da ich als Jumbo-Kapitän alle paar Tage auf einem anderen Kontinent bin, entwickelt sich bei mir zwangsläufig eine andere Sichtweise über unsere Welt als bei den meisten anderen Menschen.

Es reicht mir einfach nicht mehr, frustrierte Leserbriefe in den führenden englisch- und deutschsprachigen Medien oder auf Youtube zu hinterlassen. Erstens liest keiner mehr Leserbriefe, und zweitens sind die Internet-Blogs zu chaotisch, zensiert und einfach zu wenig fair. Die lokalen Netz-Redakteure sind nämlich die erste Stufe der Zensur innerhalb des vereinten Europas. Somit ist eine basisdemokratische Diskussion nicht einmal mehr im Internet möglich. Wir haben es weit gebracht. Facebook und Twitter & Co sind nichts als Sprechblasenverwalter – ohne Substanz und ohne Stil. Bei den Leitmedien ist es nicht anders.

Obgleich das viel gescholtene Internet grundsätzlich eine ganz gute Erfindung ist, hat die Elite auch dieses Medium zum Führungswerkzeug für das gemeine Volk zweckentfremdet, was nun wirklich keinen weiter erstaunt. Früher hatten sich die Führer von Kirche und Staat des Lateins als probates Mittel der intellektuellen Kommunikation bedient. Das Volk wurde so von selbiger herausgehalten. Damit wurden der Pöbel und die tumben Bürger über Jahrhunderte erfolgreich dumm und einfältig gehalten. Parallelen zum heutigen Steuerzahler sind natürlich rein zufällig. Dumm und einfältig. Vielleicht sollten wir die verbleibende Zeit noch nutzen, die interessanten Beiträge auf Youtube und so weiter ohne Zensur zu konsumieren. Es wird wohl nicht mehr sehr lange dauern, bis die Obrigkeit auch hier Mittel und Wege findet, uns dieses demokratisch einzigartige Kommunikationsmittel zu entreißen.

In meinen Texten kann ab und zu der Eindruck entstehen, dass ich sarkastisch bin. Ich selbst sehe mich über weite Strecken eher *ironisch*. Wie auch Sie selbst auf Wikipedia nachschlagen können, ist Ironie die *nicht ernst gemeinte Verdrehung* von ernsten Tatsachen. Sarkasmus hingegen ist todernst gemeint. Man kann mir auch vorwerfen, dass ich mich nach den *guten, alten Zeiten* zurücksehne. Das mag sein. Nur, wann waren die denn wirklich gut? Ich bin gewiss kein Nostalgiker. Ich wohne zwar auf dem Berg, aber in keiner Höhle. Ich bin für den Fortschritt und bin nicht zuletzt auch deshalb elektronisch auf dem letzten Stand – beruflich im topmodernen Boeing-747-8-Cockpit, aber auch privat zuhause. Einen ersten Makel scheine ich allerdings zu haben, denn Sie werden mich weder auf Facebook noch auf Twitter antreffen.

Durch meine Erfahrungen mit meinen VIP-Fluggästen und den zufälligen Bekanntschaften mit Akteuren zwielichtiger Unternehmen ist es mein Job, Sie aufzuwecken – oder zumindest Ihren Nachbarn. Ihr Job ist es, mit diesem Input Wege aus der Misere zu finden. Mein Job ist es, Ihnen die dazu geeigneten Werkzeuge zu liefern. Ich gebe Ihnen in den folgenden Kapiteln zahlreiche Fakten, um die Welt wieder zu verstehen. Wenn Sie weiterhin während 24 Stunden pro Tag Ihr Handy in Griffnähe haben möchten, von mir aus. Wenn Sie glauben, dass die Informationen, die Sie täglich im Internet, im Handy oder sogar in Ihrer Smart-Home-Steuerung hinterlassen, völlig ungefährlich für Ihre künftige Unabhängigkeit sind, bitte sehr, es ist Ihr Leben.

Sie stecken schon jetzt sehr tief drin, in der Manipulation der Menschen. Das ist noch nicht die Neuigkeit. Neu ist vielleicht das: Wenn Sie glauben, dass die Kamera in Ihrem geliebten iPhone, Tablet oder Laptop nur dann eingeschaltet ist, wenn Sie es wünschen, dann gehören Sie zur Herde. Ihre Kamera kann sogar aktiviert werden, wenn das Gerät völlig ausgeschaltet ist. Huch? Wenn Sie glauben, dass Google Ihnen Informationen umsonst liefert... Sie wissen schon. Mein Job ist es auch, Ihnen ins Gewissen zu reden. Sollten Sie das nicht aushalten, dann gesellen Sie sich direkt zu den miesen, kleinen Drückebergern, die es dem System überhaupt erst ermöglichen, den Rest der Welt zu manipulieren. Your Choice. *Sophie Scholl*, eine junge Studentin und Widerstandskämpferin gegen den Nationalsozialismus, sagte: „*Der größte Schaden in einer Gesellschaft entsteht durch die schweigende Mehrheit, die nur überleben will, sich fügt und alles mitmacht.*" Am nächsten Tag wurde sie von den Nazis hingerichtet. Sie wurde enthauptet. Ihr Scharfrichter meinte, dass er noch nie jemanden so tapfer habe sterben sehen wie Sophie Scholl. Liebe Mitbürger, tragen Sie brav die Schutzmaske und halten eine Armlänge Abstand?

Sie lesen immer noch. Gut, dann besteht Hoffnung. Ich erwarte von Ihnen nicht, dass Sie mir glauben, was ich hier schreibe. Genau genommen gibt es keinen vernünftigen Grund, mir einfach so zu glauben. Sie kennen mich ja nicht einmal. Auch ich kann nicht zu hundert Prozent sachlich sein, weil meine Einstellung zu vielen Themen unter anderem ein Produkt meiner Erfahrungen ist. Ich werde, wie jeder Mensch, von politischen Ideologien, persönlichen Haltungen und Emotionen beeinflusst. Ich bin teilweise unvernünftig, rechthaberisch und unbelehrbar. Der Mensch ist Mensch, aber dafür müssen wir uns weder rechtfertigen, noch entschuldigen. Es hilft aber, die Ziele unserer Mitmenschen einzuordnen. Ich hoffe dennoch, dass Sie zu den gleichen Schlüssen kommen wie ich. Wie? Indem Sie sich selbst alternativ informieren, selektiv und im Internet, maximal zwei Stunden pro Tag. Das ist nicht viel, verglichen mit Ihrem stundenlangen Fernsehkonsum und den gefühlten hundert Mal *News checken* am Handy. Vermeiden Sie es, nur die Überschriften zu lesen, sondern suchen Sie die Informationen dazu.

Weniger Schlagzeilen, dafür mehr Qualität. Lesen Sie ein, vielleicht zwei Wochenmagazine. Warum keine Tageszeitungen? Im Verlaufe einer Woche kann der Journalist mehr Fakten recherchieren als an einem kurzen Arbeitstag. Viele Geschichten entwickeln sich innerhalb einer Woche, deshalb ist die schnelle Schlagzeile sehr oft falsch. Riskieren Sie es, nicht immer *up to date* zu sein und von Ihrem Freundeskreis belächelt zu werden. Das Wichtigste ist aber: Vermeiden Sie es, stundenlang in die Glotze zu schauen. Dazu fehlt Ihnen die Zeit. Treffen Sie Ihre Freunde, Ihre alten Kumpels, Ihre Familie. Gehen Sie in den Wald, auf den Berg. Gehen Sie in die Kneipe. Kommunizieren Sie mit richtigen Menschen, ohne Chat-Room. Auf WhatsApp kursierte vor Jahren der Satz eines Teenagers: *„Gestern war das Internet über sieben Stunden unterbrochen, habe mich mit meiner Familie unterhalten, scheinen nette Leute zu sein."*

Mein Job ist es auch – und da mögen Sie sich vielleicht wundern –, Ihnen zu beweisen, dass unsere Welt sehr viel besser, gesünder, aber auch sehr viel größer ist, als Sie denken. Ich bin hier schließlich nicht der Miesepeter. Ich bin bestenfalls Ihre wohlgelittene Schocktherapie. Sie werden es aushalten. Der erste Schritt zum Glücklichsein besteht nämlich darin, alles zu hinterfragen. Alles. Das bedarf einer, sagen wir mal, spielerischen Herangehensweise, denn wenn man es zu ernst nimmt, läuft man Gefahr, ungenießbar und paranoid zu werden. Das braucht nun wirklich keiner. Um sich eine Meinung über etwas zu bilden, muss man sich durch viele Informationen kämpfen. Wie gesagt, das ist teilweise ziemlich anstrengend. Aber es ist auch spannend wie ein Krimi. Der zweifelsohne einfachere, bequemere Weg ist es, die Meinung einer Zeitung oder eines Staatsfernsehsenders zu übernehmen. Erinnern Sie sich an George Orwells »1984«? Wir stecken mittendrin in seinem etwas überzeichneten Zukunfts-Drehbuch, oder wie er damals schon sinngemäß sagte: *„Wer die Vergangenheit kontrolliert, beherrscht die Zukunft. Wer die Gegenwart beherrscht, kontrolliert die Vergangenheit."* Orwell lebte übrigens von 1903 bis 1950. Er scheint also bereits damals exakt vorausgesehen zu haben, was die führenden Internetgiganten Facebook, Google & Co. heute mit uns machen. Dass ich hier einen ehemaligen Sozialisten zitiere, mag man mir verzeihen.

Falls Freiheit überhaupt etwas bedeutet, dann bedeutet sie das Recht darauf, den Leuten zu sagen, was sie *nicht* hören wollen. In Zeiten des globalen Betrugs und der Politischen Korrektheit gilt es schon als revolutionäre Tat, die Wahrheit auszusprechen. Nur damit Sie in etwa erkennen, wo wir heute stehen. Wenn Sie sich ab und zu über meine Tiraden aufregen, haben Sie wohl Ihren guten Grund. Wer hier aber eine billige Kopie von Thilo Sarrazins Buch »Deutschland schafft sich ab« erwartet, den muss ich leider enttäuschen. Ich habe seine Bücher übrigens nicht gelesen. Auszüge habe ich mir damals etwas angewidert angetan. Nachdem ich meinen inneren Schweinehund bezwungen hatte, musste ich aber eingestehen, dass Dr. Sarrazin sehr oft recht hatte. Dass er damit endlich eine kontroverse länder- und kulturübergreifende Diskussion entfachte, ist ihm, bei aller öffentlichen Kritik, hoch anzurechnen. Und wenn ich Zeit finde, werde ich seine Bücher auch lesen. In den zahlreichen Fernsehinterviews hat er mich stets überzeugt, was man von seinen Gesprächspartnern aus Politik und Rundfunk eher nicht sagen kann.

Noch was: Es steht natürlich jedem frei, mir zu widersprechen. Ich darf meine Kritiker nur bitten, mir den Vorschuss an Sympathie entgegenzubringen, ohne den es eine objektive Diskussion über die Probleme in der Gesellschaft nicht gibt. Ich bin mir bewusst, dass ich mit diesem Buch leicht Gefahr laufen kann, zum *Kleine-Leute-Versteher* zu mutieren. Das wäre mir aber etwas zu billig. Das Gegenteil zu beweisen, erwehre ich mich allerdings, denn was mit Rechtfertigungen gemacht wird, sieht man bei jeder öffentlichen Fernsehdiskussion. Also lasse ich es.

Ich gehe zudem davon aus, dass dieses Buch von der Presse zerrissen wird. Vielmehr hoffe ich es wahrscheinlich, könnte man zurecht einwenden. Ja, doch dann müsste sich ein Journalist überhaupt darum bemühen, das ganze Buch zu lesen. Dass meine Provokationen umsatzsteigernd sein könnten, ist ein einleuchtendes Argument. Es greift aber zu kurz, denn ich habe in meinem Job als Flugkapitän Erfüllung und gleichzeitig auch die nötige finanzielle Unabhängigkeit – ich lebe ja Gott sei Dank nicht vom Bücherschreiben.

Nun, wer bin ich denn? Der Bürgermeister meiner Gemeinde in der Urlaubs-Ecke der Schweiz behauptet von mir, dass ich der Hofnarr sei, der alles sagen darf. Das mag sein, aber mit diesem Buch bin ich leider kein Lustiger. Ich denke laut und schreibe es dann auf. Immerhin: Wer laut denkt, hört wenigstens, was in ihm vorgeht. Daran lasse ich Sie teilhaben. Ich tu das für mich und für Sie, liebe Mitbürger im deutschsprachigen Europa, weil Sie sich aus durchwegs guten Gründen nicht getrauen, den Mund aufzumachen und weil es immer einen dämlichen Vorgesetzten gibt, der es nicht so wahnsinnig toll findet, wenn Sie beginnen, selbständig und vor allem laut nachzudenken. Er würde Sie umgehend mit fiesen Sanktionen bestrafen. Keine Sorge, ich verstehe Sie, und ich kenne Ihren Chef, diese miese, kleine Ratte. Der Hofnarr war früher übrigens ein hoch geachteter Beruf am Hofe des Königs. Vom Hofnarren erfuhr der König, wie das Volk denkt, und das Volk seinerseits konnte durch den Hofnarren seine Anliegen dem König kundtun. Die Kunst des Hofnarren bestand weitgehend darin, dabei nicht schlauer als der König zu sein. Als Berater hatte er also eine soziale und auch eine kommerzielle Funktion. Die Narren von McKinsey (Unternehmensberatungskonzern) täten vielleicht gut daran, sich dieser Funktionen wieder bewusst zu werden. Das gilt speziell für politische Berater. Bei Bundespolitikern wäre es deshalb nett, wenn sie vor ihren Reden noch kurz darauf hinweisen würden, mit wem sie ihre Beraterverträge haben und von wem der Nerz ihrer Ehefrau gesponsert wurde – nur damit man ihre Reden etwas besser einordnen kann.

Ich schreibe dieses Buch, weil ich zur Aufklärung, zur Vorsicht, aber auch zur Weitsicht beitragen möchte. Die Schlussfolgerungen müssen Sie selbst vollziehen. Ich bin hier nicht der Oberlehrer, sondern der Kommentator. Meine Meinung muss sich mit Ihrer nicht decken. Dennoch sollte sie zumindest anregen, Ihren Standpunkt zu überprüfen und allenfalls an die heutige Zeit anzupassen. Ich versuche, unseren Glauben an die *Obrigkeit Staat* in aller Fairness kritisch zu hinterfragen. Es wäre für mich schon als Erfolg zu werten, wenn einige Leser dieses

Buches überhaupt einen Gedanken daran verschwendeten, um herauszufinden, wer unser Staat eigentlich ist. Zudem geht es mir darum, meine Mitmenschen zu motivieren, die tägliche Flut an Informationen zu filtern und sie medienkritisch zu konsumieren. Wenn dauernd schlecht über Putin und Trump geredet wird, sollte wenigstens einmal der Gedanke aufkommen, *warum* und *von wem* dies gemacht wird. Ich bin weder Trump- noch Putin-Versteher. Ich finde aber, man sollte alles tun, um Kriege zu vermeiden. Dass jeder Tote einer zu viel ist, entbehrt jeder Diskussion. Dass wir aber trotz allem seit einigen Jahren eine der friedlichsten Zeiten erleben dürfen, sollte uns zumindest dazu bewegen, diesen Status quo beizubehalten und wenn möglich sogar zu verbessern. Durch unsere Trägheit und unseren Egoismus, aber auch durch die Falschinformation oder Manipulation von *oben* lassen wir uns grundlos in die nächste Krise treiben. Lassen Sie uns etwas wachsamer sein. Wer sind die Guten, wer die Bösen? Wenn ein ehemaliger und sehr beliebter US-Präsident Barack Obama als *internationaler Sozialist* fremde Länder bombardieren lässt und gleichzeitig einen Friedensnobelpreis verliehen bekommt, sollte uns das beunruhigen. Während seiner achtjährigen Amtszeit starben über 800.000 Menschen – ein paar wenige Soldaten, aber vor allem wehrlose Männer, Frauen und Kinder. Das sagt uns die offizielle UNO-Statistik: https://peacekeeping.un.org/en. Oder ein anderes Beispiel: Wie oft wurde Europa denn von den „brutalen" Russen angegriffen? Genau: *Niemals!* Umgekehrt hingegen schon. Merkwürdig.

Wir Menschen brauchen offenbar ein klares Weltbild: Früher waren es Kommissar Derrick und Harry. Da war klar, wer den Wagen holt. Bei Putin und Medwedew war dies schon nicht mehr so klar, denn da holte Medwedew auch den Wagen, wenn er den Putin spielte. Der Mensch braucht einfache Verhältnisse, damit er nicht überfordert wird. Das hat in der Vergangenheit ganz gut geklappt, so glauben wir es wenigstens. Falsch! Das Leben war schon immer sehr komplex, die Politik undurchsichtig, die Privilegien versteckt. Was wir sehen, ist nur die Spitze des Eisberges. Wer jetzt meint, das reichte, um ihm auszuweichen, sieht sich leider getäuscht.

Wozu denn nun dieses Buch? Weil es in Ihrer Buchhandlung noch keines gibt, das Ihnen eine andere Sichtweise als die der Linken und Grünen abbildet. Ich habe in Frankfurt und in Köln in großen Buchhandlungen versucht, ein Buch meiner Art zu finden. Mir wurde im auswendig gelernten Jargon und mit einem bösen Blick gesagt, dass sie keine *rechtsextremen Bücher* verkaufen würden. Das zustimmende Nicken der mithörenden Kundschaft wertete ich als Signal, diesen Schlafschafen mit diesem Buch eine Lektion zu erteilen. Das war übrigens keine Ausnahme – ich wurde von drei unterschiedlichen Buchverkäuferinnen am selben Tag als Rechtsextremer beschimpft. Das war zwar bemerkenswert, aber trotzdem nicht schön.

Obwohl dem Sachbuch seit dem Internet der nahe Tod vorausgesagt wird, werden jährlich zehntausende neue Bücher angepriesen, teilweise mit Millionenauflagen. Nun, ich habe in einem früheren Buch versucht, meinen Passagieren die Fliegerei in leicht verständlicher Sprache näherzubringen. Ich versuchte, den Menschen die nackte Wahrheit über die angeblich so sichere Luftfahrt zu vermitteln. Dabei musste ich einige Kritik einstecken, vor allem aus dem Lager meiner Pilotenkollegen. Reflexartig sahen sie in mir zuerst einen Nestbeschmutzer. Erst viel später begriffen sie, dass ich diese zum damaligen Zeitpunkt neuen Erkenntnisse über die fehlende Flugsicherheit bezüglich Billigflieger letztlich zum Wohle der Passagiere und auch der Piloten veröffentlicht hatte. „Whistleblower" würde man mich heute wohl nennen. Um die Flugsicherheit zu erhöhen, war zunächst ein unangenehmer Diskurs in den eigenen Reihen nötig. Dabei waren mir die Fakten wichtiger als das Ego.

Ja, auch ich habe ein Ego, sonst würde ich ja nicht Bücher schreiben. Ich streite mich gerne, auch das mag zutreffen. Aber wenn ich mich schon streite, dann am liebsten mit intelligenten Menschen und mit Hilfe von stichhaltigen Argumenten. Es wird allerdings immer mühsamer, aus einem solchen Streitgespräch zielführend und in der Sache glaubwürdig und erfolgreich herauszugehen. Nicht, dass es besonders wichtig wäre, wer gewinnt – schon gar nicht, dass ich gewinne. In einem gesunden Streitgespräch sollte es immer darum gehen, was richtig ist und was nicht. Diese Wahrheitsfindung hat mit gutem Zuhören und mit teilweise äußerst zeitraubender Recherche zu tun. Die Recherche, welche die Basis journalistischer Glaubwürdigkeit ist – oder zumindest über weite Teile der zweiten Hälfte des zwanzigsten Jahrhunderts einmal war –, darf unter keinen Umständen vernachlässigt werden. Leider wird diesem Umstand nicht mehr genügend Rechnung getragen. Die schnelle Meldung ist wichtiger geworden, als den richtigen Sachverhalt zu schildern. Ideologien zu verbreiten und das gezielte Framing anzuwenden, scheint heute Pflicht zu sein, Meldungen zu verifizieren eher Kür. Halbwahrheiten zu verbreiten und, noch viel schlimmer, uns *Ereignisse vorzuenthalten*, werfe ich dem Mainstream vor. Ich will es mir hier nicht mit allen Journalisten verscherzen, denn es gibt auch sehr viele gute. Ich kann mir gut vorstellen, wie schwer sie es haben müssen. Es muss heute sehr viel schwieriger, wenn nicht sogar unmöglich sein, als guter Journalist mit Freude erfolgreich zu arbeiten. Neben der riesigen Konkurrenz untereinander und der unglaublichen Geschwindigkeit der News-Verbreitung und deren ultraschnellen Konsumation durch uns Menschen haben sie es mit einem neuen Phänomen zu tun, nämlich mit der Anforderung, den Verlegern und Besitzern ihrer Propagandablätter exakt *nach dem Munde* zu schreiben. „Wes Brot ich ess', des Lied ich sing." Noch schlimmer scheint es bei den linksliberalen öffentlich-rechtlichen Fernsehanstalten zu sein. Doch davon später mehr.

Ich werde mich hüten, beispielsweise kritisch über Hollywood zu schreiben, weil schon mancher Kritiker der dortigen, links-politischen Zustände plötzlich einen Herzinfarkt erlitt und daran im besten Alter verstarb. Ich weiß nicht, ob Sie sich an Andrew Breitbart erinnern. Er hat aufgedeckt, dass die amerikanischen Filmfritzen ihre kulturelle, multikulturelle, linke und marxistische Agenda mit brutalster Kraft mit Hilfe ihrer Kinofilme durchsetzten. Das war dann wohl sein Todesurteil. Er wurde gerade mal 43 Jahre jung. Enthüllungsjournalismus wird im Land der Filmindustrie nicht besonders geschätzt. Sogar Comedians, die sich zu weit hinauslehnten, sahen den Vorhang noch vor dem Ende ihrer Aufführung. Der politisch linke George Carlin war ein wortgewaltiger, genialer Wadenbeißer und kritisierte über Jahrzehnte hemmungslos die US-Politiker und den Staat. Er war zu viel für das Establishment, er musste weg. Auch Andrew Breitbart war seiner Zeit voraus und beschrieb bereits 2007 exakt, wie der Klimawandel im Jahr 2021 vermarktet würde. In gewisser Weise sehe ich mich in einer ähnlichen Position – mit noch tadellos funktionierendem Puls. Ich bin ja schon froh, dass ich meine Kritik an der veröffentlichten Meinung über die Anschläge vom elften September ungestraft überstehen durfte. Mein erstes Buch »vorne links…« erschien 2011 zum zehnten Jahrestag der Terroranschläge.

Wie Sie bereits mitbekommen haben, werde ich auch in diesem Buch nochmals darauf zurückkommen. Nach zwanzig Jahren scheint es relativ ungefährlich zu sein. Ich hoffe, dass ich mich nicht irre. Sollte ich unerwartet in die ewigen Jagdgründe geschickt werden, würde ich mich im Jenseits über eine lückenlose *Aufklärung meiner Todesursache* freuen. Man weiß so wenig über George Soros und seine Trabanten. Ja, auch der österreichische Bundeskanzler Sebastian Kurz soll in seiner Nähe gesichtet worden sein. Ein Zufall? Freilich.

Zur harten, zielführenden Diskussion gehört eine faire Streitkultur. Auch emotionale Themen bedürfen einer ehrlichen Suche nach der Wahrheit. Tabus müssen gebrochen werden. Nochmals: Es geht nicht darum, wer recht hat, sondern was richtig ist. Um bei einem Thema überhaupt einen Konsens entwickeln zu können, müssen die Diskussionspartner zunächst einmal wissen, worum es geht. Das mag simpel klingen, ist aber der Hauptgrund, warum sich zwei Parteien nicht einigen – denken Sie an Ihren Ehepartner. Man muss sich also in das Thema einlesen und es einigermaßen verstehen. Das Wort *verstehen* heißt ja nicht automatisch *Verständnis für*, sondern verstehen heißt in erster Linie einmal zu wissen, was Sache ist. Man kann nur intelligent handeln, wenn man von einer Sache etwas versteht. Dazu braucht man verschiedene Sichtweisen und vor allem viel Zeit. Diese nehmen sich beispielsweise unsere Politiker schon lange nicht mehr. Sie haben zwar Zeit, in jedes Mikrofon zu reden oder in Talkshows ihr gepudertes Gesicht zu zeigen, aber von den Sachthemen verstehen sie leider generell erschreckend wenig.

Man sollte versuchen, eine andere Meinung nicht einfach schlecht zu finden, sondern man tut gut daran, zunächst einmal zu kapieren, was der Kontrahent überhaupt meint. Normalerweise reicht das bereits, um Missverständnisse aufzudecken oder den Gegner richtig einzuordnen und so eine Strategie zu entwickeln, ihn zu überzeugen. *Veröffentlichte Fakten reichen leider nicht immer aus, weil die Medien diese bereits verdreht haben.*

Wir erinnern uns vielleicht: Die primäre Aufgabe dieser Medien war es einmal, zu berichten, was geschehen ist. „Berichterstatter" hießen sie damals. Führend waren dabei der *Spiegel* und das ehemalige Nachrichtenmagazin *Focus*. Auch die *Süddeutsche Zeitung* und die *Washington Post* gehörten zum aufgeklärten Zeitungsleser. Unsere Redakteure in der Schweiz, aber auch in Österreich schrieben von ihnen gelegentlich ganze Seiten ab. Die älteren Journalisten unter Ihnen können sich möglicherweise an ihre solide Ausbildung in den 1980er-Jahren erinnern. Bevor sie um die Jahrtausendwende von ihren jungen, gutaussehenden und dynamischen Chefredakteuren in die neuen Spielregeln des modernen Journalismus eingeführt wurden, hatten sie gelernt, dass ein guter Bericht ausgewogen, unparteiisch und faktenbasiert sein muss. Persönliche Einschätzungen oder gar eine Schlussfolgerung waren ausschließlich den Kolumnisten vorbehalten.

Nun, die Zeiten haben sich geändert. Es ist offenkundig, dass jeder drittklassige 28-jährige Frischling es sich heute zutraut, einen politisch komplizierten und über Jahrzehnte gewachsenen Sachverhalt in kürzester Zeit zu analysieren und ihn dann auch noch zu bewerten. Wobei die Herkunft ihrer Schlussfolgerung wohl im ersten Teil des Wortes *Analyse* zu finden ist. Das passt alles in unser neues *Desinformationszeitalter*. Geblieben ist, dass auch heutige Journalisten auf ihren Job angewiesen sind und schlicht und ergreifend Geld verdienen müssen, um ihre hungrigen Familien zu ernähren. Dass die journalistische Genauigkeit darunter leiden muss, ist einleuchtend. Ich behaupte, dass sich ein großer Teil des Journalismus gemütlich in der Lobby des Systems eingerichtet hat und so sein Einkommen gesichert sieht.

Um es den Medienschaffenden bei dieser Gelegenheit direkt ins Gesicht zu sagen:

„Ihr Zeitungsfritzen beugt Euch willfährig der Meinung des Euch vorgegebenen Mainstreams und werdet dadurch zu Tellerwäschern des Zeitgeistes. Gratuliere! Keiner von Euch traut sich mehr was. Schämt Euch! Im Gegenteil: Ihr Regime-Journalisten schafft mit Eurer Feder ein Klima des Hasses und spaltet die Gesellschaft. Unter dem Deckmantel der Politischen Korrektheit labert Ihr etwas von Menschenrechten, Diversität und Klimarettung. Viele von Euch haben zu wenig Grips, die fatale Situation zu überblicken. Wir Bürger hingegen haben Euch längst durchschaut. Ihr seid eine ziemlich jämmerliche Truppe. Ihr sucht keine Lösungen für Probleme, Ihr bewirtschaftet sie mit Kalkül. Ihr verhindert keine Kriege, sondern stellt Euch auf eine Seite – auf die Seite der Euch vorgeschriebenen Macht. Ihr seid nichts anderes als Stenografen der Mächtigen geworden. Ja, Ihr seid Weicheier geworden. Habt Ihr schon mal daran gedacht, gemeinsam zu revoltieren? Natürlich nicht, das Eigenheim muss schließlich abbezahlt werden, und die Kinder möchten im SUV zum Tanzkurs gefahren werden. Liebe Journalisten, Ihr seid fett und träge geworden. Nicht alle – ich kenne auch sehr gute Journalisten, z.B. Dirk Pohlmann. Ich bin sogar geneigt zu sagen, dass die meisten Journalisten so sein möchten, es aber nicht dürfen. Das Hemd ist Euch eben näher als der Rock."

Nicht zuletzt deshalb also dieses Buch, als Gegenpol zum Mainstream. Nur einfach das Gegenteil des Mainstreams zu behaupten, wäre natürlich bequem. Nur muss man auch sagen, dass dabei die Trefferquote extrem hoch wäre, was uns wieder zu denken geben sollte. Woher hole ich denn meine Informationen? Da ich seit bald dreißig Jahren auf verschiedenen Hochzeiten und auf verschiedenen Erdteilen tanze, kenne ich auch eine Vielzahl von unterschiedlichsten Menschen. Das alleine reicht natürlich noch nicht, um einen genauen Überblick der weltweiten Geschehnisse zu bekommen, aber es hilft, Meldungen richtig einzuordnen. Dazu kommt, dass ich einige Informanten an Universitäten, Hochschulen, bei der UNO und bei verschiedenen Armeen habe. Diese Informanten werde ich Ihnen aus verständlichen Gründen nicht nennen können. Hier rechne ich mit Ihrem Vertrauen mir gegenüber, obwohl wir uns nicht kennen. Aber denken Sie daran, dass auch ich einen guten Ruf zu verlieren habe, genau wie Sie. Es wäre also töricht, die Karriere zu riskieren, nur um ein paar Bücher zu verkaufen. Sehen Sie, selbst wenn ich pro Jahr hunderttausend Bücher verkaufen würde, wäre das wahrscheinlich weniger, als ich als Flugkapitän verdiene. Ich weiß, dass mich das nicht sympathischer macht, aber vielleicht etwas glaubwürdiger.

Da wir ja alle irgendwie Fachidioten sind, ist es praktisch unmöglich, einen Überblick über alle Facetten des politischen, wirtschaftlichen, wissenschaftlichen und gesellschaftlichen Lebens zu erhalten. Ich versuche es trotzdem und hoffe, dass Sie mir diesen Bonus an Glaubwürdigkeit schenken. Ich weiß, dass ich damit auch Gefahr laufe, Halbwissen zu verbreiten. Daraus möchte ich keinen Hehl machen. Immerhin werde ich mein Halbwissen nach bestem Gewissen und ohne Lobby im Rücken verbreiten und Sie, liebe Leser, zum Mitdenken anspornen. Ich bin hier nicht der Prediger, ich bin Ihr Partner. Ich will hier keinen Konsens, sondern eine Debatte. Ich will, dass Sie Ihre langjährige, eigene Meinung hinterfragen – nicht mehr, aber auch nicht weniger. Wir sind alle Opfer unserer Bequemlichkeit, auch ich. Und: *Ich schreibe dieses Buch nicht zuletzt, damit ich dereinst sagen kann, dass ich im Widerstand war.* Sie sind es auch, deswegen lesen Sie ja immer noch. Wir dürfen uns nicht zu Komplizen des Mainstreams machen lassen. Trotzdem: Um in einer zunehmend konformistischen Gesellschaft wie der unseren nicht zum Außenseiter und Verschwörer zu mutieren, muss ich mit der Wahrheit dezidiert umgehen, sie ist manchmal schwer zu verdauen. Andererseits ist es auch wichtig, gezielt Tacheles zu reden. Wie wir ja wissen, grenzt Gutmütigkeit an Dummheit. Im Kampf gegen Links bzw. im Kampf für unsere Länder und unsere Freiheit wollen wir schließlich erfolgreich sein. Manch einer wird es schwer ertragen, was in diesem Buch mitgeteilt wird. Halten Sie trotzdem bis zur letzten Seite durch, und beweisen Sie sich selbst, dass Sie zwar tolerant, aber auch kritisch und intelligent sind. Es ist nicht wichtig, ob Sie meiner Meinung sind. Es ist wichtig, dass Sie sich eine *eigene* Meinung bilden.

Ach, noch was: Ich weiß nicht, ob es Ihnen aufgefallen ist – ich verzichte auch in diesem Buch auf das *politisch korrekte Gendern*. Nicht nur aus Protest, sondern auch zur besseren Verständlichkeit. Deshalb eine Bitte an meine hoffentlich zahlreiche weibliche Leserschaft: Ich respektiere Sie natürlich mindestens genauso oder *naturgemäß noch mehr* als die männliche Leserschaft. Nur ist es so, dass es meiner Meinung nach furchtbar kompliziert wird, bei jedem Satz beide Geschlechter einzeln zu erwähnen oder mit einem störenden Sternchen politisch korrekt zu bezeichnen. Ich bleibe deshalb beim Männlichen, dem generischen Maskulinum. Ich bitte Sie deshalb, verehrte Damen, um Ihr Verständnis. Ich bin ja schließlich auch nur ein Mann. Herzlichen Dank.

An alle 67 anderen Geschlechter: Leben Sie damit, dass ich Sie mit aller Kraft *nicht einmal ignoriere*!

Wenn wir lernen, das Wichtige vom Unwichtigen zu trennen, die Hetze der Medien von *selbst recherchierten Fakten* zu unterscheiden und uns gleichzeitig ausgewogen informieren, dann sehe ich einen Silberstreifen am Horizont. Der ausgewogen informierte Sachverstand dient uns dann als Basis für unseren gesunden Menschenverstand. *Auch ein Bauchgefühl braucht korrekte Informationen.* Diese erhalten Sie schon lange nicht mehr, weder vom Staatsfernsehen noch von Ihrer Lieblingszeitung. Diese Informationen müssen Sie sich von nun an selbst zusammensuchen. Das ist anstrengend.

Ich denke, wir können das besser! Als Einzelner, aber auch als Gesellschaft sind wir durchaus in der Lage, die *Lügen zu erkennen* und wirksame Gegenmaßnahmen zu ergreifen. Wir sind noch nicht so dumm, wie es die Obrigkeit gerne hätte, aber wir müssen uns zusammenreißen.

Im Bewusstsein, dass ich damit keine Millionenauflage erreichen werde, aber auch mit der Überzeugung, dass dieses Buch auf jedem Küchentisch stehen sollte, wünsche ich Ihnen viel Spaß damit.

Ihr *Renato Stiefenhofer*

9/11 – am Simulator entlarvt

„Der Sieger schreibt die Geschichte des Besiegten. Dem Erschlagenen entstellt der Schläger die Züge. Aus der Welt geht der Schwächere, und was zurückbleibt, ist die Lüge."

Bertolt Brecht

Als Pilot werde ich immer wieder auf die Terroranschläge vom 11. September 2001 angesprochen. Wenn ich dann versuche, die Geschichte ins richtige Licht zu rücken, werde ich manchmal etwas ungläubig angestarrt. Die einen finden es unerhört, den *allgemeinen Konsens* in Frage zu stellen. Ein paar wenige andere versuchen, mit Logik zur Wahrheit zu gelangen. Wieder andere behaupten, dass die Passagierflugzeuge sowieso einfach mit *Autopilot* in die Häuser geflogen wurden. Die reine Faktenlage scheint aber offenbar niemanden mehr zu interessieren. Frei nach dem Motto: *Störe mich nicht mit Deinen Fakten, ich habe mir meine Meinung schon gemacht.*

Anhand der heute bekannten Fakten können wir uns ein genaueres Bild von 9/11 machen. Ich stelle hier nur Fragen, zu den Schlüssen müssen Sie selbst kommen.

Ein Gespräch mit dem US-General

Tagebucheintrag Nr. 2: 30. April 2013

Mein Flug von Asien nach New York verspricht, so normal zu sein, wie es der Passagier empfinden soll. Es ist ein 13-Stunden-Flug, zunächst über den Nordpazifik mit anschließender Überquerung des nordamerikanischen Kontinents. Das Ziel von uns Piloten ist es, den Flug für die Passagiere so ereignislos wie möglich durchzuführen. Immerhin sollen über die Hälfte der Reisenden an irgendeiner Form der Flugangst leiden, die einen mehr, die anderen weniger. Was auch Ihre Lieblings-Airline nicht an die große Glocke hängt: Auf jedem dritten, vierten Langstreckenflug fordern erwartbare

Probleme uns Piloten heraus. Mit regelmäßigem Training, erlerntem Fachwissen und den jahrelang gemachten Erfahrungen lösen wir diese so, dass unsere Passagiere, CNN und BBC möglichst nichts davon erfahren. Das tut jede Airline, das gehört zum Business. Heute besteht meine Crew aus einem zusätzlichen Kapitän, zwei Kopiloten und 18 Stewardessen. Auf der Passagierliste und auf dem Beladeplan sehen wir eine fast volle Auslastung unserer Boeing 747-8. Wir haben heute eine volle Economy Class, eine gut besuchte Business Class und eine fast leere First Class, insgesamt also etwas über vierhundert Menschen, vierzig Tonnen Fracht und knapp 200.000 Liter Treibstoff. Unsere First Class wird meist von gut betuchten Leuten wie CEOs, Sportlern, Schauspielern, Spitzenpolitikern oder hohen Militärs benutzt. Da kann es schon mal vorkommen, dass ich ab und zu ein interessantes Gespräch mit wichtigen Leuten habe oder mit David Beckham über das lausige Wetter in England plaudere. Im Verlaufe der Jahre habe ich es mir abgewöhnt, diesen Menschen mehr Respekt entgegenzubringen als beispielsweise meinem Flugzeug-Betanker oder dem Postboten. Die meisten dieser durchaus wichtigen VIPs schätzen dies sogar. Wie schon kurz angedeutet, kann ich auf eine interessante Zeit der Privatjet-Fliegerei für die Reichsten dieser Welt zurückblicken. Die Gespräche mit ihnen sind dann zumeist auch von einer anderen Welt. Ich werde noch darauf zurückkommen. Heute weiß ich schon vor unserem Start im Schneeregen, dass ich meine fünf Stunden Ruhezeit in der First Class verbringen werde, denn ein veritabler US-Vier-Sterne-General steht auf meiner Passagierliste. Mal sehen, ob er gesprächig sein wird. Nach einem etwas turbulenten Start und mit knapp 450 Tonnen Abfluggewicht ziehe ich die Nase meines Jumbos langsam zwölf Grad nach oben, und schon heben wir mit etwa 320 Stundenkilometern ab in Richtung Amerika. Der Steigflug bis zu unserer Reiseflughöhe von 10.000 Metern verläuft an diesem Abend angenehm ruhig. Nach fünf Stunden Flugzeit werde ich von meinem Kollegen abgelöst. Meine Ruhezeit beginnt. Die Sonne steht bereits relativ hoch, ja, sie saust sogar doppelt so schnell rechts an uns vorbei, weil wir mit Hilfe des Jetstream-Rückenwindes mit rund tausendzweihundert Sachen in Richtung Osten düsen. Da sich auch die Erde nach Osten dreht, wird die Zeit von Sonnenaufgang bis Sonnenuntergang auf kurze fünf Stunden schrumpfen. Klar, die Sonne bewegt sich natürlich nicht, auch nicht über dem endlosen Pazifik. Es mag für manchen schon etwas gewöhnungsbedürftig sein, dass wir mit unserer „Zeitmaschine" am Montagabend abfliegen und einen Tag früher, also am Sonntag, ankommen. Über dem Pazifik liegt schließlich die Datumslinie. Ich packe also meinen Pilotenkoffer und gehe vom Cockpit im Oberdeck runter in die First Class. Der einzige Passagier ist immer noch hellwach und fragt mich freundlich, ob ich denn sein Kapitän wäre. Ich frage ihn, ob er denn mein General wäre. Ich soll mich doch bitte zu ihm setzen. Widerspreche nie einem General! Und so setze ich mich zu ihm hin. Dem Herrn General T. C. (58) ist offenbar langweilig, warum also nicht die Flugzeit mit seinem zivilen Pilotenkollegen verbringen. Es stellt sich heraus, dass er selbst ein ehemaliger F/A-18-Top-Gun-Pilot der US-Airforce ist, gewissermaßen ein Tom Cruise, aber in echt. Ich kenne mittlerweile ein paar hundert Militärpiloten von verschiedenen Luftwaffen und verbringe mehr als die halbe Berufszeit mit ihnen im Cockpit. Die Gesprächsthemen würden uns also nicht ausgehen – von Bewaffnungen, Bomben und Raketen bis hin zu Flugtaktiken und der ewigen Frage, welches Kampfflugzeug denn nun das Beste ist. Das Gespräch ist sehr unterhaltsam und lehrreich, bis mich General Tom Cruise in einem scheinbaren Nebensatz fragt, was ich denn persönlich von 9/11 halte. Da ich auch meine Ruhezeit so professionell wie eben angebracht verbringen möchte und ich mich politisch in keine Ecke drängen lasse, beginne ich mit den üblichen Floskeln. Nach zwei Sätzen unterbricht mich der General und meint: *„Jetzt aber ernsthaft, Captain, ich habe Dich gefragt, was Du persönlich von 9/11 hältst. So, wie es die Offiziellen darstellen, kann es nun wirklich nicht geschehen sein, das wissen wir beide."* Huch, eine Fangfrage vom

obersten amerikanischen Militär? Wo ist sie denn meine viel gepriesene schweizerische Diplomatie, wenn ich sie wirklich mal brauche? Natürlich ist auch mir zu diesem Zeitpunkt schon lange klar, dass 9/11 nicht so abgelaufen sein kann, wie wir es alle tausendmal gehört und im Fernsehen gesehen haben. Dass mich aber der höchste Luftwaffen-Offizier der US-Weltmacht fragt, was ich davon halte, ist höchst unüblich, um es mal vorsichtig zu formulieren.
Ich halte es für angebracht, mich hinsichtlich meiner Simulator-Experimente, die Türme in New York zu treffen, zurückzuhalten. Man soll ja keine schlafenden Hunde wecken. Unser Gespräch dauert insgesamt fast zwei Stunden. Der Informationsgehalt steigt mit zunehmendem, gegenseitigem Vertrauen. Nicht unerheblich für dieses gegenseitige Vertrauen ist unsere gemeinsame Passion, das Bergwandern. Aber anzunehmen, dass er mir irgendwelche geheimen Dinge ausplaudern würde, ist natürlich abwegig, er ist schließlich ein Profi, und ich bin nur der Fahrer hier.
Time to sleep. Ich ziehe mich in meine First-Class-Kabine zurück. Drei Stunden Schlaf sind für mich genau richtig, um für den restlichen Flug fit zu sein. Über Kanada übernehme ich ausgeruht den Jumbo und lande meine Passagiere und den Herrn General in einer langgezogenen Rechtskurve, an Ground Zero vorbei, hart aber herzlich auf Landebahn 13L des John F. Kennedy Flughafens in New York.

Seit diesem Gespräch sehe ich die Welt noch ein Stück weit mehr mit anderen Augen, mit noch wachsameren Augen. Seither kann ich auch behaupten, dass meine Sicht der Dinge rund um 9/11 sozusagen von *offizieller Seite* bestätigt wird. Wenn ich nun auch diese Neuigkeiten in mein mittlerweile ganz schön gewachsenes Puzzle von privaten Erfahrungen mit Scheichs, Milliardären und anderen Würdenträgern schmeiße, entsteht daraus eine Sicht des Weltgeschehens, die sich der von den Tageszeitungen diametral entgegensetzt. Alles Fake-News? Nun, die Frage bleibt: Was mache ich damit, was machen *wir* damit? Ist es tatsächlich besser, wenn wir 9/11 einfach vergessen und normal weiterleben? Immerhin starben an diesem Tag über dreitausend Menschen, und immerhin ist seither das weltweite politische System über Nacht sehr viel autoritärer geworden. Jeder Flughafen ist heute eine faschistische Enklave. Die Sicherheitsvorkehrungen unmittelbar nach 9/11 sollten ursprünglich nur für die Zeit der erhöhten terroristischen Bedrohung gelten, sie gelten aber auch heute noch, obwohl seither keine erhöhte terroristische Gefahr auszumachen ist. Denken Sie mal kurz an die herrschenden Corona-Verordnungen, die drohenden Ausgangssperren und das Maskentragen – das kann leicht zum Dauerzustand werden. Wir alle sind ja nicht einmal mehr überrascht, dass wir einen zweiten und dritten Lockdown akzeptieren.

Die Karawane zieht weiter

Ist es nicht bemerkenswert, wie wir heute 9/11 mit einem einfachen Achselzucken begegnen? Es mag wohl richtig sein, dass man trotz der furchtbaren Anschläge mit seinem eigenen Leben fortfährt. Dass aber das *Pearl Harbour* unseres Jahrtausends einfach so weggesteckt wird, sollte uns als Gesellschaft zumindest ein bisschen nachdenklich machen. Tut es aber nicht – 9/11 interessiert keinen mehr, weil es nicht in unseren medialen Meinungskorridor passt. Wenn die Medien nicht mehr darüber berichten, dann existiert es nicht mehr, so die verkürzte Logik. Wie war es damals, als 1963 US-Präsident John F. Kennedy ermordet wurde? Wissen wir heute (bald sechzig Jahre später) mit Sicherheit, wer es getan hat? Lee Harvey Oswald kann es aus vielen Gründen ja nicht gewesen sein. Wer war es dann? War es der KGB oder vielleicht die CIA? Bei meinen vertieften 9/11-Recherchen bin ich immer wieder über einen alten Bekannten gestolpert: Rothschild. Hm, mit dem Mord an JFK haben sie möglicherweise tatsächlich was zu tun, weil Kennedy das US-Geldsystem (FED) umgestalten wollte. Lassen wir das jedoch an dieser Stelle... Aber warum hört man von dieser einstmals größten deutschen Bank heute praktisch nichts mehr? Eine Google-Suche führt ins Abseits, was nun keinen wundert. Wer im Internet nicht gefunden werden will, kann sich das erkaufen. Auch *Wikipedia* wird uns hier nicht helfen wollen. Überhaupt muss man mit dem elektronischen Nachschlagewerk Wikipedia vorsichtig sein. Im Bereich Technik und Naturwissenschaften ist es recht unparteiisch und stellt eine vorbildliche Enzyklopädie dar, aber wenn es um gesellschaftliche Themen geht, ist die ideologische Beeinflussung eklatant beziehungsweise unerträglich. Speziell wenn es um Terrorismus oder um das Großkapital geht, zeigt es sich, wer bei Wikipedia das Sagen hat. Ich war selbst Wikipedianer und wurde nach einem *Edit-War* gesperrt. Also, wo sind denn die Morgans, Carnegies, Vanderbilts oder gar die Rockefellers geblieben? Einfach weggestorben? Ach so, die nennen sich heute Chase Manhattan Bank, aber auch hier findet man kaum brauchbare Informationen über die Besitzer. Haben Sie wieder mal etwas von den Vanderbilts gehört? Sie müssen doch immer noch zu den reichsten US-Familien gehören. Wo sind die Nachkommen der J. P. Morgans und Carnegies? Alle einfach verschwunden, untergetaucht, in Rente gegangen? Kaum. Wir kennen nur die zweite Garde: Bill Gates, Jeff Bezos, Warren Buffett und so weiter. Warum eigentlich?

Ich darf für meine Firma fast jeden Monat einmal nach Honolulu, Hawaii, fliegen. Mein Anflug führt meist direkt über den berühmten US-Navy-Stützpunkt *Pearl Harbour*. Auch hier stellt sich die Frage: Was ist dran an der Geschichte, dass Präsident Franklin Delano Roosevelt schon lange vor dem *Überraschungsangriff der Japaner* im Dezember 1941 wusste, dass seine Pazifikflotte angegriffen wird? War es tatsächlich, wie vielleicht bei 9/11, nur ein vorgeschobener Grund, um in den Zweiten Weltkrieg zu ziehen? Mit Hilfe der immensen Waffenproduktion erfahren die USA seither eine nie dagewesene Konjunktur. Die Teilnahme am Zweiten Weltkrieg war der Beginn des anhaltenden Kriegsgeschäfts, ein Geschäftsmodell, das bis heute immerhin etwa fünf Prozent des riesigen amerikanischen Haushalts ausmacht. Die USA produzieren etwa 60 Prozent aller Waffen weltweit. Dadurch werden alle westlichen Staaten in irgendeiner Form vom Imperium abhängig. Das wirft viele einfache Fragen auf. Egal ob es Pearl Harbour, JFK oder 9/11 war, man lässt uns die offizielle Version glauben. Alles gut.

Zurück zu den Terroranschlägen vom 11. September 2001: Als Pilot hätte ich schon auch gerne von offizieller Seite gewusst, was da wirklich genau mit diesen vier Flugzeugen passierte. So, wie es seither im friedlichen Konsens alle Medien, Politiker und Geschichtsbücher darstellen, kann es – weil *physikalisch unmöglich* – nicht stattgefunden haben. Der offizielle NIST-Bericht (National Institute of Standards and Technology) hat zu viele fundamentale Ungereimtheiten. Wir Piloten wissen das, die Architekten wissen das, und auch die Spitzen der Macht wissen das. Alle anderen verdrängen es oder sind aus Bequemlichkeit gar nicht mehr daran interessiert. Man führt die Agenda stur weiter, die Propaganda hat gewirkt, also ist ja alles gut. Nun, ob das gut oder schlecht ist, überlasse ich Ihrem Sinn für Gerechtigkeit und Aufklärung. Ich persönlich finde es eine Anmaßung, dass alleine schon das *Hinterfragen* der uns aufs Auge gedrückten Fakten als Verschwörung bezeichnet wird. Als logische Konsequenz wäre dann ja auch mein Herr General aus der Ersten Klasse ein Verschwörungstheoretiker. Er flog vor zwanzig Jahren die F/A-18 im aktiven Militärdienst an der US-Ostküste und hatte somit direkt mit 9/11 zu tun. Darüber darf man ja mal nachdenken.

Alleine in New York starben dreitausend Menschen. Viele von ihnen stürzten sich wegen der gewaltigen Feuerhitze aus dreihundert Metern in den sicheren Tod. Eine Stunde zuvor noch mit frischem Elan und Lebensfreude die Pflanze auf dem Schreibtisch gegossen, ein Käffchen getrunken und den Arbeitstag begonnen – und jetzt ist der sichere Tod im freien Fall das kleinere Übel. Das ist *grausam!*

Ich finde, wenn wir schon allesamt kollektiv und von oberster Stelle belogen werden, dann sollten wir wenigstens zwanzig Jahre danach ein Stück der Wahrheit erfahren dürfen, also: *Warum stürzten die drei Wolkenkratzer in New York ein?* Ex-Präsident George W. Bush und Dick Cheney, Condoleezza Rice und Colin Powell leben alle noch. Ist wirklich niemand an der Wahrheit interessiert? Und vor allem: Warum nicht? Ach so, weil diese Figuren ja alle noch leben.

„Die Anschläge vom 11. September 2001 waren ein gewaltiger amerikanischer Staatsstreich – sowohl innen- als auch außenpolitisch. Es war die gigantische Inszenierung eines Terrorangriffes auf die USA mit Hilfe der Magie des Fernsehens und CGI, Computer-generated Imagery. Da wir Menschen die Welt hauptsächlich über die Augen wahrnehmen, bot es sich an, diese mit Hollywoods Trickkiste zu überlisten. Durch das dauernde Wiederholen der Anschläge am Fernsehgerät wurde in die Festplatte unseres kollektiven Bewusstseins eingehämmert, wie wir fortan zu denken hatten. Das gemeinsame ‚Mit-Erleben' dieser Tragödie am Fernseher hat in uns allen einen nachhaltigen Schock ausgelöst. Jeder von uns weiß, wo er am 11. September 2001 war, und jeder hat die Bilder gesehen. Was aber wirklich geschah, wird uns immer noch vorenthalten. Wir leben seit 9/11 in einer neuen Normalität."*

So beginnt eine gelungene Verschwörungstheorie. Lassen Sie uns trotzdem versuchen, der Wahrheit mit Hilfe von gesicherten Fakten ein Stück näher zu kommen.

Was wir gesehen haben

Nun, ganz so einfach ist es nicht. Obwohl es viele Ungereimtheiten rund um 9/11 gibt: Dem Staat und den vielen hundert Akteuren zuzumuten, diesen Streich zwanzig Jahre lang zu vertuschen, erscheint mir ziemlich ambitioniert – theoretisch zwar möglich, aber trotzdem nicht sehr wahrscheinlich.

Die jungen Leser unter Ihnen werden es kaum begreifen, aber dieses Ereignis war dermaßen einschneidend, dass die Weltgeschichte seither in eine Zeit vor und in eine Zeit nach den Anschlägen eingeteilt wird. Es war vor allem deshalb einschneidend, weil wir Älteren *es* ja alle gesehen haben. Wir haben alle direkt am Bildschirm mitverfolgen können, was *nach* dem ersten Kamikazeflug in New York geschah. Dieses erste Flugzeug wurde erst viel später in die laufende Berichterstattung eingefügt, obwohl man annehmen darf, dass schon im September 2001 tausende Touristen mit gezückter Kamera durch New York City spazierten. Internet gab es ja auch schon. Ich selbst hatte, wie Millionen andere Fernsehzuschauer, das zweite Flugzeug in den Südturm des World Trade Centers krachen sehen: eine riesige Boeing 767, im Fernsehen, *live*. Nach meinem Langstreckenflug von Asien nach Europa machte ich den Fernseher im Hotelzimmer an und schaute ungläubig auf den qualmenden Nordturm des World Trade Centers. Die Fernsehstationen sprachen von einem kleinen, einmotorigen Sportflugzeug, das das Gebäude rammte. Bei schönstem Herbstwetter und bei Tageslicht konnte es nur ein Verrückter gewesen sein. Liebeskummer, Job verloren, was weiß ich. Als ich dann aber das Ausmaß des riesigen Loches im Nordturm sah, da wusste ich sofort, dass es ein großer Airliner gewesen sein musste und ganz sicher nicht ein kleines Sportflugzeug. Die Reporter blieben dabei, bis der zweite Flieger um die Ecke kam. Ein veritables Passagierflugzeug, eine für mich (auf späteren Aufnahmen) eindeutig als Boeing 767 identifizierbare Maschine, führte mit einer absoluten Präzision eine steile Linkskurve aus, mit dem Ziel, den Südturm genau in der Mitte zu treffen. Bullseye! Ich kalkulierte grob: Zwei Passagierflugzeuge sind innerhalb kürzester Zeit in die Wahrzeichen von New York gekracht – ein Terroranschlag! Meine Augen täuschen mich auch nach einem langen Arbeitstag nicht, und es war schließlich auf CNN, BBC und ARD und ZDF – und in Farbe sichtbar. So weit, so schlecht, denn alle anderen Ereignisse haben wir nicht direkt gesehen. *Niemand!* Offenbar hat auch keine der überall aufgestellten Überwachungskameras die Attacken gefilmt. Der meilenweite Hochgeschwindigkeits-Tiefstflug einer Boeing 757 (auch in Washington herrschte Tageslicht und schönstes Wetter) in das bestbewachte Gebäude der Welt, das US-Verteidigungsministerium, scheint keinem aufgefallen zu sein. Zufall? Im Fernsehen zeigte man uns nur ein relativ kleines Loch im Pentagon und ein kleines Feuer. Hier sollte also ein Passagierflugzeug hineingedonnert sein? Seltsam. Der Absturz einer weiteren Boeing 757 in Pennsylvania hinterließ einen winzig kleinen Krater, aber keine Trümmerteile. An keiner der vier Unfallstellen wurden Teile von den riesigen Boeing-Passagierflugzeugen gefunden. Interessant. Erst nach ein paar Monaten tauchte in New York plötzlich ein Triebwerksteil auf. Es soll sich angeblich zwischen zwei Gebäuden verkeilt haben, die weit weg von den beiden eingestürzten Zwillingstürmen standen. Pikant: Das Teil konnte *nicht* den Boeing-Flugzeugen zugeordnet werden. Das ist zumindest bemerkenswert, denn Triebwerksteile liegen ja auch in New York nicht einfach so herum. Es musste also dorthin gebracht worden sein. Warum? Jedes kleinste Flugzeugteil kann normalerweise identifiziert und in jedem Fall einem ganz bestimmten Flugzeug zugeordnet werden! Immer. Wozu also der Aufwand?

WTC-7: Ich weiß nicht, ob Sie bemerkt haben, dass ich anfangs von *drei eingestürzten Wolkenkratzern* gesprochen habe. Um herauszufinden, wie viel Wissen heute noch über die tragischen Ereignisse des 11. September 2001 vorhanden ist, frage ich meine Gesprächspartner immer wieder: „*Kennst Du das WTC-7?*" Etwa drei Viertel wissen nicht, wovon ich spreche. Aber Sie, als aufmerksamer Leser, wissen es bestimmt. Das Salomon-Brothers-Gebäude, bekannt als WTC-7 (World Trade Center, Gebäude Nr. 7), war ein Hochhaus in der Nähe der beiden eingestürzten Zwillingstürme. Es stürzte ohne ersichtlichen Grund ein, am selben Tag, aber erst etwa acht Stunden nach den Angriffen, um exakt 17 Uhr 15. Das Gebäude Nummer sieben wurde von *keinem* Flugzeug getroffen. Durch den Einsturz der beiden großen World-Trade-Center-Hochhäuser entstanden im WTC-7 ein paar kleine Bürobrände. Es ist in der hundertjährigen Geschichte der Hochhaus-Architektur noch nie zu einem Einsturz gekommen, nur weil ein Gebäude brannte. Nie. Erinnern wir uns an den Wolkenkratzer-Brand in London im Jahre 2017. Das Grenfell-Tower-Gebäude steht heute noch, obwohl es sechzig Stunden lang lichterloh brannte. Oder der Großbrand im Torre Windsor in Madrid im Jahre 2005: Das Gebäude stürzte, nachdem es zwanzig Stunden brannte, nur bis zur 17. Etage ein. Die Architekten unter Ihnen wissen warum. Die Temperaturen eines Bürobrandes sind einfach viel zu tief, um die Stahlstruktur eines Wolkenkratzers schwächen zu können. Das wurde jahrelang ausgiebig getestet. Die Stahlträger sind zusätzlich mit einer feuerfesten Ummantelung geschützt, und das ist seit über siebzig Jahren sogar Vorschrift, um solche

Hochhäuser überhaupt bauen zu dürfen. Weltweit. Ja, auch und vor allem in den USA. Was oder wer brachte also das 186 Meter hohe WTC-7-Gebäude in New York zum Einsturz – und warum? Wir sprechen hier von einem Turm, der höher war als der Kölner Dom und etwa gleich hoch war wie das Roche-Gebäude in Basel, und kein Mensch kann sich daran erinnern. Das Erstaunliche des plötzlichen WTC-7-Einsturzes war: Das Hochhaus stürzte an allen vier Ecken gleichzeitig, perfekt und senkrecht, wie von professionellen Sprengmeistern ausgeübt, in sich zusammen. Urteilen Sie selbst. Man erzählte uns, dass alle 81 Stahlsäulen des WTC-7 gleichzeitig eingestürzt sind, ohne dass ein Flugzeug das Gebäude rammte. Finde den Fehler. Im offiziellen NIST-Bericht wurde WTC-7 nur gerade viermal am Rande erwähnt. Ein Zufall? Man weiß so wenig. Auf ihrer Internetseite finden Sie den offiziellen Bericht der 9/11-Kommission: www.nist.gov/el/final-reports. Vor kurzem habe ich einen neuen, offiziellen Report über den Einsturz des WTC-7-Gebäudes entdeckt und das PDF natürlich umgehend runtergeladen (www.nist.gov/system/files/document). In diesem Gebäude waren übrigens keine Menschen mehr. Zu diesem Zeitpunkt war Ground Zero bereits leergefegt.

Lucky Luke – er zog schneller als sein Schatten. Der britische Staatsfunk *BBC* war über Jahrzehnte dafür bekannt, gründlich und schnell zu recherchieren. Seit den Anschlägen ist BBC offenbar nur noch eine schnelle Truppe, denn die Fernsehreporterin Jane Stanley berichtete am 11. September um exakt 17:00 Uhr vom angeblichen Einsturz des WTC-7, obwohl man den Wolkenkratzer hinter ihr immer noch stramm stehen sah. Ein choreografischer Schönheitsfehler? Erst lange fünfzehn Minuten später krachte der Turm in einer geradezu perfekten Weise in sich zusammen. Noch Fragen? Ja, ich auch.

Es ist lange her, ich weiß. Aber versuchen wir trotzdem, uns an die schrecklichen Ereignisse zu erinnern. Wir alle haben am 11. September 2001 ein Flugzeug gesehen, das (mit später errechneten, aber physikalisch unmöglichen 970 km/h) in einer steilen Linkskurve punktgenau in den Südturm gedonnert ist – im Fernsehen, live. Danach wurden uns

Filmaufnahmen des ersten Flugzeuges gezeigt. Zwar nicht mehr live, aber trotzdem eindrücklich: riesiger Feuerball, spektakulär, atemberaubend. Ein, zwei Stunden später stürzten die beiden Zwillingstürme des World Trade Centers wie Butter zu einem riesigen Schutthügel ein. Wir waren entsetzt! Das ist, was wir im Fernsehen gesehen haben, nicht mehr, nicht weniger.

Von vier Passagierflugzeugen haben wir also genau eines im Fernsehen *live* gesehen. Von allen vier Flugzeugen fehlt bis heute jede Spur! Kein einziges Teilchen der je etwa hundert Tonnen schweren Flugzeuge wurde gefunden. Wir alle wissen, wie ein Flugzeug nach einem Absturz in etwa aussieht. Ich habe hunderte Absturzberichte studiert und somit auch tausende Bilder gesehen. Alle Flugzeugabstürze haben eines gemeinsam: Es gibt immer erkennbare Trümmerteile. Immer. Hinzu kommt, dass bei einem Passagierflugzeug die sogenannte *Blackbox* Vorschrift ist, die jeden Absturz und jedes Feuer übersteht. Dieser Datenschreiber, der sich übrigens in einer leuchtend orangen Metallkiste befindet, zeichnet alle Positionen der Schubhebel, Ruder, Klappen, Schalter, Knöpfe, Ventile und so weiter auf. Selbst die Cockpit-Gespräche werden laufend aufgezeichnet. In der wichtigsten Touristenstadt der Welt laufen morgens um neun normalerweise ein paar zehntausend Besucher herum, die die Kamera auf jedes Objekt halten, speziell an einem so schönen September-Tag. Aber hier: Inmitten New Yorks und Washingtons und trotz tausender Videokameras gibt es praktisch keine Filmaufnahmen, keine Fotos, nichts. Vier Passagierflugzeuge werden gekapert und fliegen volle dreißig Minuten wirr durch den dichtesten Luftraum der Welt, und sie werden nicht vom stärksten Militär abgefangen. Das ist doch zumindest seltsam, nicht wahr?

Bis zum heutigen Tag weigert sich der amerikanische Staat, uns die Wahrheit über 9/11 zu sagen. Ich überlasse es Ihnen zu deuten, wie viel Wahrheit wir seither von den US-Behörden oder gar von den Präsidenten George W. Bush, Barack Obama, Donald Trump oder Joe Biden zu hören bekamen.

Mein ultimativer Test im Boeing-Simulator

Ich möchte versuchen, Ihnen die relativ komplexe Physik der Aerodynamik näherzubringen, ohne zu sehr ins Detail zu gehen. Mal sehen, ob ich das schaffe. Immerhin möchte ich Ihnen damit beweisen, dass 9/11 nicht so passiert sein kann, wie wir es seit zwanzig Jahren hören.
Lassen Sie mich erst einmal die Fake-News der *Terroristen mit Pilotenausbildung* aus dem Weg räumen. Bis zum heutigen Tag spricht die Mainstream-Presse von *in Florida auf kleinen, einmotorigen Sportflugzeugen ausgebildeten* Terroristen. Die Logik spricht eindeutig gegen diese These. Als langjähriger Pilot und Fluglehrer weiß ich: Wer nur gerade ein kleines, einmotoriges Sportflugzeug beherrscht, hat nicht mal den Hauch einer Chance, ein Passagierflugzeug länger als eine Minute geradeaus zu fliegen – von einem Sinkflug nach New York oder Washington mit anschließendem Kurvenflug in ein Gebäude nicht mal zu träumen. Das mag vielleicht in Hollywood-Filmen funktionieren – da kann auch mal eine Stewardess die an der Fischvergiftung verstorbene Cockpit-Crew ersetzen und den Jumbo von Hand landen. In der Realität würde das Flugzeug natürlich innerhalb kürzester Zeit abstürzen. Nein, einfach den Autopiloten zu programmieren, fällt auch weg. Den kann man nicht einfach programmieren, auch das gehört ins Reich der Fantasie. Damit werden Sie aber noch nicht zufrieden sein.

Also, dann lassen Sie es mich versuchen. Als Fachmann in der Sparte Fliegerei kann ich zunächst eines mit Sicherheit sagen: Wenn es Passagierflugzeuge waren, dann müssen die Terroristen-Piloten allesamt *absolute Profis mit enormer Flugerfahrung* gewesen sein. Sie müssen bessere Piloten gewesen sein als beispielsweise ich. Ich selbst fliege die etwas größere Boeing 747, den Jumbojet. Meine Kollegen und ich haben in einer Nacht-und-Nebel-Aktion wiederholt im richtigen, Millionen teuren Level-D Boeing-747-Fullflight-Flugsimulator in Taiwan versucht, die Türme im manuellen Kurvenflug, also von Hand, und das Pentagon im Hochgeschwindigkeits-Tiefflug zu treffen. (An dieser Stelle nochmals herzlichen Dank an meinen ehemaligen Arbeitgeber, *China Airlines!*) Es war äußerst schwierig, und erst nach einigen Versuchen schafften wir es, die Häuser in der Mitte zu treffen. Allerdings erreichten wir niemals die fantastische Geschwindigkeit, mit der gemäß NIST-Bericht geflogen wurde. Diese 970 km/h erreicht man mit einem Passagierflugzeug auf Meereshöhe und mit Vollgas nicht einmal im Sturzflug. Diese hohe Geschwindigkeit ist nur auf über zehntausend Metern möglich, weil die Luft dort oben so dünn ist und die Temperaturen so tief sind. Es war uns bei keinem Versuch möglich, die vom Untersuchungsausschuss der US-9/11-Kommission berechnete Fluggeschwindigkeit von 524 Knoten (970 km/h) zu simulieren. Das lag weniger am modernsten Simulator der Welt als eben an der Physik. Nachdem die Kommission darauf aufmerksam gemacht wurde (nicht von uns), krebsten die Verfasser des Berichtes zurück und relativierten die Geschwindigkeit zunächst auf 470 Knoten, dann auf physikalisch immer noch nicht erreichbare 450 Knoten (835 km/h). Testpiloten von Boeing, dem Hersteller aller vier Flugzeuge, sagten aus, dass eine Geschwindigkeit von über 450 Knoten auf Meereshöhe mit Boeing-Passagierflugzeugen physikalisch unmöglich wäre. Abgesehen davon, dass die Triebwerke auf Meereshöhe zu wenig Schub lieferten (zu viel Luftwiderstand), wäre das Flugzeug praktisch unfliegbar und würde sich zerlegen. Um diese fantastischen Geschwindigkeiten zu erreichen, wären Triebwerke mit sechsfachem Schub erforderlich gewesen. Die gibt es noch heute nicht. Wenn Sie weiterführende Literatur suchen, dann helfen Ihnen die folgenden Suchwörter weiter: Mach-Tuck, M.A.C. Druckpunktverlagerung im Transsonic-Bereich, Machzahl, Rumpfstruktur im Transsonic-Bereich, Luftwiderstand bei zunehmender Flughöhe, Strahltriebwerksleistung bei hoher Luftdichte, Nachbrenner.

Die erlaubte Maximalgeschwindigkeit einer Boeing 767 beträgt laut offiziellem Handbuch gerade mal 360 Knoten auf Meereshöhe, das sind etwa 670 km/h. Bis zu dieser Geschwindigkeit ist das Flugzeug normal steuerbar, natürlich von einem auf Passagierflugzeugen ausgebildeten Piloten. Fliegt man das Passagierflugzeug schneller, zum Beispiel im Sturzflug, verändert sich die Aerodynamik dramatisch, und das Flugzeug wird praktisch unsteuerbar. Ein Hochgeschwindigkeits-Strömungsabriss ist die Folge, ein unkontrollierbarer Absturz unvermeidbar. Um eine Geschwindigkeit von über 450 Knoten (835 km/h) zu erreichen, muss man mit einem Passagierflugzeug auf eine Flughöhe von über viertausend Metern steigen, denn auf Meereshöhe ist die Luft einfach viel zu dick und die Temperatur zu hoch. Um diese Geschwindigkeit zu erreichen, brauchen wir also dünne, kalte Luft. Unter anderem auch deswegen fliegen die Passagierflugzeuge sehr hoch. Auf zehntausend Metern ist der Spritverbrauch viel niedriger, und man fliegt außerdem über dem Wetter.

Der Untersuchungsausschuss spricht zunächst also von sagenhaften 970 km/h, obwohl nur maximal (nach einem sanft aufgefangenen Sturzflug) etwa 800 km/h möglich wären. In einem Kurvenflug mit 37 Grad Querlage würde das Flugzeug wegen der Beschleunigungskräfte (G-Force) schon sehr viel früher unfliegbar werden, sich zerlegen und abstürzen. Dass die fliegerisch unbedarften Terroristen aus dem Morgenland die drei Gebäude trotzdem punktgenau trafen, grenzt also an ein Wunder. Die 37 Grad Querlage ließen sich übrigens anhand der Fotos des Südturmes exakt abmessen. Es muss also einiges faul gewesen sein an dieser 9/11-Geschichte. Sehr faul!

Nachdem diese Informationen durchsickerten, wurden auch viele ansonsten regierungstreue Zivil- und Militärpiloten hellhörig, um es mal vorsichtig zu formulieren. Als sich das Märchen der in Florida auf kleinen Sportflugzeugen schnellgebleichten Terroristen immer mehr zum Allgemeingut der Presse und der Bürger entwickelte, war uns allen klar, dass hier bewusst Falschinformationen gesät wurden. Wer nicht ein erfahrener Jetpilot ist, der kann gar keine Boeing 767 fliegen, und schon gar nicht einen Wolkenkratzer mit Highspeed treffen. Das sollte doch jedem einleuchten.

Nach den Anschlägen haben wir bei meiner damaligen Airline zahlreiche Tests mit ausgebildeten und erfahrenen Hobbypiloten durchgeführt, die die Fluglizenz besaßen, kleine ein- und zweimotorige Vier- bis Zehnplätzer zu fliegen. Diesen Gewinnern eines Preisausschreibens von *China Airlines* war es vergönnt, einen richtigen Boeing-747-Flugsimulator zu bedienen. Wir setzten sie in den zwanzig Millionen Dollar

Flugsimulator und gaben ihnen so viele Informationen wie möglich. Nach ein bisschen üben und mit ein paar Inputs unsererseits schafften sie es, einigermaßen einem ILS zu folgen. Das ist das Instrumentenlandesystem, das das Flugzeug zur Landebahn bringt. Eine Landung schaffte keiner. Alle sind gecrasht. Danach haben wir sie das 9/11-Szenario fliegen lassen, natürlich ohne ihnen etwas zu sagen. Kein Einziger schaffte es, die Boeing manuell länger als zwanzig Sekunden, bei deutlich langsameren 670 km/h, stabil im 37-Grad-Querlage-Kurvenflug zu steuern. Ich möchte hier nicht zu technisch werden, aber sie schafften es kaum, wenigstens die Flughöhe und die Flugrichtung im Geradeausflug einigermaßen beizubehalten. Das ist logisch, denn sie waren ja keine ausgebildeten Jetpiloten. Genauso logisch ist, dass auch die von der CIA genannten arabischen Terroristen niemals in der Lage sein konnten, einen Jet zu fliegen, weder von Hand noch mit Hilfe des Autopiloten.

Der Autopilot kann übrigens bis zum heutigen Tag solche Querlagen gar nicht fliegen. Bei etwa 30 Grad Querlage ist Schluss. Folglich müssen konsequenterweise ausgebuffte, zu Terroristen umgepolte Testpiloten mit tausenden Stunden Flugerfahrung in den Südturm bzw. ins Pentagon gekracht sein. Alles andere ist Fantasie oder bewusste, von unfähigen Journalisten transportierte Falschinformation! Oder es waren eben gar keine Flugzeuge. Dann sind wir wieder bei der Verschwörung. Damit wir uns richtig verstehen: Verschwörungstheorien sind mir ein Dorn im Auge. Ich bin also eher ein *Verschwörungs-Praktiker*.

Mein Fazit: *Die offizielle Version der 9/11-Kommission ergibt absolut keinen Sinn.*

Was mit 9/11 bezweckt wurde

Die Terroranschläge waren für die gesamte Menschheit ein Schock-Ereignis erster Güte, eingebrannt auf die Festplatte der Zivilisation. Das Ereignis war für unser Gehirn noch beeindruckender als die Mondlandung 1969, weil es eine *negative Erfahrung* war. Die Psychologen unter Ihnen wissen besser als ich, dass wir die Welt hauptsächlich über unsere Augen wahrnehmen. Das leuchtet ein. Es sind ja vor allem auch die Verkaufspsychologen, die uns täglich wichtige und vor allem unwichtige Produkte andrehen. Wir merken es kaum, aber die Art und Weise, wie wir Konsumenten Kaufentscheide fällen, sind Grundkenntnisse in der Psychologie und werden im ersten Semester vermittelt. Wir Menschen sind teilweise sogar einfacher zu manipulieren als Versuchsratten im Labor. Das spricht für die Ratten.

9/11 war dermaßen überzeugend, dass sich die ganze Menschheit dazu verleiten ließ, dem bösen Saddam Hussein den Garaus zu machen. Damit wir uns auch hier nicht missverstehen: General Saddam Hussein war bestimmt kein Engel, im Gegenteil. Aber, und das dürfte für viele Menschen neu sein, Saddam wurde von den USA installiert. Dass er dann später vom gleichen Imperium liquidiert wurde, war zwar nicht schön, aber eben folgerichtig. Er ist nicht der erste von den USA eingesetzte Machthaber in dieser Region – wir erinnern uns vielleicht noch an den Schah von Persien. Das Ganze wirft doch einige Fragen auf, möchte man zumindest meinen. Aber nichts dergleichen, die Presse schweigt kollektiv. Sie muss wohl schweigen. Auch nachdem bewiesen wurde, dass Saddam Hussein mit 9/11 nichts an seinem Cowboy-Hut haben konnte, schwieg die Weltpresse brav. Alle westlichen Fernsehstationen verbreiteten ungeprüft und fast wörtlich die Informationen des US-Verteidigungsministeriums. Es sollte wohl eher Angriffsministerium heißen, denn die *terroristischen Angriffe von 9/11* legitimierten die USA gleichzeitig, den Irak endgültig zu zerstören und für sich zu beanspruchen. Diese Strategie fand zum ersten Mal im Jahre 1915 statt, als der Ozeandampfer *Lusitania* von deutschen Torpedos versenkt wurde. Das Schiff wurde absichtlich in ein von deutschen U-Booten verseuchtes Gebiet vor der Küste Irlands gelotst, wo es natürlich umgehend versenkt wurde. Knapp 1.200 Menschen, darunter 128 Amerikaner, starben den grausamen Ertrinkungstod. Das amerikanische Volk ärgerte sich in der Folge und beteiligte sich am *Ersten Weltkrieg*. Mehr als 300.000 Amerikaner fielen diesem zum Opfer, was mich wieder zu den Rothschilds und Rockefellers führt: Die Banken machten schon damals fette Gewinne mit der Kriegsmaschinerie. Die *Rockefellers* wurden damit zur größten Macht im Staat. Der nächste ähnliche Coup war 1941 *Pearl Harbour*. Gleiche Strategie, gleiches Resultat. Wie, das haben Sie im Geschichtsunterricht nie mitbekommen? In welchem Land leben wir denn? Also, dann erinnern wir uns gemeinsam nochmals: *Die Geschichte wird vom Sieger geschrieben*. Bei allem Respekt, aber nach meinem Informationsstand hat Deutschland nie einen Krieg gewonnen. Meine Schweiz auch nicht. Der Krieg ist seither für die Banken ein äußerst profitables Geschäft. Vielleicht erinnern Sie sich daran, dass die Rockefellers mit ihrer *Standard Oil Company* im Zweiten Weltkrieg den Erzfeind, die *Deutsche Luftwaffe* (über die I.G. Farben), mit einem synthetischen Treibstoff-Zusatz versorgten. Hitler ging der Treibstoff aus. Ja, man kann auf beiden Seiten des Schützengrabens gleichzeitig viel Geld verdienen. Oder erinnern wir uns an Prescott Bush, Vater von Ex-Präsident George Bush und Großvater von Ex-Präsident George W. Bush. Er war Präsident der *Union Bank Corporation*, und ihr Geschäftsfeld war der Vietnamkrieg. Ein Zufall?

Die Liste lässt sich beliebig erweitern. Banken haben keine Skrupel. So begreifen wir langsam: Die Anschläge vom 11. September 2001 waren wohl auch nur ein Vorwand, in den Irak bzw. Afghanistan zu ziehen.

Überlegen Sie mal für eine Nanosekunde, was Covid-19 für Folgen haben könnte. Wir lassen uns offenbar auch ohne (versprochene) Leichenberge leicht manipulieren. Die Angst sitzt uns im Nacken, bloß nicht gegen den Strom schwimmen. Es reicht, wenn wir brav die Maske aufsetzen und hoffen, dass wir damit den *allgemeinen Konsens* nicht stören. Der Hitlergruß war gestern. Ich spüre es, die Nanosekunde wird Ihnen jetzt nicht mehr reichen.

Zurück nach New York: 9/11 war so überzeugend, dass wir Zeitungsleser nur noch entscheiden mussten, ob es der Muselmann oder gar Russland war. Die Entscheidung war schnell gemacht. Es passt seit etwa hundert Jahren ins amerikanische Konzept, den Mittleren Osten instabil und den Rest der Welt mit einer lang anhaltenden Terrorangst in Atem zu halten. Die US-Waffenverkäufe boomen seit 9/11 wieder, und auf den Flughäfen werden wir gründlich auf Nagelfeilen und 100-ml-Flaschen untersucht. Die *Airport Security* ist übrigens ein Nebengeschäft von Ex-US-Vizepräsident Dick Cheneys früherem Arbeitgeber *Halliburton*. Heute ist es seine eigene Firma. Dick wurde Milliardär. Halliburton besorgt für den amerikanischen Staat die Infrastruktur, um Kriege zu machen. Im wahrsten Sinne des Wortes ein Bombengeschäft!

Die Passagiere, aber auch wir Piloten haben uns daran gewöhnt, auf unseren Reisen wie Terroristen behandelt zu werden. Das Tragische dabei ist, dass die meisten Passagiere sich nach dieser unsäglichen und unnützen Leibeskontrolle auch noch sicherer fühlen. Zur Erhellung: Vor und nach 9/11 wurde nie (nie!) ein Terrorist bei einer Sicherheitskontrolle entdeckt. Die letzten zwanzig Jahre wurde kein einziger Terrorist am Flughafen geschnappt. *Noch wichtiger: Zwanzig Jahre lang wurde kein einziges Flugzeug gekapert.* Nicht aufgefallen? Ich wage mich wieder weit hinaus: Es könnte ja sein, dass es diese Art von Terrorismus gar nicht mehr gibt. Es gibt möglicherweise grundsätzlich weniger Terroristen, als wir jeden Abend im Staats-TV sehen. Damit hier kein falscher Eindruck entsteht: Die Passagierkontrollen sind natürlich völlig in Ordnung, um damit zu verhindern, dass irgendwelche Idioten die Flugsicherheit gefährden. Dass wir damit aber einen professionellen Terroristen von seinem Vorhaben abbringen könnten, ist naives Wunschdenken. Machen Sie den einfachen Sicherheitstest, das nächste Mal, wenn Sie nach Malle fliegen. Werfen Sie mal ein Auge auf die *Security-Kontrolleure* am Flughafen, an Naivität sind diese Figuren nicht zu überbieten. Ich habe täglich mit diesen Möchtegern-Polizisten zu tun. Die sind einfach nur peinlich. Ich meine damit ausnahmslos alle Sicherheitsleute ohne volle Polizeiausbildung! Im richtigen Leben hätten die keine Chance. Der richtigen Polizei möchte ich an dieser Stelle danken. Ohne sie wäre eine sichere Fliegerei nicht möglich.

Seit den Terroranschlägen 2001 haben die USA freie Hand, mit Hilfe des Verteidigungsministeriums ihre Angriffskriege zu führen. Es geht um nicht weniger als um die Rohstoffe dieser Erde, und zwar immer. Es geht hauptsächlich um das sprudelnde Erdöl. Wir verbrauchen davon täglich etwa hundert Millionen Barrel (1 Barrel = 159 Liter). Dieses Öl sprudelt vor allem im Nahen- und Mittleren Osten zu günstigsten Förderkonditionen. Würden wir politikinteressierte Menschen uns eher auf unsere analytischen Fähigkeiten berufen (anstatt Fernsehmoderator Claus Kleber jeden Mist zu glauben), wäre es für die Vereinigten Staaten nicht so leicht möglich, Kriege im Irak oder *demnächst im Iran* anzuzetteln, nur um danach als rettender Weltpolizist in die Bresche zu springen. Das kommt mir ein bisschen vor wie der zündelnde Feuerwehrmann. Seit dem Schockerlebnis 9/11 schalten wir offenbar das Analytische aus und nehmen aus Bequemlichkeit jede staatliche Information für bare Münze. Wir glauben tatsächlich, dass nach dem mirakulösen Auffinden des *Reisepasses eines der Terroristen* (Satam Al Suqami, der das Flugzeug in den Nordturm gesteuert haben soll) die Sache bewiesen sei. Bei zigtausenden Tonnen von Stahl, Schutt und Asche wird ausgerechnet der unversehrte Pass des Terroristen gefunden. Bingo, Inspektor Columbo!

Nehmen wir uns nochmals die vielgeschmähten Psychologen zu Hilfe, verweisen diese auf die *kognitive Dissonanz*. Das bedeutet, dass wir einen unglaubwürdigen Sachverhalt, wider besseren Wissens, trotzdem glauben. Platon hat schon darüber reflektiert. Er befand, dass die unterschiedlichen Komponenten des Geistes in einem Konflikt stehen. Er unterschied zwischen der Vernunft-Seele, der Trieb-Seele und der Affekt-Seele. Dabei sah er den Geist als Wagenlenker, der unterschiedliche Arten von Pferden im Zaum halten muss.

Obwohl wir also wissen, dass etwas keinen Sinn machen kann, glauben wir es. Hinterfragt man in der Kaffeepause 9/11, dann wird man schnell einmal aufs Übelste diffamiert und bequemerweise zum Verschwörungstheoretiker abgestempelt. Ich habe es aufgegeben, meine Mitmenschen damit zu belästigen. Hiermit tu ich es zum letzten Mal.

Ein Verschwörungstheoretiker, darauf können wir uns vielleicht einigen, ist ein Spinner. Dass sich über *3.000 Architekten, Ingenieure und Berufspiloten* formiert und organisiert haben, um die Wahrheit über 9/11 herauszufinden, verschweigt die Presse geflissentlich. Vielleicht doch zu viele Spinner? Diese tausenden von gebildeten Menschen können Sie vielleicht dazu bewegen, die Tagesschau oder die Tageszeitungen künftig mit etwas größerer Skepsis zu konsumieren. Ich kann nur hoffen, dass auch Sie sich in Zukunft die Zeit stehlen werden und selbständig Informationen vom Mainstream mit dem Internet abgleichen. Nur so besteht die Möglichkeit, dass Sie künftig selbst entscheiden, was bei einer Berichterstattung wahr sein kann und was nicht. Man wird Ihnen vielleicht vorwerfen, paranoid zu sein. Das ist unangenehm, aber anders werden wir uns in Zukunft nicht mehr informieren können. Dieses kritische Denken wird uns allen zunehmend und absichtlich schwieriger gemacht. Die kurzen Meldungen auf dem Handy sind doch so praktisch. Falsch: Diese Meldungen haben weder einen Informationsgehalt, noch versetzen sie Sie in die Lage, mehr zu wissen. *Es ist reine Zeitverschwendung, diese Fünfzeiler zu lesen.* Sehen Sie, ich verbringe einen beträchtlichen Teil meiner bezahlten Freizeit an schönen Destinationen damit, Ihnen die Fleißaufgabe der *News-Filterung* für die Dauer dieses Buches abzunehmen und die News von den Fake-News zu trennen. Ich gebe es zu, das Internet ist eine feine Sache, aber das Netz ist auch voller Unsinn. Es liegt an uns, das Beste daraus zu machen. Es gibt durchaus viele brauchbare Internet-Informationen, die dann im „Big Picture" Sinn ergeben. Denken Sie an meine Erfahrungen mit 9/11 – manchmal dauert es seine Zeit, bis man die Wahrheit erfährt. Halten Sie durch, es lohnt sich. Ich weiß, neben Ihrer beruflichen Tätigkeit und den Elternpflichten auch noch Ihre Lieblingszeitung oder die Lieblingssendung Ihrer Frau zu hinterfragen, ist vielleicht etwas viel verlangt. Versuchen Sie dennoch, daraus einen Sport zu machen und diskutieren Sie mit Ihren Lieben darüber. In aller Ruhe. Versuchen Sie herauszufinden, wann Sandra Maischberger von ihrem Regisseur neue

Anweisungen ins Ohr geflüstert bekommt. Achten Sie bei Anne Will darauf, wie sie bei der Fragestellung bereits triumphierend lächelt. Spüren Sie heraus, wann Peter Altmaier den Mist, den er erzählt, selbst glaubt. Ertappen Sie den ORF-Onkel Wolf, wenn er wieder einmal das österreichische Volk belügt. Kreide, Armin?

Vor ein paar Jahren erzählte der US-Vier-Sterne-General und NATO-Oberkommandierende *Wesley Clark* in einem Fernsehinterview freimütig, dass er ein paar Tage nach 9/11 zu Verteidigungsminister Donald Rumsfeld ins Büro gerufen wurde. Sie besprachen die Vorgehensweise für die anstehenden Militärprojekte. Als er den Raum verließ, wurde er von einem Major nochmals zurückgepfiffen und über die *neue Strategie* informiert, die offenbar per Eilboten direkt vom Weißen Haus kam. General Clark wurde mitgeteilt, dass die USA nun in den Irak und dann nach Afghanistan ziehen würden. Aber das war erst der Anfang: Danach sollten nochmals sechs Länder innerhalb der nächsten sieben Jahre destabilisiert und dann demokratisiert, sprich eingenommen werden. Nach dem Irak also Afghanistan, Syrien, Libanon, Libyen, Somalia, Sudan und zum Schluss noch der Iran. Das war er also, der neue Auftrag von George W. Bush und seiner texanischen Familie. Der Rest ist Geschichte. Nach acht Jahren blutigem Bush-Krieg änderte sich für die Vereinigten Staaten nicht viel. Der frisch gewählte Heilsbringer, Präsident Barack Obama, führte das Ganze acht weitere Jahre brav weiter, ohne Rücksicht auf Leben und Kultur. Ja, auch an seinen schwarzen Fingern klebt offenbar Blut. Seine Außenministerin, Hillary Clinton, wäre gerne noch einen Schritt weiter gegangen, doch der Senat sperrte sich dagegen. So viel zum *Friedensnobelpreisträger* und Popstar der Medien, dem kenianisch-stämmigen *Barack Hussein Obama*. Ich verstehe, Ihr Weltbild gerät gerade etwas in Schieflage. Aber glauben Sie nicht mir, sondern lesen Sie die entlarvenden, offiziellen Transkripte der UNO. Obwohl diese Informationen leicht zu finden sind, kräht kein Mainstream-Hahn danach. Ich finde das beschämend.

Auch folgender Fakt könnte Sie erschüttern: Wir alle sollten uns vielleicht glücklich schätzen, dass Donald Trump die kriegsgeile Hillary

Rodham Clinton im Wahlkampf 2016 besiegt hatte. Nein, man muss Präsident Trump bestimmt nicht mögen, aber mit Kriegen hat er nachweislich nichts am Hut. Dafür hassen ihn sogar seine eigenen Militärs. Die Vorträge des hervorragenden schweizerischen Historikers und 9/11-Forschers Dr. Daniele Ganser könnten Sie vielleicht interessieren. Seine Youtube-Beiträge sind fundiert und historisch begründet, auch wenn der Editor von Wikipedia, Gerhard Sattler (Deckname: Kopilot, Jesusfreund), alles versucht, um ihn in die Verschwörungsecke zu stecken. Ganser gibt uns keine persönliche Meinung, sondern nur wissenschaftliche und abrufbare Fakten.

Kanonenfutter im Flugzeug nebenan: Was hielten eigentlich die US-Soldaten von ihren Kriegseinsätzen im Irak oder in Afghanistan? Bei meinen Einsätzen mit dem Frachtjumbo standen unsere zivilen Flugzeuge oftmals unmittelbar neben den US-Truppentransportern im Südteil des Flughafens von Frankfurt. Ich nutzte ab und zu die Gelegenheit, die *jungen US-Krieger* zu interviewen. Während der Außenkontrolle meiner 747 nahm ich mir immer die Zeit, mit den herumstehenden Soldaten zu sprechen. Dabei traf ich auf zwei Arten von Soldaten: die *vor* und die *nach* dem Kriegseinsatz. Die einen waren jung, bleich im Gesicht, voller Begeisterung und bereit, für die USA zu kämpfen. Die anderen kamen nach zwölf Monaten Einsatz aus der Wüste zurück und waren sonnen- und ausgebrannt, desillusioniert und sichtbar gealtert. Geschätzte neun von zehn Befragten gaben mir vor ihrem Einsatz an, Saddam Hussein für seine Terroranschläge vom 11. September 2001 bestrafen zu wollen. Die braungebrannten Rückkehrer hatten Tränen in den Augen. Ihr Leben war zerstört. Zu viel Blut.

Wir wissen mittlerweile, dass Saddam Hussein mit den Anschlägen vom 11. September nie etwas zu tun haben konnte. Diese zumeist sehr jungen amerikanischen Soldaten zogen also in einen Krieg, um fremde Menschen zu töten, aus Gründen, die sie selbst gar nicht richtig verstanden hatten. Das ist absurd. Diese jungen Amerikaner wurden vom Pentagon und den Medien so konditioniert, dass es für sie *logisch* war, in den Krieg zu ziehen. Das Trauma vom 11. September 2001 wird bis zum heutigen Tag für Amerikas weltweite Kriegseinsätze benutzt. Mit

Hilfe der europäischen Medien, allen voran in Deutschland und England, wurde dadurch die Legitimation geschaffen, Truppen in den Nahen Osten zu schicken. Man nannte sie *Koalitionstruppen*, damit die US-Schuld auch auf uns Europäer verteilt wird. Klar muss Deutschland seither am Hindukusch verteidigt werden.

Vielleicht noch ein paar klärende Worte zu den USA: Wie wir ja wissen, ist Amerika die Supermacht, *das Imperium*. Falls Sie denken, dass bald ein Nachfolger kommen könnte: China verfügt nicht mal über ein Fünftel der US-Waffengewalt, die chinesischen Piloten zählen zu den schlechtesten, und ihre Reisschüssel-Flugzeuge sind unbrauchbar. Immerhin gibt es in China praktisch keine Armut mehr. Das muss man fairerweise auch mal sagen. Nun, es gibt historisch gesehen in jedem Zeitalter nur ein Imperium. Vor den Amis waren es die Engländer und vor ihnen die Franzosen, die Spanier, die Portugiesen. Aber das war natürlich weit vor 1945. Das Hauptmerkmal eines Imperiums ist: Es unterhält einen riesigen militärisch-industriellen Komplex, der die Welt beherrschbar macht. Die USA lassen sich dies jährlich etwa 700 Milliarden Dollar kosten, offiziell. Bezahlt wird das Ganze mit dem zweiten Kennzeichen des Imperiums, dem laufend frisch gedruckten US-Dollar. Nie in der Menschheitsgeschichte war eine Währung so verbreitet, nie war eine Währung so stark. Oder vertrauen Sie etwa EZB-Madame Christine Lagarde und dem Euro? Als drittes Kennzeichen eines Imperiums könnte man die *herrschende Elite* nennen. Im hundertsitzigen US-Senat sitzen zufälligerweise genau einhundert Millionäre, die dieser herrschenden Elite zudienen. Man könnte somit behaupten, dass Amerika eine als Demokratie getarnte Oligarchie ist. Und, das ist vielleicht neu für Sie, weil Ihnen im Mainstream täglich etwas anderes erzählt wird: *Amerika funktioniert relativ gut.* Keine besondere Spaltung in der Gesellschaft, keine Unruhen, nichts. Das mag den einen oder anderen betrüben, ist aber Fakt. Lassen Sie sich von der Tagesschau nicht täuschen. Das gespaltene Amerika existiert nur in den Köpfen unserer Medien. Ich verbringe viel Zeit in den USA und habe in den letzten 35 Jahren fast alle Staaten besucht, mehrmals. Woher die USA-Korrespondenten ihre negativen Geschichten zusammensuchen, weiß ich nicht.

Dass es auch in den USA viele Arme und wenige Reiche gibt, gehört leider zum System unseres weltweiten Kapitalismus. Oder glauben Sie etwa an den Sozialismus oder gar an die Gerechtigkeit? Sind Sie gerecht? Immer? Nein, wir sind allesamt nicht konsequent. Wir Menschen sind komplex und widersprüchlich. Es ist fast nicht möglich, ein guter und gerechter Mensch ohne Gewissenskonflikte zu sein. Das Gleiche gilt für einen Staat. Fragen Sie den David der Philosophen, den Richard Precht. Ja, das Leben ist eins der schwersten.

Die Weltpolitik ist ein Business mit 9/11 als Rechtfertigung: Die USA brauchen auch im Jahre 2021 einen offensichtlichen und für jeden Bürger nachvollziehbaren Grund, ihren andauernden Einsatz im Irak oder anderen Konfliktzonen zu rechtfertigen, von beenden spricht hier keiner. Die Regionen sollen ja bewusst instabil gehalten werden, das ist strategisch wichtig. Etwas später, nachdem Syrien geklärt ist, wird der Gottesstaat Iran bewirtschaftet. Obwohl dieses Land politisch nicht Amerikas größte Sorge ist, braucht die amerikanische Rüstungsindustrie mit Hilfe einer militärischen Langzeitoperation wieder einen kleinen Ruck, eine Anschubfinanzierung. Hinzu kommt, dass Corona der Kriegswirtschaft geschadet hat, hier muss nachgebessert werden. Zudem lagern in Irans Erde fantastische Ölreserven, die im Vergleich zum US-Fracking relativ einfach und preiswert zu gewinnen sind. Der Nahe Osten bietet sich also wieder in zweierlei Hinsicht an, von den US-Truppen belagert zu werden. Es wird wohl nicht mehr sehr lange dauern. Nach dem friedlichen Trump wird wieder ordentlich Krieg gemacht. Seine Wiederwahl hätte den nächsten Krieg nur hinausgezögert. Der bald achtzigjährige *Joe Biden* wird brav machen, was von ihm verlangt wird. Er war schließlich schon Barack Obamas Vize und Komplize. Haben Sie mitbekommen, dass Israel und einige arabische Staaten wieder diplomatische Beziehungen pflegen? Diese äußerst wichtige News wurde von der deutschen Presse nur sehr ungern verbreitet. Es gibt sogar wieder Direktflüge von der arabischen Welt nach Tel Aviv. Diese Normalisierung der Beziehungen ist Bibi Netanyahu und Donald Trump zu verdanken. Es wäre vielleicht an der Zeit, dass Barack Obama den Friedensnobelpreis an Donald weitergibt, er hätte ihn eher verdient. Unter Donald Trump fand nämlich kein einziger Krieg statt. Er war vielleicht gerade deswegen ein guter Präsident. Er war etwas anstrengend, eitel und tollpatschig – aber friedlich. Unsere Leitmedien versorgen uns eben nur sehr selektiv mit Informationen. So werden wir Opfer unserer Informationsauswahl.

Jude im Glück: Haben Sie gelesen, dass *Larry Silverstein*, eine Zierde seiner Zunft, der große Gewinner der Attacken am Ground Zero war? Im Juli des vorangegangenen Jahres 2000 krallte er sich für 99 Jahre die Rechte am WTC, dem World Trade Center in New York. Der Mann war (weil er wahrscheinlich in seine Kristallkugel sah) so komfortabel versichert, dass seine Gebäudeversicherung bei einem höchst unwahrscheinlichen Terroranschlag 4,5 Milliarden Dollar zahlen musste. Ein Detail: Er hat nachweislich gewusst, dass seine beiden Miet-Türme damals in den 1970er-Jahren unter anderem mit *krebserregendem Asbest* gebaut worden waren. Eine unbequeme und kostspielige Renovierung scheute der sparsame Jude und hoffte auf eine himmlische Eingebung oder gar ein Wunder. Ein Terroranschlag, noch lieber zwei, wäre die Lösung. Dass er sogar doppelt so viel von seiner Versicherung erhielt, war dem Umstand geschuldet, dass die Attacken als *zwei* Terroranschläge gewertet wurden. Gute jüdische Anwälte finden so etwas heraus. Zu seinem engen Freundeskreis zählten zufälligerweise der genannte *Benjamin Netanyahu*, *Ariel Sharon* und *Rupert Murdoch*. Ein Schuft, wer Böses denkt.

Entlarvendes Ritual: Breakfast in America. Larry Silverstein nahm jeden Morgen im 107. Stockwerk seines World Trade Centers, im Restaurant *Windows of the World*, sein Frühstück ein. Jeden Morgen, außer am tragischen 11. September 2001. Hat der Mensch aber auch ein Glück. Er war aus nie geklärten Gründen genau an diesem Dienstag nicht im gefährdeten Gebäude. Dem gleichen Zufall ist wohl geschuldet, dass auch seine zwei erwachsenen Kinder ihre WTC-Büros ausgerechnet an besagtem Morgen nicht aufsuchten. Auch sie nahmen sich an diesem schönen September-Dienstag frei. Es war wohl sicherer für die Familie Silverstein, sich das ganze Geschehen von Lower Manhattan bei Kaffee und Croissants von der sicheren Villa aus und auf Fox News, oder wohl eher auf CNN, live anzusehen. Besser live am Fernseher als tot im Turm. Das ist natürlich eine Spekulation – die einzige in diesem Kapitel. Keine Spekulation ist, dass etwa *viertausend weitere Juden* an diesem schönen Dienstag auch nicht zur Arbeit erschienen sind. Zufälle gibt es.

Ist Frieden nur mit Krieg möglich?

Unsere modernen Reporter nutzen ihre Macht der Falschinformation. Da diese neue Art der Journalisten ihren Job zunehmend schlecht macht, ist es für die Kriegstreibenden ein Leichtes, die Bevölkerung für einen Krieg zu gewinnen. Der erklärte Feind sind immer die bösen Terroristen – Wolkenkratzer dem Erdboden gleich machen geht schon mal gar nicht. Vergeltung! Diese Strategie hat in der Vergangenheit funktioniert und wird auch in Zukunft seine Wirkung zeigen. So einfach gestrickt sind wir Menschen nun mal. Wir sind schließlich die Krönung der Schöpfung. Erinnern Sie sich an die *Massenvernichtungswaffen*, die im Nachhinein gar nicht existiert hatten, weder im Irak noch in Libyen? Auch die Akteure haben wir schon fast vergessen, unsere Warner vom Dienst: der schwarze General und US-Außenminister *Colin Powell*, US-Außenministerin *Condoleezza Rice* und der britische Premier *Tony Blair*. Schwamm drüber. Sie alle werden noch heute von der Presse gedeckt.

Wie sagte doch schon George Orwell: „*Der Krieg soll nicht gewonnen werden, er soll ewig dauern.*" Sehen Sie, eine hierarchisch straff geführte Gesellschaft ist nur auf der Grundlage von Angst, Armut und Unwissenheit möglich. Ziel ist es, durch Kriege und Spannungen die Aufrechterhaltung einer leicht zu beherrschenden Gesellschaftsstruktur zu schaffen. Das kann auch mal eine Sars- oder Corona-Episode sein. Wir Bürger gehorchen brav und folgen dem Skript. Schauen Sie mal nach – haben Sie eine Maske in Griffnähe? Eben. Auch die Kriegspropaganda folgt einem Skript. Sie zieht sich seit Jahrzehnten wie ein roter Faden durch die Berichterstattung der Leitmedien. Um einen Krieg vorzubereiten, braucht es zuvor immer gute Gründe. Dazu gehören beispielsweise Ideologien (Kommunismus), Religionen (Islam) oder die Sicherung von Rohstoffen jeder Art. Danach braucht es einen passenden Anlass, um in den Krieg ziehen zu dürfen. Dazu bietet sich ein terroristischer Anschlag an oder ein Flugzeugabsturz, der unklare Ursachen hat. Als vorgeschobenen Grund führt uns die Propagandamaschinerie gerne die Verteidigung des Abendlandes oder ähnliche, hehre und einleuchtende Gründe vor, es geht aber letztlich um die Macht, um Rohstoffe und um das Waffengeschäft.

Uns allen fällt es schon fast nicht mehr auf, aber seit 9/11 ist immer und immer wieder die Rede von Terror, Alarm, Bedrohung und so weiter. Uns wird seither dieses dauernde Gespenst einer ständigen Bedrohung in kleinen, kaum erkennbaren Dosen verabreicht. Dazu eignen sich die fünf Bedrohungslage-Farben Grün, Blau, Gelb, Orange und Rot. Diese leicht verständliche Klaviatur wird nach Belieben eingesetzt. Die Medien springen artig jedem Stöckchen nach und machen daraus ihre Riesenstory, zuletzt beim Coronavirus. Unsere diffuse Angst wird zum Spielball aller Akteure. Auch der österreichische Bundeskanzler-Darsteller Sebastian Kurz wurde nicht müde, uns etwas von einer *neuen Normalität* nach Corona zu erzählen. Was für ein arroganter, dummer Junge. Wie oft haben wir von den Medien gehört, dass die Welt sich seit 9/11 geändert haben soll? Hat sie nicht. Nur die Methode, uns gefügig zu machen, hat mit den Anschlägen von 2001 einen neuen, furchtbaren Höhepunkt geboren. Seit 9/11 macht sich bei uns allen eine Stimmung der Ungewissheit, der Machtlosigkeit und der Unkalkulierbarkeit breit. Das Leben hat, wie ich finde, sehr stark an Qualität verloren. Viele von uns spüren, dass sie zermürbt sind. Das ist so gewollt. Was kann man dagegen tun? Damit Sie Ihre Lebensqualität wieder zurückerlangen, ist es hilfreich, sich der tatsächlichen Hintergründe der weltweiten Verwerfungen bewusst zu werden. Deswegen lesen Sie dieses Buch. Wenn man ungefähr weiß, wie gespielt wird, dann hat man persönlich die Möglichkeit, die Lage richtig einzuschätzen. Trotz aller Hiobsbotschaften darf man objektiv behaupten, dass unsere weltweite politische Lage im Moment gar nicht so schlecht ist. Sie ist mit Sicherheit nicht so schlecht, wie es uns die Zeitungsfritzen und Tagesschau-Sprecher weismachen wollen. Denken Sie daran, dass diese Berufsgattung von unserer latenten Angst und unserer permanenten Unsicherheit lebt. Bei ihnen wird pro Zeile und per Einschaltquote abgerechnet. Die Medien bedienen unsere Emotionen, nicht etwa unseren gesunden Menschenverstand. Es liegt an uns, die Daten der Medien zu filtern.

Ist Frieden tatsächlich nur mit Krieg möglich? Natürlich nicht, aber wäre die Welt befriedet, würde dem aktuellen Imperium USA sein Geschäftsmodell entzogen. Deshalb kann Amerika gar kein Interesse an einem flächendeckenden Weltfrieden haben. Es stellt sich vielleicht die Frage, wann das nächste 9/11 kommen wird. Vielleicht war es Corona.

Blättern wir etwas zurück: Die Historiker wissen heute, dass Russlands Präsident *Jelzin* 1992 mit dem deutschen NATO-General und ehemaligen Starfighter-Piloten *Manfred Wörner* ein Gespräch unter vier Augen führte. Wörner bot ihm an, Russland in die NATO aufzunehmen – eine NATO von Wladiwostok bis nach Lissabon. Die USA intervenierten intern energisch, weil in ihrem Kriegsspiel eine Annäherung des damals intellektuell hochstehenden Deutschlands mit dem an Bodenschätzen reichen Russland zur großen Gefahr werden konnte. *„Gib den Deutschen keine Macht!"*, hört man in Washington schließlich seit dem Nürnberger Prozess. Man ließ die Russen also vorläufig in dem Glauben, dass man darüber nachdenke. In der gleichen Zeit wurde auch die Abmachung formuliert, dass die NATO keine Osterweiterung anstreben und somit keine direkte Bedrohung für Russland darstellen würde. Nun, heute ist die amerikanische NATO drauf und dran, mit Hilfe der EU und der ukrainischen Führung einen neuen Eisernen Vorhang direkt an der Grenze zu Russland aufzuziehen. Wenn dies geschieht, stehen wir vor einem Krieg. Nein, kein atomarer Krieg. Der ist nicht nötig, denn auch konventionell haben wir in Europa keine Chance. Solange wenigstens Wladimir Putin weiß, dass das europäische Volk dieses Spiel einigermaßen durchschaut, sind wir sicher. Doch was ist, wenn Putin nicht mehr ist? Er regiert ja nicht ewig. Obwohl: Putin hat sich gerade kürzlich ein neues Gesetz ausknobeln lassen, das ihm erlaubt, bis zum Jahre 2036 Zar von Russland zu bleiben. Wladimir Wladimirowitsch, Jahrgang 1952, wäre dann rüstige 84. Die nächsten Wahlen sind im Jahr 2024. Hoffen wir gemeinsam, dass er noch lange lebt – ihm, aber auch unserem Weltfrieden zuliebe.

Kriege – mit Fug und Recht

Kennen Sie das *UNO-Gewaltverbot* von 1945? Dieses gilt für alle Länder dieser Erde, außer für die fünf ständigen Mitglieder des *UNO-Sicherheitsrates* (USA, Russland, China, Frankreich und Großbritannien). Diese fünf Länder können für Kriege nicht verurteilt werden, denn sie haben das Veto-Recht. Das ist praktisch. Die Mainstream-Medien würden so etwas natürlich nie in dieser direkten Form schreiben. Die zahnlose Tigerin UNO ist eine Zwei-Klassen-GmbH, und der portugiesische Sozialist und Generalsekretär *Antonio Guterres* ist ihr Hampelmann. Versuchen Sie künftig, die Berichterstattungen unter dieser neuen Sichtweise einzuordnen. Ihr Weltbild, ich weiß.

Erfolgreiche und für uns Bürger nachvollziehbar *korrekte Kriegsstrategien* werden nicht erst seit 9/11 benutzt. Das Drehbuch für eine erfolgreiche Volksmanipulation kann man mit Hilfe der *Alinsky-Regeln* schreiben. Viele Regierungen, von Ost bis West, benutzen diese Anleitung seit Jahrzehnten, um ihre Kriege zu rechtfertigen. Heutzutage geschieht nichts mehr zufällig, alles ist bis ins letzte Detail geplant.

1. *Macht ist nicht nur, was Du hast, sondern auch, was der Gegner glaubt, das Du hast. Das bedeutet, einen auf dicke Hose zu machen.*
2. *Erkläre Deine Argumentation für einfache Themen so, dass jeder es versteht und Dir zustimmen muss. Füge noch ein „die Wissenschaft ist sich einig" dazu. Das macht die Argumentation glaubhaft. (Klimawandel, Corona...)*
3. *Dränge Deinen Gegner aus seinem Kompetenzbereich. Das wird dann zu Deinem Heimspiel.*

4. *Finde heraus, wo sich Dein Gegner nicht an seine eigenen Regeln hält. Man kann ihn dann leicht als Heuchler darstellen.*
5. *Die Thesen des Gegners ins Lächerliche zu ziehen, ist manchmal effektiver als argumentieren. Unsere linken Mainstream-Satiriker wissen das und leben davon. Wir klatschen.*
6. *Lade Deine Freunde zu einer Party ein, nicht zu einer Demo. Die Antifa und die Klimatrottel starten so ihre erfolgreichen Demos. Viel Musik ist wichtig, gemeinsam gegen die Herrschaft und so weiter. Empörung gegen alle, die mehr Geld haben. Junge Menschen können hier nicht widerstehen.*
7. *Versuche, die Öffentlichkeit in die Opferrolle zu bringen. Als Underdog fühlt man sich unfair behandelt. Mahatma Gandhi war ein Virtuose auf diesem Gebiet, Che Guevara und Nelson Mandela auch.*

Bei den Alinsky-Regeln geht es, ähnlich wie bei den Medien, nicht um Fakten, sondern um Emotionen. Wir alle sind sehr leicht zu manipulieren, übrigens auch die Politiker. Von *Massenpsychologie* mag ich noch gar nicht sprechen, aber Sie merken, wohin die Reise geht. Wir müssen also sehr gut aufpassen, was uns aufgetischt wird, aber es ist auch spannend! Wenn Sie es schaffen, *achtsam und zentriert* zu leben, dann werden Sie künftig auf solche Meldungen sehr viel gelassener reagieren und den Wahrheitsgehalt herausfiltern können. Deshalb ist es so wichtig, dass wir uns nach solchen Schockerlebnissen, wie eben 9/11 oder auch Corona, auf unser Bewusstsein konzentrieren und herausfinden, was Sache ist. *Sapere aude* – haben Sie den Mut, sich Ihres eigenen Verstandes zu bedienen, und teilen Sie Ihre Meinung mit Ihren Mitmenschen. Achtsam zu sein heißt auch, sich selbst dabei zu beobachten, wie man reagiert. Zentriert zu sein bedeutet, dass Sie mit beiden Füßen im Leben stehen und sich selbst vertrauen. So werden auch Sie in kürzester Zeit feststellen können, dass unsere Welt, trotz allen Verwerfungen und Lügen, ein schöner Ort ist, wo man mit wunderbaren Menschen zusammen leben kann. Wenn Sie, so wie ich, zum *Zweifler* werden, hat das kurzfristig zur Folge, dass Sie möglicherweise einige Freunde verlieren und als Höchststrafe Ihren Job dazu. Dieser Preis ist durchaus verkraftbar, weil Sie danach besser, ausgewogener und beruhigter weiterleben werden. Das verspreche ich Ihnen. Außerdem wissen Sie dann, wer Ihre *wahren Freunde* sind.

Abschließend möchte ich trotz allem, ja vielleicht sogar mit Nachdruck sagen, dass ich ganz froh bin, dass Amerika unser aktuelles Imperium ist. Die Alternative wäre der Islam oder China. Man muss die Amis nicht mögen, aber man muss sich ausgewogen über sie informieren. Nochmals: Hier geht es um Fakten und nicht um Emotionen. Es ist nicht alles schlecht, was aus Amerika kommt. Ich bin ein- oder zweimal pro Monat in den Vereinigten Staaten und weiß, dass die USA-Berichterstattung unserer europäischen Medienleute nicht einmal ansatzweise mit meinen gemachten Erfahrungen übereinstimmt. Das wird nicht nur an mir liegen.

Allgemeine Corona-Lage

Tagebucheintrag Nr. 3: 24. März 2020

Auf meinem Monatsflugplan stehen die Destinationen Wien, Madrid, Los Angeles, Hong Kong und am Schluss Paris. Danach würde ich dann meinen zehntägigen Heimurlaub antreten. Es ist März 2020, und *Corona* ist bereits in aller Munde. Ob wir es wollen oder nicht, die Masken werden Teil unserer Uniform. Wir müssen sie tragen, auch wenn wir genau wissen, dass sie keinen Schutz bieten – im Cockpit natürlich nicht.

Beim Landeanflug auf den Wiener Flughafen herrscht gespenstische Stille. Kein anderes Flugzeug ist in der Luft auszumachen, nicht mal auf unseren Bildschirmen. Keine Kondensstreifen sind zu sehen, und auch der Funkverkehr besteht gerade mal aus zwei Flugnummern: ein Austrian-Airlines-Kurzstreckenflug nach Frankfurt und wir, der Langstrecken-Frachtflug aus Asien. Die Parkpositionen sind bis auf den letzten Platz von den gesamten Austrian-Airlines-, Eurowings- und Lauda-Air-Flotten besetzt. Wir werden angewiesen, noch auf dem Rollfeld die vier Triebwerke abzustellen. Danach wird unser Jumbo in eine winzige Parklücke geschleppt. Bei unserer Ankunft am Terminal stehen wir vor verschlossenen Türen – der Flughafen Schwechat ist dicht. Nach einigen Versuchen schaffen wir es, jemanden ans Telefon zu bekommen. Nach langem Hin und Her werden wir dann von einem Security-Mitarbeiter endlich reingelassen. Kein Polizist schaut sich unsere Pässe an, nur ein Zöllner fragt uns gelangweilt, ob wir etwas zu verzollen hätten. Ein ziemlich surreales Bild eines modernen, internationalen Flughafens, morgens um neun. Normalerweise ist hier um diese Uhrzeit die Hölle los. Die 24 Stunden Aufenthalt sind schnell vorbei, und so sind wir bereit für unseren Weiterflug nach Madrid. Das Wetter ist perfekt. Ein wolkenloser Himmel präsentiert uns die gesamten Alpen. Schon kurz nach dem Start erkennen wir links die Steiermark, rechts den Dachstein und vor uns den Großglockner. Nach zwan-

zig Minuten sind bereits die Schweizer Alpen zu erkennen. Während der ganzen Zeit herrscht Funkstille. Kein anderes Flugzeug ist in der Luft. Zwischendurch frage ich bei den Fluglotsen nach, ob alles okay sei. Na ja, außer dass überhaupt kein Flugverkehr herrscht, ist alles okay. Unser offizieller Flugweg führt eigentlich über Mailand, aber mein Kopilot möchte gern das Matterhorn sehen. Aber gerne! Der italienische Fluglotse gibt uns über Südtirol die Freigabe und meint nur, dass wir uns wieder melden sollen, wenn wir unseren Rundflug beendet haben. Unter normalen Umständen ist so etwas natürlich nicht möglich. Wir fliegen noch ein Stück weiter, dem südlichen Alpenkamm entlang. Rechts blicken wir auf die gesamte Schweiz bis nach Zürich, links sehen wir Norditalien und die Spitze Korsikas. Wir fliegen im gemütlichen Rundflugstil mal links, mal rechts weiter. Ich reduziere die Geschwindigkeit von 950 km/h auf etwa 700 km/h – man will ja was sehen. Weil sich auch der riesige Montblanc von seiner schönsten Seite präsentiert, steuern wir ihn an. Links sehen wir bereits Monaco, und rechts sehen wir bis ins Elsass. Fantastisch! Genug gesehen, die Fotos sind im Kasten. Es geht nun über Südfrankreich und Barcelona zur spanischen Hauptstadt. Aber auch hier: tote Hose auf den Funkfrequenzen. Nur wir sind in der Luft. Die Parkplätze des Madrider Flughafens sind voll, der Luftraum leer, die gesamte Iberia-Flotte am Boden.
Dieser Trip beschreibt unsere „Allgemeine Corona-Lage" in Europa recht gut: Das Wetter ist schön, die Aussicht ist traumhaft, die Triebwerke laufen rund, aber am Boden sind alle Türen dicht. Europa ist geschlossen! Wegen einer Grippe wird ein ganzer Kontinent lahmgelegt und in der Folge die ganze Weltwirtschaft. Wie kann so etwas geschehen? Wer lässt so etwas zu?

Blättern wir etwas zurück, bevor wir die Corona-Lage analysieren: Die allgemeine Lage präsentierte sich schon vor der Corona-Krise schwieriger als noch vor zwanzig oder dreißig Jahren. Damals war der Feind klar und die militärischen, aber auch wirtschaftlichen Kräfteverhältnisse waren vergleichsweise einfach und zuverlässig definierbar. Da heute alles sehr viel schneller geht, ist es auch fast nicht mehr möglich, einen korrekten Ist-Zustand unserer Länder auszumachen. Versuchen wir es trotzdem. Europa ist ein leidender Kontinent – das ist nicht neu, das war er schon immer. Neu ist, dass wir diesmal nicht nur tatenlos zusehen, sondern dass wir Bürger aktiv selbst Hand anlegen bei unserem eigenen Untergang.

Aus einer gewissen Gleichgültigkeit heraus lassen wir uns von Politik-Darstellern jeder Couleur für dumm verkaufen. Vielleicht wegen einem schlechten Gewissen, aus ideologischer Verblendung oder falsch verstandenem Mitgefühl oder vielleicht auch aus purer Faulheit verdrängen wir seit Jahren die tatsächlichen Probleme unserer Länder. Die Wirtschaft hat Flaute, der Euro ist klinisch tot, die Eliten der EU plündern die Kassen, und gleichzeitig verleugnen wir die Bedrohung unseres Kontinents durch den Islam. Die Kinder-Demos gegen den Klimawandel nicken wir ohne Gegenrezept einfach ab, und die von den Politikern forcierte Einwanderung der Ungebildeten nehmen wir aus Nächstenliebe, quasi von Gott gegeben, einfach hin. Wir tragen brav eine Corona-Schutzmaske, obwohl wir spüren, dass das Unsinn ist. Die wenigen unter uns, die sich auf ihren gesunden Menschenverstand berufen, riskieren damit, gute Freunde, liebe Nachbarn, geschätzte Arbeitskollegen, ja sogar Ehepartner zu verlieren. Diese an sich bestimmt guten Menschen gehen uns mit Hilfe der teilweise aggressiven, aber auch subtilen Mentalvergiftung durch die Linken und Grünen, aber vor allem auch durch die Falschinformation der Staatsmedien verloren. Wer nicht für Migration, für Klimaschutz und für Vielfalt ist, wird ausgegrenzt und diffamiert. Es ist wie in einem schlechten Traum, und keiner weckt uns.

Die allgemeine Lage sieht heute so aus, dass wir wieder in einer Zeit leben, in der der politische Kompass von oberster Stelle gedreht wird. Dank Corona darf der Staat plötzlich Notrecht einsetzen, wo keine Not herrscht, die EU darf Geld drucken, obwohl sie kein Staat ist, und der eigentlich eher unter Antisemitismus leidende, jüdische Journalist Henrik M. Broder wird als einer der geistigen Väter des rechten Terrors verdreht. Wir erleben die merkwürdige Zeit, in der der tägliche *Einzelfall des Linksterrors* und die rasant wachsende *Ausländerkriminalität* totgeschwiegen werden und der Mord und versuchte Massenmord eines durchgeknallten Deutschen (am 9. Oktober 2019 in Halle) von der Presse unisono als Rechtsterror gefeiert wird. Die Grippe heißt heute Corona, Widerspruch heißt heute Hass, Pharmalobbyisten sind plötzlich Gesundheitsexperten, und Patrioten werden heute Rassisten genannt. Selbst die Zensur durch die Medien geht heute als „Faktencheck" durch. Es wird sich empört oder verniedlicht, wie es einem halt so in den Kram passt. Der mediale, aber auch der politische Diskurs ist vor allem in Deutschland völlig aus den Fugen geraten. Keine Angst, die Schweiz und Österreich werden zeitnah folgen, denn das Volk ist auch in den Alpen betriebsblind und angepasst geworden. Deutschland ist unser führendes Schicksal. Unsere Halb-Promis aus dem Fernsehen und die Spitzensportler machen, weil sie natürlich weiterhin Promis bleiben wollen, brav mit und bilden zusammen mit den Künstlern Lichterketten für die Flüchtenden und machen Witzchen über demokratische Parteien. Während der Corona-Krise tauchten die Comedians und Satiriker allesamt ab, um ja nicht Farbe bekennen zu müssen. Ich fürchte, dass diesen Kunstschaffenden das Lachen noch im Halse steckenbleiben wird. Corona hat vielen von ihnen gezeigt, was die Gesellschaft und der Staat von ihnen halten, nämlich nichts. Ein paar ganz wenige Promis haben sich getraut, aufzumucken und Corona in Frage zu stellen. In der Schweiz hat *Marco Rima*, der auch in Deutschland bekannte, politisch interessierte Komiker, sich erfrecht, im Namen von uns Bürgern die *Corona-Frage* zu stellen. Die Boulevardpresse hat reflexartig und mit allen Mitteln versucht, ihn fertigzumachen und in die Verschwörungsecke zu stellen. Ja, selbst der tumbe Bürger hat anfangs brav unter seinem Mundschutz mitgeblökt. Es ist erstaunlich, wie sich auch das angeblich so gebildete und moderne Volk auf billigste Weise manipulieren lässt.

Unser Zeitgeist wird von kleinen Feiglingen geformt. Dass die Gesellschafts-Verbuntung und Geschlechter-Erweiterung spaltend wirkt und bloß zu einer gewollten Ablenkung von den wirklichen Problemen führt, merkt kaum einer. Wer nicht stramm links und grün ist, wird als Rechtspopulist verschrien. Überhaupt wird der angebliche Kampf gegen *Rääächts* uns von den Medien täglich ins Bewusstsein gepustet.

Dass aber beispielsweise gerade die AfD keine rechtspopulistische Partei sein kann, beweist unter anderem der große Zulauf an jüdischen Mitgliedern. Dieser Fakt passt nicht ins Weltbild der Liberalen, Grünen und Linken. Sie wollen die Logik darin nicht begreifen. Es passt einfach nicht in ihre Matschbirne, dass durch den ungehinderten Zulauf von *arabischen Judenhassern* eine geradezu an 1933 gemahnende Situation entsteht. Verständlicherweise fühlen sich die Juden wieder unsicher in Deutschland. Da dürfen sie sich bei Angela Merkel bedanken. Dass die Kanzlerin gerade am Deutschen Nationalfeiertag auch noch nach Israel fliegt und *Yad Vashem*, die Gedenkstätte des Holocaust, besucht, kann man nur als politisch pervers bezeichnen. Nein, ich bin kein Jude.

Kommen wir auf Europa zu sprechen: Als Schweizer wage ich es, die Lage in Europa, aber auch in der EU und in der Welt zu analysieren. Da ich als Weltenbummler viel herumkomme, sehe ich die Entwicklungen in Sachen Wirtschaft, Gesellschaft und Politik in einem etwas anderen Licht als Ihr gutaussehender Lieblingsmoderator vom ZDF. Wie gesagt: Ich behaupte nicht, dass meine Sicht die richtige ist. Aber sie ist meine eigene Sicht – eine Sicht, die sich durch Erfahrungen auf den verschiedensten Gebieten und Gespräche mit jeder Art von Menschen entwickelt hat. Nach privaten Gesprächen mit Laufsteg-Models und wiederholten Meetings mit dem ehemaligen UNO-Generalsekretär Ban Ki Moon, beim lockeren Pläuderchen mit der Nummer Zwei des Dalai Lama und Gesprächen mit Sträflingen in Saudi-Arabien sammelt sich so einiges an. Zudem bin ich immer wieder in Deutschland, der Schweiz und Österreich unterwegs und glaube, den Puls der normalen Bevölkerung, zu der natürlich auch ich gehöre, zu kennen. Speziell Deutschland habe ich recht gut kennen und schätzen gelernt. Abgesehen von der langen deutschen Geschichte und den genialen deutschen Errungenschaften, habe ich auch die unterschiedlichen deutschen Landschaften per Auto und Kleinflugzeug ausgekundschaftet.

Betrachtet man Deutschland von oben, sieht alles noch genauso schön aus wie vor dreißig Jahren. Der politische, gesellschaftliche und wirtschaftliche Unterschied zur BRD der 1990er-Jahre ist allerdings enorm. Damals flog ich für *Lufthansa* und lernte Deutschland als mitte-rechts, sauber, fleißig und korrekt kennen. Fleiß und Korrektheit sind noch zu erahnen, aber das Land ist schmutzig geworden. Politisch und mental ist Deutschland völlig links abgedriftet – leider. Die Grünen und Linken dominieren den Bundestag, die Politiker der ehemaligen Mitte sind überfordert und knicken reihenweise ein. Nicht zu fassen, was die Politiker unter Merkels Demokratur für Schaden angerichtet haben.

Obwohl sich unser Kontinent in der Blüte der weiterführenden *Aufklärung* befindet, wird unser Leben in Europa von genau *drei Narrativen* bestimmt: der angeblich menschengemachte *Klimawandel*, die *Flüchtlingskrise* und im Schatten der beiden ein zunehmend wirkliches Problem: der *Islam*. Alle drei sind publikumswirksame Scheingefechte, die die Politiker dazu benutzen, uns Bürger von den wirklichen Problemen abzulenken. Die richtigen Probleme, die ja genau von diesen Politikern verursacht wurden, heißen: *Euro-Krise, EU-Superstaat und EU-Finanzkatastrophe*. Zusätzlich werden wir noch mit einer, wenn auch vielleicht nicht gerade inszenierten, aber eben doch schlecht gelösten *Corona-Katastrophe* konfrontiert. Das beherrschende und auch am leichtesten zu lösende Problem sehe ich in der Klimadebatte. Wo es kein zu lösendes Problem gibt, da muss man auch keine Problemlösung finden. Dass das Klima und die Flüchtlinge in Verbindung gebracht werden, ist dem völligen Realitätsverlust der Politiker geschuldet. Unsere medialen Meinungsmacher gehen sogar so weit, dass sie dafür ein *politisch korrektes Unwort* des Jahrzehnts erfunden haben: *Klima-Flüchtling*. Dieses alberne Wort-Konstrukt ist nicht nur widersinnig, sondern es bezeichnet auch exakt unsere blinde Obrigkeitstreue (Klima-Wissenschaft) und die Unsicherheit gegenüber sozialen Minderheiten. Vorsichtshalber klatschen wir alle. Man will ja ein guter Mensch sein. Unsere Angepasstheit spielt den Politikern direkt in die Hände. Keiner getraut sich zu fragen: *„Wer regiert hier eigentlich?"* Wir sind offenbar satte Schlafschafe geworden. Zwischendurch blöken wir ein bisschen, aber solange wir genügend zu Fressen bekommen, lassen wir uns nicht nur die Wolle scheren, sondern auch das Fell vom lebendigen Leibe ziehen. Nein, wir sind nicht nur Opfer, wir sind auch Mittäter in diesem Theater. *Wir leisten Beihilfe zum Selbstmord.* Es geht ja nicht nur um Opa Müller, der an der

„Tafel" seinem Ende entgegensieht, es ist vor allem das mitten im Leben stehende, ganz normale Fachpersonal, das zu wenig zum Leben und zu viel zum Sterben hat. Ich spreche vom ehemaligen Mittelstand. Viele müssen ihren Job *aufstocken*. Aufstocker, ein anderes Unwort, das die Lage kaum besser beschreiben könnte. Aufstocken suggeriert einen gewissen Mehrwert, ist aber genau das Gegenteil. *Negativzins* gehört in die gleiche Kategorie. Tut einer was dagegen? Kaum.

Wir Schweizer haben das Privileg, eine eigene Meinung haben zu dürfen und sie auch öffentlich kund zu tun. Davon wird rege Gebrauch gemacht. Ich darf mich gegen meinen eigenen Staat auflehnen, wenn ich mit ihm unzufrieden bin. Das *Demonstrationsrecht* hat in unserem System der direkten Demokratie sogar eine *staatsbildende* Funktion. Wir Bürger sind schließlich der *Souverän* und somit unseren Politikern vorgesetzt. Die faire Kritik ist ein fester Bestandteil unserer direkten Demokratie. Als Österreicher oder Deutscher fällt es Ihnen vielleicht moralisch schwerer, Ihre Institutionen öffentlich zu kritisieren. Ich verstehe das, deshalb bin ich Ihnen gerne dabei behilflich. Nicht, dass Sie auf meine stellvertretende Kritik an Ihrer eigenen Staatsführung angewiesen wären, aber geteiltes Leid ist doppelte Freude. Auch in Deutschland und Österreich gibt es Leute, die sich gegen das System auflehnen, aber der Prophet gilt ja nichts im eigenen Land. Nun, mir bleibt die Hoffnung, dass sich ein paar Deutsche und Österreicher die Sicht eines Schweizers zumindest für die Länge dieses Buches anhören.

Unsere drei Länder haben viele Gemeinsamkeiten, die wir alle kennen. Nur die Politik funktioniert bei uns in der Schweiz grundlegend anders. Die Politiker unserer Länder philosophieren allesamt gerne *im schützenden Kokon der abgehobenen Elite*. Nur, in ihrer wohligen Blase der entfremdeten Bürgervertreter würden die dringendsten Themen gar nicht diskutiert, gäbe es nicht die lästigen, als Rechtsextreme verschrienen *Mitte-Parteien* der FPÖ, SVP oder AfD. Ich finde, dass es höchste Zeit ist, ihre geschlossene Party zu stören.

Ich möchte mit diesem Buch gewiss kein Spielverderber sein. Ich möchte Ihnen aber beweisen, dass Ihr möglicher zwanghafter Optimismus diesbezüglich tatsächlich von einem Mangel an Information geleitet sein könnte. Sehen Sie, falls Sie sich aus purer Gewohnheit als Mitglied des vermeintlichen Mittelstandes wähnen und denken, mit Ihren zwei, drei Millionen Euro Vermögen (Armut ist keine Schande in der Schweiz) auf der sicheren Seite zu sein, dann muss ich Sie leider enttäuschen. Diese werden Ihnen nicht reichen, um mit 85 ihre müden Augen wenigstens im leicht finanziellen Plus zu schließen. Zwei, drei Millionen D-Mark oder Franken wären in den 1990er-Jahren ein anständiges Sümmchen gewesen, um vernünftig und mit Würde alt zu werden. Fairerweise zugegeben: Man starb damals auch schon mit Mitte siebzig. Heute sehen Sie selbst, wie schwierig es ist, Ihre sauer verdienten Kröten wenigstens verlustfrei zu horten oder anzulegen, auch wenn es nur ein paar Hunderttausend sind. Rechnen Sie mal dreißig Jahre in die ungewisse Zukunft. Werfen Sie einen Blick auf die „freitäglichen Future-Straßen" und sinnieren Sie darüber, ob diese Jugend überhaupt in der Lage sein wird, Ihnen den verdienten Wohlstand im Ruhestand zu garantieren. Oder soll es die Politik etwa alleine schaffen? Es sind doch genau diese Lenker des Staates, die selbigen bis zur Unkenntlichkeit regulieren möchten, nur um die nächste Wahl zu schaffen und um gleich anschließend neue Steuern zu erfinden. Ach ja, heute heißt es nicht mehr Steuern – *Bepreisung* heißt das Wort der Wahl. Klingt irgendwie auch nach wertvoll.

Zurück zur Regulierungswut unserer Beamten und Politiker. Ein paar Stichworte? *Abschaffung des Bargeldes, Kohleausstieg, Atomausstieg, Elektro-Mobilität, Flüchtlingskrise, Mietpreis-Deckel, Klima-Irrsinnskosten* oder eben die Bezahlung eines Zinses, nur damit Ihre Bank auf Ihr schlankes Sparschweinchen aufpasst. Ich meine: Nüchtern betrachtet, ist besoffen besser. Im Ernst: Wir befinden uns ideologisch etwa da, wo sich unsere Vorfahren in den 1930er-Jahren befanden. Nein, in absehbarer Zeit wird es keinen Adolf Hitler geben, keine Bange. Den braucht es diesmal gar nicht, weil wir uns in einer selbst gemachten Dauerkrise befinden, die in der Summe gleich viel Leid verursacht wie das sechsjährige Turnier von 1939 bis 1945. Ja, es gibt in *unserem Krieg* auch Tote. Man muss nur zulassen, genau hinzusehen. Es sind nicht die Bomben, es sind die Finanzjongleure und die Politiker, die uns den totalen Krieg bescheren. Ja, natürlich sind wir auch selbst schuld. Wir machen schließlich tatkräftig mit in diesem Krieg. Sie besitzen bestimmt Aktien oder haben eine Lebensversicherung. Das macht Sie zum passiven Mitstreiter. Unser wackeliger Wohlstand beruht offenbar darauf, dass es anderen etwas schlechter geht. Nein, ich halte absolut nichts vom Sozialismus und noch weniger vom Kommunismus. Der Kapitalismus ist unbestritten die beste Form des Zusammenlebens, aber mit dem Nachteil, dass es natürlich auch Verlierer geben muss. Das müsste natürlich nicht so extrem sein, wie es heute ist. Der Mensch ist aber Mensch, mit all seinen Fehlern, das war schon bei den Höhlenbewohnern nicht anders. Das ist noch keine Analyse, das ist erst eine Beobachtung.

Wer ist eigentlich schuld? Diese Frage ist suggestiv gemeint, aber: Wir werden in unserem Tun offenbar von einer *Elite* geleitet. Wenn Sie in mir bereits einen Verschwörungstheoretiker sehen, muss ich Sie enttäuschen – ich halte nichts von unausgegorenen Gedankenspielen. Zudem kann man leicht feststellen, dass heute der Begriff *Verschwörungstheoretiker* zumeist von Menschen gebraucht wird, die etwas zu verbergen haben. Schon der Wirtschaftsphilosoph *Karl Raimund Popper* wusste, dass jede Ideologie eine Verschwörungstheorie braucht.

Heute ist für die politisch herrschenden Liberalen, Linken und Grünen *der Rechte* der gemeinsam erklärte Feind. Damit gewinnen sie die Mehrheiten im Parlament. So weit geht die Rechnung dieser *Polit-Eliten* also perfekt auf. Dass dabei auch weniger einflussreiche Gestalten, wie zum Beispiel *normale Multimillionäre*, ein lukratives Geschäftsfeld zur Geldvermehrung gefunden haben, erachten die wirklich Regierenden als Kollateralschaden. Dass gerade die unsägliche Klimapolitik viele Windkraft-Firmen, Solaranlagen-Bauer und E-Fahrzeughersteller reich gemacht hat, gehört für die *wirklich regierende Elite* zum einkalkulierten Schaden. Ich meine mit dieser Elite nicht etwa die Familien, die vielleicht tausend Millionen haben, oder gar deren Knechte, die Politiker. Wenn ich von der wirklich regierenden Elite spreche, dann meine ich damit *Multimilliardäre*, Menschen also, die mindestens über dutzende von Milliarden verfügen. Ich war einige Jahre Privatjet-Pilot bei diesen Eliten. Dabei wurde ich am reich gedeckten Tisch der Reichen Zeuge vieler interessanter *Strategiegespräche*, die im vorliegenden Buch bereits als Teil meiner Meinung einfließen. Es war ihnen offenbar völlig egal, dass ich bei Kaviar und Champagner mit einem Ohr (und beiden Gehirnhälften) aufmerksam zuhörte.

Sollten Sie sich jetzt fragen, welche Figur Sie als Bürger in deren Schachspiel sind, dann rechnen Sie mal damit, ein kleiner Bauer zu sein – Kanonenfutter, damit Sie verstehen, was ich meine. Sie sind der Laiendarsteller, der brav fünf Monate für den Staat arbeitet (bei zirka 40% Steuern), die CO_2-Steuer bezahlt und aus Mangel einer Alternative immer noch die CDU oder die SPD wählt. Die tausenden Firmen der *normalen Millionäre* berechnen Ihnen diese CO_2-Steuer und alle anderen Umweltkosten natürlich gerne weiter, liebe Verbraucher. Als verbrauchender Konsument bezahlen Sie künftig auch die Heilige Greta, die Fantastereien der Grün-Innen, die Elektroautos von VW, Porsche, Audi, BMW und Mercedes, das Berliner E-Automobil-Werk eines gewissen Elon „Tesla" Musk, die ideologisch kontaminierten Universitätsprofessoren Harald Lesch & Co., den auf 709 Mitglieder aufgeblähten Abnicker-Verein des Bundestags und natürlich die ganze Cleantech-Industrie-Mafia. Vom nutzlosen Windrad bis zur ineffizienten Fotovoltaik-Anlage, die künftig per Gesetz auf jedes Dach der öffentlichen Gebäude geschraubt werden muss, zahlen sie pünktlich und reichlich Ihren Obolus. Anstatt an das Bier denken Sie bei Corona reflexartig an das Virus, und wenn es im Sommer warm wird, denken Sie an den Klimawandel. Am Ende des Monats wird Ihnen genau noch so viel Geld übrig bleiben, dass es für *keinen Strick* mehr reichen wird. Mit anderen Worten: Man hält Sie ganz fest an Ihren, pardon, Klöten. Das Unglaubliche dabei: Sie, oder zumindest Ihr Nachbar, glauben in Ihrem Gutmenschen-Bewusstsein auch noch, das Richtige für die Umwelt und für Deutschland zu tun. Bravo!

Der Mensch, die Corona der Schöpfung

Wir werden offenbar nicht erst seit dem Corona-Desaster manipuliert. Falls Sie glauben, dass hier fremde Mächte im Spiel waren, dann muss ich Sie daran erinnern, dass es schon äußerst durchdacht gewesen sein müsste. Wie synchronisiert man so etwas und vor allem weltweit und so, dass keiner Verdacht schöpft? Es ist vielleicht möglich, aber nicht sehr wahrscheinlich. Zumindest auf den ersten Blick. Spielt man den Gedanken aber weiter, dann spürt man plötzlich, dass Corona und Klimawandel einen gemeinsamen Nenner haben: Durch diese *inszenierten Katastrophen* wird die Demokratie nämlich de facto ausgeschaltet. Das Volk wird mit Maßnahmen, Regeln und Verfügungen gemaßregelt, ohne dass dagegen etwas unternommen werden kann. Die Gesetze werden bei solchen *„Pandemien"* und *„Weltrettungs-Szenarien"* weitgehend ausgehebelt. Das ist sogar legal.

Die Medien machen hier willfährig mit, letztlich sogar als Komplize und Wegbereiter für Figuren wie *Bill Gates* oder *George Soros*. Dass die Weltgesundheitsorganisation (WHO) korrupt sein muss, wäre gar nicht erwähnenswert. Ich tu es trotzdem, damit Sie die Tragweite des *Corona-Komplotts* erahnen. Ich spreche hier vom weltweit größten Betrug aller Zeiten! Na, weit hergeholt? Warten Sie's ab. Auf der anderen Seite sind wir, die Bürger. Wir machen alle mit, tragen brav den Mundschutz und fügen uns den Ratschlägen unserer ahnungslosen Führungsriege – in Deutschland, Österreich und in der Schweiz. Nach *Schweden* dürfen wir nicht schielen, obwohl diese nichts falsch gemacht haben: Ihre Wirtschaft hat gut überlebt und die Corona-Toten sind *überschaubar*, dank einer ganz normalen Durchseuchung. Eine zweite Welle ist somit nicht möglich. Damit wir gegen ein Virus resistent werden können, müssen wir uns von ihm anstecken lassen. Danach sind wir mehr oder weniger immun. Die Evolution tut das schon seit, na ja, Adam und Eva. Seit über 300.000 Jahren hat sich der Mensch immer den Viren angepasst. Bis heute gilt für eine normale Durchseuchung, dass etwa die Hälfte der Bevölkerung infiziert werden muss. Die überwiegende Mehrheit spürt davon nichts, einige wenige werden kurze Zeit krank,

Greise sterben vielleicht sogar. Diese alten Menschen würden sowieso in Kürze sterben, haben sie doch schon ein biblisches Alter erreicht und einige Vorerkrankungen überlebt. Machen wir diese Durchseuchung hingegen nicht durch, dann sind wir auch nicht resistent. Es wird dann eine dritte, vierte und fünfte Welle geben. Hätten wir auf die richtigen Leute gehört, und von diesen Virologen gab es eine Menge, dann hätten wir nur die Alten und Kranken abgeschirmt – von mir aus in sowieso leerstehenden Luxus-Wellnesshotels mit Top-Ärzten und jungen Krankenschwestern, und nach zwei Monaten wären sie erholt zurückgekommen, die meisten jedenfalls. In der Zwischenzeit hätte das Leben normal weitergehen können, ohne zerstörerische Weltwirtschaftskrise, dafür mit einer dosierten Durchseuchung. Es gab medizinisch gesehen keinen Grund, auf Corona dermaßen hysterisch zu reagieren. Keinen. Es gibt auch keinen Grund, einen Mundschutz zu tragen. Ich weiß nicht, ob es Ihnen aufgefallen ist, aber wir tragen alle keinen Mundschutz gegen Viren, sondern nur einen gegen Bakterien. Big Difference!

Sehen Sie, ein Virus hat etwa den Durchmesser von einem zehntausendstel Millimeter (80 bis 120 µm), Bakterien hingegen sind bis zu hundert mal größer. Deswegen hilft der Mundschutz nur bei relativ großen Bakterien, und deswegen schwebt das Coronavirus ganz locker durch Ihren nutzlosen Mundschutz hindurch. Das wissen mittlerweile auch die Politiker, nur sagen sie uns das nicht. Die staatlich besoldeten Virologen, wie zum Beispiel ein gewisser *Christian Drosten* von der Charité, oder medizinisch geschulte Politiker (Karl Lauterbach, SPD) wissen das haargenau, trotzdem machen sie weiterhin auf Panik.

Denken Sie ruhig mal darüber nach, wenn Sie das nächste Mal an der Kasse anstehen und anderthalb Meter Abstand halten – mit Mundschutz und Desinfektionstüchlein. Auch hier stellt sich die Frage: Warum sagt uns keiner, warum wir das tun sollen?

Zurück zur Realität: Das Covid-19-Virus ist, entgegen der landläufigen Meinung, nichts Neues, sondern schon *seit längerer Zeit* bekannt. Wir müssen lernen, mit Covid-19 umzugehen. Wir müssen mit Corona so leben, wie wir das mit anderen Viren auch tun. Das ist nicht besonders schwierig, wie Sie im Verlaufe dieses Buches feststellen werden.

Ich schreibe diese Zeilen in Los Angeles, während dem Höhepunkt der Corona-Krise im April 2020. Die Strände sind geschlossen und werden von Polizisten bewacht, die Menschen tragen an der frischen Meeresluft einen Mundschutz. Ich denke, dass das Virus nicht besonders gefährlich ist und dass es wiederkommen kann, in etwas anderer Form. Nein, nicht als zweite Welle (außer man macht wiederholt einen Lockdown), sondern als neues Virus Covid-20. Was aber als lang anhaltende „dritte, vierte oder fünfte Welle" kommen wird, ist eine wirtschaftlich-soziale Katastrophe. An sich gesunde Unternehmen werden gezwungen sein, ihre Tore für immer zu schließen. Eine Arbeitslosenquote von weit über zehn Prozent ist absehbar. Eine Zunahme von Alkohol- und Drogenmissbrauch ist dann die logische Folge. Depressionen und Selbstmorde werden sich häufen, und die Lebensfreude wird allgemein einen nachhaltigen Dämpfer bekommen. Weniger Steuerzahler werden für die höheren Kosten im Sozialbereich aufkommen müssen, und ganz am Schluss der Nahrungskette werden die Dritte-Welt-Länder verrecken, weil sie nicht einmal mehr die billigen Dinge für uns herstellen dürfen. Das wird alles ganz schnell gehen.

Im Klartext für uns Europäer: Die Steuern werden erst einmal kräftig erhöht! Das Ganze geschieht nur, weil unsere Star-Virologen auf der ganzen Länge versagt haben und unsere Politiker mutlos und feige reagiert haben. Im Vergleich zur schweren Grippe von 2018 ist Corona relativ ungefährlich, das weiß man schon heute. Damals sind alleine in Deutschland etwa 25.000 Menschen gestorben, vorwiegend sehr alte und kranke Menschen, aber auch junge. Diese Grippewelle von 2018 ging übrigens zurecht ohne Shutdown, Lockdown oder Maskenpflicht über die Bühne. Es war nicht einmal eine Pandemie und in den News nur eine Randnotiz wert. Gut so. Ein Blick in die Statistik: Von den über achtzig Millionen Deutschen sterben gemäß dem Statistischen Bundesamt jedes Jahr etwa eine Million, somit war selbst diese hohe Zahl von 25.000 Grippetoten im Jahre 2018 ein relativ kleiner Anteil an der natürlich weggestorbenen Bevölkerung. Er bewegte sich übrigens nur leicht über dem normalen Durchschnitt der letzten Jahre. Mit und an Corona Verstorbene gab es in Deutschland im Jahre 2020 maximal etwa 20.000, da sind die Grippetoten logischerweise auch mit dabei! Rechnen Sie mit, lieber Leser! Oder wo sind sie denn, die normalen Grippetoten, Herr Spahn? Gab es keine Grippe 2020? Die strahlenden Sieger werden aber auch diesmal unsere Politiker sein, weil sie auch nach dieser Krise mit Hilfe der Medien unseren Meinungskorridor bestimmen werden. Die Presse schreibt mit, und so wird es dann heißen, dass *„dank der rigorosen und mutigen Maßnahmen der weitsichtigen Politiker (Lockdown, Mundschutz, Impfungen) hunderttausende Tote verhindert werden konnten"*. Wird Ihnen auch schon ganz warm ums Herz?

Diese Krise wird beim Otto Normalverbraucher leider nichts bewirken. Er ist zu träge geworden und lässt sich nach Belieben manipulieren. Ja, auch durchaus intelligente Menschen haben leider diese Eigenschaft. Zu hoffen ist, dass sich die Unternehmer mit Hilfe der Wirtschaftselite wegen dieses unstatthaften Lockdowns auflehnen und den Politikern endlich die richtigen Fragen stellen. Noch vor den Wahlen! Kann ja sein, dass 2021 ein Schicksalsjahr wird. Die Fehlleistungen der Merkel-Regierung würden dann nicht mehr unter den Teppich gekehrt werden können. Sollte sich also, wider Erwarten, der politische Wind 2021 gedreht haben, dann behaupten die Politiker und die Experten zusammen mit Ihren Lieblingsmoderatoren im Brustton der Überzeugung, dass sie es ja schon immer gewusst hätten. Man hätte das alles kommen sehen und man hätte doch schon vor Jahren davor gewarnt. Denken Sie an den Dauer-Warner, den SPD-Politiker und Arzt Karl Lauterbach. Karl ist das Risiko seiner Nebenwirkungen. Wie schafft es dieser Mensch, von allen Medien angehört zu werden? Er ist ja nicht mal Virologe. Dass die von ihm hochgelobten Impfungen zum größten Genozid führen könnten, sei uns Laborratten hier nur am Rande gesagt. Man muss den haltlosen Argumenten dieses Herrn Lauterbach nicht widersprechen; er tut es selber. Doch Lauterbach weiß genau, dass wir Bürger uns gerne impfen lassen, wenn wir nur wieder unsere liebgewonnenen Freiheiten zurückbekommen. So verlogen sind wir Menschen nun mal. Aber ich habe mir die Namen der Moderatoren, Journalisten, Politiker und Comedians gemerkt. Nicht nur ich, sondern auch die Gerichte Deutschlands, Österreichs und der Schweiz. Es wird für diese Kreaturen am Tage X nach der Merkelschen Zeitrechnung kein Entrinnen mehr geben: Der *Internationale Gerichtshof* in Den Haag wird sich ihrer eines Tages annehmen – online und in Farbe, denn es ist alles auf Youtube und im Internet gespeichert und für ewige Zeiten abrufbar.

Wo bleibt er denn, der längst überfällige Aufschrei des deutschen Volkes? Deutschland, das Land der Dichter und Denker – vom MP3-Player bis zur Chipkarte, vom Aspirin bis zur Mondrakete, alles deutsch. Die Deutschen haben unter anderem auch das Automobil erfunden und den ersten motorgetriebenen Flug gemacht. Nein, es waren nicht etwa die Wright-Brothers aus Amerika, die den ersten Flug 1903 machten. Zwei Jahre zuvor hatte der gebürtige Deutsche Gustav Weißkopf den ersten erfolgreichen Flug in Amerika absolviert – leider ohne Presse. Erinnern wir uns doch gemeinsam daran, dass der Sieger die Geschichte schreibt. Deutschland hat den Krieg verloren. Zweimal. Gewonnen haben die Amerikaner, und deshalb werden die Wright-Brothers bis heute gefeiert, weltweit.

Also, was ist passiert mit den Menschen des ehemaligen Landes der Dichter und Denker? Wie kann es sein, dass sich die Deutschen von ein paar Virologen und drittklassigen Politikern den Mund verbieten lassen? Corona ist kein Killervirus, das weiß man genau. Liebe Deutsche, wovor genau haben Sie denn Schiss? Fürchten Sie sich etwa davor, dass Ihr Nachbar Sie nicht mehr grüßt? Ich verstehe Sie nicht.

Die Frage bleibt: Cui bono? Wem nützt denn das ganze Corona-Theater? Meine Antwort ist möglicherweise klarer als mir lieb ist: Mit dieser scheinbar zufällig mit dem Coronavirus einhergehenden Strategie sollen wir Bürger für eine neue Ära konditioniert werden. Wir werden mit dieser nun als *permanente Schocktherapie* erfahrenen, diffusen Angst mit Hilfe der Technokratie in den modernen Sozialismus geführt. Die Technokratie spüren wir bereits deutlich als sogenannte *Schutzmaßnahmen, Regelungen und Kontaktbeschränkungen.* Dazu braucht es keinen Parlamentsbeschluss, diese technokratischen Dinge können willkürlich von der Regierung eingesetzt werden. Das ist legal. Dieser neue Sozialismus kommt zusätzlich auf grünen Samtpfoten daher und ist für uns kaum spürbar. Er heißt natürlich nicht mehr Sozialismus, und er wird von einer *exklusiven Machtelite* geführt, die wir gar nicht kennen. Die Grünen und die Linken leisten in ihrer Naivität unbewusst die Vorarbeit für diese neue Art der, und jetzt muss ich wieder vorsichtig sein, *Weltordnung*.

Das ist eine gewagte Behauptung, ich weiß. Die Fakten sprechen aber eine sehr deutliche Sprache. Die Angst in der Bevölkerung ist bereits recht groß. Die Rhetorik der politischen Eliten ist durchaus vergleichbar mit 1933: *„Wer jetzt nicht mitmacht, der gefährdet alle anderen."* Das ist Herrschaftssprache und wird sogar von uns Bürgern übernommen. Wir bemerken kaum, wie wir selbst mittlerweile denken, dass die drakonischen Corona-Maßnahmen der Regierung eigentlich ganz sinnvoll sind: Ausgehverbot für alle, Masken auf, Schulen geschlossen, Fabriken zu – damit haben wir doch bestimmt tausende von Menschen gerettet. Kanzlerin Merkel, Kanzler Kurz und Bundesrat Berset haben ihren Job doch super gemacht. Und außerdem stimmen doch viele rational denkende, kluge Leute mit der Regierung überein. In den Talkshows sind sie sich doch alle einig, dass wir das Virus bekämpfen müssen.

Nun, das gehört leider zur kollektiven Verdummung. Soweit ich weiß, hat diese neue Art des kollektiven Gehirnabschaltens noch keinen Namen. Nennen wir es einfach *Titanic-Syndrom*. Außer dem Kapitän sehen alle den riesigen Eisberg – was kann schon schiefgehen? Durch die neuen *Notstandsgesetze und Verordnungen* werden die normalen Gesetze außer Kraft gesetzt. Die *Effektiv-Leistung* dieser Verordnungen und Maßnahmen ist naturgemäß durchschlagend. Bevor man also genau weiß, was die Gefahr ist und wie man ihr begegnen sollte, wird per Dekret *ein neuer Ist-Zustand* geschaffen. Das Problem für uns Bürger: Diese Verordnungen bieten keinerlei Gelegenheit zur Diskussion und für eine daraus folgende Meinungsbildung. Genau damit kommen wir gefährlich nahe an eine bürokratische Herrschaft, eine Art Technokratie. Der deutsche Soziologe Helmut Schelsky (1912 bis 1984) sagte: *„Der technische Staat entzieht, ohne antidemokratisch zu sein, der Demokratie ihre Substanz."* Wir werden also nicht von Menschen oder Politikern, sondern von einem drohenden Virus vor vollendete Tatsachen gestellt, ohne dass der gesunde Menschenverstand oder zumindest das Recht konsultiert wird. Das ist die pure *Macht der Bürokraten*.

Die politische Theoretikerin *Hannah Arendt* hat darüber schon in den 1950er-Jahren ein Buch geschrieben (»Elemente und Ursprünge totaler Herrschaft«), in dem sie ausführt: *„Macht entspricht der Fähigkeit, sich mit anderen zusammenzuschließen und im Einvernehmen mit ihnen zu handeln."* Und für uns Bürger stellt sie fest: *„Die traurige Wahrheit ist, dass das Schlimmste genau von den Menschen begangen wird, die sich niemals dazu entscheiden, gut oder böse zu sein."* Aus nicht nachvollziehbaren Gründen tun wir Menschen es eben trotzdem: Wir setzen brav die Maske auf, betreiben „Social Distancing" und gehen freiwillig in die „Quarantäne". Dieser Begriff ist übrigens falsch. *Quarantäne* ist für kranke Menschen. Nennen wir es doch korrekt „Hausarrest". Auch *Social Distancing* ist falsch – da ist nichts Soziales dran, wenn man gezwungen wird, sich zu isolieren.

Zu dieser Corona-Massenverblödung gehört auch, dass die Staatsgläubigkeit innerhalb kürzester Zeit in einer absurden Weise gewachsen ist. Die Politiker können jeden noch so dummen Vorschlag durchsetzen. Die Exekutive nutzt die Fülle ihrer Macht. Das Volk ist nicht etwa skeptisch, sondern schaut zu den Politikern hinauf und unterstützt die politische Obrigkeit in vollem Umfang. Keine öffentliche Kritik, im Gegenteil: *„Wir schaffen das. Wir besiegen den unsichtbaren Feind."* Auch hier: Wer sich öffentlich oder im kleinen Kreis gegen die unsäglichen und vor allem völlig nutzlosen Corona-Maßnahmen ausspricht, wird kaltgestellt und zum Verschwörungstheoretiker gebrandmarkt. Das Mittelalter lässt grüßen. Während dieser Corona-Krise entlarven sich nicht wenige von uns als Blockwart der Obrigkeit. Wir denunzieren Mitbürger, schwärzen sie bei der Polizei an und führen Buch über das *Quarantäne-Verhalten* unserer Nachbarn. Tragen sie auch wirklich ihre Masken korrekt? Gehen sie wirklich nur aus dem Haus, um die wichtigsten Einkäufe zu erledigen?

Die Maske wird zum Symbol, dass man den Mund halten soll. Wer sich mit den Ellbogen begrüßt, macht sich mitschuldig. In der Schweiz wurden sogar Bergwanderer angezeigt, weil sie frische Alpenluft atmen wollten, Priester wurden bestraft, weil sie Begräbnisse abhielten, medizinische Zwangsmaßnahmen wurden ohne Gesetzesänderung einfach durchgeführt. Man wurde gebüßt, wenn man sich länger als eine Stunde im Freien aufhielt – das ist mir in Paris passiert.

Neu im Fokus ist ein altbekanntes, sehr umstrittenes Labor in Berlin, das von grauen Mäusen beheimatet und von verschieden obskuren Firmen finanziert wird: das offenbar schlampig arbeitende *Robert Koch Institut*. Das RKI läuft mittlerweile und mit gütiger Mithilfe von Dr. Christian Drosten dem anderen fragwürdigen Sprachrohr der WHO, dem *Potsdamer Institut für Klimafolgenforschung*, den Rang ab. Können Sie sich noch an Angela Merkels privaten Einflüsterer erinnern, den Klima-Pinocchio Hans Joachim Schellnhuber? Man sollte beiden Instituten den Geldhahn unverzüglich zudrehen und die Verantwortlichen vor ein ordentliches Gericht stellen. Es ist übrigens ein Merkmal der typischen Merkel-Politik – sie lässt sich immer einseitig beraten. Das vereinfacht es, das Volk zu überzeugen. Das ist eine schlaue Karrierestrategie, aber leider hat sie damit Deutschland zerstört. Aus Angelas visionärer Sicht ist diese Zerstörung bloß ein notwendiges Übel. Um aber Krisen zu meistern, oder wenigstens herauszufinden, wo das Problem überhaupt liegt, sollten *interdisziplinäre Betrachtungen* vor allem bei komplexen und teuren Entscheidungen ein absolutes Muss sein. Frau Merkel lässt sich nie von beiden Seiten beraten, weder beim Atomausstieg noch beim Klimawandel. Jetzt ist sie zu weit gegangen, die Frau Merkel-Kasner: Beim Corona-Irrsinn offenbart sich ihr sturer, egozentrischer Machtwille. Sie lässt sich, einmal mehr, von einem einzigen Institut beraten. Wenn wir als Flugkapitäne so handeln würden, hätten unsere Airlines täglich einen Absturz mit hunderten von Toten zu beklagen. Die zahlreichen Toten, die Merkels Corona-Strategie fordert, bleiben ungezählt. Hätte ich keine Angst vor Repressalien, würde ich

Frau Dr. Angela Merkel persönlich dafür verantwortlich machen, dass sich durch ihre *absurde Machtgeilheit* viele Unternehmer und gefeuerte Mitarbeiter das Leben nehmen oder zumindest psychisch krank werden.

Da ich keine Klage riskieren will, nehme ich diesen Vorwurf in vollem Umfang zurück – der Zeitgeist spricht im Moment noch gegen mich. Keine Spur von medialer oder wenigstens parlamentarischer Kritik am Führungsstil in unseren drei deutschsprachigen Ländern. Warum nicht? Noch im heißen Juli und August wird empfohlen, die Schutzmaske zu tragen, ab November wird es sogar zur Pflicht. Dass Merkel und Kurz diesen Maulkorb nicht tragen wollen, wird in den Medien kaum erwähnt. Parallelen zu totalitären Staaten sind natürlich auch hier reiner Zufall. Angela Merkel ist es völlig schnuppe, dass die Kontaktbeschränkungen für Familien gravierende Folgen haben, sie ist schließlich kein Familienmensch, Kanzler Kurz und Präsident Macron auch nicht. Oder denken wir an die tatsächlichen Covid-19-Opfer. Zum unmenschlichen Leiden gehört auch das einsame Sterben der Alten, nicht etwa an, sondern *mit* dem Coronavirus. Dass die Wirtschaft völlig zusammenbrechen muss, ist ihr als Physikerin völlig klar. Es wäre unbedingt nötig, neben Virologen auch Psychologen, Soziologen und Wirtschaftswissenschafter in den allgemeinen Meinungsfindungs-Prozess miteinzubeziehen. Das tut Merkel ganz bewusst nicht. Ihr Ziel ist es, als alleinige Siegerin hervorzugehen.

Ein Lockdown ist unnötig und völlig übertrieben. Andere Länder beweisen es. Ich lebe ja in Südkorea, wo nie ein Lockdown stattgefunden hat. Die Zahlen sprechen für sich: ein paar wenige hundert Corona-Tote bei einer Bevölkerung von fünfzig Millionen! Ein Volk, ein Merkel-Reich, eine Führerin? Der österreichische Kanzler-Darsteller Sebastian Kurz kopiert Merkel ganz einfach und handelt genauso machtgeil wie sie. Die Kurz-Arbeit bekommt durch sein verantwortungsloses Verhalten eine *sebastian*ische Dimension. Auch seine anmaßende, gebetsmühlenartig verkündete *Neue Normalität nach dem Coronavirus* hat er sich von Onkel George (Soros) auf sein iPad beamen lassen. Es ist nichts anderes als ein rhetorischer Kniff mit einer ekelhaften Note.

Mir ist schon klar, dass es in der Geschichte noch nie einen *Status quo ante* gab, außer nach einem verlorenen Krieg. Corona soll also ein Krieg sein, Sebastian? Selbst für gestandene Sebastian-Kurz-Fans muss es bitter mitanzusehen sein. Der kleine Emporkömmling möchte einfach gerne auch ein bisschen mächtig sein. Einfach lächerlich, diese Schießbudenfigur. Sebastian, der Liebling der wählenden Schwiegermütter, am Tiefpunkt seiner vermeintlich kurzen Karriere? Nachdem ich diesen Parvenü zur Genüge beobachtet habe, komme ich zu dem Schluss: Der Grüßaugust im zu engen Brioni-Anzug ist völlig überfordert. Cui bono? Es nützt den „Heuschrecken" und anderen *Kriegsgewinnlern*. Sie alle werden von der Krise profitieren. Ja, auch Figuren wie Friedrich Merz auf der armen Seite des Spektrums und George Soros auf der wohlhabenden.

Ach ja, der Sauerländer Kanzlerkandidat Friedrich Merz ist weltweit sehr gut vernetzt. Die wenigsten von uns kennen seinen ehemaligen Arbeitgeber *BlackRock*. Der Ex-Chef von Friedrich Merz, *King of Wallstreet Laurence „Larry" Fink*, verwaltet mit seinen 14.000 Inkasso-Gestalten etwa sieben Billionen Dollar. Das ist etwa das Zwanzigfache des deutschen Staatshaushaltes. Larry arbeitet vorzugsweise mit OPM (Other People's Money), ähnlich wie unsere Politiker. Deshalb wäre Merz wohl ideal als Kanzler. Finanzinvestor Larry D. Fink nutzte übrigens die Krise 2008, um zum mächtigsten Mann der Welt zu werden – und keiner kennt ihn. Ich hatte ein Gespräch mit einem kleinen BlackRock-Angestellten in New York. Ihr Schlachtruf ist: *Swim with the Sharks*. Wir Mainstream-Medien-Nutzer kennen nur die armen Schlucker wie Bill Gates, Jeff Bezos oder Warren Buffett. Die wirklich Mächtigen sitzen ganz woanders. Ich traue Friedrich Merz einiges zu. Er könnte sogar wissen, wer die Mächtigen sind. Würden Sie ihn zum Bundeskanzler wählen? Ich schon. Nicht weil er besonders sympathisch ist, sondern weil er intelligent ist. Vergleichen Sie ihn doch mal mit Robert Habeck, Annalena Baerbock oder Olaf Scholz. Nein, tun Sie es nicht. Aber am Ende wird sich sowieso die Heilige Angela für eine weitere Amtszeit *zur Verfügung stellen*...

Auf die Frage, wem das Ganze denn nützt, wird immer wieder und gerne China ins Spiel gebracht, denn das *China-Virus* hatte seinen Ursprung offenbar in Wuhan. Ein Labor soll damit experimentiert haben, oder das Virus wäre vom Fleischmarkt ausgegangen. Vom Corona-Bier wird es nicht kommen. Na ja, wenn wir nicht einmal das genau wissen, dann ist alles andere nur noch Spekulation. Dass es ein *Designervirus* war, klingt ziemlich abenteuerlich. Es ist möglich, ja. Aber dazu kann ich nichts sagen, weil ich ganz einfach nicht weiß, was der Nutzen davon für die Chinesen sein könnte. Ein Zusammenbrechen der Weltwirtschaft würde auch China negativ beeinflussen. Allerdings tut China alles, um die Welt zu kaufen. Sehen Sie, wenn die Kommunistische Partei Chinas seine eigenen Bürger mit 600 Millionen Kameras auf jedem Schritt und Tritt beobachtet, dann sollte uns das wenigstens wundern. Dass China alles daran setzt, westliche Medien und Politiker zu kaufen, fällt sogar ARD und ZDF auf. Die ganze Geschichte ist ziemlich komplex. Krude Verschwörungstheorien erhalten dadurch natürlich Vorschub. Man muss immer alles zu Ende denken. Hinter jeder Verschwörungstheorie steht eben meist auch eine ganze Menge von Unklarheiten. Bei Corona haben wir es fast ausschließlich mit Unklarheiten zu tun, weil alle Akteure ihre Entscheidungen und ihren Job verteidigen. Licht ins Dunkel wird es so schnell nicht geben.

Eines lässt sich rückblickend mit Sicherheit behaupten: Den Politikern und Politikerinnen konnte es von vornehrein völlig schnuppe sein, was *nach dem Corona-Crash* kommen würde, denn sie würden ja weiterhin ihren sicheren Job, großzügige Diäten, Dienstwagen und Sekretärin haben. Auch die Staatsangestellten hatten nie etwas zu befürchten. Corona? Das ist nur für uns, das Volk.

Wie sieht die Corona-Strategie des Schweizer Bundesrates aus? Er schielt, wie immer, nach Deutschland. Unsere zweitklassigen Magistraten führen aus, was die drittklassige EU befiehlt. L'etat c'est moi („Der Staat bin ich.") – und die EU ist Merkel. Die Blinde aus der Uckermark weist den Lahmen von der Alm den Weg. Ziemlich entlarvend, unsere erbärmliche Führungs-Truppe in Bern. Dass alle unsere führenden Politiker von der Presse heute noch unisono als *hervorragende Krisenmana-*

ger gelobt werden, bestätigt die fantasielose Machtlosigkeit der vierten Gewalt. Obwohl diese *vierte Gewalt* nie zum Staat gehörte, fungieren unsere Medien als kritiklose Litfaßsäulen des Staatsapparates. Merkel zieht die gesamte Politik Europas, inklusive der Presse, am Nasenring durch die Arena. Dass dabei *die Führerin* Angela Merkel selbst nur eine kleine Schachfigur ist, blenden viele Deutsche heute noch aus. Viele glauben sogar, dass Deutschland durch die harte Hand Angela Merkels seine internationale Stärke beweist. Ich erachte das als einen fatalen Irrtum, liebe Freunde aus dem Norden. Deutschland wird daran zerbrechen. *Angela Merkel ist nur Ihre Henkerin*, die Mörder sind die politischen Ja-Sager, die medialen Schmeichler und Sie, das Volk! Die letzte Chance werden die nächsten Bundestagswahlen sein. Versuchen Sie, vernetzt zu denken. So wie ich das überblicke, braucht Ihr schönes Land dringend einen Paradigmenwechsel.

Der scharfsinnige österreichische Internet-Journalist und ehemalige Nationalrat (BZÖ-Obmann) Gerald Grosz bringt es in seiner unvergleichlichen Sprache auf den Punkt: „*Aus Angst vor dem kollektiven Corona-Tod begehen wir alle den wirtschaftlichen Selbstmord.*" Damit fasst der umstrittene politische Kommentator aus der Steiermark den ganzen Unfug zusammen. Brillant und typisch steirisch. Seine Bücher sind entlarvend! Umstritten ist er deswegen, weil er möglicherweise weiß, wer seinen Chef, Jörg Haider, ermordete. Bleiben wir wachsam!

Corona-Akteure im Fieber

Bei einer linksliberal-grünen Altparteien-Regierung rächt es sich, dass kaum ein Mediziner (von Virologen mögen wir gar nicht erst träumen) im Bundestag sitzt oder im Nationalrat sein Wissen einbringen könnte. Es sind vorwiegend Politiker und Politikerinnen, die sich als Amateure, Ahnungslose und Sesselkleber in Personalunion hervortun. Politiker, die nie in ihrem Leben Verantwortung übernehmen mussten, geben sich nun als Viren-Profis und erteilen dem Volk Ratschläge, wie man sich korrekt die Hände wäscht. Sich die Hände öffentlich waschen – das hatten wir doch bereits bei Pontius Pilatus. Es ist einfach nur peinlich, welche Figuren uns regieren. Es ist eine Bankrotterklärung der Altparteien, der liberalen Mitte-Parteien und der Grünen. Kennen Sie Jens, den spahnungslosen Bankkaufmann? Der deutsche Gesundheitsminister ist der homosexuelle Ehemann von Herrn Daniel Funke, einen Medienmogul-Nachfahren. Wer hier keinen Interessenkonflikt sieht, ist blind. Jens Spahn ist die Ahnungslosigkeit ins Gesicht geschrieben, achten Sie auf seine Körpersprache, seinen leeren Blick. Im völligen Bewusstsein, dass er keine Ahnung von seinem Job hat, redet der gelernte Bankkaufmann einfach weiter. Jens ist ein offenes Buch. Er tut mir schon fast leid. Dem Gesundheitsminister geht es nicht um unsere Gesundheit, Jens geht es um Jens. Dass er mit Immobiliengeschäften und seiner 4,2 Millionen-Euro-Villa „Neuspahnstein" in die Schlagzeilen geriet, ist ein Anfängerfehler. Ich bin sicher, Ihnen schwant etwas. Sein Narzissmus und seine Eitelkeit kosten die Deutschen nicht nur viel Geld, sondern viele Menschenleben. Statt einer korrekten Herdenimmunität werden offenbar Herdentiere geschaffen. Muh, wir sind das Stimmvieh.

Die Schweden und die Asiaten beweisen es uns täglich, doch die Presse schweigt bis heute. Fragen Sie nicht mich, aber fragen Sie Ihren Arzt oder Apotheker oder noch lieber einen unabhängigen Virologen: *Um einem Virus wirksam die Stirn zu bieten, muss man sich damit infizieren.* Die Behandlungserfolge sind bei über 99,8 Prozent. Keine Impfung der Welt hat eine solche Wirkung. Schon gar nicht ein im Eilverfahren hergestelltes Produkt. Diese Facts werden Sie von der Regierung und von der Presse nie zu hören bekommen. Bei der WHO, tief vergraben in ihren Internetseiten, findet man diese Zahlen. Ein Gespräch mit einem durchschnittlichen Virologen bringt Sie zum gleichen Ergebnis, außer er arbeitet für die Regierung. Mein Tipp: Wissenschaftler *im Ruhestand* sind deshalb besonders glaubwürdig, weil kein Druck mehr besteht, die Ideologie der Bundesämter durchzudrücken. Das gilt auch für die Klima-Thematik, die Ärzte und so weiter.

Beim möglicherweise stattfindenden Den Haager Prozess könnte folgendes Plädoyer im Protokoll zu lesen sein:

„Nachdem lange richtigerweise nichts gegen das Coronavirus unternommen wurde, machten die Regierungen plötzlich auf Aktionismus. In ganz Europa wurde gehandelt, nur damit man später nicht sagen konnte, man hätte nichts getan. Lieber einen tödlichen Wirtschaftskollaps riskieren, als die Verantwortung für möglicherweise ein paar wenige hundert zusätzliche greise Grippetote zu übernehmen. Bei genauer Zählung führte das Coronavirus zu praktisch keinen zusätzlichen Toten. Ein Corona-Toter ist einer, der ausschließlich wegen Corona gestorben ist. Alle anderen sind **mit** dem Coronavirus, aber aufgrund anderer Vorerkrankungen gestorben. Diese alten und kranken Menschen wären höchstwahrscheinlich auch an der nächsten Grippe verstorben. Das ist ein wesentlicher Unterschied, und das ist auch die Meinung vieler Fachärzte im Ruhestand. Es war die pure Feigheit unserer Spitzenpolitikerinnen und Spitzenpolitiker, einmal in ihrem Leben Verantwortung zu übernehmen. Sie haben völlig versagt. In Asien wurde genau dieser Fehler schon vor zwanzig Jahren begangen. Seither haben sie gelernt, bei Viren situationsgerecht zu reagieren. Seither sind die Asiaten gut vorbereitet. Das hätten wir schlauen Europäer zur Abwechslung vielleicht mal von ihnen abkupfern sollen. Aber nichts dergleichen: Unser Führungspersonal war nicht nur völlig ahnungslos, sondern arrogant und besserwisserisch. Die Angeklagten sind in allen Punkten schuldig!"*

Denken Sie daran bei den nächsten Wahlen. Nein, natürlich bin auch ich kein Virologe, ich weise Sie nur darauf hin, genauer hinzusehen und sich die Informationen besser auszusuchen. Wir sollten endlich aufhören, uns von staatlichen deutschen, österreichischen und schweizerischen Fernsehanstalten für dumm verkaufen zu lassen. Sehen Sie, ich kenne meinen eigenen IQ recht genau, und ich gehe davon aus, dass auch Sie wissen, wie dumm die anderen sind. Der *gesellschaftliche Konformismus*, also die Angleichung unserer eigenen Einstellung an die herrschende Meinung, wird seit der Corona-Krise vom Staat benutzt, um uns einfacher zu führen. Unser natürliches Bestreben, uns anzupassen, nicht anzuecken, und unser Bedürfnis nach Zugehörigkeit und

Harmonie werden zielsicher missbraucht. Wir spüren das gar nicht. Es tut ja nicht weh. Noch nicht.

Verweigere Gehorsam! Das kommt bei den Mitmenschen schlecht an, weil es gegen das Gemeinschaftsgefühl gerichtet ist. Als Pilot muss ich abschätzen können, ob ich einem Befehl gehorche oder nicht. Der Befehl muss auf jeden Fall Sinn ergeben. Wenn dieser Befehl für meinen Gusto zu wenig Sinn macht, dann darf ich von ihm abweichen. Das nennt man *Kapitänsentscheid*, und dieser hält vor jedem Gericht stand. Ich habe ganz zu Beginn der Corona-Krise eine lange E-Mail mit meiner persönlichen Einschätzung der ganzen Virus-Geschichte an etwa dreißig Kollegen und Freunde geschickt. Ich hatte mich schon zwei Monate vor dem eigentlichen Ausbruch des Virus damit befasst, weil ich ja von Südkorea aus arbeitete, also der unmittelbaren Nähe des Epizentrums des Virus. Hier wurden wir von unserer Firma schon früh und gut vorbereitet, und somit hatte ich auch einen kleinen Wissensvorsprung. In meiner E-Mail versuchte ich, die Verhältnismäßigkeit des Virus im Vergleich mit schweren Pandemien zu relativieren und warnte vor einem überstürzten Lockdown oder gar Shutdown. Ich versuchte, meine Kollegen und Freunde zu überzeugen, dass das Covid-19-Virus zwar gefährlich, aber eben nicht ein *Killervirus* sei. Ein Einziger der dreißig hat meine E-Mail beantwortet. Die anderen getrauten sich nicht, ihre eigene Meinung dazu zu äußern oder waren einfach nicht meiner Meinung, was natürlich völlig okay ist. Meine *Warnung zur Entwarnung* wurde von den meisten einfach ignoriert, weil die Medien ihre Meinung bereits durchgedrückt hatten. Es war für mich deshalb kaum überraschend, dass niemand eine Diskussion darüber beginnen wollte. Es zeigte mir auch deutlich, dass wir als Gesellschaft sehr schnell im Herdensyndrom reagieren und mit der Masse mitmachen. Bloß nicht gegen den Strom schwimmen, lieber mit der Masse im Meer ertrinken. Ob ich mit meiner E-Mail recht hatte oder nicht, war völlig unerheblich. Die reine Tatsache, dass auch sehr intelligente Menschen sich bis heute von der Presse und der Regierung vereinnahmen lassen, spricht für die Raffinesse der altbekannten, angewandten Taktik. Ich erinnere ungern an Joseph Goebbels. Er sagte: „*Wenn eine Lüge ständig wiederholt wird, dann wird sie vom Gehirn als Wahrheit empfunden.*"

Man braucht nichts von Viren zu verstehen, um zu wissen, dass da etwas nicht stimmt. Wenn die immer gleichen Experten auf allen Kanälen die immer gleiche Meinung verbreiten, ist Vorsicht angebracht. Wenn jemand alle Zweifler der Lächerlichkeit preisgibt, sie beleidigt und verhöhnt, ja sie sogar in die Verschwörungsecke stellt, dann ist klar, dass der etwas zu verbergen hat. Jens Spahn hat etwas zu verbergen. 9/11 war ein Kindergeburtstag im Vergleich zu Corona. Unser Leben gerät aus den Fugen. Wir wissen noch nicht genau, warum. Noch nicht.

Wir Menschen können mit diffusen Ängsten schlecht umgehen. Wie Goethe schon sagte: „*Eines Tages klopfte die Angst an die Tür. Der Mut stand auf und öffnete, aber da war niemand draußen...*" Die gleichen Ängste werden seit vielen Jahren schon von der Klima-Lobby bewirtschaftet. CO_2 wird mantrahaft als Klimakiller propagiert, die Welt muss gerettet werden – alles aufgrund von äußerst umstrittenen Klima-Modellrechnungen. Die Parallelen zum Corona-Stunt sind eklatant. Auch bei Covid-19 fußten praktisch alle Annahmen auf Spekulationen und ungenauen Modellrechnungen. Wenn also nur ein einziger Faktor in dieser mathematischen Hochrechnung falsch ist, dann fällt das ganze Kartenhaus zusammen. Unter *Extrapolieren* wird die Bestimmung eines mathematischen Verhaltens über den gesicherten Bereich hinaus verstanden. Wenn dieser Bereich dann, wie beim Klimawandel, auch noch bis ins ferne Jahr 2100 gehen soll, erkennen wir den Unsinn dieser *Modellrechnungen*. Oder wie es ein ausgewiesener Fachmann in diesem Bereich, der britische Statistiker George E. Box, sagte: „*Alle Modelle sind falsch, aber einige sind brauchbar.*" Denken Sie an die Corona-Modelle und die Fallzahlen, die Mortalitäts- und Inzindenzraten. Es sind alles vage Berechnungen für einen künftigen Verlauf einer Viruskrankheit. Wir stützen uns auf die ungenauen Prognosen von Virologen und Ärzten, also Berufsgruppen, die sich mit den Geheimnissen der Mathematik eher schwertun. Ein hilfreiches Modell ist nichts anderes als ein *ver-*

einfachtes Abbild der aktuellen Wirklichkeit oder von vergangenen tatsächlichen Begebenheiten. Damit können wir die komplexe Natur einigermaßen verstehen. Ja, die chaotische Natur ist oft komplizierter als die exakte Mathematik. Modelle, die hingegen für die *Zukunft* bestimmt sind, sind deshalb *unbrauchbar*. Ein Chaos lässt sich nicht vorausberechnen. Das gilt für Viren genauso wie für das chaotische System des Wetters. Aus purer Unwissenheit und parteipolitischem Kalkül haben die Politiker auf die falschen Modelle und Berechnungen des *Robert Koch Instituts* leider sofort reagiert, alle Menschen eingesperrt und somit die Wirtschaft zum Erliegen gebracht. Selbst als führende Virologen auf das Problem der Ungenauigkeiten hinwiesen, änderten die Politiker ihre Strategie aus Angst vor dem drohenden Gesichtsverlust nicht – ein typischer Alphatier-Fehler. Ja, auch Politikerinnen sind davor nicht gefeit. Diese Art von Sturheit wurde früher von vielen Flugkapitänen auf ihrem letzten (Todes-)Flug praktiziert, und dieser Fehler wird heute noch von vielen Chefärzten gemacht. Wäre halt mal Zeit, beruflich erwachsen zu werden, liebe Politiker und Chirurgen. Versuchen Sie mal, „*Ich weiß es nicht.*" zu sagen. Schmerzhaft, nicht wahr?

Um als Politiker Empfehlungen herauszugeben, sollte man erst einmal Daten sammeln, sie einordnen, darüber reflektieren, diskutieren und dann daraus für alle teilnehmenden Wissenschaften verständliche Fakten schaffen. Nach Abwägen der Risiken wird dann gemeinsam entschieden. So begegnet man strategisch einem Problem und löst es dann nach bestem Wissen und Gewissen. Dieses ominöse *Robert Koch Institut* muss sich diesbezüglich einige Fragen stellen lassen. Das heißt, wenn sich überhaupt jemand getraut, diese zu stellen. Dass sich unsere europäischen Gelehrten nicht mit den asiatischen Gelehrten an einen runden Tisch setzen wollten, ist dem Stolz unserer weit überschätzten Wissenschaftler zuzuordnen. Es kann ja nicht sein, dass die Asiaten besser sind als wir. Ich finde das albern und dumm. Ich arbeite seit zwanzig Jahren praktisch ausschließlich mit Menschen aus dem Fernen Osten. Eine Kombination von ihrem und unserem Wissen wäre in der Corona-Situation äußerst hilfreich gewesen. Dass sich die Asiaten nicht aufgedrängt hatten, spricht für deren wirtschaftliches Kalkül (sie ließen uns ins offene Messer laufen). In Asien brummt die Wirtschaft übrigens schon lange wieder, liebe Politiker und Wähler. Nein, in Ihrer Lieblingszeitung steht etwas völlig anderes.

Unser Verhalten während der Corona-Krise zeigt deutlich, wie unfassbar autoritätsgläubig wir sind. Wir glauben tatsächlich, dass der Staat sich um uns kümmern würde, wenn wir brav tun, was er von uns verlangt. Das ist natürlich abwegig. Unser Wohlfahrtsstaat vermittelt uns Menschen seit dem letzten Krieg die Illusion, wir selbst seien nicht mehr verantwortlich für die eigene Vorsorge in Krisenzeiten. Sogar die Politik verspricht es uns ja: *Der Staat wird es schon richten.* Wir sind nach wie vor tief davon überzeugt. Warum wir das tun, ist mir allerdings völlig unklar. Weil wir die Politiker dafür bezahlen? Ernsthaft?

Klima-Hysterie, Banken, Brexit

Sollte das System crashen, wird ganz einfach das Virus dafür verantwortlich gemacht. Angela Merkel, ihre Trabanten aus der SED-Nachfolgepartei *Die Linke* und die Ahnungslosen von *Bündnis90/Die Grünen* wären somit fein raus! Ja, sogar die *CDU*, *SPD* und *FDP*. Damit werden sie aber langfristig nicht durchkommen. Der erste kleine Schock wird nämlich der Crash des Euros sein. Wenn wir nicht aufpassen, wird gleichzeitig das Bargeld aufgelöst und man kann nur noch mit Kreditkarte bezahlen. Es kann alles Schlag auf Schlag gehen. Die Machtelite arbeitet schließlich auch dann 24/7, während die Gutmenschen am *Fridays-for-Future* ihre Zeit und Energie verschwenden.

Das System könnte diesmal also tatsächlich crashen. Die Welt wird sich trotzdem weiterdrehen, also ist es auch angebracht, Hoffnung zu haben. Sehen Sie, eine Krise kann neue Chancen eröffnen, wenn man dafür offen ist. In einer Krise kann oder muss man auch den persönlichen Kompass neu ausrichten: Was ist für mich wichtig, wie möchte ich leben, wie viel Geld brauche ich? Ich, ich, ich? Genau. Und wenn es Ihnen wieder gut geht, dann können Sie sich mit voller Kraft für Ihre

Liebsten einsetzen. *So viel Respekt verdienen Sie!* Wir sind alle keine Roboter, wir sind Menschen.

Das System wird crashen, weil wir die Politiker haben, die wir verdienen. Unsere Politik-Darsteller können ihr Volk nur teilweise und in kleinen Schritten dirigieren. Dummerweise haben wir fast ausschließlich politische Schönwetter-Kapitäne, die zudem in Amtszeiten rechnen, also in der Regel etwa vier Jahre. Ich persönlich finde, dass man diese auf zehn Jahre erhöhen sollte, damit würde wenigstens der dauernde Wahlkampf auf ein erträglicheres Maß reduziert. Gleichzeitig würden die Politiker möglicherweise auch etwas weiter in die Zukunft denken. Ja, Sie haben recht, auch hier ist die Hoffnung Vater des Gedankens.

Um herauszufinden, wohin die Reise unserer Gesellschaft in Europa gehen könnte, müssen wir zuerst einmal wissen, wo wir uns im Moment befinden. Nach meinem Dafürhalten befinden wir uns hart an der Schwelle von Fake-News und subtil forcierter Massenverblödung. Ein Beispiel: Mutet es nicht irgendwie surreal an, wenn unsere gewählten Volksvertreter sagen, dass alles in Ordnung sei, der DAX und der Dow Jones ewiges Wachstum prophezeien, aber gleichzeitig unser Portemonnaie immer *leerer* wird? Die gleichen Politiker beschwören uns, als ob sie einen Dunst vom Wetter hätten, dass unser größtes Problem der Klimawandel sei. Es wird von ihnen ganz bewusst zum beherrschenden Thema gemacht. Auf jeder Seite, vom Lokalblatt bis zur Bild-Zeitung, steht irgend etwas im Zusammenhang mit Klima oder Umwelt, natürlich nur, wenn nicht gerade Corona herrscht. Im Fernsehen ist er der Dauerbrenner: *der angeblich menschengemachte Klimawandel.* So werden wir langsam, aber äußerst nachhaltig konditioniert. Wir werden von oberster Stelle mit gezielten Falschinformationen zurechtgebogen, damit wir den unsäglichen CO_2-*Ablass* mit Freude bezahlen. Rettet das Klima, rettet die Eisbären, rettet die Wale. Rette sich, wer kann! Liebe Freunde in Deutschland, Österreich und der Schweiz, ich finde, das ist absurd.

Analysen mögen uns vielleicht langweilen, sie werden aber dringend gebraucht, um gemachte Fehler nicht noch einmal zu begehen. Schon der alte Konfuzius wusste: *"Wer einen Fehler begeht und ihn nicht korrigiert, begeht einen zweiten."* Der gleiche Mann sagte auch: *"Wer den Kopf hängen lässt, sieht weniger."* Also: Fehler korrigieren und Kopf hoch! Leider vergisst der Mensch schneller, als er sich durchs Fernsehprogramm zappen kann. Geschichte ist doch etwas Altbackenes, retro und sowieso: Wir wollen schließlich unseren Spaß. Claro, den sollen wir natürlich auch haben. Ich bin hier nicht die Spaßbremse. Wenn wir uns an ein paar Spielregeln halten, werden wir sogar noch sehr lange Spaß haben können. *Regel Nummer eins: Lerne aus der Geschichte.*

Wir leben in einer Zeit, die durchaus mit 1933 vergleichbar ist. Damals mussten die meisten Deutschen aus Mangel einer Perspektive und wegen einer wirklichen Alternativlosigkeit (Nationalsozialismus/Hitler) gute Miene zum bösen Spiel machen. Wer aufmuckte, wurde hart bestraft.

Zurück in die Moderne: Haben Sie schon mal beobachtet, mit welcher Sturheit und Härte die Linken und Grünen ihren *Klimaschutz* verteidigen? Das hat doch eindeutig faschistische Züge. Andere Meinungen werden von ihnen nicht zugelassen, und wer Fragen stellt, wird niedergeschrien. Obwohl ein Klima physikalisch gar nicht geschützt werden kann und sich kaum einer dieser grünen Politiker und Studienabbrecher mit Wetter, geschweige denn mit Klima auskennt, gehen tausende junge Menschen auf die Straßen und schreien: *"Weg mit CO_2, schützt das Klima!"* Wer anders denkt, wird mundtot gemacht. Er wird ausgegrenzt, geteert und gefedert. Wer gegen Solar- und Windkraftwerke ist, wird vom Bekanntenkreis geächtet. Wer etwas gegen Teslas Elon Musk oder Greta Thunberg sagt, wird als Gotteslästerer und Weltzerstörer gebrandmarkt. Es fehlt eigentlich nur noch, dass wir alle brav den Hitlergruß machen und die Ungläubigen ins KZ stecken. Eine Übertreibung? Mitnichten. Irgendwie kumulieren sich die Ereignisse seit 2015 in einer gefährlichen Kadenz zu einem explosiven Gemisch. Wer keine Scheuklappen hat, der muss es doch sehen. Man kann förmlich riechen, wie die nächste Schlagzeile am Horizont heißen muss: *"Die Ereignisse überschlagen sich."* Darauf folgt historisch immer die kurze Titelseite: „*Krieg!*" Vielleicht nicht dieses Mal, denn dafür fehlt den Europäern glücklicherweise das Geld. Der unsichtbare Krieg hat jedoch schon längst begonnen. Es ist der Krieg *arm gegen reich*, und gewinnen werden ihn die Reichen.

Viele mögen jetzt einwenden, dass wir *Armen* das Geld auch annehmen würden, wenn wir in der komfortablen Situation der Reichen wären. Diese *Quatschrechtfertigung* war aus meiner inneren Argumentenkammer nie ganz zu vertreiben gewesen. Gewinnen werden also die Reichen. Nein, Sie gehören leider nicht zu den Reichen. Sie sind bestenfalls wohlhabender Nettozahler, gewöhnen Sie sich daran.

Seit etwa 2008 (ursächlich seit 2001) befinden wir uns in einem Dauerkrieg auf Sparflamme. Die Daumenschraube tut gleichmäßig weh, doch das will niemand so richtig wahrhaben. Die Psychologen sprechen von der *kognitiven Dissonanz*. Obwohl man also weiß, dass etwas gewaltig stinkt, macht man munter weiter. Krise? Ach was, es ist doch immer Krise. Das ist der nächste Irrtum. Die Finanzkrise von 2008, die in Wahrheit eine Immobilien- und Bankenkrise war, wurde nie richtig oder gar nachhaltig aufgearbeitet – im Gegenteil: Die Banken wurden seither auf rechtlich unsaubere Weise mit Milliarden von Steuergeldern beschenkt. Die Sache ist gegessen, und das Geld ist verteilt. Der Bürger tut, was von seiner Rolle in diesem Theater verlangt wird: Er bürgt. Es sind bis zum heutigen Tage keine sichtbaren oder wenigstens einigermaßen wirkungsvollen Verbesserungen gemacht worden, eine neue Banken- oder Immobilienkrise zu verhindern. Dass diese vor der Tür stehen muss, ist logisch.

Auch hier beobachten wir eine völlig abartige Euro-Geldvermehrung. Die Druckerpresse läuft so heiß, als ob es kein Morgen gäbe. Die Zinsen werden unter gewaltigen Kraftanstrengungen *historisch* tief gehalten, und jedem noch so klammen Sparer wird die Möglichkeit geboten, ein Eigenheim zu bauen. Zurückzahlen war gestern – die Banken wollen nur die Zinsen, nicht etwa das geliehene Geld zurück. Die Zinsschuld verleiht unseren Banken die Macht, uns nach Belieben zu beherrschen. Was sollten die Banken denn auch mit dem vielen zurückgegebenen Geld machen, etwa re-investieren oder gar weiterverleihen? Nein, es ist das Grundprinzip des Geldverleihs, den Schuldner immer schön an der kurzen Leine zu halten und mit neuen Krediten zu beglücken.

Die Staaten sind übrigens die zuverlässigsten und treusten Schuldner, denn unsere Beamten zahlen den Banken unser Geld pünktlich zurück. Dass sich die aufgelaufenen Kosten dieses Monopoly-Spiels alleine für Deutschland mittlerweile bei weit über schwindelerregenden viertausend Milliarden Euro befinden, kostet den dafür verantwortlichen Zauberer Wolfgang Schäuble bestenfalls ein mildes, abschätziges Lächeln. Erinnern Sie sich noch an den Vorgänger von Finanzminister Olaf Scholz? Er kann den Hals offenbar nicht voll genug kriegen. Heute leitet er, sozusagen als *weiser Senator*, den Bundestag als dessen Klassensprecher. Keiner sagt etwas, alle Politiker sind ihrem heimlichen Star milde gestimmt. Während Corona wäscht sich der schwäbische Pontius Pilatus seine gierigen Hände sogar vor laufender Kamera in Unschuld. Das Fatale dabei: Sein Volk mag auch ihn. Im Beliebtheits-Ranking ist er immer unter den Top Ten. Okay, man müsste mal nachforschen, *wer ein solches Ranking macht*. Meiner Einschätzung nach wird der Schwätzer weit überschätzt, zumindest was seine intellektuellen Fähigkeiten betrifft. Über seine mögliche kriminelle Energie mag ich gar nicht spekulieren. Seine Schwarze Null ist offensichtlich ein Rohrkrepierer. Es gibt so viele im Bundestag – Nullen. Seine von ihm mitgetragene Nullprozent-Zinsstrategie hat dem Staat zwar nicht geholfen, dafür aber seinen *systemrelevanten Bankenspezis* fette Gewinne beschert. Ich schätze, dass wir auch Schäuble beim Prozess in Den Haag antreffen werden. Die Staaten hat diese Nullprozent-Zinsstrategie europaweit bankrott gemacht. Eine dringende Zinserhöhung würde das ganze Kartenhaus wohl im Nu zum Einsturz bringen. Die Finanzminister Deutschlands und ganz Europas sind zwar ratlos, aber kaum verzweifelt. Trotz höchster Not wiegen sie die Bürger in falscher Sicherheit. Was denn, ein Eisberg voraus? Aber nein, das ist nur Nebel. *Dass die Zinsen in kürzester Zeit in die Höhe schnellen würden, konnte doch keiner ahnen...* Okay, Sie als Leser wissen es jetzt. Also tun Sie was dagegen. Jetzt, nicht morgen. Mein Tipp: Vertrauen Sie keinem Banker!

Die deutsche und die europäische Finanzlagen sind zwar aussichtslos, aber nicht ernst. Gleichzeitig ist Deutschland Exportweltmeister, das beweisen die Zahlen. Die Zahlen lügen doch nicht, oder doch? Offizielle Statistiken belegen doch alles. Falsch! Die *Statistiken belegen lediglich jedes gewünschte Resultat.* Das war es dann aber auch schon. Ich habe mir die Eurostat-Zahlen bis ins kleinste Detail angeschaut. Tun Sie es auch (ec.europa.eu/eurostat/de/home). Die Fakten sprechen eine deutliche Sprache: Deutschland ist nicht nur Exportweltmeister, sondern vor allem Rekord-Nettozahler!

Der größte Bankenplatz Europas befindet sich auf der Insel. Dort hat es sich herumgesprochen, dass Deutschland die EU nicht mehr lange finanzieren kann. Deshalb haben sich die Briten mit ihrem gewagten, aber überaus schlauen Austritt aus der EU vorerst mal finanziell in Sicherheit gebracht. Das hätte ihnen keines der strammen EU-Mitglieder zugetraut. Meine Einschätzung von außerhalb der EU? In ein paar Jahren werden sie höchstwahrscheinlich wieder an Europas Spitze sein, ohne die lästigen Fesseln der EU. Darauf habe ich vorsichtshalber schon mal ein paar Flaschen französischen Rotwein gewettet. Natürlich wird auch hier die staatliche ARD- und ZDF-Meinungsmanufaktur eine andere These verbreiten. Bleiben wir trotzdem bei den Fakten. Der beste Beweis für die Richtigkeit des britischen Entscheides und das nahende Zusammenkrachen der EU ist das Wundenlecken der Brüsseler Elite. Im Bewusstsein, dass der Brexit den Untergang des europäischen Elitenprojektes bedeuten könnte, redeten sie den Austritt der Briten jahrelang und mantrahaft schlecht. Die Briten hingegen hatten alle Zeit der Welt, um einen guten Deal zu bekommen. Selbst der sogenannte *harte Brexit* hatte sie letztlich weniger gekostet als ein teures Verbleiben in der EU. Unabhängige (weil nicht von der EU bezahlte) Wirtschaftswissenschaftler wollen ausgerechnet haben, dass diese über 100 Milliarden Euro bereits in fünf Jahren wieder eingespielt sein werden. Das halte ich für ambitioniert, aber möglich. Man darf nicht außer Acht lassen, dass die Briten mit ihrem Commonwealth weltweit sehr gut vernetzt sind.

Seit vielen Jahrhunderten betreiben sie Handel mit der ganzen Welt. Frau Merkel, die Briten schaffen das. Natürlich mit gütiger Hilfe des Imperiums, den lieben Onkels aus Amerika.

Nun ist es also nur noch eine Frage der Zeit, bis sich der nächste Staat aus der EU verabschieden wird. Obwohl die Rhetorik der EU-Fürsten klar in die Richtung geht, dass ein Austritt aus ihrem maroden Verein den Untergang des fehlbaren Staates bedeuten würde, den Dominoeffekt wird es nicht verhindern. Angst zu verbreiten, war schon immer eine schlechte Strategie. Ich gehe davon aus, dass Italien der nächste Kandidat sein wird, danach Griechenland, Deutschland und Frankreich. *Aber vorher kollabiert der Euro.* Brauchen Sie Schweizer Franken? Ich auch.

Obwohl die Stimmen für weniger Staat in der EU immer lauter werden, antwortet Brüssel mit noch mehr Staat. Was wir heute beobachten können, ist eine sterbende Europäische Union, die offensichtlich künstlich mit Milliarden von frisch gedruckten Euros am Leben gehalten wird. Bei etwas näherer Betrachtung ist diese im Sterben liegende Gemeinschaft völlig zerstritten und eigentlich schon lange mausetot. Man muss das konzeptlose Weiterwursteln der aktuellen Führungsriege als Leichenschändung auf Kosten der EU-Bürger bezeichnen. EU, R.I.P. – Deine Totengräberin heißt *Ursula von der Leyen*, ihres Zeichens Tochter des ehemaligen Ministerpräsidenten Niedersachsens, Ernst Albrecht. Ja, so werden Jobs in der Politik vergeben. Die deutsche Super-Mami hat meiner Meinung nach auf der ganzen Linie und seit Jahrzehnten versagt. Ihre geschönte Vita liest sich wie ein Märchen. Im Ernst jetzt: Wie kann ein Mensch so viele Dinge perfekt, und vor allem gleichzeitig unter einen Hut bringen? Ein Wunder! Ihre Ernennung zur EU-Chefin, von Wahl mag man gar nicht sprechen, war weit weg von Demokratie und Bürgerrecht.

Da den Bürgern die EU am Allerwertesten vorbeigeht, gab es nicht mal einen Aufschrei. Dass die *Flinten-Uschi* zuvor eigenhändig und aus purer Ahnungslosigkeit die Deutsche Bundeswehr kaputt machte, sei auch hier nur als Randnotiz erwähnt. Und jetzt ist sie also nach Brüssel auf die Brücke des leckenden EU-Kahns *katapultiert* worden. Dabei hätte sie gut daran getan, eine wirkliche Seefahrernation zu beobachten, denn die Briten haben das sinkende Schiff gerade noch rechtzeitig verlassen. Ja, mir scheint sogar, dass Frau von der Leyen die erste Ratte ist, die *zum sinkenden Schiff hinschwimmt.* Das ist natürlich metaphorisch gemeint. ☺ Die EU-Führung ist ihr letztes Mandat, bevor sie nach Den Haag muss. Ursula von der Leyen löscht das EU-Sparlampen-Licht in Brüssel. Ich erachte sie als regierendes Placebo. Ihren fragwürdigen Doktortitel durfte Frau von der Leyen glücklicherweise behalten, nachdem Plagiatsvorwürfe die Runde machten – dies, obwohl die begnadete Selbstdarstellerin scheinheilig meinte, dass ihre Doktorarbeit nicht *ihren eigenen, hohen Ansprüchen* genügen würde. So viel zur Selbstüberschätzung dieser Heuchlerin. Aber auch sie wird offenbar von vielen Deutschen geschätzt. Im Ranking schwimmt sie immer obenauf. Wenn Frau von der Leyen vor laufender Kamera auf englisch parliert, wird den Deutschen warm ums Herz. Ich finde, Großmutter Ursula ist völlig überbewertet – auch ihr Englisch übrigens. Um meiner Gemütsverfassung und dem persönlichen Ekel vor solchen PolitikerInnen Ausdruck zu verleihen, möchte ich auf ein hilfreiches und passendes Zitat Max Liebermanns, anlässlich des Fackelzuges der Machtübernahme Adolf Hitlers 1933, zurückgreifen: *„Ich kann nicht so viel fressen wie ich kotzen möchte."* Wirklich erfolgreich war Frau von der Leyen wohl nur beim Gebären ihrer zahlreichen Kinder. Ihren Ehemann kennt übrigens kein Mensch – ist wohl auch nicht nötig. Es ist interessant zu beobachten, wie sich diese *zweitklassige Elite der Spitzenpolitiker* aufführt. Nun, das ist *der richtigen Elite, der Obrigkeit*, natürlich völlig egal. Ihnen ist es egal, wer *unter* ihnen regiert. Schnäpschen, Ursel?

An der zweiten Kriegsfront, ich nenne sie ungern so, sehen wir eine zunehmende *Ghettoisierung der Subkulturen* in den Städten Mitteleuropas. Es sind vor allem muslimische und afrikanische Ausländer mit ihren Großfamilien, den Clans. Diese *Angekommenen* können und wollen sich nicht sozialisieren. Wir sprechen hier nicht von den gut integrierten, zivilisierten und fleißigen Italienern, Griechen, Vietnamesen, Chinesen, Portugiesen oder Spaniern. Wir sprechen hier leider von *Retro-Gesellschaftsformen*, die ihre familiären und gesellschaftlichen Fehden und Meinungsverschiedenheiten seit Generationen mit dem Langmesser austragen. Beliebt sind heutzutage auch kommunikative Signale mit Hilfe von Autobomben. Es sind Gesellschaften, bei denen die Frau ohne Rechte leben muss und mit einer Schabracke zugedeckt wird. Was denn, zu viel Tobak für Sie? Schauen wir gemeinsam den Tatsachen ins muselmanische Auge, und hören wir mit der Glorifizierung der arabischen Welt auf. Das ist albern. Sehen Sie, ich habe lange genug in arabischen Ländern gelebt und gearbeitet – nicht zuletzt deshalb sehe ich haargenau, was auf unser zivilisiertes Europa zukommt. Es ist nichts Gutes. *Ich habe in Ihrer Zukunft gelebt!*

Vor allem junge Stadtmenschen haben eine völlig idealisierte Sicht der Ausländer und ihrer bunten Kultur. Auf dem Land ist das anders. Dort hat man seit jeher eine geerdete Sicht der Dinge. Mit einer gesunden Portion an Skepsis sieht man dem bunten Treiben in der Stadt zu und versucht, diesen Missstand möglichst vom Lande fernzuhalten. Ich kann das sehr gut nachvollziehen. Als eingefleischter Bergler verstehe ich, dass man auf dem Lande eine engere und vielleicht sogar ehrlichere Beziehung zum Nachbarn hat und man sich unter Umständen auch mehr um ihn kümmert. Man ist schließlich eine Art große Familie im kleinen Dorf, mit allen Problemen, die auch eine normale Familie hat. Aber man steht letztlich zusammen und kämpft gegen äußere, schlechte Einflüsse. Das kennt der Stadtmensch gar nicht. Wenn ihm die Nachbarschaft nicht passt, dann zieht er zwei Straßen weiter oder in eine andere Stadt. Dass gerade auf dem Land die Angst vor Muslimen größer ist als in der Stadt, hat seine Berechtigung und auch seine Logik. Sie können schließlich nicht einfach wegziehen vom eigenen Land. Ein Lichtblick, zumindest aus meiner Perspektive als Pilot: Ganz Mitteleuropa, also Deutschland, Österreich, Frankreich, Italien und die Schweiz, ist eigentlich eine riesige Anhäufung von Dörfern und Kleinstädten. Ich wünschte, Sie hätten meine 270 Grad und 400 Kilometer IMAX-Aussicht auf 12.000 Metern Höhe – dann würden Sie begreifen, dass es sich lohnt, für Ihr Land zu kämpfen.

Der Stadtmensch ist in der Regel grün, rot oder zumindest linksliberal. Das städtische und angeblich fortschrittliche Bürgertum sieht sich selbst natürlich auf der richtigen Seite. Bloß nicht raus aus der kuscheligen Komfortzone. Er fühlt sich berufen, die Minderheiten zu schützen. Es lebt sich viel besser in der Stadt, wenn man für Chancengleichheit, Homo-Ehen, Flüchtlinge und Diverse ist. Ich habe mir von einem überzeugten Stadtmenschen sagen lassen, dass diese *Diversen* Männer sind, die im Körper einer Frau gefangen sind. Nun, das waren wir doch alle mal – dann wurden wir geboren. Mein Humor ist etwas speziell, ich weiß. Trotzdem: Mir scheint, dort oben im verklärten Gutmenschenhirn des Stadtmenschen brennt zwar noch Licht, aber es ist schon lange keiner mehr daheim. Diese nach eigenen Angaben so wahnsinnig intelligenten, gebildeten und rational denkenden Menschen sind möglicherweise bereits schon so fremdgesteuert, dass sie sich selbst schon als neue Normalität begreifen. Ihr Weg zur Quelle des Stroms für ihren Tesla führt eben nur bis zur Steckdose. Diesen Schöngeistern stehen die *irrationalen, infantilen, triebhaften und rechtsextremen Landeier* gegenüber. Ja, da meinen die wohl mich. Wie gesagt, unser Europa besteht aber hauptsächlich aus tausenden von großen und kleinen Dörfern. Aus *vielen hundert Millionen von Landeiern* also. Das macht mir Mut.

Nach diesen ersten paar Seiten wird es Sie kaum überraschen, dass ich eine gefestigte Meinung habe. Diese darf man mit bald sechzig auch haben. Trotzdem, und das mag Sie überraschen, ist sie nicht in Stein gemeißelt. Ich kann auch mit Ende fünfzig noch viel dazulernen. Da die Welt im stetigen Wandel ist, ist dies gar nicht anders möglich. Sehen Sie, genau wie Sie habe auch ich beruflich immer auf dem letzten Stand der Technik zu sein. Wenn ich beispielsweise meinen Arbeitsplatz, das Cockpit der Boeing 747-8, mit den ersten Jumbos vergleiche, dann ist nichts mehr so wie damals. Nichts. Ein Jumbo-Pilot von damals könnte eine neue 747 gar nicht bedienen. So sieht es wahrscheinlich auch mit Ihrem Arbeitsplatz aus, egal ob es am Band oder im Büro ist. Wir alle müssen uns ständig weiterbilden, lernen und einfach weitermachen. Wir dürfen uns nichts anmerken lassen, sonst sind wir weg vom Fenster. Und glauben Sie mir, keiner hängt so an seinem Fensterplatz wie ich. Also: No risk, no fun. Nur wer was *sagt*, kann auch gewinnen. Vergessen Sie *Bungee Jumping* oder *Free Climbing*. Mein Risikosport heißt in diesem Buch: *Maul aufmachen und meine Meinung sagen.* Ich will hier schließlich keinen Sympathiepreis gewinnen.

Wir leben in einer Gesellschaft, wo Aufbegehren und gegen den Strom schwimmen mit Ächtung bestraft wird. Meine direkte Schreibweise ist unüblich und mag Ihnen vielleicht etwas seltsam vorkommen, es hat aber etwas Befreiendes, sich die unausgesprochenen Fakten von der Seele zu schreiben. Das Lesen sollte bei Ihnen idealerweise Ähnliches bewirken. Aber: Das Risiko besteht unter anderem darin, dass Sie und ich mundtot gemacht werden. Ein Glück, dass wir in Europa leben. In islamischen Ländern würde man noch einen Schritt weiter gehen. Ganz bewusst begebe ich mich hier, auch leicht provozierend, auf unsicheres Terrain. Die Provokation soll als Triebfeder der Füllfeder dienen. Kann so einer wie ich heute noch gewinnen? Wir werden sehen. Wer die Grenzen der Sicherheit überschreitet, wird Herr seiner Existenz, sagte ein ganz Schlauer mal. Vertrauen Sie blind auf Ihren gesunden Menschenverstand. Neben Ihrem Fachwissen ist er der Garant für eine objektive Einschätzung der Lage. Alles andere ergibt sich von selbst. Um diesen gesunden Menschenverstand zu füttern, ist es hilfreich, etwas von Geschichte, Psychologie, Physik, aber auch von Statistiken zu verstehen. Glauben Sie mir, die allermeisten Politiker haben größte Mühe, eine einfache Statistik korrekt zu interpretieren. Sie gehen fast jeder Statistik auf den Leim. Gerade Politiker sind es aber, die uns Bürgern komplizierte Sachverhalte in menschenfreundlicher Prosa vermitteln sollten, damit wir begreifen, was abgeht, uns eine eigene Meinung bilden und letztlich eben diese Politiker auch mit gutem Gewissen wiederwählen können.

Glauben oder nicht glauben

Tagebucheintrag Nr. 4: 12. Juli 2009

Ich stehe mit Uniform und Gepäck vor unserem Crew-Hotel in Seoul und warte auf den Bus zum Terminal. Vor mir steht eine Delegation von buddhistischen Mönchen, eingehüllt in ihre unverkennbaren Uniform-Tücher. Ja, auch sie sind offenbar stolz auf ihre Berufsbekleidung. Eine attraktive, junge Dame spricht mich an und fragt mich, ob ich etwas dagegen hätte, ein Foto von mir und mit dem Dalai Lama... Nein, natürlich nicht. Es stellte sich heraus, das sie Italienerin und Leibärztin der tibetischen Nummer Zwei ist. Ich wusste gar nicht, dass der Dalai Lama einen Kopiloten hat. Egal, wir machen das Foto, und so komme ich mit dem Dalai Lama Nummer Zwei ins Gespräch. Nach kurzer Zeit schon beichtet er mir, dass er panische Flugangst hätte und dass er sich erhoffte, von selbiger befreit zu werden. Von mir. Auf die Schnelle geht das in der Regel nicht, aber er ist sichtlich beruhigt, als er vernimmt, dass ich Christ bin und an den lieben Gott glaube. Das ist eine situationsgerechte Notlüge, aber immerhin eine, die in diesem Fall mehr Nutzen als Schaden bringt. Es reicht ihm offenbar, dass ich irgendeinen Glauben habe. Wer einen Glauben hat, fliegt für einen Buddhisten offenbar besser. Interessant. Mein Geheimtipp gegen Flugangst: beten.

Um unsere verzwickte Lage in Europa etwas besser einzuordnen, wird beten nicht reichen, deshalb versuche ich zwischendurch, einfache Vergleiche anzustellen. Diese können auf den ersten Blick etwas ketzerisch oder zumindest gewöhnungsbedürftig sein. Ein Beispiel: Ich bitte Sie, es sich mal genau zu überlegen, ob es *den lieben Gott* überhaupt gibt. Dabei erwarte ich von Ihnen natürlich nicht, dass Sie diese Frage mit letzter Sicherheit beantworten können. Das hat noch keiner geschafft. Trotzdem glauben viele Menschen an Gott. Der Beweis, dass es Gott, den Heiligen Geist oder eine andere Gottheit gibt, existiert meines Wissens nach wie vor nicht.

Alle Glaubensrichtungen stützen sich auf vor langer Zeit von Menschenhand geschriebene und in den vielen Jahrhunderten dazwischen fleißig und, dem Zeitgeist zollend, von der jeweils herrschenden Obrigkeit modifizierte Schriften und Bücher. Die Bibel bzw. der Koran sind seit Jahrhunderten die großen Bedienungsanleitungen der Machtzentralen. Es geht in diesen zwei Büchern vorwiegend um *Schuld und Sühne*, um *Unterdrückung und Macht*. Natürlich mit Hilfe des Glaubens und des schlechten Gewissens. Aber glauben heißt gleichzeitig auch *nicht wissen*. Die Logik sagt uns: Wer wenig weiß, muss umso mehr glauben. Die Kirche, Ihre Bank und die Klimabewegung leben ganz gut davon. Der Glaube hat aber nur so lange Bestand, bis er durch Wissen ersetzt wird. Allerdings ist der Weg zum Wissen deutlich länger und anstrengender als der Weg zum Glauben.

Die folgende Tatsache scheint sich zu erhärten: Es gibt mit großer Wahrscheinlichkeit keinen Gott. Jetzt kann man einwenden, dass etwas nicht unbedingt *inexistent* sein muss, nur weil man es noch nie gesehen hat. Wir glauben schließlich alle an *die Zeit* oder an *das Glück* oder an *die Zukunft*. Die meisten Menschen verstehen sich als gute *Christen*, weil sie damit meinen, gute Menschen zu sein. Das ist völlig in Ordnung und hat seit der *Aufklärung* sehr viel Leid verhindert. Diese Aufklärung ist das Verdienst der christlichen Lehre. In groben Zügen handelt es sich hier um die einfache Gleichung: *Was Du nicht willst, das man Dir tut, das füg' auch keinem andern zu.* Damit wurde nach langen, blutigen Glaubenskämpfen moralisch festgelegt, wie miteinander umzugehen ist. Nur, was hat das mit Gott zu tun, mit einem Jesus Christus, mit Allah oder dem Heiligen Geist? Ich glaube, Moment, ich denke, dass ein Nichtgläubiger moralisch besser sein kann als ein tiefgläubiger Mönch. Im Namen der *Christentums* und des *Islams* wurden und werden schließlich unzählige Menschen getötet. Nach wie vor, jedes Jahr. Der Abt meiner ehemaligen Klosterschule meinte einmal: „*Der Zweifel gehört zum Glauben.*" Ein Totschlagargument.

Nun, Empathie lernt man wahrscheinlich eher nicht aus der Bibel oder dem Koran, denn es sind teilweise recht brutale Streitschriften. Die verschiedenen Religionen waren und sind der Nährboden für Verfolgung, Massenmord und Gehirnwäsche. Selbst heute, in unserem modernen Computer- und Informationszeitalter, werden immer noch Kriege im Namen der Religionen geführt, obwohl es nach wie vor ausschließlich um Interessen geht. Egal ob es der IS, die Israelis oder die Hindus sind, die eigene, natürlich richtige Religion wird immer als Kriegsgrund vorgeschoben. Dass es nur um Machtansprüche geht, wird gerne ausgeblendet, auch und vor allem von der Kirche. Die Kreuzzüge waren furchtbar. Im Namen Gottes wurde gemetzelt und abgeschlachtet. Die Muslime tun es heute noch. Wer nicht pariert, dem wird der Schädel abgehackt. Eine ähnliche Verhaltensweise ist mir bei den Tieren nicht bekannt. Wenn wir Selbstmordattentate, Frauenverstümmelung und die ungehinderte Vermehrung in Afrika, aber auch die ungehinderte Einwanderung in Europa verhindern wollen, gibt es nur eines: *Wir müssen miteinander reden. Und zwar Tacheles.* Die einzige Möglichkeit, *in Frieden miteinander zu leben*, ist die harte, aber faire Diskussion miteinander. Hier steht uns der Glaube an einen Gott oder an einen Propheten etwas im Wege.

Wenn Sie denken, dass der Islam ungerecht und brutal ist, dann werfen Sie mal ein Auge auf unseren christlichen Glauben. Sehen Sie, der Gedanke, dass der gleiche *liebe Gott*, zu dem wir abends beten und um Gnade bitten, der uns vor Ungemach schützt und sogar das Paradies verheißt, uns aber bei Verstößen gegen die Zehn Gebote *in die brodelnde Hölle schickt*, ist befremdend. Der Gedanke, dass dieser Gott uns gleichzeitig lieben und strafen soll, ist obszön, ja schizophren. Darüber können Sie ja mal nachdenken, nächsten Sonntag, bevor Sie fünf Euro in den Opferstock schmeißen.

Ich persönlich finde, dass man sehr gut auch ohne Religion leben und sogar spirituell sein kann, wenn man das denn will. Ich denke auch, dass wir langsam erwachsen werden und nicht ausschließlich nach Regeln aus verstaubten Büchern leben sollten. Die Aufklärung sollte unbedingt weitergehen, und die Wissenschaft sollte unser Leitfaden für das künftige Zusammenleben sein. Sehen Sie, zur Zeit von Jesus Christus hatten die führenden Menschen den wissenschaftlichen Background eines heutigen Durchschnittsschülers. Die hatten damals kein fundiertes Wissen über die Erde und die Planeten, keine Ahnung von Atom- oder Quantenphysik, nicht mal Elektrizität kannten sie. Sie konnten kaum lesen. Und diesen alten, verstaubten Bibel- und Koranbüchern sollen wir heute unser Schicksal anvertrauen? Ich bitte Sie, das ist doch absurd! Aber egal, es ist Ihr Glaube, der geht mich nichts an. Ich selbst bin wahrscheinlich zu faul und zu wenig konsequent, ein Atheist zu sein. Ich glaube nicht an einen Buddha, Jesus oder eine Heilige Jungfrau Maria – Gott sei Dank.

Achten Sie darauf, wenn Sie wieder mal in ein Gotteshaus gehen, wie fast ausnahmslos alle Kirchgänger ihre Texte runterleiern, ohne überhaupt in Frage zu stellen, was sie da überhaupt sagen. Aber sie alle werden unter der gütigen und wachsamen Aufsicht von Papst und Kardinälen, von Bischöfen und Pfarrern und nicht zuletzt von den beflissenen Kirchenfunktionären als *gute Christen* wahrgenommen. Das erscheint mir ziemlich, na ja, bemerkenswert. Parallelen zum Muezzin und der Religionspolizei sind nicht von der Hand zu weisen, eine gewisse Ähnlichkeit mit Sekten ist nicht zufällig. Das Versprechen oder zumindest die Hoffnung auf ein ewiges Leben ist der Kern aller Glaubensrichtungen. Die Hoffnung stirbt zuletzt – aber sie stirbt. Leider.

Der Islam: Zukunft Europas?

Wo leben wir denn eigentlich? Ich denke, wir leben hier in Europa gewissermaßen in einer Horror-Show, und Sie sitzen mit mir in der ersten Reihe. Zwischendurch erkennen Sie, dass auch Sie Teil dieser Show sind, obwohl oder gerade weil Sie dafür Ihr Eintrittsgeld bezahlt haben. Dazu möchte ich Ihnen gratulieren, denn sollten Sie tatsächlich ahnen, dass Sie nicht nur Zuschauer sind, besteht mithin sogar die Chance, dass Sie durch dieses Buch zum amüsierten und wachen Beobachter Ihres eigenen Lebens werden und gleichzeitig etwas entspannter in die Zukunft blicken werden. Gerade weil die Themen in diesem Buch so schwierig sind, werden Sie erkennen, dass letztlich alles halb so wild ist. Eines scheint mir allerdings gewiss: Sie und ich werden die Welt nicht verändern. Das ist keine Resignation, sondern Realitätssinn. Wozu sollten wir sie denn auch verändern? Ich finde, dass das gar nicht nötig ist. Was wir aber tun können, ist: lernen, diese Welt so zu akzeptieren, wie sie ist. Wir sollten wieder beginnen, diese schöne Welt neu zu genießen und uns anzupassen. Vielleicht sogar frei von religiösem Rucksack und frei von unnötigem, schlechtem Gewissen. Das gilt übrigens auch für unser schlechtes Klima-Gewissen.

Das schlechte Gewissen ist gewissermaßen das Geschäftsmodell aller unserer dutzenden Glaubensrichtungen. *Nur ein schlechtes Gewissen ist ein gutes Gewissen.* Uns Christen wird sogar eine sogenannte Erbschuld attestiert, eine Mitschuld an der Kreuzigung des Jesus Christus, einem Wanderprediger aus Nazareth. Vor zweitausend Jahren! Was für ein Unfug. Oder nehmen wir den Islam, eine Glaubensrichtung mit eineinhalb Milliarden Mitgliedern, mehrheitlich schlecht gebildet und bitterarm. Die Gehirnwäsche fängt, wie beim Christentum, schon im Kindesalter an. Wer nicht gläubig ist, darf im Namen ihrer islamischen Religion sogar getötet werden, so steht's im Koran geschrieben (Sure 9:5), im Schwertvers. Auch die Juden müssen vernichtet werden (Sure 33:25), wenn es nach dem Koran geht. Nun ist es nicht so, dass die Muslime in Europa alle stur nach dem Koran leben, aber die *Gefährder* tun es dafür umso mehr. Obwohl unsere Polizei eine stattliche Anzahl von Gefährdern kennt, laufen diese frei herum und terrorisieren unser Leben in Europa. In Wien erschoss im November 2020 ein polizeilich beobachteter Gefährder, ein mazedonischer Muslim, vier Passanten. Das darf nicht passieren, liebe Gutmenschen! Als Mitglied der Mehrheit in Europa meine ich: Irgendwann ist mal Schluss mit dem *heuchlerischen Minderheitenschutz.* Hier ein kleiner *Wake-Up Call* für Ihren Nachbarn, den multikulturell-affinen und ausländerfreundlichen Bahnhofsklatscher: *Die arabische Welt fundiert auf konsequenter Überwachung, Kontrolle, Repression und drakonischen Strafen: Todesstrafe, Steinigung, Kopf ab, Hand ab, Auspeitschen, Stockhiebe.* Es herrschen Zustände wie im Mittelalter. Genau dort befindet sich der Islam heute. Er wurde im frühen 7. Jahrhundert gegründet, befindet sich also erst etwa im 14. Jahrhundert. Mathematik ist Glückssache.

Ich lebte gegen Ende der 1990er-Jahre in *Saudi-Arabien.* Seither habe ich gute Freunde im saudischen Königshaus, nur damit hier kein Reserve-Dschihadist auf dumme Gedanken kommt. Ich denke, dass man sich über jede Religion kritisch äußern darf, ohne gleich mit Repressalien zu rechnen. Also, liebe Freunde des Islams, überlegt Euch gut, ob Ihr Euch mit mir und dem saudischen Königshaus anlegen wollt. Die Bestrafung aus Riad oder Sharjah wird Euch sicher sein.

Tagebucheintrag Nr. 5: 26. Dezember 1997

Es wird wohl wieder ein heisser Freitag, hier in Jeddah am Roten Meer. Es ist morgens um acht, aber schon an die vierzig Grad im Schatten. Mein Auftrag für heute: *Gefangenentransport in die Grosse Wüste*. Wer gestern das zweifelhafte Glück hatte, von der Todesstrafe verschont zu bleiben, ist heute unser Fluggast. Am Donnerstag findet in Jeddah immer ein Ritual statt, das als Anschauungsbeispiel für junge Muslime gilt. Hier wird das Gesetz, die Scharia, in leicht verständlicher Form erklärt: Wer sich nicht an die Regeln hält, wird vor tausenden von Schaulustigen auf dem *Grossen Platz* vom Scharfrichter bestraft. Dieser trennt die Delinquenten emotionslos, aber mit technischer Präzision, von ihren Extremitäten, bei gröberen Verstössen auch vom Haupt. Wer bei kleineren Vergehen erwischt wird, landet im lokalen Gefängnis. Wem etwas Mittelschweres zur Last gelegt wird, aber nicht mit der Todesstrafe sanktioniert wird, bekommt seine letzte Chance im brutalsten Gefängnis Saudi-Arabiens. Unsere Boeing 737 der staatlichen Fluggesellschaft *Saudia* steht auf dem heissen Vorfeld bereit. Ein Lastwagenkonvoi, eskortiert von Militär und Polizei, trifft mit vierzig Gefangenen und drei Dutzend Soldaten ein. Der Flug nach Sharurah, einem winzigen Kaff inmitten der Grossen Wüste, dauert etwa eine Stunde. Ich möchte hier nicht zu sehr ins Detail gehen, aber bei einer Notlandung würden die Verzweifelten keine Chance haben, das Flugzeug zu verlassen, es gibt nur einen einzigen Schlüssel für die vierzig Handschellen. Heute herrscht viel Wind in Sharurah, ein Sandsturm vom Feinsten. Armer Ali Baba und seine vierzig Räuber. Erst beim dritten Anflug gelingt es mir, die Piste zu sichten und die 737 hineinzufriemeln. Von einer Landung kann man definitiv nicht sprechen. Keiner klatscht. Ach so, die Handschellen... *Welcome to Hell.*

Meine Passagiere verlassen das Flugzeug. Ich weiss, nicht alle werden einen Rückflug brauchen, viele überleben die Jahre der Strafe nicht. Das örtliche Gefängnis braucht weder Stacheldraht noch hohe Mauern. Die nächste Oase wäre in etwa zehn Tagen zu erreichen. Zu Fuß. Das ist bei 45 Grad im Schatten, den man sich auch noch selbst machen muss, eher ambitioniert. Mancher hat es versucht, aber keiner hat es je geschafft. Ihre Knochen wurden nie gefunden. Allahu Akbar.

Mein nächster Wüsten-Job brachte mich in die *Vereinigten Arabischen Emirate*. Dort wurde ich persönlicher Privatpilot auf der *Airforce One* des Scheich Sultans. Ich nutze auf unseren Flügen die Gelegenheit, mit seiner Hoheit private und äußerst interessante Gespräche über Gott, Allah und die Politik des Nahen Ostens zu führen. Dabei vertraute er mir möglicherweise einiges an. Diese Informationen werde ich, mit Verlaub, nicht ausposaunen. Vertrauen wird speziell in der arabischen Welt sehr geschätzt. Vielleicht so viel: Als steinreiche politische, wirtschaftliche und spirituelle Persönlichkeit lebt seine Hoheit ein ganz angenehmes Königsleben in seinem riesigen Palast. Nein, er ist kein Playboy (wie etwa sein Cousin aus Dubai), aber sein Lebensstil ist vergleichbar mit dem eines Papstes, plus eigener Armee. Zu seinem Freundeskreis gehören die mächtigsten Herrscher der Welt, aber auch die britische *Queen Elizabeth* oder die Präsidenten der führenden Staaten.

Wie schon erwähnt, passe ich mich immer dem Gastgeberland an. Dazu gehört auch, dass ich die Religion respektiere. Wenn ich aber sehe, wie schnell Europa vom Islam vereinnahmt wird, kann das schon gewisse Irritationen hervorrufen. Bei mir zumindest… Der Islam ist, im Gegensatz zum Christentum oder der Aufklärung, kompromisslos. „*Alternativlos*", würde Angela Merkel sagen.

Wie wir sehen, ist die Glaubensfrage auch im 21. Jahrhundert hoch kompliziert. Ich finde, man sollte sie ernst nehmen. Wenn wir ein halbwegs friedliches Europa wollen, dann muss auch diskutiert werden, nach welchen Regeln wir leben wollen. Ich persönlich finde, dass wir nach den austarierten und in vielen Jahrhunderten erkämpften, europäischen Regeln leben sollten. Wir müssen unsere Politiker dazu zwingen, Farbe zu bekennen. Ich bin bestimmt nicht gegen den Islam, aber ich bin ganz klar für die Aufklärung. Ich habe diese Diskussion schon verschiedene Male mit meinem ehemaligen Chef, dem *Herrscher von Shar-*

jah, Scheich Mohammed Al Qasimi, im Cockpit seines fliegenden Teppichs geführt. So wie ich diese durchaus harten, aber trotzdem angenehmen und ergebnisoffenen Gespräche interpretiere, kann er gut damit leben, dass beide Religionen ihre Daseinsberechtigung haben. Das darf man als Fortschritt werten. Wie auch Sie aus seinem Namen erfahren, ist *mein* Scheich ein direkter Nachfahre des *Großen Propheten Mohammed, dem Gesandten Gottes* (Abu l-Qasim Mohammed Ibn Abdallah, geboren 573 in Mekka, gestorben 632 in Medina). Jeder Muslim kennt den Herrscher von Sharjah.

Rückblickend darf ich sagen, dass ich das Glück hatte, mit dem König viele Themen zu diskutieren. Unser gemeinsames Hobby, die Geografie und alte Karten, schaffte ein gutes Vertrauensverhältnis. Er erklärte mir anhand sehr altem Kartenmaterial, welches er in der Palast-Bibliothek aufbewahrt, wem genau die Ländereien im Nahen Osten gehören. Seine Sicht der Nahostpolitik habe ich direkt von ihm erfahren. Dass unsere westlichen Medien eine andere Sicht haben, liegt nicht am Scheich Sultan. Als Doktor der Geologie und Geografie konnte er mich auch leicht davon überzeugen, dass sein Erdöl noch sehr, sehr lange aus seinem Wüstensand sprudeln würde, mindestens bis zum Jahre 2170, bei momentaner Förderrate. Er ließ mich auch wissen, dass es weltweit noch für viele Jahrhunderte Erdöl geben würde. Die Produktion würde halt etwas kostenintensiver. Es würde viel teurer, an die tieferen Lagen der Ölquellen zu gelangen oder das Öl aus dem Sand zu pressen, meinte er. Nun, eines scheint mir gesichert zu sein: Es gibt nach wie vor keine Spur von einer *Ölknappheit*. Diese diente in den vergangenen hundert Jahren nur dazu, den Ölpreis künstlich in die Höhe zu treiben. Schon in den 1920er-Jahren war davon die Rede.

Wenn Sie herausfinden möchten, wie lange wir noch Öl haben werden, dann fragen Sie nicht die Grünen und schlagen Sie *Peak Oil* nicht bei Wikipedia nach. In einem früheren Buch (»...vorne links«, 2011) habe ich meinen Privatpiloten-Job beim Ölscheich in der unendlichen Wüste beschrieben.

Deutschland am Abgrund?

Zurück in die Zukunft – nach Europa. Sehen Sie, solange Ihr Nachbar zweimal im Jahr in den wohlverdienten Urlaub billig-fliegen kann und preiswertes Fast-Food in sich hineindrückt, stellt er in seinem belanglosen Leben keine intellektuell hochstehenden Fragen und fügt sich emotionslos seinem Schicksal. Der Weg des geringsten Widerstandes ist auch die bequeme Lebensphilosophie seiner Familie und seiner Arbeitskollegen. Dagegen ist grundsätzlich nichts einzuwenden. Aber sehen Sie, wenn das Dschungelcamp zur erfolgreichsten Fernsehsendung gekürt und ein Conchita Wurst einen europäischen Gesangswettbewerb gewinnt, dann sagt das meiner Meinung nach viel über die Befindlichkeit unserer maroden Gesellschaft und die Einfalt vieler unserer Mitmenschen aus. Wie Sie wohl richtig vermuten, ist die große Mehrheit der Konsumenten in Mitteleuropa schlichtweg zu blöd, ihre Misere überhaupt begreifen zu können. Oder noch schlimmer: Sie wollen es gar nicht begreifen. Nehmen wir die deutschen Bundesbürger – nicht wenige finden ihre ewige Bundeskanzlerin Angela Merkel nach wie vor *eigentlich ganz sympathisch* oder sogar intelligent, obwohl gerade die Kanzlerin ihrem eigenen Volk bei näherer Betrachtung nichts wirklich Positives gebracht hat. Was genau sind denn ihre Erfolge? Nein, den Exportweltmeistertitel haben die arbeitenden Bürger Deutschlands gewonnen. Nur die Lorbeeren hat sich Frau Merkel selbst aufs Haupt gesetzt. Das ist nichts Neues, auch Kaiser und Päpste haben dies im Mittelalter gemacht. Erfolg blendet.

Es ist momentan doch so, dass wir von einem scheinbaren Paradoxon geblendet werden: Die deutsche Wirtschaft brummt offiziell seit vielen Jahren, aber das Volk darbt und tritt auf der Stelle. Stichworte Hartz IV und Aufstocker. Nein, von Corona sprechen wir noch gar nicht. Es muss auch Ihnen dämmern, liebe Deutsche, die Wirtschaft brummt zwar irgendwie, aber ganz offensichtlich nur für einen winzigen Teil Ihrer deutschen Gesellschaft. Ein Blick in die Statistik vom Wirtschaftsbundesamt des fülligen Herrn Altmaier verrät uns: Der Wirtschaftsmotor brummt schon seit zwei Jahrzehnten, aber ganz bewusst nur für die wirklich Reichen. Nein, leider nicht für Sie oder Ihren wohlhabenden Nachbarn. Selbst wenn dieser zehn oder gar zwanzig Millionen auf der hohen Kante hat, ist es gerade er, Sie und auch ich, die die Nettozahler in diesem Monopoly-Spiel sind. Der ehemalige, sogenannte Mittelstand, zu dem wir uns gerne zählen möchten, hat in den vergangenen Jahren die berühmte A….karte gezogen, und gemäß Skript wird der hart arbeitende Steuerzahler diese Karte noch lange in seinen Händen halten. Da macht es keinen Unterschied, ob Sie Schweizer, Deutscher oder Österreicher sind. Ich und Sie, liebe Leser, wir zahlen immer pünktlich. Peter Altmaier weiß das.

Nun, Sie haben es in der Hand, Ihre zugegeben nur teilweise selbst verschuldete Situation zu verbessern. Dazu müssen Sie allerdings über Ihren eigenen Schatten springen. Das schmerzt. Sie müssen sich zwingen, wieder selbständig zu denken und dieses Denken an Ihre Kinder und an Ihre Arbeitskollegen weiterzugeben. Haben Sie den Mut dazu, wieder Verantwortung für ihr eigenes Leben zu übernehmen. Sie brauchen keine staatlichen Vordenker in korrupten Altparteien-Systemen. Sie brauchen keine Politiker, die Probleme lösen, die ohne sie gar nicht existieren würden. Brechen Sie aus Ihrer Komfortzone aus und beginnen Sie, ein wahrhaftigeres Leben zu führen. Hören Sie auf, Ihren Verwandten und Bekannten gefallen zu wollen. Ist es tatsächlich Ihre größte Sorge, was Ihr Nachbar von Ihnen denkt? Relax, der denkt nämlich gar nichts! Vor allem ist es auch völlig egal, was er denkt. Und genau das sollte es Ihnen auch sein. Reden Sie mit Ihrer Familie offen über die Missstände in Ihrem schönen Land, stellen Sie Ihren Arbeitskollegen die wichtigen Fragen, riskieren Sie eine Abfuhr. Die politischen Parteien, Ihr Arbeitgeber und die Medien leben nämlich davon, *dass Sie sich nichts getrauen*. Vor allem rechnen sie bereits damit, dass Sie nicht selbständig denken und weiterhin brav die Klappe halten. Ihnen wird das Duckmäusertum eingebrannt. Nicht allen, aber einer erkennbar wachsenden Mehrheit im Volk. Getrauen Sie sich, politisch unkorrekt zu sein! Man kann das auch mit politisch korrekter Sprache tun, denn die Politiker tun das schließlich seit Jahrzehnten.

Ich weiß, Sie hadern mit sich. Das ist gut, und das ist normal. Wagen Sie den nächsten Schritt, er wird befreiend sein. Wir versuchen alle, eher recht als schlecht, mit unseren Mitmenschen auszukommen. Es reicht aber nicht, den Mitmenschen nicht auf die Füße zu treten, denn wer nichts Böses tut, hat damit noch nichts Gutes getan. Wir sind schließlich nicht nur für das verantwortlich, was wir tun, sondern auch für das, was wir unterlassen. Deshalb schreibe ich schließlich dieses Buch – natürlich in der völlig unbegründeten Hoffnung, dass ich damit etwas Gutes tu.

Auf die eingangs gestellte Frage *„Deutschland am Abgrund?"* müssen Sie selbst eine klare Antwort finden. Die richtige Antwort finden Sie nur, wenn Sie Ihre Obrigkeitsgläubigkeit ablegen. Ein für alle Mal. Die Altparteien-Politiker sind heillos überfordert, und Sie wissen es.

Die allgemeine Lage seit es deutsche Gutmenschen gibt

Es scheint heute *en vogue*, ein zeitgemäßer lesben- und schwulenfreundlicher Gutmensch zu sein. Ich denke, dass daran grundsätzlich nichts falsch ist, solange wir diese Minderheiten auch als solche behandeln und das Augenmaß für die Mehrheit nicht verlieren. Die Mehrheit sind übrigens wir, denn es gibt auch ein anderes Österreich, ein anderes Deutschland und eine andere Schweiz. Noch sind nicht alle Europäer links-grün-verblendet. Die Sozial-Ingenieure der Schulen, Universitäten und der kommunistischen Linksparteien (von den Grünen bis zu den zur Unkenntlichkeit entstellten Altparteien) versuchen, uns Andersdenkende zu stigmatisieren, auszugrenzen und zu verleumden. Ja, sie sind dabei sogar erfolgreich. Dabei werden sie hauptsächlich von den Journalisten unterstützt. Natürlich können Sie sich gegen mich mit spitzer Feder wehren, Sie Gutmensch und mitlesender Mainstream-Journalist, aber gegen die Wahrheit haben auch Sie keine Chance. Diese herauszufinden, ist nicht meine Aufgabe, das müssen Sie mit sich selbst ausmachen. Ich bin weder Ihr Psychologe, noch werde ich von irgendwelchen Multis bezahlt, obwohl ich auch bei den Reichen gute Freunde habe. Also gut aufpassen, Schreiberling. Googeln Sie mich ruhig, Ihr Handy liegt ja griffbereit. Sie werden praktisch nichts über mich herausfinden, Sherlock. Überlegen Sie doch mal, wieso? Und noch was: Während Sie mich googeln, googelt Google Sie. Nein, es wird auch nichts nützen, wenn Sie Ihre Kamera abdecken. Anhand Ihrer Tippgeschwindigkeit wird Googles Künstliche Intelligenz (KI) herausfinden, wo Sie wohnen und welche Gewohnheiten Sie haben, Sportsfreund. Aufgrund des Batteriestandes Ihres iPhones findet Google auch heraus, wie liquide Sie sind. Und ja, ich habe Freunde am Bayshore Freeway 101 in Mountain View, Silicon Valley. Schön, haben wir das geklärt. Ich spiele mit offenen Karten, tun Sie es auch.

Deutschland 2021: Man getraut sich nicht mehr, die Wahrheit zu sagen, man tuschelt und flüstert. Das letzte Mal musste man von 1933 bis 1945 flüstern. Vor allem in Deutschland. Eine andere Meinung als die des Mainstreams wird heute als *politisch nicht korrekt* geahndet. Ganz normale, konservative Menschen werden von der neuen Gesellschaft als „Ewiggestrige" und als „Rassisten" in die rechte Ecke gestellt. Das Resultat: Wir normalen und konservativen Menschen beugen uns. Wir müssen unsere Sprache ändern, damit wir nicht ausgegrenzt werden. Wir getrauen uns nicht einmal mehr, einen *Mohrenkopf* zu kaufen. Auch das Wort *Neger* gilt als pfui, obwohl es wahrscheinlich ehrlicher ist, wenn man zu einem Schwarzen *Neger* sagt und einen Schwarzen meint, als umgekehrt. Gönnen Sie sich die Bedenkzeit, ich habe auch ein paar Sekunden gebraucht. Was für eine Heuchelei also. *Die Politische Korrektheit ist der Totengräber unserer Demokratie.* Wollen Sie ernsthaft noch einmal durchmachen, was Ihre Großeltern damals durchmachen mussten? Erinnern Sie sich bitte daran: Oma und Opa schwiegen bis zu ihrem Tod.

Tagwache! Gerade weil Sie dieses Buch in Ihren Händen halten, werden Sie nicht frühzeitig aufgeben wollen. Nicht weil Sie ein paar Mark oder Schillinge (keine Angst, die werden wiederkommen) dafür ausgegeben haben, sondern weil tief in Ihnen möglicherweise doch noch ein Kämpfer steckt. Ein Kämpfer gegen das Unrecht. Es gibt nicht mehr sehr viele Kämpfer, weil wir in den letzten dreißig Jahren träge und selbstgefällig geworden sind. Wir haben das Kämpfen verlernt, weil wir hauptsächlich von *verständnisvollen* Lehrerinnen, *aufgeschlossenen* Kindergärtnern und *moderierenden* Kasper-Professoren sozialisiert worden sind. Kurz: **Wir sind von professionellen Luschen zu Weicheiern gemacht geworden, die leicht manipulierbar sind.** Wir wissen schon lange nicht mehr, wie wir *was* sagen sollen, ohne jemandem auf die Füße zu treten. Es ist uns wichtiger, politisch korrekt zu kommunizieren, als einfach anständig und korrekt miteinander umzugehen. An allen Stellen der Öffentlichkeit werden mittlerweile Handbücher verteilt, damit man sprachlich in kein Fettnäpfchen mehr tritt und sich nicht in eine Position begibt, wo einem „sexuelle Belästigung" vorgeworfen werden könnte.

Ein Beispiel? Die Bürotüren des Vorgesetzten bleiben bewusst offen, damit keiner blonden Mitarbeiterin etwas Unsittliches angetan werden kann bzw. diese solches nicht, zwecks Aufbesserung ihres Gehaltes, behaupten kann. Bei Fachgesprächen mit jungen Assistentinnen, Sekretärinnen oder Studentinnen wird heute aus karrieretechnischen Gründen eine Drittperson ins Büro gerufen, um dem potenziellen Vorwurf einer unsittlichen Begrapschung vorzubeugen. Das ist erst die eine Seite des Spektrums, die andere ist sehr viel tiefgreifender: Unser Scheinbedürfnis nach sozialer Gerechtigkeit hat zur Folge, dass wir wildfremde und geldgierige Wirtschaftsflüchtlinge (na, Schnappatmung?) ohne Not und zu hunderttausenden aufnehmen und sie sozial und finanziell bedeutend besser behandeln als beispielsweise unsere eigenen Rentner. Dass dies *zutiefst unmoralisch* und vor allem illegal ist, sei hier nur am Rande erwähnt. Unsere Pensionisten, die über vierzig Jahre pünktlich in die Kassen einbezahlt haben und jetzt von uns Nachfahren in brutalster Art und Weise übergangen werden, müssen hinter den jungen Syrern, Afghanen und Marokkanern anstehen. Laufen Sie doch mal abends durch Ihre Einkaufsstraße oder durch das Bahnhofsviertel, wenn Sie sich getrauen – wer sammelt denn hier die Flaschen? Genau, es sind Ihre Einheimischen. Das nehmen Sie und die von Ihnen gewählten Grünen und Linken billigend in Kauf. Wir ach so modernen

Menschen finden es angesagter, einem Afrikaner zu helfen als unserem Nachbarn, Opa Müller. Geht's noch? Darüber lacht bereits ganz Afrika auf den Refugee-Blogs. Ja, das Internet ist auch im Busch angekommen. Trommeln war gestern. Der Wahl-Oberschlesier und Kabarettist *Andreas Rebers* bringt es auf den Punkt: „Was ist das Gegenteil von Zukunft? Herkunft."

Ich hatte diesbezüglich ein interessantes Gespräch mit *Ban Ki Moon*, dem ehemaligen Uno-Generalsekretär. In unserer First Class hatten wir ein Pläuderchen, unter anderem über den *UN-Migrationspakt*. Nicht dass er mir Details über deren Strategie verraten wollte, aber offenbar ist es für die Weltgemeinschaft klar, wohin die Reise geht. *Die Reise der Migranten geht in Richtung Europa!* Das Ganze also nur einer Frau Merkel anzuhängen, würde viel zu kurz greifen. Sie ist nur die Statthalterin Washingtons. Ja, die Kanzlerin öffnete ganz bewusst die Schleusen nach Deutschland. Dass sie sich kurzzeitig sogar als Mutter Teresa feiern lassen konnte, war nur ein Nebenprodukt ihrer momentanen und dem Zeitgeist angepassten Strategie. Ihr persönliches Ziel: Den Kanzlerjob auf ewige Zeiten zu behalten. Wie sie das bisher geschafft hat? Ganz einfach: Angela M. wusste, dass sie ihr Volk nur von den drei wichtigsten Problemen Deutschlands ablenken musste: dem *Euro-Crash*, der *Finanzkatastrophe* und dem *EU-Zerfall*. So weit klappt ihre Strategie ganz gut, oder haben Sie etwa seit der Schleusenöffnung im Herbst 2015 irgendetwas von Euro-Problemen, Fiskalpakt oder einer deutschen Massenarbeitslosigkeit gehört? Gibt es beunruhigende News aus Griechenland, Italien oder Spanien? Eben.

Von außerhalb betrachtet, bietet die Flüchtlingskrise dem ehemaligen Kriegstreiber Deutschland endlich die Möglichkeit, als guter Mensch seine wahre Nächstenliebe zu beweisen. *Ich schreibe hier bewusst Dinge, die Sie nicht hören wollen.* Sie regen sich aber aus den falschen Gründen auf. Natürlich haben die Deutschen von heute *rein gar nichts* mit dem Zweiten Weltkrieg zu tun. Ich weiß das, Sie wissen das, und auch der ganze Rest der Welt weiß das. Aber Ihnen, dem Deutschen, wird seine ewige Erbschuld seit 1945 dauernd und auf subtile Weise, und interessanterweise vor allem von den eigenen Politikern und

Lehrern, immer wieder aufs Neue eingebrannt. Es gibt kaum einen Ort mehr, wo nicht ein Kranz niedergelegt wurde. Sogar zu einem Holocaust-Denkmal mitten in Berlin ließen sich die Deutschen von ihren Politikern überreden. Wozu denn, bitte? Natürlich darf man nicht verschweigen, was im Krieg passiert ist, *aber wozu die Schelte an die Menschen, die damals noch gar nicht gelebt hatten und somit völlig unschuldig sind?* Die Psychologen unter Ihnen kennen die Antwort genau. Diese sanfte Gehirnwäsche an der eigenen Bevölkerung hat zur Folge, dass der Deutsche ein etwas gestörtes Verhältnis zu seinem Vaterland, sorry, zum eigenen Staat bekommen soll.

Sie wollen Beweise? Die schwarz-rot-goldene Flagge wird nur zögerlich und mit einem unguten Gefühl gezeigt oder von der Kanzlerin sogar vor laufenden Kameras mit größtmöglicher Empörung und in volksverräterischer Weise runtergerissen (beim Wahlsieg 2013 in Berlin, Youtube). Vom *Nationalstaat Deutschland* getraut sich heute keiner mehr zu sprechen. Alle anderen zweihundert Staaten haben kein Problem damit, nicht einmal Israel. Das ist doch albern. Die *deutsche Landeshymne* wird höchst selten gespielt. Dass Frau Merkel just bei deren Abspielen ihre Zitterattacken bekommt, kann man als ein Zeichen von oben deuten. Das in jedem Land dieser Welt ungeniert und gerne benutzte Wort *Vaterland* wird in Deutschland als *völkisch* und *rechtsextrem* verstanden. In der Schweiz hört man die Landeshymne übrigens täglich, und zwar um Mitternacht im Staatsradio. Undenkbar im neuen Deutschland, der ehemaligen BRD. Auch Österreich hat übrigens ein völlig entspanntes Verhältnis zur seiner Landeshymne. Zurecht natürlich.

Ich weiß nicht, ob es Ihnen auch aufgefallen ist, aber die Bezeichnung *BRD* wird immer seltener benutzt. Ein Zufall? Nein, das hat System.

Klar ist das alles Unsinn. Noch größerer Unsinn ist es aber, jetzt plötzlich auf Weltretter zu machen. Am deutschen Wesen soll die Welt genesen. So ein Unfug. Aus zwei einfachen Gründen: Erstens gibt es keine Veranlassung, die Welt zu retten, und zweitens nimmt Euch Deutschen das sowieso keiner ab, sorry. ☺

Seit den hausgemachten Flüchtlingsproblemen scheint eine rigide *Gesinnungsethik* vorzuherrschen, angezettelt von den Gesinnungs-Journalisten. Wer gegen Ausländer ist, ist ein Feind, ergo ein böser Mensch. Warnende Stimmen bezüglich der gewaltigen, ungesteuerten Migration werden von den Medien als fremdenfeindlich, rechtspopulistisch und unmenschlich diskreditiert. *„Das Kopftuch gehört zu Deutschland, Österreich und Europa."* Mal ehrlich, das ist doch nicht normal. Es ist also tatsächlich fast wie 1933, nur diesmal mit den Linksliberalen der Altparteien, den Linken und den Grünen als kriegstreibende Parteien. Die Faschisten von gestern sind die Gutmenschen von heute, sie sind die *Linksfaschisten!* Gemäß Recherchen im Zuge der Kriegs-Aufarbeitung wussten über siebzig Prozent der einfachen Bevölkerung damals, dass die Juden deportiert und getötet wurden. Keiner getraute sich aber, dagegen anzukämpfen. Ja, die Waffen-SS war fürchterlich, keine Frage. Aber hätten die deutschen Bürger sich gemeinsam *zusammengerottet*, hätten diese massenhaften Morde vielleicht gestoppt werden können. Diese verkürzte Sichtweise lässt sich neunzig Jahre später natürlich einfach schreiben, ich weiß. Wir dürfen aber auch nicht vergessen, dass der Sieger die deutschen Geschichtsbücher geschrieben hat. Nein, ich bin kein Holocaust-Leugner, geben Sie sich keine Mühe, aber nachdenken dürfen wir alle, Ungereimtheiten finden sich zuhauf.

Wir befinden uns heute in einer ähnlichen Situation wie 1933, ohne die Morde. Noch. Auch heute sieht der deutsche Bürger, dass viele Dinge nicht normal sind. Auch heute ist er scheinbar zu feige, für sein Recht und sein Land einzustehen. Sein Gutmenschentum ist ohne Beispiel. Dafür, liebe deutsche Leser, werde ich Ihnen kein Lob aussprechen können. Mit Verlaub, Sie begehen den gleichen Fehler wie Ihre Vorfahren im letzten Weltkrieg. Diese blickten bei Ungehorsam zumindest in den Lauf einer *9mm Walther P28 Parabellum*. Und wer bedroht Sie heute, liebe Deutsche? Zur Richtigstellung: Auch meine schweizerischen Vorfahren haben sich damals wie kleine Feiglinge benommen. Ich kann nicht abschätzen, wie sehr sich die Deutschen, Schweizer und Österreicher damals gegen das Regime gewehrt hatten. Ein Urteil zu fällen, ist im Nachhinein einfach. Ich weiß aber, dass sich *unsere Generation* heute nicht wehrt, obwohl wir nicht mal an Leib und Leben bedroht sind. Das ist schäbig. Ja, Sie haben recht, auch ich tu zu wenig!

Wenn Sie glauben, dass das alles eine Übertreibung ist, sei Ihnen das gegönnt. Aber gewöhnen Sie sich daran, dass Ihr Weltbild in Schieflage geraten wird, egal ob Sie dieses Buch fertig lesen oder nicht. Egal ob Sie meine Meinung teilen oder nicht – die Würfel sind längst gefallen.

Sie, liebe Bürger, haben sich bereits artig an das *Meinungsdiktat der Gutmenschen* gewöhnt. Ich natürlich auch, weil der Weg gegen den Strom... Diese zumeist linksliberalen Leute sitzen bei Funk und Fernsehen in der ersten Reihe und werden von Ihnen mit Hilfe der GEZ auch noch fürstlich bezahlt. Heute nennt sich die GEZ anders, aber dieser Trick funktioniert nicht, nennen wir sie also weiterhin GEZ. Der von den Fernsehanstalten gedeckte, neue Linksfaschismus ist täglich bei Kundgebungen zu sehen, zum Beispiel bei der Antifa. Wahrscheinlich ist es jetzt Ihrer Aufmerksamkeit entgangen, dass ich *Kundgebungen* und nicht etwa *Demonstrationen* gesagt habe. Dieser negativ besetzte Ausdruck wird nämlich ausnahmslos für die *Demonstrationen der Rechten* gebraucht. Die Sprache kann sehr perfid sein. Die hinterlistige Gewalt der angeblich so guten Menschen links des Spektrums ist auf den Polizeivideos klar sichtbar. Dagegen wirken die alkoholisierten, herumjohlenden *rechten Deppen* wie Klosterschüler. Damit wir uns auch hier klar verstehen: Jede Gewalt ist ein Rechtsbruch! Die Staatsfernsehen in Deutschland, Österreich und der Schweiz zeigen uns seit Jahren aber nur noch genau das, was ihnen ideologisch in den Kram passt. Das *Framing* wird immer professioneller. Ein Beispiel: Bei Interviews des öffentlich-rechtlichen Rundfunks mit AfD-Mitgliedern beinhaltet die Fragestellung bereits viele breitgetretene Sünden (Fallen), um die Zuschauer dahingehend zu konditionieren, dass die AfD etwas zu verbergen haben muss. Deshalb muss sich der Interviewte zunächst einmal rechtfertigen, was einem Eingestehen der in dieser *perfiden Fallen-Frage* enthaltenen Provokation gleichkommt. Der normale Fernsehzuschauer erkennt solche Fallen nicht, sondern beißt in sein Schnitzel und holt sich ein frisches Bier aus dem Kühlschrank. Die Meinung ist gemacht. Ein anderes Beispiel: Während Robert Habeck von den Grünen von jedem noch so klammen Blatt eine Homestory bekommt und sich den Bürgern als tierliebender Knuddelbär präsentieren darf, wird man lange suchen müssen, etwas Ähnliches von AfD-Mitgliedern zu finden. Das ist alles legal so – wenigstens glaubt man das. Die *Geschäftsethik* des ARD/ZDF schreibt allerdings eine gewisse Ausgewogenheit vor. Pustekuchen. Die DDR-Stasi lässt grüßen. Allen voran einmal mehr: Physikerin und Sesselkleberin Angela Merkel, die emotionslose Kanzlerin mit der eingebauten Rücktritts-Bremse.

Was auf unserem Radarschirm kaum auszumachen ist, sind neue Gruppierungen, die sich wahlweise als Antifa oder als Rechte ausgeben, sogenannte *Fake-Antifa*. Googeln Sie in einer freien Minute bitte mal die Begriffe „Fake-Antifa" und „George Soros". Es gibt immer öfter Versuche, ganz bewusst *Linke gegen Rechte aufzuwiegeln.* Ja, es kann kompliziert werden. In Frankreich kennt man diese Taktiken im Zusammenhang mit gefälschten Polizeivideos. Darin wenden *linke Fake-Polizisten* in Original-Uniform brutale *Gewalt an schwarzen Franzosen* an. Die Schwarzen halten ihre Birne für ein paar hundert Euro hin. Die Videos gehen dann auf Youtube und Facebook *viral*, und der Rest ist Geschichte. Der Beweis ist auf jedem Handy: Rassismus *der Staatsgewalt!* Tatsache ist, dass *Fake-Antifa* und andere Gruppierungen alles daransetzen, den deutschen Staat zu destabilisieren, aber gleichzeitig Lockdowns oder Corona-Maßnahmen *lauthals befürworten*. Das Chaos ist gewollt. Wer diese Menschen bezahlt, entzieht sich meiner Kenntnis, George Soros wäre naheliegend. Die Sache stinkt jedenfalls gewaltig. Ach so, die *ehemals freie Presse* verliert darüber natürlich kein Wort. Ein Zufall.

Schizophrenes Deutschland: Während das Land von den Altparteien mit Gewalt nach *links* gedrückt wird, warnen alle vor dem drohenden *Rechtsruck* und jagen imaginäre Neonazis. Allen voran die Medien und die Regierung von Angela Merkel, geborene Kasner, die als anpassungsfähige Physikerin exakt rechnen und scheinheilig täuschen kann. Die

Schein-Heilige Angela, Mutter aller Probleme Deutschlands, wird paradoxerweise nach wie vor von ihrem Volk geliebt, obwohl hinlänglich bekannt sein sollte, dass sie aus einer *linken Familie* entspringt. Folgende Daten sind sogar auf Wikipedia zu finden, sind also kein Geheimnis: Ihr Vater, Horst Kasner, war ein glühender Kommunist. Sein Spitzname war *roter Kasner*, ein ganz linker Genosse. Er siedelte 1954 vom prosperierenden, deutschen Wirtschaftswunderland BRD in die mausarme DDR. Wer tut so etwas? Bis zu seinem Tod im Jahre 2011 war er dem Westen gegenüber feindlich gestimmt. Dass so etwas seine Spuren hinterlässt, ist anzunehmen. Angela war als *FDJ-Mitglied* eindeutig *kommunistisch* eingestellt. Als Sekretärin für Agitation und Propaganda hatte sie als *relativ hohe Funktionärin* einen klaren Auftrag. So eine Gehirnwäsche verliert man nicht mit einem Mauerfall.

Wie gesagt, diese Informationen sind leicht zu finden, werden aber nicht im Fernsehen oder in den Zeitungen verbreitet. Auch hier: Alles nur einer Angela Merkel anzulasten, würde zu kurz greifen. Assistiert wird die begnadete Populistin von einem *willfährigen Journalisten-Apparat* und einer zur Unkenntlichkeit begrünten CDU und CSU, aber natürlich auch von den Windfähnchen der FDP und der verwesenden SPD. Diese Zeilen wären noch vor zwanzig Jahren undenkbar gewesen. Für mich ist zumindest eines klar: *Der rote Kasner wäre stolz auf seine kleine Angela.*

Liebe deutsche Freunde, ich versuche nur, Ihre alternativlose Lage von weit weg, dem Zentrum Europas, zu analysieren. Sie selbst getrauen sich nicht, weil Sie damit *Ihren gesellschaftlichen Status gefährden* könnten. Tja, was soll man sagen? Die Stasi hat offenbar doch überlebt. So gesehen verstehe ich Sie natürlich, liebe Deutsche. Vor allem die Ossis, denn sie spüren *instinktiv*, dass da was faul sein muss im Staate BRD.

Wo führt das alles hin? Wohin wollen wir denn überhaupt mit unserem Schlachtschiff Europa? Wie Sie sehen, spreche ich als Schweizer immer von Europa, nicht etwa von der Europäischen Union. Ich persönlich finde, dass wir schnellstmöglich wieder zu einem Europa der

Nationalstaaten zurückfinden sollten, mit fairen bilateralen Verträgen untereinander und mit gesicherten Grenzen. Freiheit ist ohne Sicherheit nicht möglich. Ich habe über einen langen Zeitraum die gesellschaftlichen Verflechtungen und Zusammenhänge innerhalb Europas, aber auch in den USA und Asien vor Ort beobachtet und versucht, sie zu verstehen. Ich habe etwa hundert der zweihundert Länder der Welt besucht – nicht nur als Tourist, sondern hauptsächlich als Reisender. Die politische Landschaft ist komplex, die kulturellen Unterschiede sind enorm. Aber offenbar haben die Politiker überall die gleiche egozentrische DNA. Naiverweise bin auch ich lange davon ausgegangen, dass wenigstens die politischen Akteure genau wissen, was sie da tun. Nein, sie wissen es nicht.

Nehmen wir das letzte Beispiel, den Corona-Fall: Bis zum heutigen Tag weiß kein Politiker Bescheid. Dass das Virus selbst kein großes Problem darstellt, wird den meisten von uns erst heute langsam klar. Die flächendeckende, mediale Panikmache ist mehr als eine Frechheit. Die dummen Journalisten freuen sich schelmisch darüber, wie das noch dümmere Volk ihnen auf den Leim kriecht. Das mediale Zündeln zerstört diesmal aber tausende Menschen, psychisch und physisch. Durch den Jobverlust, die Existenzangst, die Ausgrenzung aus der gesellschaftlichen Umgebung und das daraus folgende Prekariat stürzt sich eine unbekannte Anzahl Menschen in den Alkohol oder in schlimmen Fällen sogar aus dem Fenster. Die Jugend ist nun vollends verunsichert – der drohende *Corona-Tod* und die angebliche *Klima-Erhitzung* ist zu viel für sie. Für viele Kinder scheint die Situation ausweglos. Die Schulen werden geschlossen, sie dürfen sich nicht berühren, sie tragen Schutzmasken. In zwanzig Jahren werden wir die Resultate beklagen. Die Psychiatrie wird sich um diese zerstörten Wesen kümmern müssen.

An den Händen vieler Journalisten klebt jetzt auf einmal *richtiges Blut!* Dieses Blut klebt möglicherweise auch an den Händen von ORF, SRF, ARD und ZDF.

Dass die führenden Politiker mit der Situation einer viralen Erkrankung nach wie vor dermaßen stümperhaft umgehen, merken die meisten Schlafschafe erst heute. *Unsere gesellschaftliche Intelligenz stirbt offenbar an einer Grippe, darauf muss man erst mal kommen.* Verlierer sind wir alle, selbst die provozierenden Journalisten werden ihre Jobs verlieren. Garantiert! Leute wie Claus natürlich nicht. Leute wie Claus schwimmen immer obenauf. Einmal mehr haben die medialen Vollpfosten ihr Tun nicht zu Ende gedacht. Einfach nur widerlich, diese unsäglichen SchreibtischtäterInnen, Talkshow-DummschwätzerInnen und NachrichtensprecherInnen. Was übrig bleibt, ist eine Welt im Chaos. Die Corona-Krise ist aber erst die *Hauptprobe* bzw. das Gesellenstück für die nächste, wirklich einschneidende Schockstrategie. Diese wird noch vor 2029 kommen. Der New Yorker Börsencrash vom Oktober 1929 wird dagegen ein Kindergeburtstag gewesen sein. Darauf gebe ich Ihnen mein Wort.

Fazit: Es ist gerade noch so hell, dass man merkt, wie es dunkel wird.

Die Demokratie

„Das beste Argument gegen die Demokratie ist ein fünfminütiges Gespräch mit einem durchschnittlichen Wähler."

Sir Winston Churchill

In Bezug auf Politik lautet die Urfrage der Menschheit: *Warum fällt es uns so schwer, unser gesellschaftliches Zusammenleben in einer friedlichen und einvernehmlichen Weise gemeinsam zu gestalten?* Das Fehlen dieser Einvernehmlichkeit führt immer häufiger zu Unfrieden auf der einen und zu finanziellen Verlusten auf der anderen Seite.

Die Demokratie ist wahrscheinlich die größte zivilisatorische Errungenschaft der Menschheit. Da uns ein rigider Instinkt fehlt, müssen wir Menschen uns mit Gesetzen und Richtlinien unser Leben erleichtern, aber gleichzeitig auch voreinander schützen. Der Mensch verfügt einerseits über eine unglaublich große Kreativität, anderseits auch über eine gewaltige Aggressivität. Hier kommt die Macht ins Spiel, damit kann der Mensch schlecht umgehen. Deshalb ist auch in der Demokratie mit einem Machtmissbrauch zu rechnen.

Es mag sein, dass wir eine etwas nostalgische Vorstellung von unserer Demokratie haben, eine Vorstellung, die sich nicht mehr mit der Realität deckt. Anders gesagt: Wir leben heute in einer Demokratie, die faktisch nicht mehr dem entspricht, womit wir aufgewachsen sind. Die Demokratie hatte nach dem Krieg eine gewisse Faszination entfaltet, die dem einfachen Bürger eine gesellschaftliche Mitbestimmung suggerierte. Er durfte also plötzlich mitreden und eigene Ideen mit einbringen, das Land mitformen. Er freute sich, der Bürger. Er glaubte über lange Zeit, eine Stimme zu haben. Diese schöne Illusion aufrechtzuerhalten, ist auch heute die oberste Aufgabe der Politik. Zu diesem Zweck gehen die Politiker sogar das kleine Restrisiko ein, sich alle paar Jahre einer Wiederwahl zu stellen. Die Politiker werden meistens wiedergewählt. Nicht etwa weil sie gut sind, sondern weil wir Bürger keine große Auswahl bekommen und wir auch keine großen Veränderungen möchten.

Der amerikanische Publizist Walter Lippmann schrieb vor etwa einhundert Jahren: *„Die Welt ist zu komplex geworden, um sie den ganz normalen Bürgern zu überlassen. Die moderne Demokratie braucht jetzt Experten, die die Zusammenhänge der Welt verstehen und mit Hilfe der Massenmedien die Meinung der Bürger kristallisieren."* **Im Klartext: Die moderne Massen-Demokratie braucht die Propaganda der Wissenden und Wohlmeinenden, damit der Bürger weiß, wie er zu denken hat.** Heute heißt das natürlich Public Relations, PR. Schon *Reichspropagandaminister Joseph Goebbels* war ein ausgewiesener PR-Spezialist. Nicht alles, was hinkt, ist ein Vergleich – Goebbels hinkte. Die Menschen wissen also offenbar nicht, was gut für sie ist. Gott sei Dank haben wir nun diese Experten. **Das Produkt dieser subtilen Propaganda ist Ihr Nachbar, der Gutmensch.** Unbemerkt entzieht der angeblich vorsorgende Sozialstaat seinen Schäfchen die Freiheiten, um sie zu „besseren Menschen" zu machen. Der Fachbegriff für dieses Umsorgen des Staates lautet *Neo-Paternalismus. Nudging* heißt die Kur auf Englisch und hat das Ziel, uns Menschen in die „richtige" Richtung zu stupsen. Ein weiteres Ziel der Propaganda ist, den Konsens zu steuern und die Politische Korrektheit zu fördern. Wir Schweizer, Österreicher und Deutschen sind schließlich perfekt. Wir lassen uns perfekt von einem demokratischen Despotismus führen – auch die meisten Politiker übrigens. Sie sind sich dessen gar nicht bewusst, weil sie selbst ein Teil dieser PR sind. Ich bin mir fast sicher, dass Ihnen das einleuchtet. Gerade weil Sie diesen Text verstanden haben, sind Sie Herr Ihrer Gedanken. Aber Sie werden in Ihrem Umfeld gleichzeitig auch als Verschwörer wahrgenommen. Garantiert.

Seit dem Frühjahr 2020 wendet Staatsratsvorsitzende Angela Merkel eine neue Dimension der Demokratie an. Wir erinnern uns an die Wahlen in Thüringen. Mit Hilfe der AfD wurde überraschenderweise ein FDP-Mitglied zum Ministerpräsidenten, Thomas Kemmerich. Für genau einen Tag. Die Medien konnten es (wieder einmal) nicht fassen und schlugen den Stimmbürgern die Keule mitten ins Gesicht, die Nazi-Keule. Wie könne man als guter Mensch mit der Hilfe einer *rechtsextremen AfD* den linken Gutmenschen *Bodo Ramelow* einfach so abwählen? Erinnern wir uns gemeinsam auch daran, dass *Die Linke* nach der Wende als Nachfolgepartei der *SED* ins Rennen ging. Das sind die Leute, die auf DDR-Flüchtlinge schießen ließen. Aber das haben wir schon vergessen. Bodo also ein Guter? Ich bitte Sie. Er ist mittlerweile wieder fest im Sattel, der Linke. Dank Genossin Merkel, die mit dem ersten Wahlergebnis nicht ganz zufrieden war. Scheinbar unbewegt schaffte es Angela Merkel, aus einer Demokratie eine *Demokratur* zu machen: wählen bis das Ergebnis passt. Der demokratische Wählerbeschluss wurde auf Merkels Anweisung hin *rückgängig gemacht*, und somit wurden die Wahlen bereinigt. Man kann es als ein Fanal bezeichnen, ein Zeichen der Erneuerung. In der Türkei und Burkina Faso kennt man solche Korrekturen seit Generationen. Diese Länder sind schon lange erneuert. Warum also nicht eine neue, erfolgversprechende Tradition beginnen in der neuen BRD, der neuen Bananen-Republik Deutschland?

Wer jetzt glaubt, dass die deutsche Presse oder zumindest der deutsche Bürger sich gegen Merkels Einspruch wehrte, auf die Straße ging und sein Recht einforderte, der träumt. Was würde das Ausland denken, die Nachbarn, der Chef? Das gehört zur Strategie *Merkel-Raute*. Sie weiß haargenau, wie der Deutsche tickt. Aus Mutterliebe tut der Deutsche fast alles. Mutti ist Physikerin, schon vergessen? Angela Merkel wird am *Internationalen Gerichtshof* in Den Haag auch an ihre zutiefst undemokratische Wahlintervention erinnert werden. Die alternativlose Angela Merkel ist genau der Grund, warum es eine AfD braucht, eine wirkliche *Alternative für Deutschland*. Es ist mir völlig klar, dass Sie auf eine Wahlempfehlung eines Schweizers verzichten können. Es ginge mir mit Sicherheit genau gleich, wenn ein Deutscher mir plötzlich sagen wollte, wen ich zu wählen hätte. Wir verstehen uns. Trotzdem denke ich: Wer es immer noch nicht wahrhaben will, dass Deutschland einzig mit Hilfe der AfD einen Hauch einer Chance haben wird, der mag jetzt den Kopf in den Sand stecken – oder weiterlesen. Sie halten hier nicht die Blödzeitung in den Händen, sondern Sie bekommen von mir objektive Fakten aus dem südlichen Nachbarland.

Zwischenfrage: Wie beurteilen Sie eigentlich Merkels mangelnde Kritikfähigkeit, ihre Sturheit, ihren Stolz, ihre politische Eitelkeit und ihren Hochmut in Anbetracht des vor Ihren Augen zerfallenden Staates BRD? Glauben Sie tatsächlich, dass Mutti alles im Griff hat? Kennen Sie die psychologische Bedeutung ihrer biederen Bekleidung, haben Sie mal ihre Körpersprache beobachtet? Ich spreche nicht von ihren Zitterattacken. Sollten Sie alle diese Zeichen auch noch als ihre Stärken empfinden, dann sind Sie leider ein Narr, lieber Nachbar im Norden. Eine Frau Merkel kann sich nur deshalb an der Spitze halten, weil der große Rest der 709-köpfigen Bundestags-Mannschaft willfährig ist und alles dafür tut, den lukrativen Abgeordnetenjob zu behalten. Physikerin Merkel weiß das. Die Geschichtsbücher sind voll von Merkels. Ganz Südamerika wird so regiert. Schiffe werden ja nach Damen benannt – meiner Meinung nach ist Angela Merkel ein krankes Wrack, das führerlos und mit voller Kraft stur in den Eisberg donnert. Deutschland ist ihr völlig egal. Das ist meine bescheidene Analyse Ihrer Kanzlerin. Meine Ferndiagnose von der Alm: Die Dame hat was an der Birne, Sie braucht dringend Hilfe. Frau Dr. Angela Merkel-Kasner zerstört in ihrer geistigen Umnachtung das perfekteste Land der Welt: Ihre BRD, Ihr schönes Deutschland.

Zurück zur Demokratie, genauer gesagt zur *parlamentarischen Demokratie* in Ihren 27 verbleibenden Staaten der Europäischen Union: Sie wurde Ihnen damals wie heute als Gerechtigkeitsprojekt angedreht. Das Wort „Demokratie" klingt erst einmal ehrlich, logisch und menschlich. Aber wir wissen auch, dass eine gerechte Demokratie natürlich naiv wäre. Die Demokratie ist lediglich, jedoch immerhin, ein friedensstiftendes Vehikel. Auch die Demokratie garantiert uns keine gerechten Entscheide. Im besten Fall trägt sie zur Friedensförderung bei, weil im Prinzip alle gleich viel zu sagen haben. Außer das Imperium natürlich. Ja, ich meine die USA, ich werde noch darauf zurückkommen. Grundsätzlich kann in einer funktionierenden Demokratie kein Einzelner oder keine Gruppierung alle anderen überstimmen, und das ist gut so. Der größte Nachteil der bei Ihnen in Deutschland und Österreich ausgeübten parlamentarischen Demokratie ist, dass Sie nur über exakt die Themen befinden dürfen, die von der Politik vorgeschlagen werden. Der Meinungskorridor ist immer klar definiert. Das mag Sie nicht einmal stören, weil Sie sich daran gewöhnt haben. Sie haben sich auch daran gewöhnt, einfach Ihre Lieblingszeitung zu lesen oder dem Tagesschau-Chefmoderator zu vertrauen. Das ist ein grober Fehler, wie ich meine. Es ist sogar einer der Hauptgründe, warum Deutschland vor die Hunde gehen muss.

Aber der Reihe nach: Fangen wir trotzdem hinten an, denn wer sich entscheidet, ein *frei denkender Mensch* zu sein, muss sich damit abfinden, vom Staat und von der Gesellschaft *geächtet* zu werden. Das ist nicht angenehm. Wir gelten als Störenfriede. Die Mitglieder unserer Gesellschaft möchten es gerne ruhig und friedlich haben. Sie sind zudem ganz glücklich, wenn sie nicht zu viel denken und sich nicht darum kümmern müssen, was richtig oder falsch ist. Dafür ist schließlich der Staat zuständig. Dafür bezahlen wir als Gesellschaft diesen Staat. Nur weiß kein Mensch, wer oder was denn dieser Staat eigentlich ist. Hand aufs Herz: Wissen Sie es? Nein, die Politiker sind es schon mal nicht, sie benutzen den Staat. Die Staatsangestellten vielleicht? Genau, es müssen die Beamten sein. Kaum, denn auch diese Figuren missbrauchen den Staat, um ihre eigenen Löhne und Pfründen zu sichern. Ist der Staat also nur eine politische Vereinigung einer bestimmten Menschengruppe, mit Gesetzen und Vereinbarungen in einem eingegrenzten Gebiet? Man weiß es nicht genau. Der Staat ist offenbar ein Mythos. Keiner hat ihn je gesehen, aber jeder weiß, dass er da ist. Trotzdem ist es angenehm, wenn einem dieser Staat in einer Notlage hilft oder wenn man sich wenigstens über diesen unsichtbaren Staat aufregen kann. Das Leben ist kompliziert genug, da will man sich nicht noch Gedanken machen, was politisch richtig oder falsch ist. Deshalb folgen wir blind und aus purer Bequemlichkeit den Gesetzen dieses Staates und glauben, dass wir damit immer im Recht sind. Das trifft natürlich in den meisten Fällen auch zu, nur bleibt bei dieser Denkweise die Entwicklung der *Pflichten* für uns Bürger auf der Strecke. In den 1950er-Jahren hieß es in den USA: *„Frage nicht, was der Staat für Dich tun kann, sondern frage, was Du für den Staat tun kannst."* Richtig, um etwas für unseren Staat zu tun, sollten wir seinen Institutionen wohlwollend, aber auch kritisch gegenüberstehen. Wir sollten zunächst vielleicht einmal aufhören, uns dauernd in der Opferrolle zu sehen, wenn der Staat etwas von uns verlangt. Erstens macht es uns nicht stärker, und zweitens wird kein Mensch, der sich dauernd als Opfer sieht, von der Gesellschaft bemitleidet. Also, hören wir doch auf zu jammern und werden wir politisch erwachsen. Helfen wir unseren staatlichen Institutionen, für uns Bürger die richtigen Entscheidungen zu finden, indem wir sie konstruktiv und kritisch begleiten. Das erfordert zunächst ein bisschen Zeit, um die Zusammenhänge eines Staates zu verstehen. Der Staatskundeunterricht mag in Ihrer Jugend etwas langweilig gewesen sein, aber als wacher Zeitgenosse sehen Sie sofort, wo Ihnen der Staat behilflich sein kann und wo der Staat von Ihnen Hilfe braucht. Natürlich vorausgesetzt, Sie möchten auch in zwanzig Jahren noch in einem funktionierenden Staat leben.

Die meisten Staaten haben sich aber leider verselbständigt. Dass die Politiker daran schuld sind, ist leider anzunehmen. Deswegen müssen wir mit ihnen kommunizieren. Diese Kommunikation funktioniert in der repräsentativen Demokratie nur mit dem Stimmzettel. Um den Staat zu verbessern, sollten wir uns deshalb künftig etwas ausgewogener und vor allem alternativ informieren. Danach gehen wir mit einer gefestigten Meinung zur Wahl. Wir Schweizer tun das seit bald zweihundert Jahren recht erfolgreich. Bevor wir uns im Internet alternativ informierten, taten wir dies am Stammtisch, in der Firma oder zuhause am Küchentisch. Unser Volk ist vergleichsweise glücklich, zahlt wenig Steuern, bestimmt weitgehend den Meinungskorridor und hat nicht zuletzt deswegen einen vernünftig ausgebauten Sozialstaat. Die Schweiz hat folglich auch etwa viertausend Milliarden Euro weniger Schulden als beispielsweise Deutschland. Natürlich ist bei uns fast alles um den Faktor 10 kleiner, wir sind ja nur acht Millionen Eidgenossen.

Die Demokratie wird manchmal fälschlicher- oder vielleicht sogar naiverweise als Königsweg argumentativer Willensbildung angesehen. Aber wo ein guter Wille ist, da ist auch das Stöckchen des Ministers für Meinungsunterdrückung und Hetze. Nein, ich meine nicht einmal Internet-Diktator *Heiko Maas*, den ehemaligen Justizminister und aktuellen Harry Potter im Auswärtigen Amt, aber es gibt in letzter Zeit eine Anhäufung von stümperhaften Spitzenpolitikern. Sehen Sie, die Meinung darf in Ihrer parlamentarischen Demokratie nur *zugunsten der herrschenden Klasse* geäußert werden. Wird dagegen geredet, wird mit der Keule reagiert. Dabei vergessen wir, dass diese Keule nicht unbedingt von oben kommen muss. Es sind nicht nur die Politiker, sondern viel mehr die mittleren und unteren Kader, wie beispielsweise beflissene Schulleiter oder sture Gemeindebehörden, die uns das Leben schwer machen können. Gegen deren Willkür zu protestieren, scheint fast schwieriger zu sein, als gegen Angela persönlich anzukämpfen. Liebe Deutsche, Sie sind wahrlich nicht zu beneiden. In Österreich läuft es seit Jahren ganz ähnlich. Der lange Arm der Bundeskanzler reicht bis weit hinunter in die Lehrerzimmer und Amtsstuben. Dabei lässt sich der österreichische Bundeskanzler Sebastian Kurz, mangels einer gefestigten Meinung und aufgrund fehlender Lebenserfahrung, gerne von außen beraten – vom Schneider bis zum Astrologen, aber leider auch von Soros bis Greta. Deren Meinung muss er als führender Politik-Darsteller nun ganz langsam zum Allgemeingut machen. Hier kommen Sie ins Spiel. Mit Ihrem Wahlzettel können Sie solchen Politikern ein Zeichen geben. Bei Kanzler Kurz drängt sich die Frage auf: Wird er es am Ende doch noch schaffen, oder wann bricht sein Kartenhaus zusammen? Ich wittere ein paar Leichen in seinem Weinkeller. Basti gar ein kleiner Fritzl? Abwarten. Als Kanzlernachfolger empfehle ich den ehemaligen FPÖ-Innenminister Herbert Kickl.

Das griechische Wort *Demokratie* heißt übersetzt die *Macht des Staatsvolkes*. Das bedeutet also theoretisch, dass damit die Umsetzung des Volkswillens gesichert ist. Demokratie heißt aber auch, dass wir uns fast jeden Mist anhören müssen. Die Eltern unter Ihnen kennen das – Kinder können grausam sein. Sich allen Arten von Fragen zu stellen, ist nicht immer angenehm, gehört aber zu den erträglichen Unannehmlichkeiten einer Demokratie. Das müssen wir aushalten. Was eventuell neu ist für Sie: Die heutige Demokratie basiert auf einem *gesunden Misstrauen*. Richtig, die lebendige Demokratie lebt davon, dass das Volk der Regierung misstraut. Die Psychologen wissen längst: *Nur ein kritischer Mensch ist ein glücklicher Mensch.* Den Politikern muss sogar peinlich genau auf die Finger geschaut werden. Dabei sollte unser Augenmerk vor allem auf die Politiker gelegt werden, die in der fernen Hauptstadt als National-Zirkus-Sprechpuppen im Parlament beschäftigt sind – ich spreche von Ihren *EU-Abgeordneten*, *Bundestagsabgeordneten* und *Nationalräten*, je nach Nation.

Weit weg von der Realität und dem direkten Kontakt mit dem Bürger leben diese in feines Tuch gehüllten Volksvertreter in ihrer wohligen Blase, in ihrem Kokon der Scheinwelt der Macht. Nun wissen wir ja, dass auch sie nur willfährige Exekutoren der *wirklichen Macht* sind. Das hindert diese Leute aber nicht daran, uns etwas anderes vorzugaukeln. Nomen est omen: An der Spitze waren lange Zeit auch der Deutsche *Joachim Gauck*, der Wanderprediger aus Ostdeutschland, und sein österreichisches Pendant, *Alexander van der Bellen* – zwei Prachtexemplare ihrer Art. Sie sind die Höchststrafe für die Demokratie. Als staatlich besoldete Grüßauguste sind sie eher politisch zweitrangige Leichtgewichte, als Prediger hingegen sind sie unbezahlbar, wobei die Entschädigung von 21.000 Euro im Monat erst die Spitze des unbezahlbaren Eisbergs in Österreich ist. Dieses Gehalt wird Alexander übrigens *16-mal pro Jahr* ausbezahlt, Urlaubs- und Weihnachtsgeld noch nicht mitgerechnet. Die Zeitrechnung in Wien ist offenbar auch eine andere. Egal, Hauptsache der bald achtzigjährige alte Mann bekommt über 350.000 Euro brutto pro Jahr. Sein Vertrag läuft sechs Jahre. Hoffen wir, dass der grüne Millionär gesund bleibt – seit Corona habe ich ihn nicht mehr gesehen.

Gemäß Definition sollte unsere Demokratie auch im 21. Jahrhundert von der *Gewaltentrennung* leben. Das heißt, die Regierung wird vom Parlament kontrolliert, damit die Gesetze eingehalten werden. Das Parlament seinerseits wird von der *vierten Gewalt*, den unabhängigen Medien, beobachtet – die Pressefreiheit ist schließlich dazu da, um die Regierung bei Bedarf zu kritisieren, nicht etwa, um sie wohlfeil zu unterstützen. Auch die *Justiz* und die staatlichen Organe sind unabhängig. Checks and Balance, ein gegenseitiges Kontrollieren, ein gemeinsames

Ziel. Die perfekte Welt. Nun, so weit die Theorie in Ihren Ländern *Deutschland und Österreich.* Selbst Bananenrepubliken haben diesen Text in ihrer verstaubten Verfassung. Ich weiß nicht, ob es Ihnen aufgefallen ist, aber Deutschland hat nicht einmal eine Verfassung. *Grundgesetz* nennt sich diese von den Alliierten verfasste Schrift. Es ist ein von den Siegermächten verordneter Text. Das müssen Sie mal nachschlagen, denn im Artikel 146 steht drin: *„Dieses Grundgesetz, das nach Vollendung der Einheit und Freiheit Deutschlands für das gesamte deutsche Volk gilt, verliert seine Gültigkeit an dem Tage, an dem eine Verfassung in Kraft tritt, die von dem deutschen Volke in freier Entscheidung beschlossen worden ist."* Ich schlussfolgere für Sie: Das deutsche Volk müsste zuerst über das Grundgesetz befragt werden, und dann müsste das deutsche Volk gemeinsam darüber abstimmen. Ein Schreckensszenario für deutsche Altparteien-Politiker, man hat es sich so schön gemütlich gemacht in Berlin. Das Grundgesetz für die BRD in seiner heutigen Form schreibt eine fortdauernde und legitimierte Staatsverfassung fest. Das bedeutet, dass Deutschland immer noch keine Verfassung hat. Auf Wikipedia werden Sie bewusst in die Irre geführt. Da stellt sich mir die Frage, welche Aufgabe denn das Bundes*verfassungs*gericht eigentlich hat. Fragen Sie doch mal Ihre Volksvertreter.

Wie schon erwähnt, gehört zu einer lebendigen Demokratie unbedingt, dass der Debattenraum offen gehalten wird. Obwohl wir es kaum wahrnehmen, bewegen wir uns im deutschsprachigen Europa in einem immer *enger definierten Meinungskorridor*, der vom Mainstream peinlichst genau überwacht wird. Die Themen kreisen nur noch um Flüchtlinge, Corona, Klimawandel und Gender. Als Resultat sehen wir tatsächlich die viel zitierte Alternativlosigkeit, wie sie Frau Merkel angekündigt und erfolgreich durchgeboxt hat. Die deutschen Bürger werden von ihr höchstpersönlich mundtot gemacht. Spüren Sie die erdrückende Liebe Ihres weiblichen Imperators, liebe Deutsche?

Als Machtinstrument geht die parlamentarische Demokratie also mit dem losen Versprechen einher, dass der kleine Bürger mit seiner Stimme über sein Leben bestimmen kann. In Deutschland und Österreich werden die reichlich Steuern zahlenden Schäfchen von fürstlich bezahlten Berufsparlamentariern von Berlin, Wien und Brüssel aus regiert. Bei näherer Betrachtung wird der Bevölkerung aber eine Einflussnahme an wirklich wichtigen Entscheidungen *konsequent verwehrt*. Die Entscheidungen werden ausschließlich (und teilweise auf Geheiß des Imperiums USA) von politischen *Koalitionen* gefällt. Diese Entscheidungen beruhen auf dem Prinzip der Reziprozität. Das heißt: Diese Wechselseitigkeit ist ein ausgewogenes Geben und Nehmen innerhalb der zwei führenden Teile des Staates, der *Regierung* und der *Opposition*, um politische Ziele auf eine augenscheinlich nahezu faire Weise zu erreichen. Das jämmerliche Resultat kennen wir.

Dieses Polit-Theater hat mit Realpolitik nur noch am Rande zu tun. In Deutschland geht es zusätzlich immer noch darum, den Amerikanern wohlgesinnt zu sein. Ich weiß, dass Sie das verdrängen wollen, liebe Deutsche, aber die *Kriegsschuld* verlangt leider immer noch nach Zinsen. Das ist nicht nett, aber leider Fakt. Unter diesem Blickwinkel erscheint die deutsche Außenpolitik auch für Sie plötzlich in einem etwas klareren Licht. Ich denke, dass Sie nun wissen, wer die NATO in Wahrheit ist. Sie wissen beispielsweise von oberster Stelle vom mittlerweile verstorbenen, damaligen Verteidigungsminister Peter Struck, dass Deutschland am Hindukusch verteidigt wird. Fairerweise muss man sagen, dass das korrekte Zitat so lautete: „Unsere Sicherheit wird nicht nur, aber auch am Hindukusch verteidigt." Aber schließlich verbiegen sich auch andere Minister in ihrer Wortwahl manchmal bis zur Unkenntlichkeit – ihre Phrasen sind ein Hohn für alle Betroffenen. Bei diesen illegalen Militäraktionen werden nach wie vor jeden Tag viele Menschen getötet und hunderte verletzt, das dürfen wir nie außer Acht lassen. Die Leidtragenden sind nicht nur die Zivilisten vor Ort, sondern auch die Bundeswehrsoldaten und ihre Familien.

Deutschland hat also immer noch diese fast vergessene Bringschuld: Die BRD muss den Alliierten noch *bis zum Jahr 2099 Kriegs-Reparationen* zurückzahlen. In Ihren deutschen Geschichtsbüchern wurde dieser lästige Umstand natürlich etwas anders formuliert oder sogar herausgestrichen. Fragen Sie mal einen Historiker, wem Ihr schönes Land gehört und ob Deutschland eine unabhängige Nation ist. Fragen Sie nicht Angela Merkel. Ich denke, sie würde ihr Volk mit einer an *Arthur Schopenhauers* Aussage erinnernden Bemerkung abfertigen: „*Der Deutsche kann seit 1945 zwar tun, was er will, er kann aber nicht wollen, was er will.*" Oder anders gesagt: Deutschland wird gezwungen, seine Zwangsjacke als Maßanzug zu betrachten. (Ludger K.)

Machen wir einen gedanklichen Sprung in die nahe Zukunft der Demokratie in Deutschland. Denken wir kurz nach, und werfen wir einen Blick in die Statistik: In Deutschlands Großstädten sind die *Ausländer* bereits in der Überzahl. In ihren gesellschaftlichen Strukturen ist die Meinungsfreiheit *gar nicht vorgesehen*. Genau diese Menschen sollten also urplötzlich ein Gespür für austarierte Meinungen, demokratisch gefällte Entscheide und einen Sinn für das Grundgesetz bekommen und dieses auch befolgen? *Die Parallelstrukturen mit eigener Sprache und eigenen Sitten, mit eigener Aufsicht und eigenen Regeln werden in kürzester Zeit Überhand nehmen.* Der deutsche Staat wird zerfallen, und Gangs werden für ein entsprechendes Entgelt für Ruhe und Ordnung in Ihrem Stadtviertel sorgen. Ich spüre, dass Ihr gesunder Menschenverstand das alles weiß – warum folgen Sie ihm nicht? Das war nur ein kleiner Einschub, damit wir die Perspektive nicht aus dem Blickfeld verlieren.

Direkte Demokratie für Deutschland und Österreich?

Völlig anders funktioniert die *Demokratie in der Schweiz*. Wir kennen kein Führungs- und Oppositionsprinzip. Der Bürger sagt, was er will, und die Politik versucht daraus ein vernünftiges Gesetz zu schmieden. Danach wird gemeinsam darüber abgestimmt. Durch die *direkte Demokratie* ist unser Volk schon früh politisch relativ klug erzogen worden. (Ich weiß, dass das arrogant klingt.) Der Bürger kann sich dadurch direkt in politische Prozesse einbringen. Die direkte Demokratie lässt die Bürger am politischen, aber auch am gesellschaftlichen Prozess teilhaben. Es zwingt uns Schweizer gleichzeitig, uns mit den Problemen unseres Landes auseinanderzusetzen. Wir werden immerhin alle paar Monate dazu aufgerufen, unsere politische Meinung zu verschiedensten Themen zu äußern. Es ist deshalb hilfreich, wenn man sich zuvor möglichst *ausgewogen und vielseitig* informiert. Mit dem Initiativ- und Referendumsrecht werden *unsere Teilzeit arbeitenden Politiker(!)* in ihre Schranken gewiesen und angehalten, eine politisch und gesellschaftlich sinnvolle Arbeit zu machen. Das tun unsere Parlamentarier auch schon recht lange und ziemlich erfolgreich.

Wie gesagt, die Zahlen und Statistiken der Schweiz sprechen für sich. Durch die *ständige Kontrolle der wachsamen Bürger* getrauen sich die schweizerischen Politiker gar nicht erst, gewagte Experimente zu machen oder Steuergelder zu verschleudern. Sparsamkeit ist im Land der Banken schließlich eine Tugend und nicht etwa eine Krankheit. Deswegen wird die Politik in der Schweiz vergleichsweise stabil und bescheiden praktiziert. Mag sein, dass sie dadurch auch etwas langweilig ist. Gut so. Der Bürger bringt sich, je nach Thema, aktiv in die Politik ein. Er ist der *Souverän*, der Bürger steht hierarchisch den Politikern vor. Das muss eine Albtraumvorstellung für Berufspolitiker in Österreich und Deutschland sein, ich weiß. Trotzdem, liebe Nachbarn: *Könnten Sie es sich vorstellen, die direkte Demokratie in Deutschland bzw. in Österreich einzuführen?* Ich denke schon. Ich bin mir dessen bewusst, dass ich mich damit nicht nur bei Ihren Politikern unbeliebt mache. Auch die öffentlich-rechtlichen Bedürfnisanstalten, Sandra Maischberger, Maybrit Illner, Anne Will, Frank Plasberg und Markus Lanz werden mich genau deswegen nicht zu ihren Talkshows einladen können. Schade eigentlich – nicht für mich, aber für Deutschlands Demokratie. Schade für Sie. Sehen Sie, wenn die Kanzlerin als Führungsperson dauernd von „alternativlos" spricht und sie als neues Unwort des Jahres „*Diskussions-Orgie*" entwirft[2], dann ist es wohl höchste Zeit, sie aus dem Kanzleramt zu jagen. Die Dame ist, wie soll ich Ihnen das sagen, leicht übergeschnappt. Der autoritäre Führungsstil von Frau Merkel duldet keinen Meinungspluralismus. Ich finde, wer nicht mehr diskutieren will, hat die Bodenhaftung verloren. Die Kanzlerin ist nicht nur müde, sie ist eine Hypothek für Deutschland. Nein, ein Nachfolger ist nicht in Sicht, da haben Sie recht. Dafür hat Angela Merkel gesorgt. Sie hat alle fähigen Politiker während ihrer langjährigen Amtszeit weggebissen und durch merkeltreue Klone ersetzt.

Ich möchte jetzt nicht alle deutschen Kanzlerkandidaten 2021 durchgehen, aber Sie sehen selbst, dass kein einziger das Zeug hat, Deutschland zu führen. Keiner. Es wird auch Ihnen auffallen, dass weder *Annalena Baerbock* noch *Markus Söder* noch *Robert Habeck* oder gar ein *Armin Laschet* die Fähigkeit aufbringt, Deutschland aus dem Sumpf zu ziehen – *Friedrich Merz* vielleicht. Es wird wieder so sein, dass Angela Merkel *sich zur Verfügung stellt*. Und alle werden klatschen. Angela, die letzte Kanzlerin, löscht das Licht in Berlin. Ihr *4.000 Milliarden teurer Machtmissbrauch* bricht Deutschland das Genick. Das ist das Problem jeder parlamentarischen Demokratie: Ein Präsident oder ein Kanzler hat immer zu viel Macht. Power to the People? Nein, das wäre auch falsch. Die Macht muss auf viele fähige Schultern im Staat verteilt werden. Deutschland hat zweifellos viele fähige Schultern, finden Sie sie! Mein Tipp: Bei den Altparteien werden Sie nicht fündig.

Ein Kanzler hat also zu viel Macht – nicht so in einer direkten Demokratie. Diese fantastische Möglichkeit der direkten Politikerkontrolle hat kein anderes Land der Welt, außer eben die Schweiz. In allen anderen Ländern sitzen die Sesselkleber über Jahrzehnte in der geschützten Werkstatt ihres Parlamentes. Egal ob es das EU-, Nationalrats-, Bundestags- oder Bundesländer-Parlament ist, der gut bezahlte Job mit Chauffeur und Sekretärin und ein Platz an der Sonne sind Ihren Berufspolitikern garantiert, egal was sie anstellen.

Zur Vertiefung: Die *parlamentarische Demokratie* in Deutschland, Österreich und in den meisten der etwa hundert westlichen Staaten der Welt liefert den Bürgern eine größtmögliche Illusion der Freiheit und gibt vor, dass der Starke, wie auch der Schwache, gleichmäßig am Kuchen beteiligt ist. Um den Staatsbürgern auch weiterhin diese bewusste Irreführung zu bieten, werden die Politiker von cleveren, staatlich geförderten Psychologen tatkräftig unterstützt. Nicht etwa, weil die Parlamentarier selbst einen benötigten, sondern weil sie *mit Hilfe der Psychologie* die Bürger in Schach halten. Achten Sie mal auf die Art und

Weise, wie die Politiker mit Ihnen, dem Volk, kommunizieren. Fühlen Sie sich ernst genommen? Eben. In der direkten Demokratie ist diese Show nicht nötig, aber wohl auch kaum möglich, weil wir uns von unseren Teilzeitpolitikern nicht für dumm verkaufen lassen. Na ja, wenigstens selten. Ein Ausrutscher, und der Politiker ist Geschichte. Vielleicht sollten sich Österreich und Deutschland tatsächlich mal mit dem Gedanken anfreunden, ihr Demokratiesystem dem der Schweizer anzugleichen. Das käme allerdings einer Revolution gleich. Nicht nur, dass Ihre Berufspolitiker das mit aller Kraft verhindern würden, auch die Weltmacht würde es wahrscheinlich nicht dulden.

Die Leine am deutschen Schäferhund wird von seinem Herrchen in Washington straff gehalten – es gibt ja noch besagten Schuldschein von 1945. Platz, Blondi! Allerdings wäre der Zeitgeist für einen Wechsel ideal. Das allgemeine Corona-Chaos könnte helfen, alte Strukturen aufzubrechen und neue zu schaffen. Nein, ich rufe zu nichts auf, lieber Verfassungsschutz. Relax, das ist nicht mein Bier. Ich rufe zu nichts auf, weil der Deutsche nicht das Zeug zu einer Revolte hat. Wann dem deutschen Michel die Hutschnur reißt? Nie. *„Revolution in Deutschland? Das wird nie etwas, wenn diese Deutschen einen Bahnhof stürmen wollen, kaufen die sich noch eine Bahnsteigkarte!"* Das sagte einst Lenin! Er müsste sich auch seine Unterwürfigkeit gegenüber den Ordnungshütern abstreifen, Das ist zu viel verlangt. Nein, von Deutschland geht keine Revolution aus – es gibt schließlich Gesetze, die beachtet werden wollen. Der Deutsche will verwaltet werden. Das gibt ihm dann auch das Recht, sich darüber zu empören. Mehr tut er nicht, der Deutsche. Das Gleiche gilt für den Österreicher und den Schweizer. Wir brauchen keine *Künstliche Intelligenz*, wir sind sie bereits. Also alles gut.

Ich möchte behaupten, dass Demokratie und Kapitalismus nur in einer prosperierenden Gesellschaft miteinander funktionieren können. Die Politologen unter Ihnen werden mir hier ungern Recht geben. Wie wir wissen, gibt es viele Formen von Kapitalismus. Es gibt sogar kapitalistische Diktaturen. Aber das ist eher etwas, woran sich die Fernseh-Philosophen abarbeiten sollen. So, wie ich das von meiner Alm aus überblicke, passierte Folgendes: In der Nachkriegszeit war die Kombination von Demokratie und Kapitalismus relativ einfach und bis weit in die 1980er-Jahre eine fantastische Erfolgsstory. Dabei spielten die Banken eine große Rolle. Dass das unglaubliche Wirtschaftswunder in den 1950er-Jahren größtenteils mit staatlichen Geldern finanziert wurde, ist mehr als nur eine Randnotiz. Die Kredite holten sich die klammen Staaten nämlich bei den Banken. Der Wiederaufbau der zerbombten Städte nach dem Krieg und die Wiederherstellung und der Ausbau der zerstörten Infrastrukturen wurden mit Steuergeldern und vor allem mit teuren Bankdarlehen finanziert. Der Bürger bürgte schon damals.

Heute, sechzig Jahre später, sieht die Lage etwas anders aus. Seitdem die Wirtschafts-Zitrone ausgepresst ist, scheint diese Kombination von Demokratie und ewigem Wachstum gefährdet zu sein. Durch das Instrument des *hemmungslosen Gelddruckens* und der fantasievollen Buchführung der europäischen Finanzminister wird dieser Kollaps vielleicht noch eine kurze Weile hinausgezögert. Das bedeutet aber auch, dass der Druck erhöht wird. Durch diese teilweise illegalen Aktionen wird die Demokratie zunehmend unterhöhlt, anstatt gestärkt. Ist das ein Problem? Wenn ja, für wen? Kein deutscher Bürger scheint sich daran zu stören, weil er sich von Claus Kleber & Co einseitig informieren lässt: Hauptsache dreimal pro Jahr nach Malle und alle vier Jahre Fußball-WM. Brot und Spiele. Der Schweizer wird von den Leitmedien genauso konditioniert: Der *Zürcher Tagesanzeiger* brilliert mit der naiven Überschrift *„Die Geldmenge explodiert in den USA – und keinem fällt's auf. Was läuft da anders als in der EU?"* (TA, 12.12.2020) – dazu ein dünner Text, damit man sagen kann, dass man *ausgewogen* berichtet. Auch hier: In der Corona-Zeit wird uns gesagt, dass wir über Corona zu sprechen haben, nicht über Geld. Dass der linke *Tagesanzeiger* gegen die US-Politik und das Dollar-Drucken wettert, ist logisch und wird vom Leser akzeptiert. Dass gleichzeitig auch Milliarden an Euros gedruckt werden, liest man kaum. Die Meinung wird ihm, dem Bürger, von der zweitgrößten Zeitung im Land gemacht: Der Euro ist gut, der Dollar ist schlecht. Chips?

Das klare Ziel der Politik ist es seit jeher, uns Bürger von den wirklich wichtigen Themen abzulenken. Ein treffliches Beispiel lieferte uns vier Jahre lang Ex-US-Präsident Donald Trump. Wir rieben uns an seiner twitternden Person auf, wussten aber nicht, welche *wirklich wichtigen Entscheidungen* er jeden Tag in seinem Oval Office fällte. Ob das gut oder schlecht ist, kann ich nicht einordnen. Die Ablenkung wirkte jedenfalls perfekt. Wir kannten viele Tweets, konnten uns aber an keine seiner politischen Entscheidungen erinnern. Donald Trump auf seine Haarpracht zu reduzieren, hielt ich schon immer für einen Anfängerfehler. Der Mann war zwar äußerst unsympathisch, aber klug. Ich würde mir wünschen, dass die Medien uns Menschen künftig mehr an den wichtigen Informationen als an den möglicherweise subtil verbreiteten Fake-News eines tweetenden Präsidenten-Mitarbeiters teilhaben lassen. Sie glauben doch nicht ernsthaft, dass Donald Trump dauernd selbst am Handy war.

Die für eine funktionierende Demokratie wichtigen Fernsehanstalten und Zeitungen schlagen zwei Fliegen mit einer Klappe: Sie suggerieren uns Medienkonsumenten einen Debattenraum in Form des Fernsehpublikums und der Leserbrief- und Kommentarspalte, gleichzeitig liefern wir ihnen eine Meinungsüberprüfung mit Hilfe des Klatschens und der Like-Buttons. In Chatrooms hackt der genervte Bürger seinen Frust in die Tastatur, der sensible regt sich darüber auf. Ob dies wenigstens eine positive therapeutische Wirkung zeitigt, ist noch nicht abschließend untersucht. Über die Zusammensetzung des immer an der richtigen Stelle klatschenden Publikums bei den drei ARD/ZDF-Talkshow-Gouvernanten weiß man noch sehr wenig, ihre Gleichschaltung sticht jedoch ins Auge. Frage: Wozu braucht es in einer Diskussionssendung überhaupt Zuschauer? Richtig.

Die Medien haben von der Obrigkeit die Aufgabe erhalten, die von Sozialwissenschaftlern geformten *Narrative* zu transportieren und uns Bürger brav auf Kurs zu halten. Eine gewagte Beobachtung? Mag sein, aber warum sind sich alle Medien seit etwa zwanzig Jahren so überraschend einig? Egal ob es der Klimawandel ist, die US-Politik, der Nahe Osten, die Flüchtlingspolitik oder der Corona-Skandal. Ist das ein Zufall oder doch eher ein gut orchestriertes Staatsmedium? Mal abwarten, wie das alles weitergeht. Noch eine Frage: Warum werden bei deutschen Diskussionssendungen nie Mitglieder der größten Oppositionsfraktion eingeladen? Wann haben Sie zum letzten Mal einen AfD-Politiker in einer Talkshow gesichtet? Genau.

Der Trugschluss: Die Demokratie lässt sich mit Lotto spielen vergleichen. Jeder *kann* zwar gewinnen, aber nur einer *wird* gewinnen. Demokratie ist folglich nicht die Herrschaft der Mehrheit. Im Gegenteil: Ich denke sogar, dass Demokratie heute *die Herrschaft einer gut artikulierten Minderheit* ist, eine Minderheit also, die (mit Hilfe der Politik) die Medien gezielt als Sprachrohr für ihre Interessen einsetzt. Trotz Internet sehe ich immer noch keine Machtverschiebung von den „Eliten" zu den Bürgern. Aber sollte uns das überhaupt beunruhigen? Denken Sie darüber mal in einer freien Minute nach. Fragen Sie nicht Richard, den David Precht.

Das dauernde und von den wirklichen Problemen ablenkende Gerede unserer Politik-Darsteller über Fremdenhass und Populismus zeugt von einer tiefen Angst, die Zügel aus der Hand geben zu müssen. Diese Politiker klammern sich an ihre Macht, sind aber völlig unfähig, damit vernünftig umzugehen. Macht und Machterhalt sehen wir schon in der *Pawlowschen Bedürfnis-Pyramide* als wichtiges Erfolgsmerkmal. Noch wichtiger: Denken Sie immer daran, dass es den *tatsächlichen Eliten* völlig egal ist, welche Politiker *unter* ihnen regieren. Die wirkliche Macht gehört nämlich ihnen, den „Eliten"! Wenn Sie ernsthaft glauben, die Partei des kleineren Übels zu wählen, dann haben Sie verloren. Den großen Altparteien geht es nur um den Machterhalt, damit sie von den wirklich Mächtigen in Ruhe gelassen werden. Die sind ein eingespieltes Team. Wenn Sie dieses Spiel nicht durchschauen möchten, dann sei Ihnen das gegönnt, doch die Konsequenzen werden furchtbar sein! Es sind genau Menschen wie Sie, die es der Obrigkeit erlauben, dieses Spiel weiterzuführen.

Ich sehe dem ganzen Treiben durchaus mit gemischten Gefühlen entgegen, weil unsere Politiker intellektuell einfach nicht mehr so gut sind wie damals, beispielsweise in den 1990er-Jahren. Wer will denn heute noch Politiker werden? Schauen Sie sich doch diese Versager in ihren billigen Anzügen oder den unsäglichen Kaschier-Tüchern der

Bunten mal an. Viele sind doch einfach nur peinlich. Würden Sie denen einen Staubsauger abkaufen? Wir brauchen für eine prosperierende und Frieden stiftende Zukunft fähigere Politiker mit besserer Ausbildung in Wirtschaft und Physik, aber vor allem auch mit einem besseren Kontakt zu uns, der an Politik interessierten Bevölkerung. Politiker sollten nicht nur auf Plakaten eine gute Figur machen. Wir brauchen aber auch eine Bevölkerung, die politisch klug ausgebildet wird. Doch das wird in Ihrer parlamentarischen Demokratie in Österreich und Deutschland leider nicht gefördert. Man will bei Ihnen nicht, dass das Volk mitdenkt. Ich verstehe die Politiker.

Wer ist der Feind? Unseren gemeinsamen, wahren Feind sehe ich bei den intellektuellen Eliten, nicht etwa beim Geldadel oder den ihm unterstellten Medienimperien. Ich spreche von den gehirngewaschenen Lehrern, Professoren und Intellektuellen, die uns auf den *richtigen Weg führen* möchten. Ihr Glaube, alles richtig zu machen und für alle Fragen eine passende Antwort zu haben, hat etwas Missionarisches: Wir sind die Guten, Ihr seid die Bösen. Ich bin überzeugt: *Der Feind sitzt heute vor allem im Lehrerzimmer der Gymnasien und Universitäten.* Junge Menschen sind leicht manipulierbar und besonders empfänglich für soziale Gedankenspiele. Das bringt mich nahtlos zu den gefährlichsten Bündnissen innerhalb der parlamentarischen Demokratie. Im Mäntelchen der sozialen Weltretter machen sich seit Jahrzehnten *die Linken* und *die Grünen* breit. Gerade weil ihre Statuten den Parteimitgliedern untersagen, eigene Gedanken zu entwickeln, sind sie auch völlig unfähig dazu. Über allem steht die *Gruppenidentität*, ähnlich wie bei anderen Sekten. Wenn sich jemand anschickt, gegen diese Parteien zu argumentieren, dann holen sie reflexartig die Keule aus dem Sack. Immer. Dies kann die *Nazi*-Keule sein, die *Gender*-Keule, die *Rassismus*-Keule, die *Sexismus*-Keule oder eben die *Weltzerstörer*-Keule – wehe, man erfrecht sich, den *menschengemachten* Klimawandel anzuzweifeln oder die Flüchtlingsfrage zu stellen. Es ist soziologisch interessant zu beobachten, wie genau diese Linken und Grünen exakt das anwenden, was sie ja angeblich bekämpfen. Somit leiden sie nicht an kognitiver Dissonanz, sondern sie genießen sie.

Ja, wir haben es weit gebracht: Der Marxismus entlarvt sich als sozialistische, rot-grüne Eiterbeule. Mein ungefragter Rat: Diese kommunistischen *Lügenmäuler* sollten Sie, liebe Freunde aus Deutschland, umgehend in die Wüste oder nach Sibirien schicken. Unsere moderne Gesellschaft kann auf sie verzichten und trotzdem ökologisch richtige Entscheidungen fällen. Diese linken und grünen Parteien bringen niemals Lösungsvorschläge, dafür haben sie zu wenig Grips. Denken Sie daran, dass diese Zusammenrottung ekliger Deutschenhasser in erster Linie *Verbotsparteien* sind. Ihre Strategie ist bekannt: Im Prinzip spielen die Linken und Grünen dauernd und auf penetrante Weise die *Opferrolle*, sind aber hauptsächlich Täter. Die Linken und Grünen haben seit einiger Zeit erkannt, dass sie mehr Kraft haben, wenn sie sich mit anderen Minderheiten, also anderen angeblichen Opfern, zusammentun – Schwule, Lesben, Transen, Schwarze, Flüchtlinge, Weltretter, Kinder usw.

Na, wird Ihnen auch ganz warm ums Herz? Diese Haltung ist heuchlerisch, weil eine persönliche Meinung bei den Linken und Grünen gar nicht gefragt ist. *Die Gruppenidentität steht über dem Individuum.* Von ihren Mitgliedern wird verlangt, genau nach dem Lehrbuch ihrer internen Eliten zu arbeiten. Diese Kuschelparteien sind höchst undemokratisch. Versuchen Sie es ruhig einmal, aber eine vernünftige Diskussion ist mit ihnen gar nicht mehr möglich, weil die Linken und Grünen den politischen Gegner umgehend *niederschreien*. Bei Kleinkindern beobachtet man ein ähnliches asoziales Verhalten. In diesem Stadium des Trotzalters sind auch die Ideen dieser Grünen und Linken steckengeblieben. An Naivität sind sie nicht zu überbieten. Ich finde, das ist doch erbärmlich. Das Volkskommissariat für Rache und Vergeltung hat mit den Linken und B90/Die Grünen eine standesgemäße Fortsetzung erhalten. Also alles gut in der DDR 2.0. Natürlich haben *Sie* das alles auch festgestellt, aber der deutsche Michel merkt so etwas gar nicht mehr. Hauptsache Chips, Cola & Couch.

Hat der Bürger in einer Demokratie immer recht? Grundsätzlich schon. Nur heißt das nicht automatisch, dass seine Entscheide auch immer richtig sind bzw. dass diese auch immer gut für das Land oder die Mehrheit der Menschen im Land sind. Ist in meiner kleinen Schweiz etwa alles gut? *Keineswegs.* Ein Beispiel: Im November 2018 stimmte der Bürger mit seinem Abstimmungszettel *gegen* seine eigene Freiheit. Die sogenannte *Selbstbestimmungs-Initiative* der Mitte-Rechts-Parteien, die zum Ziel hatte, die eigene Freiheit in Sachen Übernahme von EU-Recht zu wahren, wurde vom Bürger mit nur gerade 33 Prozent gutgeheißen. Mit anderen Worten: *Der vorauseilende Gehorsam gegenüber der dauernd drohenden EU* war für die Mehrheit der Bürger offenbar stärker als unser so gerne ins gute Licht gerückte gesunde Menschenverstand. Wie konnte es passieren, dass der Schweizer gegen seine eigenen Interessen stimmte? Ganz einfach: Die digital besser vernetzten und auf Facebook und vielen anderen Plattformen aktiven schweizerischen Linksparteien (ja, die gibt es leider auch bei uns) führten einen Kampf gegen die etwas flapsigen, gut genährten Konservativen – und gewannen. Der Trick war einfach, aber dem Zeitgeist entsprechend effizient. Dem drögen schweizerischen Stimm-Volk wurde erfolgreich vorgegaukelt, dass eine Annahme dieser *egoistischen* Initiative höchst menschenfeindlich, unsozial und rückwärtsgewandt wäre. Europa ist schließlich ein Friedensprojekt. Uns wurde von den Linken gesagt, dass wir Rosinenpicker wären. Das Volk, als solches nun nicht mehr über jeden Zweifel erhaben, glaubte den Worten dieser Prosecco-Sozialisten und angeblichen Menschenfreunden und wählte gegen die eigene Freiheit! Die dauernd ins Feld geführte, latente Angst vor der EU und die Falschaussagen der schweizerischen EU-Experten, aber auch das linksliberale schweizerische Staatsfernsehen nutzten die Gunst der Stunde. Könnte so etwas wieder passieren? Ja, natürlich. Heute wäre es aber sehr viel schwieriger, denn auch bei uns Nicht-Linken hat es sich herumgesprochen, dass auf Youtube ausgewogener berichtet wird als in den schweizerischen Leitmedien.

Man darf nicht ausblenden, dass speziell unsere jungen Wählerinnen und Wähler zunehmend linkes Gedankengut aufsaugen. Es ist auch in der Schweiz „hype" geworden, ein bunter Gutmensch zu sein und die Welt zu retten. Dagegen muss angekämpft werden, nicht nur mit Argumenten, denn diese greifen bei einem gehirngewaschenen Jugendlichen nicht. Im Gegenteil: Wer sich von Greenpeace, der Antifa und den Linken und Grünen überzeugen lässt, beweist damit, nicht rational denken zu können. Wir müssen sie also in die Knie zwingen. Legal und friedlich. Das geht in einer Demokratie nur, wenn wir Alten und Weisen zu *jeder* Abstimmung pilgern und uns grundsätzlich und konsequent gegen Links und Grün wehren. Das ist die einzige Chance! Jeder Antrag der Linken und Grünen muss abgeschmettert werden. So einfach, so schwierig. Die Alten sind auch bei uns fett und selbstgefällig geworden. Wenn jemand über sechzig ist, dann glaubt er, die Kurve noch zu kriegen. Irrtum, denn die Umwälzungen werden innerhalb von weniger als zehn Jahren ihre Wirkung zeigen. Nichts da mit in Ruhe in Rente gehen.

In der Regel wird in der Schweiz nicht reflexartig nach dem Staat gerufen, sondern es wird gemeinsam danach gestrebt, die Probleme auf kommunaler oder regionaler Ebene und vor allem einvernehmlich, im Konsens und zu fairen Tarifen zu lösen. Vielleicht erinnern Sie sich daran, als wir Schweizer uns bei einer Volksabstimmung gegen eine zusätzliche Urlaubswoche entschieden hatten. Obwohl es sehr verlockend klang, haben wir als Volk verstanden, dass diese Urlaubswoche nicht umsonst zu haben gewesen wäre. Unsere Dienstleistungen hätten sich auf einen Schlag um mindestens zwei Prozent verteuert (die Produkte folglich um etwa zehn), und die Wettbewerbsfähigkeit hätte dadurch stark gelitten. Eine Woche mehr Urlaub hätte in über einem Prozent BIP-Rückgang resultiert – das kann sich auch die Schweiz nicht einfach so leisten. In Österreich und Deutschland rieb man sich verwundert die Augen. Die spinnen, die Helvetier, verzichten auf eine Woche mehr Urlaub pro Jahr. Nun, das Resultat dieses politischen Bewusstseins, aber auch des ökonomischen Verständnisses der Bürger lässt sich jedenfalls sehen: Die Schweiz hat ja, wie gesagt, sehr tiefe Steuern und gleichzeitig praktisch keine Staatsschulden. Mein Land kommt mit einem Minimum an Polizeischutz aus und ist trotzdem führend in der weltweiten Sicherheitsstatistik. Fast jeder Schweizer hat eine Armeewaffe und ausreichend Munition zuhause (ja, auch ich) und trotzdem passiert kaum etwas. Die Staatsquote ist vergleichsweise tief, und trotzdem ist es hier peinlich sauber.

Ach ja, auch die Züge fahren pünktlich. Selbst das teure Gesundheitssystem bezieht die Ärmsten mit ein. Na, dann ist ja alles paletti. Hat die Schweiz Verbesserungspotenzial? Diese Frage ist geschenkt. Es gibt auch bei uns viele Baustellen. Diese muss ich Ihnen leider vorenthalten, ich bin ja schließlich kein Nestbeschmutzer. ☺

Natürlich muss sich auch unsere kleine Schweiz laufend verbessern: *Wehret den Anfängen!* Unsere arbeitsscheuen und intoleranten Linken schielen seit geraumer Zeit gierig nach Brüssel und wollen sich am EU-Topf verlustieren. Dagegen gilt es konsequent anzukämpfen. Bei allem Respekt, liebe Nachbarn: Die Schweiz wird niemals der maroden EU beitreten.

Demokratie in Deutschland

Zurück nach Deutschland, aber auch nach Österreich: Ihre, nennen wir sie mal *totalitäre Demokratie*, wird zunehmend von der Technokratie geleitet. Diese auch in anderen Staaten eingesetzte Technokratie wird meiner Ansicht nach weit unterschätzt. Ich möchte Sie nicht zu sehr mit diesem Teil der Demokratie ablenken – interessant ist er allemal. Das Ergebnis dieser Technokratie ist, dass die *Beamten und Experten* mehr Macht erhalten. Damit umgeht die *Obrigkeit* den etwas mühsamen Schulterschluss mit den Politikern und nimmt sich selbst gleichzeitig aus der Schusslinie. Die Politiker sind schließlich dauernd im Rampenlicht, da können leicht Fehler passieren und die Obrigkeit unnötig belasten. Nicht so mit den zuverlässigen Beamten und Experten. Vielleicht nur ganz kurz ein Blick nach Brüssel, und somit in die ehemalige Zukunft Ihrer Staaten: Die EU-Technokratie behauptet von sich, dass sie die Probleme von beispielsweise Massentierhaltung, Umweltschutz und so weiter in den Griff bekommt. *Gleichzeitig* werden bestens vorbereitete Lösungen angeboten und ausgeführt. Ein Zufall?

Das Gegenteil wird wohl richtig sein. Danach belegen die EU-Statistiken, dass alles paletti ist. Denken Sie daran, dass der *Meinungskorridor* von Ihrem Staat vorgegeben wird. Sie dürfen nur genau darüber diskutieren, was Ihnen der Staat in Berlin und Wien bzw. der Staatenbund in Brüssel erlaubt.

Kürzlich las ich in einer Satirezeitschrift, ob nicht vielleicht die Demokratie vor dem Wähler geschützt werden sollte. Ein interessanter Ansatz, wie ich finde. Sehen Sie, jeder Fußballer des Jahres wird von irgendwelchen Denkzwergen gewählt. Selbst DSDS-Gewinner werden vom Pöbel, entschuldigen Sie bitte, vom Publikum gewählt. Sogar der Idiot des Jahres wird gewählt. Das ist völlig okay, aber exakt die gleichen Menschen dürfen am Abstimmungs-Sonntag auch eine Regierung wählen. Mit Verlaub: Die Schlussfolgerung, dass ein König wohl die bessere Alternative zur Demokratie wäre, ist eine verlockende. Zumal nach dreißig schlechten Jahren dreißig bessere zu erhoffen wären. Bei Regierungen wird ja bloß das Personal gewechselt, die Stoßrichtung bleibt immer die gleiche. So wie ein Papst seine Kardinäle auswählt, wählt ein Regierungschef seine Mitglieder aus. Angela Merkel, die deutsche Päpstin? Auf dass es ewig weitergehe, das politische Rühren in der Jauchegrube.

Demokratie bedeutet auch, die Pluralität der Interessen auf friedliche Weise miteinander in Einklang zu bringen. Das geschieht über den öffentlichen Debattenraum, also die Medien, die gewählten Politiker und die Bürger. Aber wer bestimmt eigentlich, was politisch relevant ist? Wenn wir das Meinungsspektrum der verschiedenen Magazine, Zeitungen und Fernsehanstalten betrachten, dann fällt dem scharfen Beobachter auf, dass dieses sehr schmal und einfarbig ist. Und wenn wir dieses enge Korsett der *veröffentlichten Meinung* mit der Ideologie der *Atlantik-Brücke* vergleichen, dann fällt uns auf, dass dieses praktisch deckungsgleich ist. Vergleichen Sie selbst: Die alternativlosen Meinungen über Russland, Syrien, Iran oder den Papst werden von allen Leitmedien unisono und eins zu eins übernommen. Ein Schuft, wer Böses dabei denkt. Die weltweiten ökonomischen und politischen Zentren haben offenbar ein vitales Interesse daran, sich nicht in ihr Süppchen spucken zu lassen. Nicht von der Hand zu weisen ist zumindest die Tatsache, dass diese journalistische Monokultur auch Einzug in unser kollektives Bewusstsein gehalten hat. In unserem Streben nach Kontinuität und Konsens sind wir sogar sehr schnell bereit, etwaige Nestbeschmutzer zu ächten und zu brandmarken. Ich finde, dass das ziemlich kurzsichtig ist und sogar unsere Demokratie gefährden könnte. Da wir uns selbst durch die vielen Freizeitangebote gar keine Zeit mehr geben, unsere Meinungsfreiheit zu nutzen, sind wir aus Bequemlichkeit sehr bald auch bereit, ganz auf sie zu verzichten. Wer geht denn noch wählen, außer den Schweizern?

Oder nehmen wir die NATO, der nordatlantische Teil der amerikanischen Welt-Gewaltordnung, die selbsternannte und von niemandem hinterfragte Wertegemeinschaft für Frieden, Demokratie und Freiheit. Wenn das aggressivste Militärbündnis der Welt von Frieden spricht, sollte eigentlich jeder Gutmensch hellhörig werden. Das tut er natürlich nicht. Der Bürger lauscht weiterhin den NATO-konformen Sprechblasen von *Claus Kleber* und *Marietta Slomka*. Beide sind übrigens Mitglied der *Atlantik-Brücke* (wird später näher erklärt). Der Vorsitzende heißt Sigmar Gabriel (SPD). Zufälle gibt's.

Wie schaffen die das? Darüber gibt es verschiedene Theorien, ich persönlich favorisiere folgende: Man muss das Bewusstsein der Bürger durch Verbreitung von Angst und Falschinformationen so manipulieren, dass sie unfähig werden, angemessene Schlüsse aus ihren Erfahrungen zu ziehen – letztes Beispiel war *Corona*. Das ist ein gehaltvoller Satz, wie ich finde. Vor der Aufklärung nannte man das Volksverblödung. Dazu noch ein bisschen Brot und Spiele, und fertig ist die Demokratur.

Völlig unbegründet erwarten wir von den Medien, dass sie uns die Wahrheit sagen. Dazu besteht objektiv gar kein Anlass. Es mag für viele Menschen neu sein, aber Nachrichten und Wahrheit haben nichts miteinander zu tun. Das Wort *Nach-Richten* zeigt ja schon fast, wohin man uns führen will. Ernsthaft: Medien sind Geschäfte, die Geld generieren müssen. Punkt. Genau deswegen wäre es wünschenswert, wenn die Bürger endlich über eine gewisse Medienkompetenz verfügen würden.

Es gibt eine tatsächliche Wirklichkeit und ein *mediales Abbild* davon. Damit der Bürger dies nicht auseinanderhalten kann, bedienen sich die Medien vieler Erkenntnisse der Psychologie. Das ist nicht schön. Erschwerend kommt hinzu, dass der normale Bürger schon mit korrekter Information außer Stande ist, das *Big Picture* zu sehen – nicht weil er zu dumm ist, sondern weil er sich keine Zeit nimmt, darüber zu reflektieren. Also, selbst schuld? Nicht nur. Mal ehrlich, welcher normale Bürger kann in der Pressemitteilung den semantischen Unterschied von *anerkannt* und *umstritten* erkennen? Ein anerkannter Intellektueller, Journalist oder Klimaforscher wird von den Leitmedien immer dann als anerkannt bezeichnet, wenn dieser die herrschende Machtordnung anerkennt. Wenn er aber *deren Legitimität bestreitet*, dann gilt er als umstritten. Durch diese negative Konnotation werden Meinungen gemacht. Die deutsche Sprache will schließlich gut eingesetzt werden. Das gilt für alle Sprachen, besonders für die Herrschaftssprache. Das mag ungerecht sein, ist aber nicht neu – immerhin hatte auch der alte *Platon* schon vor vielen Jahren eine Meinung über die Gerechtigkeit: *„Das Gerechte ist nichts anderes als das für den Stärkeren Zuträgliche."*

Sie können es sich also aussuchen: mitstreiten oder aufgeben. Was die Grünen und Linken mit Hilfe der Altparteien in Deutschland heutzutage abziehen, gilt in Staaten mit funktionierender Rechtsprechung als *Hochverrat*. Diese Parteien schaden der Bundesrepublik Deutschland und haben im Moment nur ein einziges Ziel: die AfD zu zerstören. Abgesehen davon, dass das albern ist: Deutschland hat in der Tat riesige Probleme, die gelöst werden müssen. Dazu braucht es Politiker, die ihre geistigen Kapazitäten zielgerichtet einsetzen. Viel Glück, denn diese werden Sie in Ihrem Bundestag nur rechts der linkslastigen Mitte finden. Mal ehrlich, wie stellen Sie sich eine Koalition der Linken/Grünen mit der CDU/CSU vor? Das Resultat wäre ein Einparteiensystem wie in China. Das ist absurd. Das kann doch keiner wollen, zumal sich bei der CDU Figuren wie Philipp Amthor bewegen. Haben Sie den schon mal gesehen? Für mich ist er der Enkeltrick in Gestalt eines Politikers. Darf jetzt wirklich jeder Politik machen in Deutschland? Bei allem Respekt, klein Philipp ist doch eine Hypothek für die CDU. Es bleibt zu hoffen, dass sich, sobald der Wind dreht, deren Protagonisten und ihre medialen Mittäter dafür vor Gericht verantworten müssen. Wie erwähnt: Den Haag bietet sich an, eine schöne Stadt mit viel Geschichte.

> *Tagebucheintrag Nr. 6: 22. Februar 2020*
>
> Neulich hatte ich in der Straßenbahn in Frankfurt einen älteren Herrn neben mir sitzen, der sichtbar angeekelt einen Artikel der *FAZ* las. Die Überschrift lautete: *„Wir müssen ihnen helfen!"* Ich versuchte, unbemerkt in seiner Zeitung zu lesen. Die Klima- und Gutmenschen-Abteilung der Linken und Grünen fordert neuerdings also *diversivitäts-sensible Sport- und Freizeitangebote für Ankommende* oder *Geschlechter-Sensibilisierungsprogramme für die Polizei*. Der Alte schaute leicht konsterniert zu mir rüber und meinte dann leise: *„Ich kann mich erinnern, als die FAZ noch ein anerkanntes Leitmedium war, heute ist es der letzte Dreck!"* Ich nickte ihm komplizenhaft zu und fragte ihn: *„Aus welcher Art von Gehirn entspringen solche Flatulenzen? Lassen sich die deutschen Bürger tatsächlich dermaßen von der Latte-Macchiato- und Smoothie-Generation über den Tisch ziehen? Ich fürchte, ja."* Der Alte erwiderte: *„Ach, ein Schweizer. Latte-Macchiato kenne ich, aber diesen Smoothie..."* Danach hatte ich ein langes, äußerst angeregtes Gespräch mit ihm, im zugigen *Starbucks* am Hauptbahnhof. Es stellte sich heraus, dass er selbst einmal Bundestagsabgeordneter der CDU war. Ich erkannte ihn fast nicht mehr. Nach diesem äußerst aufschlussreichen Gespräch wusste ich: Damals waren die Politiker vielleicht nicht besser, aber zumindest wahrhaftiger. Es ging ihnen damals immer um das Wohl Deutschlands und seiner Bürger. Das ist heute kaum mehr vorstellbar. Der ehemalige CDU-Politiker wechselte übrigens noch mit weit über siebzig Jahren zur AfD.

Wenn ich so den Deutschen Bundestag auf Youtube verfolge, traue ich manchmal meinen Augen nicht. Die Hardcore-Truppe der *Linken* tut sich offenbar schwer, eine andere Meinung zu tolerieren, von akzeptieren mag man nicht mal träumen. Im Plenum fallen sie vor allem durch üble Zwischenrufe auf. Eine Rede zu halten, wird so praktisch verunmöglicht. Dass etwa Herr Schäuble oder seine links-grün-liberalen Bundestagsvizepräsidentinnen einschreiten, ist nicht beabsichtigt. Ich finde, die Demokratie sollte davon leben, den Andersdenkenden wenigstens aussprechen zu lassen und im besten Fall seine Meinung verstehen zu wollen. Nicht so die *Grünen – sie* schreien jede Meinungsäußerung in einer vulgären Art und Weise nieder und machen sich über die Vortragenden lustig. Der außer Rand und Band geratene Deutsche Bundestag zeigt uns Österreichern und Schweizern, was wir in Zukunft zu erwarten haben. Im Gegensatz zu den Mitte-Rechts-Parteien würgen sie aus Mangel an Fachwissen und stichhaltigen Argumenten jede Diskussion ab. Ihr dauerndes Missionieren ist anmaßend und zeigt in einer entlarvenden Weise deutlich, wie wenig Inhalt die Grünen, Linken und Roten zu bieten haben. Sie alle sprechen von Aufklärung und Sensibilisierung, meinen aber *Erziehung und Verbote*. Ihre eindeutig *marxistischen Parolen* zeigen, woher ihre Gesinnung stammt. Auch wenn es Ihnen, liebe Deutsche, nicht schmeckt, möchte ich den heutigen Reichstag so beschreiben: *Die Grünen und Linken verhalten sich genau wie die NSDAP, damals 1933. Sie sind die neuen Faschisten!* Es ist leider nur eine Frage der Zeit, dass auch wir in der Schweiz und Österreich solche Zustände haben werden. Es sei denn, wir alle können unsere Familien und Freunde mit Fakten überzeugen. Ja, es ist wirklich so schlimm. Auf die vierte Gewalt, die Medien, können wir uns nicht mehr verlassen. Der Feind sitzt ja, wie wir wissen, im Schulzimmer, aber zunehmend auch in den Redaktionsstuben. Die Linken und Grünen legen die Axt bewusst an das schlechte Gewissen der rechtschaffenen Deutschen – die Erbschuld des Zweiten Weltkrieges, die Klimakatastrophe, die Homophobie und die ungerechte Verteilung des Geldes. Diese Politiker und vor allem auch Politikerinnen, die Ihnen dauernd und auf penetrante Weise dieses angebliche Fehlverhalten unter die Nase reiben, sehen keinen Konflikt darin, selbst üppige Gehälter und Diäten einzustreichen. Links denken und kapitalistisch handeln ist ja nichts Neues bei den schizophrenen Sozen.

Demokratie der Zukunft

Ein gewagtes Gedankenspiel, wie wir in Zukunft sachgerecht über unsere Gesellschaft abstimmen könnten:

- Erster Punkt: *Ich meine, nicht die Mehrheit der Bürger soll künftig wählen, abstimmen und Recht bekommen dürfen, sondern die dafür Qualifizierten.* Sie spüren, dass dieser Satz politisch nicht korrekt sein kann und schütteln vielleicht den Kopf. Sehen Sie, unsere Demokratie hat einen Haken: Wenn 51 Prozent des Volkes sich für eine Sache entscheiden, dann wird sie durchgezogen. Das ist noch nicht der Haken. Aber egal wie gebildet und schlau, egoistisch oder dumm der einzelne Bürger ist – jeder hat die gleiche Stimme. Wir dürfen dabei nicht außer Acht lassen, dass gerade die weniger intelligenten Menschen, die schlechter gebildeten und angepassten Schlafschafe, sehr leicht von den Medien zu manipulieren sind. Deswegen wäre es doch eigentlich wünschenswert, wenn man sich in Zukunft als Stimmbürger einigermaßen qualifizieren müsste – die Entscheidungen wären durchdachter.

- Zweiter Punkt: *Greisen Menschen könnte man im Gegenzug das Stimmrecht entziehen, weil es bei Abstimmungen immer um die Zukunft geht.* Das mag hart klingen, hat aber seine Logik.

- Dritter Punkt: *Das Mindestalter der Stimmberechtigten muss hochgeschraubt werden.* Junge Menschen sind das am leichtesten manipulierbare Segment des Wahlvolkes. Ich finde, dass man mindestens zwanzig sein muss, um zukunftsdefinierende Zusammenhänge einigermaßen zu begreifen. Um das Modell der ehrlichsten Variante der Demokratie, die direkte Demokratie, zukunftsgerichtet ausüben zu können, ist es für das Überleben einer freien Gesellschaft erforderlich, dass sich der Bürger vielschichtig informiert und damit seine eigene Meinung bildet. Er muss sich mit den Problemen auseinandersetzen und danach eine Entscheidung fällen. Reflektieren heißt das Zauberwort. Das erfordert ein klein wenig Grips und sehr viel an kostbarer Freizeit.

Wie auch Sie leicht feststellen, gelangt der Durchschnitts-Aldi-Bürger bereits hier an seine intellektuellen Grenzen, obwohl gerade er genügend Zeit zum Reflektieren hätte. Genau von diesem schlecht gebildeten Teil des Stimmviehs zehren die Altparteien noch. Es ist möglicherweise sogar noch viel schlimmer, denn nach korrekter Lesart der Parteiprogramme soll ein gerüttelt Maß an Dummheit sogar stark wachstumsfördernd sein. Nicht für die Konsumenten natürlich, aber für die Wirtschaft. Wir brauchen schließlich immer mehr Menschen, die bei Aldi, Mediamarkt & Co. einkaufen, die Groß-Discounter sind doch nicht blöd. Der Durchschnittsbürger wird in Zukunft exakt so viel Verstand aufbringen, dass er seinen *Dienst als Konsument* tut. Schon heute ist Hinterfragen seine Tugend nicht. Differenzieren, nun ja, ist ein Fremdwort. Das klingt bewusst arrogant und überheblich, damit Sie merken, wer Ihr Land in den Ruin treibt. Sehen Sie sich in der Lage, diese Mitbürger wieder auf den richtigen Weg zu bringen und dafür zu sorgen, dass diese bei Abstimmungen das Kreuz an der gut überlegten Stelle machen? Nur mit schönen Worten wird es schwierig sein.

Liebe Nachbarn, wie lange wollen Sie sich eigentlich noch von Ihren Altparteien an der Nase herumführen lassen? Gestern haben sie sich aufs Blut bekämpft, morgen bilden sie eine Koalition. Mal ehrlich: Haben Sie getrunken? Ich denke, dass die parlamentarische Demokratie in Europa sterben wird. Langfristig natürlich. Nachdem die EU auseinandergebrochen ist und Europa sich wieder ein bisschen erholt hat – so in etwa fünfzehn Jahren – werden wir im Idealfall eine Art direkte Demokratie sehen. Natürlich nur mit viel Glück und nur in den mitteleuropäischen Ländern. Die Frage bleibt, ob der Bürger sich künftig selbständig informiert oder ob er sich vollends dem Meinungsdiktat der Medien hingibt.

Demokratie kontra Sozialismus

Schlagen wir ihn ein, den letzten Sargnagel für Kommunisten und Sozialisten. Zuerst einmal ein Totschlagargument, das auf den UNO-Internetseiten und auch auf Wikipedia zu finden ist: Der Kommunismus hat weit mehr Menschen auf dem Gewissen als beispielsweise das schreckliche Regime eines Adolf Hitlers. Der Zweite Weltkrieg mit dem Genozid an den Juden und den tausenden von Bomben über ganz Europa war über die sechs Jahre gerechnet weit weniger tödlich als die jahrzehntelange Unterjochung der Menschen im Kommunismus. Der sechsjährige Krieg hat etwa 60 Millionen Tote gefordert, nach etwa hundertjähriger Diktatur hat der Kommunismus/Sozialismus über 100 Millionen Tote auf dem Gewissen. Nein, ich nehme den Nationalsozialismus gewiss nicht in Schutz, aber man muss sich schon wundern, wenn man heute immer mehr junge Leute sieht, *die dem Kommunismus nachtrauern*. Was geht eigentlich in den Matschbirnen dieser Menschen vor, die es cool finden, ein T-Shirt zu tragen, das mit Nelson Mandelas oder Che Guevaras Konterfei bedruckt ist? Findet der Geschichtsunterricht in Deutschland immer freitags während Gretas Klima-Demos statt? Es scheint noch schlimmer zu sein: Bei meinen Interviews für dieses Buch in deutschen Großstädten habe ich feststellen müssen, dass diese jungen und angeblich gebildeten Menschen sich offenbar *nach dem Kommunismus sehnen*, weil er ihnen Gerechtigkeit und Frieden suggeriert. Dass die jungen Herren und Damen dabei weder auf ihr Handy noch auf den Kurztrip nach London noch auf ihre Designerklamotten verzichten möchten, ist vielleicht ihrer selektiven Wahrnehmung geschuldet.

Aber wie kann es in einem Rechtsstaat möglich sein, dass erwachsene, linke Parteien heute noch öffentlich und straflos *die Überwindung des Kapitalismus* einfordern dürfen? Diese parlamentarischen Holzköpfe scheinen tatsächlich keinerlei Geschichtskenntnisse zu haben. Im Gegenteil: Figuren wie der homosexuelle Kevin Kühnert (SPD) finden es schick, gegen diejenigen zu demonstrieren, die es im Kapitalismus geschafft haben. Es mag stimmen, dass Geld nicht glücklich macht, allerdings meinen die Linken dabei immer das Geld der anderen. Dem Kevin würde Helmut Schmidt (ehem. SPD-Kanzler) Folgendes mit auf den Weg geben: *„Linke bestreiten alles, außer ihren Lebensunterhalt."* Beim IQ-Test würden diese jungen Weltverbesserer schon alleine deswegen durchfallen, weil sie nicht wissen, dass Nelson Mandela ein rechtmäßig verurteilter „gewalttätiger Verschwörer" war. Trotzdem scheint dieser in den Köpfen dieser Prosecco-Sozialisten immer noch ein Heiliger zu sein. Nun, ihnen sei gesagt, dass Nelson Mandela vor seiner Zeit als Heiliger der Bonos und Hollywood-Sozen ein gefürchteter *Bombenleger* in Südafrika war und deshalb völlig zurecht zwanzig Jahre im Gefängnis auf der abgelegenen Robbeninsel vor Kapstadt schmorte. Vor allem seine Frau Winnie Mandela war für ihre Befürwortung von Gewalt – vor allem gegen Schwarze – bekannt (Stichwort „necklacing"). Dass Mandela ein glühender *Kommunist* war, bezeugt nicht zuletzt sein Gesicht auf einer sowjetischen Briefmarke von 1988. So etwas hört man bei ARD und ZDF eher ungern, das passt nicht in ihr geschöntes Weltbild. Der Sozialismus versteckt sich auch im Wort *Nazi*, dem National*sozialismus*. Dieser Umstand wird gerne verdrängt, wenn es darum geht, SPÖ, SPD, SP und andere sozialistisch geprägte Parteien beim Namen zu nennen. Wer heute noch dem Sozialismus nachhängt, der weiß nicht, wovon er spricht. Er ist ein nützlicher Idiot, immerhin. Sollte er aber wissen, wovon er spricht, dann ist er ein Verbrecher. Warum? Eben weil der Sozialismus durch seine unmenschliche Form der totalitären Staatsführung über einhundert Millionen Menschenleben auf dem Gewissen hat. Der Hunger und die Versklavung ganzer Bevölkerungen haben bis zum heutigen Tag nie wirklich aufgehört. Ganz Afrika und weite Teile Südamerikas werden von angeblich sozialen Kommunisten angeführt, die in Wahrheit brutale Herrscher sind. Wir hören höchstens von Kuba oder Nordkorea, weil wir mit diesen klammen Staaten keine Geschäfte machen können. Damit wir uns nicht missverstehen: Das Apartheidregime von Südafrika soll damit in keiner Weise gerechtfertigt werden. So einfach ist das nicht. Trotzdem vielleicht eine Neuigkeit für Sie: Das prosperierende Südafrika wurde innerhalb von zwanzig kurzen Jahren *von den Schwarzen zerstört*. Das wagt keine Zeitung zu schreiben und kein Fernsehen zu senden.

Reality-Check: Die weiße Bevölkerung in Südafrika wird seit Jahren von Schwarzen auf brutalste Weise bestialisch ermordet. Ja, das passt nicht in unser heiles Weltbild des armen, hilfsbedürftigen Schwarzafrikaners. Gemäß einem Zeitungsbericht des Tagesspiegels (12. September

2019) werden in Südafrika jeden Tag sechzig Menschen ermordet, hundertfünfzig Frauen vergewaltigt und über siebenhundert, teilweise äußerst schwere Überfälle von Schwarzen ausgeführt.[3] Die Dunkelziffer muss weit höher sein. Zwölf Prozent der südafrikanischen Bevölkerung ist HIV-positiv, die Währung hat seit der Übernahme des schwarzen *ANC (African National Congress)* über siebzig Prozent ihres Wertes verloren. Die überwältigende Mehrheit im südafrikanischen Parlament ist schwarz. Das zeigt deutlich, wohin die Reise im Sozialistenzug geht. Was uns von Nelson Mandela in Erinnerung bleiben wird, ist sein mildes Lächeln und sein zweifelhafter Sieg für die Schwarzen. Es ist grotesk: *Ein verurteilter Mörder wird gefeiert und erhält sogar den Friedensnobelpreis!* So viel zu unserem Geschichtsverständnis und unserer Medienkompetenz.

Sozialismus vom Fernseh-Philosophen

Der Sozialismus arbeitet immer mit Ängsten und mit Hoffnungen. Die modernen Sozen arbeiten heute erfolgreich mit Schlagwörtern wie Anti-Kapitalismus, Anti-Globalismus, Anti-Faschismus, Anti-Kolonialismus, Anti-Rassismus und Anti-Imperialismus. Das klingt in den noch nicht fertig ausgebildeten Gehirnen der Jugend schon mal gut. Es tut so gut, auf der richtigen Seite zu sein und für das angeblich Gute zu kämpfen. Was zunächst keinem auffällt, ist, dass bei Jugendlichen und Twens das *Gruppendenken* das individuelle Denken überlagert. So müssen die jungen Menschen heute artig parieren, sonst fliegen sie aus ihrer Wohlfühlgemeinschaft raus. Man tut als junger Mensch gut daran, gegen den Klimawandel und gegen die Reichen zu sein und dafür ein Herz für Multikulti und Gender zu haben. Der große deutsche Philosoph Gunnar Kaiser meint in seinem Blog sinngemäß: „*Wir erleben gerade einen Sieg der Gesinnung über die rationale Urteilsfähigkeit. Nicht die besseren Argumente zählen, sondern zunehmend die zur Schau gestellte Haltung und die richtige Moral. Stammes- und Herdendenken machen sich breit. Das Denken in Identitäten und Gruppenzugehörigkeiten bestimmt die Debatten, und es verhindert dadurch nicht selten eine echte Diskussion, einen Austausch und folglich einen Erkenntnisgewinn. Lautstarke Minderheiten von Aktivisten legen immer häufiger fest, was wie gesagt oder überhaupt zum Thema werden darf. Was an Universitäten und Bildungsanstalten vor dreißig Jahren begann, ist heute in Kunst und Kultur, bei Kabarettisten und Leitartiklern angekommen."*[19] Wäre ich Philosoph, würde ich es exakt so formulieren. Aber ich bin ja nur der Fahrer hier, okay der Flieger.

Die Geschichtsschreibung beweist uns, dass der Sozialismus eine blanke Lüge ist. Er lebt von den Errungenschaften des Kapitalismus und verteilt das Geld und die Privilegien an die herrschende Schicht, also an sich selbst. Die Arbeit der Bevölkerung wird immer ungerecht bezahlt, beim Sozialismus genauso wie beim Kommunismus. Die Bürger werden ausgebeutet, unter Druck gesetzt und haben keine Teilhabe an der Politik. Die Meinung der Bürger zählt auch im Sozialismus nicht. Die Funktionäre leben in Saus und Braus, der kleine Mann bleibt, na ja, klein. Im Vergleich zum Kapitalismus ist der Sozialismus unmenschlich. Wer heute noch an *die Möglichkeiten des Sozialismus im 21. Jahrhundert* des unsäglichen Prosecco-Sozialisten Richard David Precht glaubt, der weiß nicht, wovon und wie dieser bekannte Fernseh-Philosoph lebt. Einfach peinlich, dieser schlau daherredende Millionär. Für mich ist er der Vorzeige-Pharisäer des Boulevard. Ich würde ihn nicht einen Idioten nennen. Nein, das ist er gewiss nicht. Aber ich würde mir einen anderen großen, deutschen Philosophen zu Hilfe nehmen. Dieter Bohlen sagte nämlich: *„Erklär mal einem Idioten, dass er ein Idiot ist."* Sozialismus endet immer im Völkermord. Immer. Der Sozialismus ist unfähig, acht oder gar zehn Milliarden Menschen zu ernähren.

Dasselbe Logikproblem sehen wir beim Klima-Sozialismus – die Idee klingt vielleicht verlockend, aber nach zwei Minuten widerspricht sie sich selbst. Der Kapitalismus ist also, trotz allen Verwerfungen, die mit Abstand beste Form des gesellschaftlich fairen Zusammenlebens. Junge Menschen können so etwas nicht verstehen, weil ihre Lehrer es ihnen nicht vorkauen, weil sie keinerlei Erfahrung haben und weil die Schulbücher ideologisch verseucht sind. Ich habe stundenlang in Büchereien gesessen und die Lehrmittel der deutschen, österreichischen und schweizerischen Schulen durchkämmt. Eine Bücherverbrennung ist dringend angesagt!

Vielleicht nochmals kurz zu Ihrem geliebten Fernseh-Philosophen Richard D. Precht. Ihn als gebildeten Trottel zu bezeichnen, würde den intellektuell Unbedarften unter uns nicht gerecht werden, aber Precht ist symptomatisch für Deutschland. Mit seinen linken Ideen und der gütigen Mithilfe des Zeitgeistes verdient er sich ein kleines Vermögen. Er macht viel Kohle, indem er die Gesellschaft aktiv spaltet. Von meiner Alm aus, und nach Rücksprache mit meiner *Kuh Elsa*, schätze ich den David unter den Philosophen ungefähr so ein: Precht redet in gebildetem Duktus auswendig gelernte Sätzchen daher, die logischerweise Sinn ergeben und von jedem Zuschauer auf Anhieb verstanden werden. Ja, man möchte fast glauben, dass diese Sätzchen seinem eigenen Gehirn entsprungen sind. Kein Mikrofon ist vor ihm sicher. Richard David Precht ist selbstverliebt, egoistisch und offenbar nicht die hellste Kerze auf der Torte, denn er glaubt in der Tat, zu jedem Thema ein vertieftes Wissen haben zu müssen. Hat er nicht. Mit seinen sorgfältig choreografierten Steilvorlagen macht er dann auf Auskenner und Bescheidwisser. Das Publikum ist entzückt. Mit der latenten Angst im Nacken, vor allem weil sie diffus und unbegründet ist, lassen sich die Zuschauer von ihm *vor sich hertreiben*. Früher war es die Kirche, heute sind es Greta und David. Richard Precht muss man nicht widersprechen, er tut es meistens selbst. Aber er passt exakt ins ARD/ZDF-System.

Elsa, an sich völlig unpolitisch (sie hat nicht mal Abitur), fragt mich mit traurigem Kuh-Blick, was aus dem Land der Dichter und Denker geworden ist. Typisch Kuh. Nein, es ist natürlich nicht alles Unsinn, was uns Richard David Precht erzählt. Zum Beispiel hat er bestimmt recht, wenn er Folgendes analysiert: Er sagt, dass die Menschen Verbote lieben, wenn es um die elementaren Sicherheitsinteressen geht. Dann fühlen wir uns sicher. Beispiel Straßenverkehr: Ohne Verbote würde ein heilloses Chaos herrschen. Verbote wurden mit Hilfe von Anordnungen und Maßnahmen leider auch während des Corona-Lockdowns ausgesprochen. Die Menschen versteckten sich hinter den Ausgehverboten in dem Glauben, dass sie das Richtige tun. Der Staat sorgt sich doch bestimmt um uns und tut alles, damit wir überleben. Dass dieser Staat aber kaum wusste, was er da tat, blendet Precht wieder gekonnt aus. Er möchte ja nächste Woche von ARD und ZDF wieder eingeladen werden.

Das Fernsehen bedient sich heute einer alten kommunistischen Taktik – es spaltet die Gesellschaft und springt gleichzeitig als kommunikativer Retter ein. Da jeder von uns zu den Guten gehören will, lassen wir uns von den Medien auf den richtigen, den bequemen Weg des sogenannten Anti-Faschismus leiten. Dass wir dabei zu Linksfaschisten werden, ist psychologische Logik, aber von uns kaum erkennbar. Denken Sie mal darüber nach. Ich finde es sehr schlimm, dass immer mehr und durchaus auch vernünftige Menschen auf diesen über hundertjährigen Kommunistentrick reinfallen. Die Methodik der medialen Kampf-Sozialisten ist relativ einfach: Andersdenkende ausgrenzen, sie stigmatisieren und dann neutralisieren. Wir machen artig mit – wenigstens die meisten von uns. Überprüfen Sie sich selbst mal, ob Sie *gegen den Klimawandel* oder ob Sie *für eine gesunde Umwelt* sind. So funktioniert der Trick.

Direkte Demokratie mit Hilfe der AfD?

Zurück zur Demokratie: Die Politik hat zunehmend Schiss vor dem neuen, selbst denkenden Bürger, dem AfD-Wähler. Im Parteiprogramm der *Alternative für Deutschland* steht nämlich, dass die BRD das schweizerische Modell der direkten Demokratie ins Auge fassen sollte. Ich finde das eine ausgezeichnete Idee. Ambitioniert, aber gut. Dass die CDU/CSU, die SPD und die FDP Ihnen, der Mitte Deutschlands, gleichzeitig ihre *linksliberale Kuschelpolitik* aufs Auge drücken, hat sich noch nicht bis ins letzte deutsche Dorf herumgesprochen. Dank der flächendeckenden, professionellen Propaganda der Mainstream-Medien getraut sich der Bürger noch nicht ganz, Farbe zu bekennen. Sein Harmoniebedürfnis ist offenbar immer noch stärker als sein gesunder Menschenverstand. Ich beobachte die *Alternative für Deutschland* nun schon seit Jahren, und von meiner Warte aus besteht die AfD nicht mal ansatzweise aus braunen Deppen. Im Gegenteil: Die AfD-Führung besteht, wie ich finde, fast ausschließlich aus intelligenten Zeitgenossen mit bemerkenswerten Biografien. Ich habe fast alle deutschen AfD-Bundestagsabgeordneten, aber auch viele Landtagsabgeordnete unter die Lupe genommen – kein einziger fällt mir als *rechtsextrem* auf. Keiner. Anders sieht es bei den Grünen und Linken aus, ihre teilweise *linksextreme Polarisierung* ist erschreckend. Im Gegensatz zu ihnen haben die meisten AfD-MdB zumindest normale Berufsabschlüsse oder sind sogar überdurchschnittlich gebildet. Sie alle bringen eine große Lebenserfahrung mit und wissen somit zumindest, wovon sie sprechen. Als Schweizer würde ich sofort die AfD wählen, denn hierzulande wäre sie eine normale, bürgerliche Mitte-Partei. Aber das müssen Sie selbst entscheiden, Deutschland geht mich ja nichts an. ☺

Mein Tipp: Die Protagonisten der AfD sollten sich vielleicht hüten, übermütig zu werden. Um eine zeitnahe und nachhaltige Veränderung in Richtung Normalität zu erreichen, muss der Paradigmenwechsel schlau und koordiniert ablaufen. Nicht über das Ziel hinaus zu schießen, ist das Gebot der Stunde, und möglichst intern geschlossen aufzutreten, ist langfristig die große Schwierigkeit. Dass die AfD von den Mainstream-Medien unter Dauerbeschuss genommen wird, kann man auch als Lob bewerten. Immerhin beweist es, dass die *Alternative für Deutschland* auf dem richtigen Weg ist. Es bleibt zu hoffen, dass die internen Streitereien das Konzept der AfD stärken – wo gehobelt wird, da fallen Späne. Das gehört zu einer erstarkenden Partei. Nochmals: Wichtig ist, dass man nach außen hin geschlossen auftritt. Ich denke, dass man hier noch nachbessern kann. Die staatlichen Fernsehanstalten werden weiterhin alles daransetzen, die AfD zu denunzieren und ihre Anhänger und Sympathisanten mit der *Kontaktschuld* zu beladen. Die Medien möchten nicht, dass man sich öffentlich getraut, die AfD gut zu finden. Ich drücke der AfD und den deutschen Bürgern jedenfalls die Daumen, den gesunden Weg der Mitte wiederzufinden. Sollte Deutschland diesen Weg gehen, dann besteht eine Chance, dass Ihr

Land in ein paar wenigen Jahren wieder da sein wird, wo es hingehört – an der Spitze Europas und der Welt!

An diesem Satz habe ich lange herumgebastelt, aber so bleibt er stehen. Ich habe die begründete Hoffnung, dass die Deutschen, trotz allen negativen Einflüssen, ein sehr intelligentes, fleißiges und tugendhaftes Volk sind. Alle meine guten Freunde aus Deutschland zeigen mir, dass Sie es schaffen können. Der Feind ist bekannt. Kämpfen Sie! Nein, ich kenne keinen einzigen AfD-Vertreter persönlich, aber ich kann deren Politik einordnen.

Um Ihr Land zurückzugewinnen, müssen Sie zielgerichtet handeln. Es gibt einige Möglichkeiten, dies so effizient wie möglich zu tun. Ich habe für Sie die www.atlas-initiative.de ausgewählt. Das ist eine Gruppe um Dr. Markus Krall, die sich aus ein paar hundert äußerst schlauen Menschen rekrutiert. Ich kenne auch Herrn Krall nicht persönlich, denke aber, dass er auf dem richtigen Weg ist. Als Wirtschaftsfachmann kennt er die Zahlen, die Ihnen von den Medien bewusst vorenthalten werden. *Man muss das Ganze organisiert vorantreiben, sonst klappt es nicht.* Nehmen Sie sich die Zeit, Ihr Land zu retten. Schnell handeln müssen Sie nur bei den nächsten Wahlen. Die hundert Euro Jahresbeitrag an die Atlas-Initiative erhalten Sie vielleicht hundertfach zurück. Wenn Sie nichts tun, dann werden Ihre nicht investierten hundert Euro nur noch fünfzig wert sein, in zwei Jahren fünfundzwanzig. Das kann ich Ihnen garantieren. Wetten?

Der irische Schriftsteller George Bernhard Shaw meinte: „*Demokratie ist ein Mechanismus, der sicherstellt, dass wir genau so regiert werden, wie wir es verdienen.*"

Mein Fazit: Wer in der Demokratie schläft, wacht in der Diktatur auf.

Die Politiker

„Politiker werden alles tun, egal wie absurd es sein mag, um nicht in sich hineinschauen zu müssen."

Carl Gustav Jung

Andererseits: Getraut sich ein Politiker, endlich mal die Wahrheit zu sagen, dann geht seine Meinung meist im Brandwasser der Beliebigkeit unter. Tut er dies jedoch öfter, ist seine Wiederwahl gefährdet. Deswegen werden unsere Staaten hauptsächlich von drittklassigen, aber gleichzeitig machtgierigen Politikern geführt. Das passt exakt ins Schema der Obrigkeit.

Zuerst einmal eine Feststellung: Nicht alle Politiker sind schlecht. (Es krümmt sich mir die Feder.) Dass wir viele Politiker als Taugenichtse wahrnehmen, hat wohl damit zu tun, dass wir zu viel von ihnen erwarten. Ja, es ist auch unsere Mitschuld, weil wir die falschen Leute wählen. Im Verlaufe der Zeit haben wir uns viele Namen für unsere wohlgelittenen Volkszertreter ausgedacht: Freiheitsräuber, Wegelagerer, Bevormunder, Raubritter, Privilegien-Sammler, ja sogar Nepotist werden sie von uns genannt. Vor allem Letzteres, der *Nepotismus*, scheint gemäß unseren Medien sehr weit verbreitet zu sein, denn diese *Vetternwirtschaft* beflügelt offenbar nicht selten die Entscheidungskraft eines Politikers. Ein Vorteil hier, eine kleine Aufmerksamkeit da – die Grenze zum Illegalen ist fließend. Zudem hängt der Politiker an seinem Amt, er kann ja schließlich nichts anderes. Immerhin scheint in unseren drei Ländern wenigstens die Korruption noch relativ überschaubar zu sein. Trotzdem: Man darf nicht alle Politisierenden über einen Kamm scheren. Ich glaube zu denken, dass die meisten Politiker sogar versuchen, ihren Job so gut wie möglich zu machen. Dass dies nicht gut genug ist, scheinen wir alle zu erkennen. Da ein Politiker logischerweise gar nicht über die erforderliche Fachkenntnis verfügen kann, die für jede politisch richtige Entscheidung nötig wäre, sehen wir uns mit dem Problem konfrontiert, dass unsere Parlamentarier Fehler machen *müssen*. So entscheiden viele Politiker trotz eines eklatanten Mangels an Information und beschränkter Detailkenntnisse über zahllose Dinge. Ein vertieftes Fachwissen würde sie aber zu den richtigen Schlussfolgerungen leiten, um dann korrekt für uns, das Volk, zu entscheiden.

Ein typisches Beispiel dafür sehen wir in der *sturen Reduktion von CO_2*. Obwohl man heute weiß, dass Kohlendioxid *keine Temperatur verändern kann* und somit für die Klimaveränderung völlig irrelevant ist, verlangen unsere Politiker stur, eben dieses CO_2 einzusparen, koste es, was es wolle. Obwohl jeder vernünftige Politiker weiß, dass die grünen Energien niemals den ungeheuren Strombedarf unserer Industrie decken können, schalten sie die Kern- und Kohlekraftwerke reihenweise ab. Die Liste ihrer fatalen Fehlentscheidungen ließe sich natürlich beliebig verlängern. Wir Bürger kennen die Hintergründe ihrer teilweise unlogischen Entscheidungen selten, hoffen aber, dass unsere Volksvertreter, wenn auch nicht besonders intelligent, doch wenigstens ehrlich sind. Ich kenne den einen oder die andere und weiß, dass sie zudem sehr oft unter einem gewissen Druck innerhalb ihrer eigenen Parteien stehen. Politiker stehen auch unter dem Druck der Bevölkerung, denn es sind ja gerade wir, die von ihnen schnelle und gute Lösungen erwarten. Warum eigentlich? Warum die Eile? Es gibt in der Politik realistischerweise kaum ein Problem, das schnell gelöst werden müsste. Unsere Ungeduld wird von den Medien dankend aufgenommen und natürlich verschärft. Dass die Politiker dabei versagen müssen, ist doch nur logisch. Dass sie ihre Fehlentscheidungen dann auch noch verteidigen, ist menschlich, aber natürlich nicht zu verzeihen.

Ich möchte *einmal* im Leben einen Politiker sehen, der seine Fehler zugibt. Wird unseren Volksvertretern eine unangenehme Frage gestellt, dann eiern sie herum, bis auch wir nicht mehr wissen, was denn die Frage eigentlich war. Hand aufs Herz: Wir alle machen doch Fehler. Auch bei uns Piloten ist das täglich der Fall. Kleine, vom zweiten Piloten, von den Computern oder von der Flugverkehrsleitung beobachtete Ungereimtheiten oder Missverständnisse finden auch bei uns täglich statt. Diese Fehler korrigieren wir so schnell und gründlich, wie es die Situation zulässt, sonst sind wir alle mausetot. Nicht, dass wir besonders viele Fehler machten, aber als Flugzeugbesatzungen haben wir die lebensverlängernde Pflicht, uns dauernd gegenseitig zu kontrollieren, Entscheidungen zu hinterfragen, gegebenenfalls optimale Lösungen vorzuschlagen und diese dann im Einklang mit den internationalen Luftfahrt-Richtlinien, den Gesetzen der Aerodynamik und den Flugzeughandbüchern korrekt auszuführen. Ganz nebenbei muss das Flugzeug innerhalb der vorgeschriebenen Parameter geflogen werden, auch wenn es stürmt oder schneit. Dabei ist das Timing entscheidend. Aber: In unserem dynamischen Beruf wird auch eine bereits gefällte Entscheidung *dauernd* hinterfragt und der Situation angepasst. Bei tausend Stundenkilometern tut man zudem gut daran, ein paar hundert Kilometer vorauszudenken. Wäre doch toll, wenn unsere Politiker eine wenigstens ansatzweise ähnliche Philosophie hätten.

Politik-Versagen bei Corona

Bei den Politikern läuft das etwas anders, denn diese haben alle Zeit der Welt und werden bei falschen Strategien nicht den Absturztod erleiden. Ein schönes Beispiel dafür sehen wir bei der Corona-Krise: Obwohl in Asien schon seit Monaten über Corona gesprochen wurde und einzelne Maßnahmen bereits ergriffen worden sind, beschwichtigten unsere Politik-Darsteller das Volk – wir erinnern uns an den Gesundheitsminister *Jens Spahn*. Was er uns nicht sagte, aber bestimmt dachte: *Die Asiaten haben wieder einmal ein Viren-Problem, so etwas könnte uns nie passieren.* Nun, es passierte. In der Folge wurden unsere Polit-Koryphäen auf dem falschen Fuß erwischt und handelten auf Druck der Medien überstürzt und kopflos. Mit Verordnungen und Notstandsgesetzen umgingen sie die Gesetze. Genau genommen herrschte niemand zu diesem Zeitpunkt. Es lief eine Mechanik, die sachgemäß bedient werden wollte. Die Politiker waren nur die Bediener dieser Apparatur. Oder glauben Sie ernsthaft, dass ein Wirtschaftsminister Peter Altmaier oder eben ein Gesundheitsminister Jens Spahn die ganze Sache auch nur ansatzweise überblickte? Natürlich nicht. Dass sie diese Verordnungen und Notstandsgesetze erst veranlassten, als der Höhepunkt der Grippe *längst überschritten* war, beweist deren Ahnungslosigkeit. Die berühmte Kurve der Neuansteckungen flachte am Tage des Lockdowns kontinuierlich ab. Nein, logischerweise nicht wegen des Lockdowns. Die Strategie unserer staatlich besoldeten Feiglinge war simpel: *Bloß nichts zugeben, vorsichtshalber mal alles auf Lockdown machen, eine Ausrede wird uns dann schon einfallen.* Politiker sind schließlich Profis, wenn es um das Schönreden geht. Selbst wir Bürger fanden keine Zeit, die Sache zu überdenken, wir waren teilweise sogar im Panikmodus. Unser kollektives Harmoniebedürfnis verhinderte ein halbwegs strukturiertes Denken. Und so glauben wir Bürger heute noch, dass unsere Politiker 2020 richtig entschieden haben, ganze Nationen lahmzulegen und uns zuhause einzusperren – wegen einer etwas stärkeren Grippe. Viele empfanden dieses Eingesperrtsein sogar als gute Tat dem Mitmenschen gegenüber. Diese vom Staat finanzierte, fürsorgliche Behaglichkeit des Lockdowns war bemerkenswert – selbst Mitte 2021 fiel keinem auf, dass es im Vergleich zu den Grippetoten der Vorjahre kaum Unterschiede gab. Maske auf, Hirn aus! In Deutschland sind etwa 20.000 Menschen an oder mit Corona gestorben, ausnahmslos alte Menschen. Bei der starken Grippe im Jahre 2017/18 starben 25.000 Menschen, junge und alte. Rechne!

Der Corona-Druck: In einer Krisensituation umgeben sich gute Politiker mit ausgesuchten Experten. Diese Experten haben idealerweise *unterschiedliche Meinungen*. Die Resultate dieser Experten müssen dann in aller Ruhe und im konstruktiven Dissens ausgewertet werden. Es eilt fast nie. Im Zweifelsfall sollte man... nichts tun! So viel zur Theorie, die in jedem Managementkurs für mittleres Kader gelehrt wird. Genau wie in Ihrer Firma, kann auch der einzelne Politiker eine vernünftige Entscheidung nicht ohne die Hilfe der Profis fällen, weil er ja nicht in jeder Disziplin ein Profi sein kann. Er tut es über weite Strecken aber trotzdem. Selbst ein exzellenter Politiker ist in keiner Disziplin ein wirklicher Hirsch, er ist im besten Fall ein guter Generalist. Sein Job ist es herauszufinden, welche Experten näher an der Wahrheit sind. Danach muss er abwägen und entscheiden. Das hat sehr viel mit Allgemeinbildung, Führung, Menschenkenntnis, Lebenserfahrung und Verantwortung zu tun. Aber, und das sage ich ohne Sarkasmus: Die meisten Spitzenpolitiker haben in ihrem ganzen Politikerleben nie wirklich Verantwortung übernommen. Kaum einer, der ein eigenes Business oder wenigstens Führungserfahrung in einem kleinen Betrieb vorweisen kann. Ihr ganzes Berufsleben verbringen sie also in ihrem geschlossenen, politischen Biotop. Wie wir nun langsam erkennen, sind Politiker genau deshalb völlig ungeeignet, politisch, gesellschaftlich oder gar medizinisch richtige Entscheidungen zu fällen. Das mag erstaunen, doch das kümmert weder uns noch die Politiker. Sie reden zwar dauernd von Verantwortung, sind aber zu feige, diese dann auch wirklich zu übernehmen. Von Rücktritten hören wir praktisch nie. Den Beruf des Politikers wählen heute also nicht mehr die intelligentesten, kompetentesten oder weitsichtigsten Persönlichkeiten, sondern zunehmend drittklassige Klassensprecher, die sich offenbar das demokratische System zum Selbstbedienungsladen machen – Diäten, Spesen, Abgaben, Dienstwagen, Sekretärinnen und Kompensationen versüßen ihr üppiges Honorar. Ich denke, dass wir genau deswegen keine guten Politiker mehr haben. Hinzu kommt, dass die meisten Volksvertreter die Wahrheit oder das Wohl des Volkes höchstens peripher interessiert. Parteiziele und die Wiederwahl haben absolute Priorität.

Dass unsere politische Führung ausgerechnet in der Corona-Krise den Rückhalt vom Volk bekam, ist auf den ersten ungeübten Blick vielleicht paradox, aber soziologisch nichts Neues. Die meisten von uns glauben heute noch, dass unsere Führung mit dem Lockdown oder sogar dem Shutdown gut entschieden hatte. Wenn das Land von einer Krise erschüttert wird (für die einige Politiker ausnahmsweise einmal nichts können), dann schaut man zu ihnen hinauf und hofft auf sie. Das ist ein Reflex, für den wir Staatsbürger nichts können. Aber es ist eben ein falscher Reflex. Heute wissen wir, dass alle Politiker während der gesamten Corona-Krise auf die Nachbarstaaten schielten und deren *Strategie* abkupferten. Der Blinde wies dem Lahmen den Weg. Deutschlands *Robert Koch Institut* führte die Kolonne der Falschfahrer an. Ist es nicht erstaunlich, dass Politiker, die sich sonst spinnefeind sind, plötzlich die gleiche Strategie benutzten? Die Folge war ein weltweiter, unnötiger Lockdown, ohne überhaupt die möglichen Konsequenzen auszurechnen. Es war eine fatale Fehlentscheidung von feigen Politikern, die persönlich nichts zu verlieren hatten. Oder haben Sie von Kurzarbeit oder Lohnkürzungen im Bundestag oder Nationalrat gehört? Eben. Wenn wir schon bei der Kurzarbeit sind: Für viele unserer Mitbürger kam Corona sogar wie ein Geldsegen. Mit minimalen Lohneinbußen gönnten sich viele von uns einen Vorruhestand im Jahre 2020 und hofften insgeheim sogar auf eine dritte oder vierte Welle. Kein Wunder, dass die tumben Bürger Kanzlerin Merkel und ihre sieben Bundesminister-Zwerge in den Himmel lobten. Wir schaffen das!

Dass die medialen Hofberichterstatter den ganzen Robert-Koch-Zirkus tatkräftig mit Panik verbreitenden Falschmeldungen unterstützten, ist wohl Angelas Sinn für Humor zu verdanken. Die Titelseiten waren voll mit unsinnigen Gesundbetereien im Stile von *„uns geht es so gut wie nie"*. Klar doch, wenn man ohne zu arbeiten fast gleich viel verdient und sich gleichzeitig einen monatelangen Urlaub gönnt. Wer bezahlt denn die Steuern? Unfassbar. Wir produzieren noch heute weit über zwanzig Prozent weniger als vor Corona und glauben tatsächlich, dass wir die größte Wirtschaftskrise seit 1929 ohne Probleme überstehen werden. Nein, liebe Mitbürger, wir werden das garantiert nicht stemmen können, und Sie wissen es!

Wir erkennen, dass viele unserer Mitmenschen ziemlich naiv sein müssen. Sehen Sie, unser IQ lässt sich mühelos mit einem einzigen Blick feststellen: Wer wegen Corona eine Maske trägt, outet sich als angepasstes, harmoniebedürftiges Weichei oder als bildungsresistener Cov*idiot*. Erkennen Sie Ihren Nachbarn? Ein Cov*idiot* ist übrigens einer, *der die Maske trägt*, nicht andersrum. Wir leben seit den historisch gröbsten Fehlentscheidungen der weltweiten Politik nur noch von der Substanz. Wie lange kann das gut gehen? Sechs Monate, ein Jahr? Im Kommunismus hat man genau so lange von der Substanz leben können, bis der letzte Tropfen Diesel verbraucht worden war, dann kollabierte das System. Für uns heißt das für die nächsten Jahre: Die Märkte können nicht mehr funktionieren, weil ihnen die Politik durch jedes Milliarden teure Hilfsprogramm zur *Stärkung der Nachfrage* und jede *Stabilisierung gewisser Wirtschaftsbereiche* die Berechnungsgrundlagen für eine mittelfristige Kalkulation entzieht.

Das Resultat: Die großen Firmen sitzen vorsichtshalber auf der Kohle, und der Bürger lebt von der Hand in den Mund, solange er kann. Aus Angst vor dem wirtschaftlichen Klumpenrisiko werden alle Unternehmen, aber auch Private zurückhaltend mit Investitionen umgehen und ein baldiges Ende des Spuks erhoffen. Die Folgen sind heute schon absehbar: Den kleinen Firmen fehlt es an Liquidität, deswegen werden sie als Erste reihenweise sterben müssen. Es sind ja nicht nur die zwanzig Prozent Zombie-Firmen, die zurecht schließen werden, sondern es sind leider auch gesunde mittelständische Betriebe, die für immer die Tore schließen werden. Dieser Dominoeffekt wird einen großen Teil unserer Bevölkerung in den finanziellen Ruin treiben. Die Zinsen werden in die Höhe schießen, und gleichzeitig werden die Immobilien dramatisch an Wert verlieren – der perfekte Sturm. So gesehen haben wir bereits fünf nach zwölf. Na, immer noch *Hauptsache Malle*?

Liebe Mitbürger, ich kalkuliere mal scharf, dass Sie viele Jahre nicht mehr nach Mallorca reisen werden, dafür haben Ihre Politiker gesorgt. Unsere heillos überschuldete (Welt-)Wirtschaft hat nur zwei Möglichkeiten, um einigermaßen zu überleben: entweder durch *Deflation* oder *Inflation*. Wir sind gerade dabei, der gewaltigsten Immobilienblase der Geschichte beim Platzen zuzusehen. Es ist der *Big Bang* in Slow Motion! Mit der unanständigen Tiefzins-Phase bereiten uns die Banken auf den Crash vor. Ich spreche vom Banken-Crash. Zunächst werden Bankfusionen die Runde machen. Unsere Politiker verstehen solche Zusammenhänge gar nicht. Die erste Konsequenz wird sein – ich schätze spätestens im Jahre 2022 –, dass die Preise für europäische Immobilien innerhalb kürzester Zeit im Keller sein werden. Nein, die Politiker werden nicht intervenieren. Die Wiederwahl, Sie wissen schon… Ein bisschen jammern werden sie. Liebe Mittelständler, wenn Sie Ihre abbezahlten Immobilien nicht an einem Urlaubsort oder in exklusiver Lage mitten in Ihrer Metropole München, Wien oder Zürich haben, wird Ihr Portfolio über Nacht empfindlich schrumpfen. Ihr netter Bankberater wird Sie dann morgens um halb neun anrufen und unangenehme Forderungen stellen. Das ist für viele Häuslebauer zwar unpassend, aber völlig legal. Das Kleingedruckte, Sie erinnern sich… Ich hoffe, dass Sie wenigstens hunderttausend Euro nachschießen können. Falls nicht: Häusle weg, Frau weg, Kinder weg. Ja, in der Folge ist auch die um zwanzig Jahre jüngere Freundin weg. Ihre Freunde werden Sie mit einer neuen Form von *Social Distancing* behandeln – man wird Sie nicht mehr kennen wollen.

Keine Angst, die Welt wird sich weiterdrehen, einfach ohne Sie. Ich hoffe für Sie, dass ich mich hier ganz gewaltig irre. Instinktiv spüren Sie aber, dass ich recht habe. Wenn Sie jetzt denken, dass Ihr Mehrfamilienhaus, das Sie auf Anraten Ihrer Bank gebaut haben, immer noch Geld abwirft, dann rechnen Sie mal nach, wie hoch bei einem Zinsanstieg von *nur einem Prozent* die Mieteinnahmen sein müssten. Sollten Sie Glück haben, wird Ihnen Ihre Bank das Objekt *abkaufen* – zu den dann üblichen Konditionen. Ihr Erspartes wird dann nicht mehr reichen, um einen Strick zu kaufen. Bei der Immobilienkrise von 2008 nahmen sich tausende Amerikaner das Leben. Irritierte das etwa die Banken? Kaum. Wir werden sehr zeitnah eine neue Welle der Bankenrettung erleben, und wieder werden wir mit dem Unwort *systemrelevant* konfrontiert sein. Sobald die ersten Bankräte aus drohendem Geld- und Gesichtsverlust zurücktreten, ist Vorsicht angesagt. Natürlich werden sie alle uns versichern, dass sie dies aus gesundheitlichen Gründen tun oder um mehr Zeit für ihre Kinder zu haben. (Ihre Kinder sind in der Regel natürlich schon weit über vierzig.)

Liebe Mitbürger, Ihr Gang zur Bank ist dann zu spät, wenn deren Privatjets verkauft sind. Ich schlage Ihnen vor, Ihr Geld heute noch auf *verschiedene* Banken zu verteilen und, na ja, Gold- und Silbermünzen oder auch kleine Barren in Ihren Keller zu schließen oder hinter dem Haus zu vergraben. Selbst oder gerade weil Ihnen die Politiker schwören, dass alles okay ist: Misstrauen Sie ihnen! Politiker haben keine Ahnung, wie die Banken funktionieren. Selbst Ihr persönlicher Bankberater weiß das nicht so ganz genau. Der Euro wird zusammenkrachen, und Aktien, Zertifikate und Futures werden über Nacht *wertlos* sein. Ihre Politiker werden sehr bald wieder die Bedeutung des Bankenplatzes Frankfurt hervorheben. Dann wird es bereits viel zu spät sein – wie im Jahre 2008. Wir sind alle so furchtbar vergesslich. Nicht die *Banks-*

ters, natürlich. Die Karibik hat ein angenehmes Klima, auch St. Moritz hält, was das *Top of Europe* verspricht. Ab und zu geh ich da zum Schilaufen hin, ist ja nur fünf Flugminuten von meinem Zuhause entfernt. Mit dem Privatjet natürlich. Nein, ich besitze natürlich noch keinen.

Politik in Asien: Sie ist direkt den reichen Familien, Konglomeraten und Clans unterstellt, undemokratisch, straff organisiert und somit sehr gut voraussehbar. Das Volk spielt eine untergeordnete Rolle. Das mag uns vielleicht irritieren, aber diese Art der Politik kann auch Vorteile haben. Die asiatischen Politiker entschieden bei der Corona-Krise anfänglich viel besonnener als die Europäer, und sie hätten die Lage wohl auch bis zum Mai in den Griff bekommen. Leider mussten sie dem Druck der panischen restlichen Welt nachgeben. Das musste ja sogar Amerika, weil die Demokraten gegen jede Vernunft und vor allem einfach aus Prinzip gegen Donald Trumps besonnene *Strategie der normalen Durchseuchung* handelten. Auch die Asiaten handelten nicht zuletzt deshalb besonnener, weil sie zwanzig Jahre Erfahrung mit Viren gesammelt hatten. Tja, man hätte sie ja vielleicht mal um Rat fragen können. Aber unsere Politiker wollten lieber alles alleine machen. Das Resultat ist bekannt: Chaos. Mit dem sogenannten *gezielten Schutz* zeigte eine Gruppe von namhaften Wissenschaftlern mit der *Great-Barrington-Erklärung*[(4)], wie man dem Problem der psychisch und physisch bedenklichen Covid-19-Maßnahmen mit Augenmaß und Wissenschaftlichkeit hätte begegnen können. Die Politiker interessierte das nicht. Dass die Dritte Welt aufgrund der Lockdown-Maßnahmen in Europa, Asien und Amerika um mindestens dreißig Jahre zurückgeworfen wurde, perlte an unseren Politikern genauso emotionslos ab.

Leider treffen in dieser Corona-Zeit die fehlende Kenntnis von ökonomischen Zusammenhängen und der grenzenlose Egoismus der Macrons und Merkels dieser Welt aufeinander. Auch unsere eigene Staatshörigkeit kennt offenbar keine Grenzen. Unsere kollektive Obrigkeitstreue wird von den Politikern aufs Übelste missbraucht. Diese Clowns, von Armin Laschet bis Jens Spahn, suhlen sich heute noch im Scheinwerferlicht. Allen voran, wie eine Kühlerfigur, Kanzler-Darstellerin

Angela Merkel. In Österreich lässt sich Bundeskanzler Sebastian Kurz von seinem Volk feiern und spricht dauernd von einer zu erwartenden *neuen Normalität* nach der Corona-Krise. Kind-Kanzler-Kurz (KKK) redete schon im März 2020 seinen Untertanen ein, dass mindestens 100.000 Österreicher am China-Virus sterben würden. Jeder Österreicher würde bald jemanden kennen, der an Corona gestorben sei. Furchtbar, dieser Panikmacher. Basti, hat Dir eigentlich schon mal jemand gesagt, dass Dein Onkel Soros eine ganz miese, linke Ratte ist? Ja, er steckt auch hinter der *Black-Lives-Matter*-Bewegung. Marxisten, weißt Du? Die wollen sogar die Polizei auflösen, damit sie den Staat übernehmen können – zunächst in den USA, dann auch in Europa. Üble Geschichte, Sebastian. Dein zwielichtiger, steinalter Freund finanziert auch diese Ewiggestrigen von der *Antifa*. Aber das ist Politik und somit nicht Dein Fachgebiet. Was ist eigentlich Dein Fachgebiet, Sebastian? Was machst Du eigentlich beruflich? Hast Du denn überhaupt je einen Beruf erlernt? Dass wir uns richtig verstehen, liebe Österreicher: Ich habe sehr viel *Respekt vor dem Amt* des österreichischen Bundeskanzlers. Sebastian Kurz hatte genügend Zeit, sich diesen Respekt zu verdienen. Diese Zeit hat er nicht genutzt, im Gegenteil. Wählen Sie ihn bitte ab!

In der Schweiz sind es unsere sieben Magistraten, die in der Corona-Krise von uns Eidgenossen fast wie Popstars bejubelt werden. Federführend und wie ein Fels in der Brandung gibt sich *Bundesrat Alain Berset*, ein glühender Sozialist. Er ist ein Paradebeispiel sozialdemokratischer Taktik: Der beliebte Schweizer Gesundheitsminister ist ein Produkt der Medien. Er gibt sich stets als Dressman, ist vielsprachig, charmant und weltmännisch. Berset ist wahrscheinlich das, was ein Kanzler Sebastian Kurz gerne wäre und ein Robert Habeck nie sein wird. Nun, der sympathische Sozialist muss seit Beginn der Corona-Übung an einer Dauer-Erektion leiden; man stelle sich vor, ein ausgewiesener Marxist bekomme plötzlich die Macht, das ganze Volk von der Arbeit fernzuhalten, die Menschen zuhause einzusperren und die ganze Wirtschaft zum Stillstand zu bringen – alles mit Zustimmung der Bürger. Und dann kommt er, der heilige Bundesrat Berset, als Retter in der Not und bezahlt seine Untertanen großzügig und reichlich aus der Staatskasse. Das von ihm und seinen Sozen geforderte, bedingungslose Einkommen wird wahr und der böse Kapitalismus wird endlich abgeschafft. Vor unseren ungläubigen Augen macht unser Bundesrat den ersten Schritt, Klaus Schwabs Aussichten für das Jahr 2030 Wirklichkeit werden zu lassen. Der Gründer des World Economic Forum in Davos fantasiert seit Jahrzehnten davon, dass spätestens in zehn kurzen Jahren niemand mehr einen Besitz haben wird – und alle werden darüber glücklich sein. Damit meint er natürlich *uns* alle, nicht die herrschende Kaste, die wird sogar noch glücklicher sein. Aus noch nicht restlos geklärten Gründen steht das ansonsten besonnene Schweizer Volk stramm hinter Bundesrat Alain Berset, und Lenin dreht sich freudig im Grab. Frau Merkels langer Arm umschlingt auch meine kleine Schweiz. Alle klatschen. Alle? Die Verzweiflung, welche es doch angesichts der tausenden zerstörten Existenzen geben muss, artikuliert sich in den deutschsprachigen Medien nicht mal ansatzweise. Selbst die Gewerkschaften schweigen feige. Dass Sie immer noch die SPD, SPÖ und die SP wählen, liegt bestimmt nicht an den Parteien, es liegt an Ihrer Bequemlichkeit und Ihrem Hang nach guter, alter Zeit.

Zu den Sozialisten vielleicht noch ein entlarvendes Wort aus der Mathematik: *Wer smart und Sozialist ist, ist unehrlich. Wer ehrlich und Sozialist ist, ist nicht smart. Wer ehrlich und smart ist, ist nicht Sozialist.* Sozialist Alain Berset spricht uns Bürgern Mut zu und predigt fast wie ein Sektenführer. Das Volk ist begeistert. Nur: In einer Krise möchte ich keinen verständnisvollen Sozen-Pfarrer, sondern einen mit allen Wässerchen gewaschenen Profi, der in der Lage ist, schwierige Entscheidungen zu fällen. Nichts dergleichen. Die Wirtschaft kollabiert vor unseren Augen, und alle klatschen. Ich befürchte, dass dies ein weiterer Beweis dafür ist, dass es mit unserer Schwarmintelligenz nicht sehr weit her sein kann.

Pikant, und somit von keiner europäischen Zeitung gemeldet: In Asien gab es *praktisch nirgends* einen Shutdown oder Lockdown. Das öffentliche Leben funktioniert bis heute fast ohne Einschränkungen. Ich war ja monatelang da. Die angeblichen Corona-Toten sind relativ überschaubar. Im Vergleich zu den weltweit 650.000 Toten, die jedes Jahr wegen der normalen Influenza (Grippe) zu beklagen sind, ist dieses Covid-19-Virus nur ein laues Lüftchen. Wo sind sie denn, die *normalen Grippetoten* von 2019/2020? In Europa lassen wir uns von einem höchst zweifelhaften Institut zu einem völlig unnötigen Corona-Stunt ohne Netz verleiten – die drakonischen Maßnahmen sind unverhältnismäßig. Diesen Fehler müssen wir unseren Politikern ankreiden und sie zu *personellen Konsequenzen* zwingen. Es ist ihre persönliche Schuld. Wo bleibt sie denn nun, die Verantwortung? *Herr Bundesrat Berset, ich fordere Sie auf: Treten Sie sofort zurück. Der Tatbestand der Nötigung und der Freiheitsberaubung muss von einem Gericht geklärt werden. Einzig aufgrund von schwammigen „Fallzahlen", die Sie implizit als Infektionen und somit als Krankheitsfälle verbreiten lassen, schüren Sie Panik. Das Volk ist verängstigt, und die schweizerische Wirtschaft wird an die Wand gefahren. Da Sie es versäumen, Verantwortung zu übernehmen und Schaden abzuwenden, verstoßen Sie gegen die Verfassung der Eidgenossenschaft. Somit verdienen Sie Ihre 460.000 SFR pro Jahr nicht! Ich fordere Sie auf, dieses Geld umgehend einem wohltätigen Zweck zukommen zu lassen.* Liebe Deutsche, liebe Österreicher, tun Sie das Gleiche mit Ihren Kanzler-Darstellern und den willfährigen Marionetten Ihrer Parlamente. Die Menschen sterben nicht an Corona, sie sterben *an der Angst* davor. Weil wir unsere Produktion und unser Leben auf Sparflamme setzen, sterben zudem Millionen von Menschen in den Dritte-Welt-Ländern. Wer diese Zusammenhänge ausblendet, gehört eingekerkert.

Nun, mittlerweile kennen Sie meine politische Einstellung. Ich bin das, was man in der Schweiz *die Mitte* nennt. Ich bin nie irgendeiner Partei beigetreten und werde weiterhin versuchen, es nicht zu tun. In der direktdemokratischen Schweiz geht sowas – wir haben ohnehin bloß zehn bis fünfzehn Prozent Parteimitglieder in unserer Bevölkerung. Die Kräfteverhältnisse haben sich seit 1919 kaum geändert: Seit hundert Jahren wählen zwei Drittel bürgerliche Parteien, ein Drittel eher links oder grün. Aber auch bei uns ist die neue, europaweite Tendenz zu spüren. Viele Politiker der Bürgerlichen sympathisieren zunehmend mit linken und grünen Ideologien. Das ist gefährlich. Im parlamentarisch-demokratischen Deutschland, aber auch in Österreich *muss* man in einer Partei sein, um überhaupt gehört zu werden und um den Staat zu kontrollieren. Ihre zwei Länder werden, im Gegensatz zur Schweiz, von den Parlamentariern kontrolliert. Stellt sich mir die Frage: Wer kontrolliert denn Ihre Parlamentarier? Das Volk offenbar nicht, die Medien sowieso nicht. Tun Sie was dagegen, liebe Nachbarn. Setzen Sie Ihre Rechte als Staatsbürger durch, nehmen Sie diese Pflicht wahr.

Da in der Schweiz der souveräne Bürger der Politik vorsteht, machen die Politiker auch weniger Unsinn. Wird es ihnen zu wohl, werden sie von uns Bürgern in ihre Schranken gewiesen. Unser System der direkten Demokratie erlaubt gar keine starken Parteien oder machtgeilen Politiker. Und: Bei uns darf jeder Staatsbürger seine Meinung öffentlich kundtun, egal ob links oder rechts. Wer sich heute in Österreich oder Deutschland zur Mitte zählen will, der wird von der Politik, den Medien (und den Mitbürgern!) schon fast als *rechtsextrem* diffamiert. Das ist Unfug und muss korrigiert werden! Diesem Wegdriften nach links müssen Sie mit gebotener Härte begegnen. Aber aufgepasst: Der Zorn darf nicht in Hass ausarten, denn darauf warten die Linken und Grünen. Die Debatte muss hart, aber fair geführt werden. Ich persönlich hasse nicht etwa die Linken oder Grünen. Nein, ich hasse *deren marxistische Ideologie*. Ich hasse keine Menschen, ich hasse deren Unvernunft und Gedankenlosigkeit. Linke und grüne Politiker hysterisieren Umweltprobleme und zündeln in einer penetranten Weise mit ihrer hasserfüllten Ideologie. In ihrer beschränkten Sichtweise ist der Mensch die Ursache allen Ungemachs, also muss er weg. Das tumbe Volk klatscht in die Hände und hält die Birne freiwillig unter die Guillotine. Dagegen habe ich was.

Linke oder rechte Ideologie? Um eine zielführende und sachliche Diskussion zu erhalten, müssten wir uns idealerweise von unserem Gruppendenken befreien. Es sollte uns für die Dauer der Diskussion egal sein, in welchem Team wir spielen. Das Team gibt uns nämlich vor, wie wir moralisch zu denken haben. Abweichler sind hier nicht gefragt. In der fairen Diskussion sollten wir die überzeugendsten Gründe für unsere Meinung hervorheben und weniger Rechtfertigungen finden, warum der Gegner unrecht hat. Wir haben alle verschiedene moralische Vorstellungen. Das müssen wir in der Diskussion beherzigen, auch wenn es uns schwerfällt. Während der Klimadebatte, aber vor allem bei der aktuellen Corona-Angst, fliehen wir ins Herdendenken, weil es uns Sicherheit und Identität verspricht. Deshalb finden die meisten Menschen, dass die Politiker richtig entschieden haben. Deshalb lassen wir uns freiwillig einsperren, obwohl die Fakten dagegen sprechen – Fallzahlen sind keine Todeszahlen! Würden wir stur nach wissenschaftlichen Fakten entscheiden, würden wir die Probleme schnell in den Griff bekommen. Dummerweise spielt aber das Gefühl eine wichtige Rolle. Dieses zu manipulieren, ist besonders in einer Krise relativ einfach. Die gewieften Politiker versuchen, die Frage darauf herunterzubrechen: *Stufen wir die Gesundheit von alten Menschen wichtiger ein als die Freiheit und das Überleben der Wirtschaft?* Mit dieser moralischen Fragestellung werden aber beide sterben müssen. Überleben werden die Politiker – Pontius Pilatus hatte die gleiche Strategie.

Wer wird denn heutzutage eigentlich noch Politiker? Der verstorbene Bundespräsident Richard von Weizsäcker schien keine hohe Meinung von seinen Berufskollegen zu haben. Er sagte: *„Der Politiker ist in der Regel nicht ein Fachmann, sondern ein Generalist mit dem Spezialwissen, wie man politische Gegner bekämpft."* Mit dieser Wahrheit hat er sich wohl keine politischen Freunde gemacht.

Alle Politiker werden von einer Urangst verfolgt – es ist die Angst, nicht wiedergewählt zu werden. Das ist nachvollziehbar. Mag sein, dass das sogar der größte Fehler im System der Demokratie ist. Die Demokratie ist vielleicht nicht perfekt, aber immerhin das Beste seit den dunklen Jahrhunderten der Knechtschaft. Wie gesagt, einen König zu haben, wäre vielleicht verlockend – wenn es denn ein guter wäre. Wenn wir zum Beispiel nach England schauen, wissen wir auch genau, warum die britische Königin mit bald hundert Jahren immer noch im Sattel sitzen muss: Prinz Charles auf den Königsthron zu hieven, wäre unklug. Das weiß nicht nur Queen Elizabeth, ihr Volk weiß es auch.

In der Demokratie herrschen immer Wahlen. Wegen der Angst, etwas falsch zu machen, vernimmt man von den meisten Politikern bestenfalls sorgsam abgezirkelte Sätze. Man hört nie emotionale Wahrheiten, weil diese nicht gerade deren Wiederwahl fördern. Besonders ehrgeizige (nicht unbedingt kluge) Köpfe in der Politik werden deshalb gemocht, weil sie sich den Wünschen der politischen Umgebung anpassen. Leider wird durch diese sesselklebenden Ja-Sager eine Verbesserung des Allgemeinwohls geradezu verunmöglicht. Sie werden trotzdem wiedergewählt. Mancher Politiker beweist dann schon kurz nach den Wahlen, dass er nicht besonders an seiner geäußerten Meinung hängt. Konrad Adenauer meinte: *„Was kümmert mich mein Geschwätz von gestern."* Nun, manchmal kann es für das Volk im Nachhinein sogar besser sein, wenn der Politiker die Erwartungen nicht erfüllt, als wenn er die Befürchtungen erfüllt. Tatsache scheint jedenfalls zu sein, dass wir heute, im Vergleich zu früher, vor allem von politischen Pygmäen regiert werden. Mit dieser assoziativen Überleitung (das ist, wenn man sich selbst einen Steilpass gibt) erinnern wir uns gemeinsam an den ehemaligen bayerischen Landesvater Franz Josef Strauß.

Wie Sie bemerkt haben, muss man nicht immer alles akademisch rundgelutscht kommentieren. Manchmal kann etwas Polemik der Sache dienen und uns helfen, wach und fokussiert zu bleiben. Der bayerische Ministerpräsident Franz Josef Strauß war bekannt für seine präzise Aussprache. Kein Beamtengeschwurbel, sondern klare Sätze erreichten sein Publikum. Franz Josef Strauß war auch für den normalen Bürger leicht zu verstehen, und seine politischen Schritte waren nachvollziehbar, obwohl sie eigentlich visionär waren. Seine politischen Kontrahenten verspotteten ihn aus purer Angst. Heute würde er von der Presse und den Altparteien als rechtsextremer Nazi diffamiert werden. Ja, vor allem auch von der CDU und seiner eigenen *Christlich Sozialen Union.* Tja, was soll man sagen? Die heutigen christlichen Politiker belügen ihr Volk, so wahr ihnen Gott helfe. Halleluja, sag ich. Ein Hund, dieser Franz Josef Strauß. Nun, heißt das automatisch, dass die Politiker früher besser waren? Ja – und nein. Zumindest waren die Politiker früher etwas ehrlicher und dienten eher dem eigenen Land und dem Volk. Okay, in seinem Fall auch noch *Airbus.* Heute geht es den Politikern nur um sich selbst. Politiker sind begnadete Selbstdarsteller. Na ja, was sollen sie denn sonst tun? Wer würde beispielsweise einem grünen Bundestagsabgeordneten *Hofreiter Anton* einen Job anbieten? Was würde eine *Claudia Roth* beruflich machen, *Katja Kipping, Cem Özdemir, Jürgen Trittin, Kevin Kühnert*? In einem Call-Center arbeiten, wie Kevin es vor seiner Politkarriere tat? Aber auch auf der anderen Seite des intellektuell schmalen Spektrums sieht es nicht besser aus: Was hätten eine *Gesine Schwan*, ein *Norbert Röttgen, Armin Laschet* oder *Angela Merkel* gemacht, wenn sie nicht in die geschützte Werkstatt der Bundespolitik gegangen wären? Die wären wohl alle irgendwo in einem Büro oder in einem Labor versauert.

Nehmen wir doch, weil es sich so trefflich über sie lästern lässt, Physikerin Angela Merkel aus der Uckermark. Kanzlerin Merkel wurde in der DDR-Diktatur *sozialisiert*. Das darf man nie vergessen. Sie scheint mir die Wurzel allen Übels zu sein. Nein, nicht jeder, der in der DDR aufgewachsen ist, ist ein Spitzel. Ich würde sogar behaupten, dass ein Aufwachsen im Kommunismus viele Vorteile mit sich brachte – zumindest was die intellektuellen Fähigkeiten betrifft. Die Schulen waren besser als bei uns. Aber Sozialismus in der BRD? Ach was, ganz Europa ist kontaminiert. Den Sozialismus gibt es sogar vermehrt auch in den USA. Die seit Jahren von Linken unterwanderte, amerikanische Universität *Harvard* hat Sozialistin Angela nicht ohne Grund die Ehrendoktorwürde verliehen, also muss sie zumindest schlau sein. Liebe Deutsche und Deutschinnen, ich spreche Ihrer für Sie heiligen Kanzlerin ab, von einer besonderen Intelligenz beseelt zu sein. Sie hat studiert und doktoriert. Das haben hunderttausende vor ihr auch getan. Neid? Ich bitte Sie – nur schon deshalb nicht, weil Neid die aufrichtigste Form der Anerkennung wäre (Wilhelm Busch). Nein, ich habe keinen Doktortitel. In meinem Beruf muss man, wie in unzähligen anderen Berufen auch, bestimmt mehr für den Job-Erhalt tun, als Frau Merkel je getan hat. Ich möchte nicht zu sehr in die Details gehen, die Angeber-Keule ist schnell hervorgeholt. Trotzdem: In meinem Beruf muss der Titel des *Jumbo-Kapitäns* alle paar Monate im Flugsimulator neu erkämpft werden. Neben den vielen Notverfahren kommen viele theoretische Fragen über Physik, Meteorologie, internationale Luftfahrtgesetze und so weiter dazu. Auch die geistigen Fähigkeiten werden regelmäßig gecheckt. Man kann einen Psychologen vielleicht zwei-, dreimal überlisten, aber eine ganze Karriere lang lassen sie sich kaum täuschen. Uns Piloten wird also dauernd auf die Finger geschaut, und ich finde das völlig in Ordnung. Deswegen ist die Fliegerei auch einigermaßen sicher geworden. Für andere Berufszweige wäre diese Art der Kontrolle vielleicht auch wünschenswert. Es würden beispielsweise weniger Patienten bei einer Routine-OP unerwartet unter dem Messer des angesehenen Chefarztes versterben. Ja, das passiert leider öfter, als es Ihnen Ihr Gesundheits-Magazin erzählt. Ihr Onkel Doktor überlebt die OP übrigens immer. Er geht danach in die Cafeteria und gönnt sich einen Cappuccino. Seit seinem Studienabschluss vor dreißig Jahren wurden die fachlichen Fähigkeiten des Herrn Professor-Doktors nie wieder überprüft. Ernsthaft, finden Sie das normal? Auch bei einer Frau Merkel und anderen Doktoren bleibt der Titel bis in alle Ewigkeit haften. Die meisten führen diesen Doktortitel ein ganzes Politikerleben geradezu wie eine Monstranz vor sich her, auch im Ruhestand. Selbst auf dem Grab zieren die zwei Buchstaben den Stein. Ich finde, das ist albern und beeindruckt höchstens die Hartz-IV-Herde. Ach so, um diese geht es ja, sie ist schließlich das Stimmvieh von Frau Doktor Merkel & Co.

Eine fehlende berufliche Qualifikation oder gar ein fehlender Sinn für gesellschaftliche Zusammenhänge muss natürlich kein Stolperstein für eine politische Karriere sein. Ein Blick in die Vitae der linken und grünen Politiker spricht Bände. Schwamm drüber, einstweilen. Sieht ein Parlamentarier glücklicherweise sogar noch einigermaßen gut aus, dann wird er von niemandem listig hinterfragt – schöne Menschen werden vom Boulevard hofiert. Wenn Pathos vor Inhalt steht, dann ist das so, wie wenn die Ausstrahlung wichtiger ist als eine durchdachte Meinung. Das Volk fällt auf so etwas rein.

Also, dann werfen wir doch mal einen Blick auf unsere aktuellen, künstlichen Polit-Models. Die Posterboys müssen sich nur inszenieren, das heißt einfach brav in die Kameras lächeln und möglichst wenig reden. Die wirkliche Arbeit wird von ihren qualifizierten Sekundanten gemacht, von den PR-Managern. Von ihnen lernen sie, bei ihren Reden nur über das Ungefähre, das Vage zu sprechen – also keine Fakten und vor allem keine Meinung. Und immer schön mit den Bürgern mitleiden, sie aufbauen und milde lächeln. Das reicht völlig, um sein Politikerleben bis zum wohlverdienten Ruhestand zu genießen. Bei den Damen die gleiche Tragödie: Kennen Sie Frau *Sahra Wagenknecht* (*Die Linke*), die um 26 Jahre jüngere Gattin des bald 80-jährigen SPD-Polit-Urgesteins *Oskar Lafontaine*? Egal was sie sagt, es macht parteiübergreifend und vor allem für alle Bürger Sinn. Leider wissen wir auch, wie sie abstimmt: ganz links-außen. Es wird nicht nur mir aufgefallen sein, dass die lächelnde Mona Lisa in der DDR politisch sozialisiert wurde. Die halbiranische Sahra war strammes Mitglied der FDJ und der SED – keine Mitläuferin, sondern tonangebend. Wir erinnern uns: Die SED ist die Partei, die an der DDR-Grenze auf Menschen schießen ließ. Das erste Opfer hieß Günter Litfin, das letzte 1989 Chris Gueffroy. Frau Wagenknecht ist mindestens zweimal pro Monat in einer Talkshow zu sehen und verkauft sich medial wie Claudia Schiffer zu ihren besten Zeiten. Dass sie eine glühende Marxistin und wohl auch Kommunistin ist, übersieht man dabei geflissentlich. Ihre monotone Stimme beruhigt uns, ihre sorgsam ausgesuchten Sätze sagen nichts aus. Zwischendurch gibt sie völlig banale, bauernschlaue Sätze von sich, die vom Publikum als Weisheiten aufgenommen werden. Ihr Ehemann hat aus ihr eine rechte Linke geformt. Genial, der Oskar. Mit ihrem betont konservativen Erscheinungsbild täuscht sie ganz Deutschland. Wagenknecht ist so perfekt, dass sie im Beliebtheitsbarometer immer an der Spitze ist. Viele würden sie sogar zur Bundeskanzlerin wählen, wenn sie die Partei wechseln würde. Furchtbar!

Oder blicken wir mal links rüber, nach Frankreich. Betrachten wir kurz unseren politischen Ödipus und Champagner-Sozialisten, *Emmanuel Macron*. Nun, meine Meinung über ihn ist nicht objektiv – dass ich 2020 fast einen Monat in Paris in Quarantäne verbrachte, habe ich nämlich ihm zu verdanken. Aber was ist schon ein Monat? Emmanuel sperrt seine Mitbürger seit April 2020 fast ununterbrochen ein. Dass die Franzosen nicht rebellieren, liegt wohl an den zusätzlichen 100.000 Polizisten, alleine in Paris. Macron ist das synthetische Produkt seiner erfolgreichen PR-Agentur. Obwohl er ein politisches Leichtgewicht ist, hat er sich aus nicht restlos geklärten Gründen den Job des Präsidenten der Republik Frankreich gekrallt. Chapeau! Die Franzosen trauen bis heute ihren Augen nicht, diesen beruflichen Versager als Chef zu haben. Dass seine wesentlich ältere Ehefrau auch noch seine Lehrerin war (sie ist siebenfache Großmutter), mag man als amüsant empfinden, spiegelt aber Macrons Unreife wider. Das ist für eine Atommacht nicht unerheblich. Quel Malheur, wie konnte das geschehen? Die spinnen, die Franzosen.

In Kanada schaffte 2015 ein ähnliches Produkt, nur mit Hilfe seines klingenden Namens, den Sprung auf den Präsidenten-Thron: *Justin Trudeau*, Sohn des langjährigen Ex-Präsidenten Pierre Trudeau. Der Schönling gibt sich liberal, ist aber ein ganz ausgebuffter Marxist. Für meine kanadischen Pilotenkollegen ist er der *Spalter der Nation*. Durch seine dauernden Steuererhöhungen wird der Mittelstand vollends ausgeblutet. Vierzig bis fünfzig Prozent Steuern – so etwas verkraftet kein Mensch. Die niedrigen Einkommen werden natürlich kaum besteuert, auch in Kanada wird der Präsident schließlich von der Masse des kleinen Mannes gewählt. Kanada ist nicht zuletzt wegen Trudeau politisch völlig nach links abgedriftet. Ich bin ab und zu in Vancouver und Toronto. Die Anhäufung von Studenten-Snowflakes ist nicht zu übersehen. Diese Millenials, also die jungen, links-grün-indoktrinierten Gutmenschen, beherrschen jeden Universitäts-Campus nach Belieben. Die *Genderfrage* und die schon fast zwanghafte *Klimahetze* scheinen in der beschränkten Welt der kanadischen Studenten das Thema Nummer eins zu sein. Es muss schrecklich sein, als normal denkender Professor in Kanada zu unterrichten. Googeln Sie mal *Professor Jordan Peterson*, den wohl bekanntesten Psychologieprofessor im *World Wide Web*. Dr. Peterson ist der letzte Kämpfer für unseren gesunden Menschenverstand. Für die linken Universitäten Kanadas ist er der erklärte Feind. Ich hoffe, dass Peterson gewinnen wird und seinen Job als Professor behalten darf. Allerdings: Leute wie er könnten in diesen frostigen Zeiten *plötzlich einen Autounfall* erleiden – ziemlich eisige Straßen in Kanada.

In Deutschland heißt der strahlende Medienliebling *Robert Habeck*. Der verschlafene Kinderbuchautor und Co-Präsident der Grünen schaut so milde, Habeck muss ein guter Mensch sein. Speziell in wirren Zeiten der Massenhysterie (Klimawandel und Flüchtlingskrise) haben Figuren wie er ein leichtes Spiel. Huch, fast vergessen: Habeck ist ja der Verursacher dieser Hysterie. Dieser Knuddelteddy wird sogar als Kanzlerkandidat gehandelt. Unfassbar. Die deutsche Medienpropaganda schildert ihn unisono als pragmatischen, ausgewogenen Übermenschen. Man sieht ihn immer lächelnd und in sportlich-legerer Pose. Habeck, ein Typ zum Anfassen. Reality-Check: *Robert Habeck ist ein typischer Marxist und ein ausgewiesener Deutschland-Hasser.* Liebe Deutsche, wenn Sie ihn unbedingt wählen wollen, bitte sehr. Ihr schönes Auto müssen Sie dann aber wegschmeißen und durch ein unerschwingliches und hässliches E-Auto ersetzen. Auch Ihre schöne Wohnung wird von ihm zeitnah zwangsenteignet, und die gesamte deutsche Industrie wird von ihm und seinesgleichen im Handumdrehen zerstört. Seine grünen Kollaborateure haben schon viel Vorarbeit geleistet. Rudolf H. ist der freundlich lächelnde Vorzeige-Anti-Deutsche. Robert Habeck (aber auch Annalena Baerbock) ist die sichtbare Bankrotterklärung des deutschen Nationalstaates und eine zeitgleiche, flächendeckende IQ-Verschiebung unter den Wert 100. Die geistige Insolvenz erstreckt sich bis weit hinunter zum ehemaligen Mittelstand, welcher die Grünen fatalerweise als das kleinere Übel betrachtet. Diese Linken und Grünen sind die Eingeweide des Trojanischen Pferdes Angela Merkel. Käffchen? Tja, liebe deutsche Freunde, es kommt meistens anders, *wenn* man denkt! Habeck ist brandgefährlich! Mit ihm und durch ihn werden in Deutschland in spätestens fünf Jahren die Lichter ausgehen und nur noch *emissionsfreie* Autos zugelassen sein – aus Asien natürlich. Ob Robert Habeck weiß, wie viele „Tafeln" es im verarmenden Deutschland gibt? In der Schweiz hört man, dass es bei Ihnen über tausend davon geben soll. Alte und obdachlose Menschen aus Deutschland werden dort mit *Essensresten* verköstigt. Ich finde, das ist eine Schande. Stellen Sie sich eine Deutschland-Karte vor, und malen Sie darauf gedanklich eintausend Punkte. Deutschland hat 27 Städte mit mehr als einer Viertelmillion Einwohnern. Das sind im Schnitt etwa vierzig „Tafeln" pro Stadt, die von insgesamt über 60.000 ehrenamtlichen Deutschen betrieben werden. Sie arbeiten täglich daran, ihren randständigen und bedürftigen Mitbürgern wenigstens eine Mahlzeit am Tag zuteil kommen zu lassen. Ist das etwa normal? Nein, ist es nicht! Weil die Politik sich nicht darum kümmert, werden Sie zeitnah die Verwerfungen in Ihrer deutschen Gesellschaft am eigenen Leib erfahren. Hinzu kommt, dass die Parallelgesellschaften es Ihnen verunmöglichen werden, ein normales Leben zu führen. Der Bildungszerfall, der sich seit zwei Jahrzehnten heranschleicht, zeigt hier sehr bald seine volle Wirkung. Exportweltmeister... ich bitte Sie! Eine Frage nach Deutschland: Liebe Freunde und Nachbarn im Norden, warum lassen Sie diese Ungerechtigkeit in Ihrem schönen Land zu? Sie sind doch das Volk der genialen Ingenieurskunst und der führenden Automobilindustrie. Was ist bloß geschehen? Nehmen Sie das Schicksal Ihres Landes in Ihre eigenen Hände. Mein Tipp: Schmeißen Sie die Politiker konsequent raus, jagen Sie die Promis in die Wüste, und trennen Sie sich von den Angekommenen. Der Krieg in Syrien ist längst vorbei. Das hat Ihnen noch keiner gesagt? Dann lesen Sie doch mal *unabhängige* schweizerische Tages- oder Wochenzeitungen. Ja, die *Neue Zürcher Zeitung (NZZ)* beispielsweise oder *Die Weltwoche*, erhältlich an jedem deutschen Bahnhofskiosk. In schweizerischen Zeitungen wird objektiv über Deutschland berichtet – in Ihren auch?

Im Deutschen Bundestag tummeln sich interessante Politiker. Wie gut, dass jeder Parlamentarier heute seine eigene Internetseite hat. Ich habe für Sie ein bisschen herumgeblättert. Man könnte die Lebensläufe dieser MdBs als Situationskomik abtun. Bei manch einem sind die tiefen Verwüstungen, die der zweite Bildungsweg hinterlassen kann, schon auf den ersten Blick zu erkennen. Selbst wer die normale *Ochsentour* gemacht hat, ist nicht davor gefeit, von der Bevölkerung zurecht als Taugenichts entlarvt zu werden. Macht *Heiko Maas* eigentlich immer noch mit im Deutschen Bundestag? Sozialist Heiko ist der Beweis, dass man körperliche Insuffizienzen durchaus mit einem tollen Anzug kaschieren kann. Ein *Heiko* gilt im Bundestag als kleinste Maßeinheit für die Stärke eines Rückgrats – ein *Gummibärchen* ist die größte. In Österreich heißt der junge Gott *Sebastian Kurz*, Liebling der fleißig wählenden Schwiegermütter und Omas. Dieses Windfähnchen tut nun wirklich alles, um geliebt und somit wiedergewählt und weiterhin fürstlich bezahlt zu werden. Sebastian, der erfolgreiche, moderne Strichjunge? Aber nein. Viele Politiker arbeiten nach dem *Schweine-Prinzip* – es geht immer nur darum, den besten Platz am Futtertrog zu ergattern.

Sagen wir's mal so: Mit der Bewirtschaftung der Flüchtlingspolitik oder seiner Panik verbreitenden Corona-Strategie hat sich Kanzler Kurz nicht gerade mit Ruhm bekleckert. Ihm geht es nur um Sebastian. Hat er tatsächlich keinen ethischen Kompass? Ich weiß nicht, ob es nur mir aufgefallen ist, aber in Österreich regieren nun offenbar die Grünen mit einem quasi-eloquenten Sebastian Kurz als Sprechpuppe. Die grünen Pharisäer rund um *Werner Kogler* sind offenbar endlich auf dem politischen Olymp angekommen. Sie lassen sich, ohne Anflug eines schlechten Gewissens, von einer *riesigen BMW-7er-Flotte* von einem zum nächsten *ach so wichtigen Termin* chauffieren und finden nichts Anstößiges dabei. Auch regelmäßige Flüge in der *Austrian Airlines Business Class* an die entlegensten Orte des Globus, um dort bei Klimakonferenzen zwischen zwei Gläsern Champagner das CO_2-Problem zu lösen, finden die Mitglieder der Verbotsparteien völlig in Ordnung. Die furchtbar anstrengende Reiserei ist ja zum Wohle des Volkes und des Klimas. Spitzenreiter und somit Flug-Meilen-Sieger sind auch in Österreich die Grünen. Wird uns Bürgern nicht dauernd erzählt, wie wichtig der persönliche CO_2-Fußabdruck... Sie wissen schon. Die *GrünInnen* leiden offenbar nicht an ihrer gespaltenen Persönlichkeit, nein, *sie genießen sie*.

Schwamm drüber! Europa wird die Politik und vor allem seine Politiker überleben. Europa ist schließlich ein alter, gesellschaftlich und politisch gewachsener Kontinent. Europa ist nicht etwa ein Kontinent aus der *Retorte von Sozial-Ingenieuren*, sondern Europa ist *historisch gewachsen*. Europa braucht nicht *mehr* Vielfalt, sondern ist deren Inbegriff. Die Europäische Union hingegen ist die Brutstätte der Einfalt. Man könnte darauf hoffen, dass ein paar wenige Dummschwätzer Europa nicht viel anhaben können. Wenn wir uns da nur nicht täuschen. Es ist leider so, dass Europas Politiker offensichtlich und in zunehmendem Maße an akuter Verbal-Inkontinenz leiden und das Erbrochene dann auch noch umsetzen. Die Flut an Richtlinien, Gesetzen und Verordnungen ist nicht mehr überschaubar.

Wie bei den Wissenschaftlern zählt auch bei EU-Politikern nur die *Anzahl* der Reden, Zeitungsberichte und Talkshow-Auftritte. Quantität ersetzt Qualität. Gewisse Politiker scheuen sich nicht, zu jedem Thema ihre unreflektierte Meinung zu verbreiten. Unseren Politikern, aber auch uns Bürgern ist der Sinn abhandengekommen, was für uns als Gesellschaft wichtig ist. Aus einer gewissen *Politik(er)müdigkeit*, aber auch aus purer Bequemlichkeit sind wir denkfaul und schläfrig geworden. Wir bemerken es nicht einmal, dass unsere Grundschulen, oder viel mehr deren Führungsriegen, es *absichtlich versäumen*, unseren Kindern die wichtigsten Elemente eines gebildeten und wachsamen Menschen beizubringen. Ihr augenscheinliches Ziel ist: *Wir Bürger sollen nur als Konsument und Stimmbürger unseren Dienst tun.* Mehr nicht. Versuchen Sie mal, diesen Gedanken stehen zu lassen. Ich denke sogar, dass wir von den Schulen, den Politikern und den Medien schon seit über zwanzig Jahren dahingehend *konditioniert* werden. Die Vorgehensweise ist subtil, und die Dosen sind homöopathisch. Das heißt im Klartext, dass wir Bürger nur ausgewählte Themen mitbekommen, die die politischen Akteure für ihre Scheindebatten nutzen können und somit gleichzeitig ihre Wiederwahl sichern. Die Politiker lernen die Themen auswendig und lassen diese dann von den Medien verbreiten. Mit dieser altbewährten Taktik geben sie sich selbst, einmal mehr, die bekannte *Steilvorlage* und brillieren durch den *Wissensvorsprung*.

Der Trick ist uralt und gerade deswegen auch bei drittklassigen Parlamentariern so beliebt. Für die Verbreitung ihrer politischen Thesen dienen ihnen unsere heiß geliebten Fernsehdiskussionen. Die immer gleichen Akteure trennen sich von ihren immer gleichen Sprechblasen. Achten Sie mal auf den leicht übergewichtigen Wirtschaftsminister Peter Altmeier (CDU). Unfassbar, dieser Mann – ich bin schon fast geneigt zu bemerken, dass *Dick und Doof* früher wenigstens zwei Leute waren. Das war jetzt politisch nicht ganz korrekt. Herr Altmaier redet jeden Monat seine vor dem großen Spiegel auswendig gelernten, monotonen Maschinengewehrsätze in die Mikrofone von ARD und ZDF, und alle finden, dass er eigentlich recht hat. Altmaier hat doch recht, oder nicht? Er ist doch Wirtschaftsminister. Das Fernseh-Volk hat natürlich wieder mal keinen blassen Schimmer. Ein Volk, das nicht einmal mehr über ein Kurzzeitgedächtnis verfügt, versucht einer manipulierten Scheindiskussion zwischen Peter Altmaier und dem biederen *Norbert Röttgen* (auch CDU) zu folgen. Aussichtslos. Beobachten Sie mal die immer gleichen, möglicherweise sogar bezahlten Publikumsgäste, wie sie brav auf Kommando klatschen. Ich finde das beängstigend – sie sind ein kleiner Einblick in Ihre politische, sozialistische Zukunft. Es ist tragisch, dass Ihr schönes Deutschland nochmals eine DDR durchmachen muss.

Ist das Volk dumm? Diese Frage ist diesmal nicht rhetorisch gemeint, denn es sind vor allem die deutschen Politgrößen, die es ihren Mitbürgern *nicht* zutrauen, komplexe Themen zu verstehen und danach sogar zu einer eigenen Meinung zu gelangen. Ich finde das ziemlich arrogant. Ja, Sie mögen recht haben: Wenn wir uns so umsehen, tun die Politiker dies streckenweise vielleicht sogar zurecht. Dass sie aber ihre Mitmenschen die wichtigen Themen mit voller Absicht nicht öffentlich diskutieren lassen, zeugt von einem krassen *Autoritarismus*, einer *Herrschaftsmentalität*. Man lässt Sie, liebe Deutsche, zwar über relativ unwichtige Dinge wie Burkaverbote oder Schwimmunterricht für Muslime debattieren, Sie dürfen in Deutschland über ein dämliches Gender-Mainstreaming oder Schwulenehen diskutieren, aber die wichtigsten Problemherde bleiben Ihnen verwehrt. Ist Ihnen auch schon aufgefallen, dass das Klima-Thema wichtiger genommen wird als die *Staatsfinanzen*? Auch Kita-Plätze sind offenbar wichtiger als das *Bildungssystem*. Ihre politische Obrigkeit lässt Sie in dem Glauben, dass es nur die paar bösen Terroristen des IS gibt, der Islam hingegen ein Hort der Liebe und Toleranz sei. Warum lassen Sie das zu, liebe Freunde? Dabei wäre es doch höchste Zeit, über den Islam der großen Masse zu diskutieren. In Deutschland wohnen mittlerweile weit über *20.000 türkische*

Rechtsextremisten, besser bekannt als *Die grauen Wölfe*.[5] Erdogans Slogan: *Werde Deutscher, bleibe Türke* – mit Doppelpass. Wer den rosaroten Elefanten im Raum immer noch nicht sehen will, muss sich dereinst nicht wundern. Ja, Sie müssen endlich über Ihren netten Gemüseverkäufer aus Anatolien diskutieren. Öffentlich. Merke: *Schläfer schlafen nie*. Aber ich bin hier ja nur der Rufer in der Wüste, inschallah.

Unser Geist ist zwar fantastisch, aber leider auch beschränkt. Um ihn optimal zu nutzen, müssen wir erst mal die Schwachstellen unseres Geistes *erkennen wollen*. Das widerstrebt uns, obwohl wir kognitiv erkennen, dass dies getan werden müsste. Genau diese Schwachstellen werden von der Politik und den Medien gezielt missbraucht, um uns zu manipulieren. Natürlich spüren wir das kaum, weil wir unseren Volksvertretern aus nicht restlos geklärten Gründen glauben. Was ist zu tun? Um dieser Manipulation entgegenzuwirken, müssen wir uns zuerst selbst verstehen. Damit wir *den Gegner* überhaupt erkennen und dann bestenfalls auch besiegen können, müssen wir unser eigenes Tun etwas genauer beobachten. Tatsache ist: Wir fallen auf jeden billigen Trick der Politiker und der Medien rein. Betrachten wir einmal die Rhetorik unserer Politiker – sie ist nichts anderes als die Kunst des Überredens. Viele Politiker üben diese Manipulation bewusst oder sogar schon unbewusst als Beruf aus. Zauberer und Gaukler tun auf den Jahrmärkten nichts anderes. Besonders beliebt bei Politikern: das sogenannte *argumentum ad nauseam*, bei dem versucht wird, durch ständiges Wiederholen einer falschen Aussage diese richtiger zu machen. Dieser altbekannte, wissenschaftlich ausreichend untersuchte Trick bringt den Zuhörer dazu, das vom Politiker tausendmal vorgetragene Mantra tatsächlich zu glauben. Ohne dass wir es bemerken, werden unwahre Behauptungen zu Fakten schöngeredet. Beispiele? *Menschengemachter* Klimawandel, CO_2 erhöht die Temperatur, die Erde schwitzt, Flüchtende bereichern unsere Gesellschaft, Politiker sind für die Menschen da, die Mehrwertsteuer schafft Mehrwert usw. Dass Zitronenfalter keine Zitronen falten, leuchtet hingegen ein. Wir hören unseren Politikern leider nicht sehr gut zu, sondern lassen uns von ihrer Erscheinung blenden. Ihnen geht es in erster Linie um das Meinungs-Management innerhalb einer

Demokratie – da sprechen wir noch gar nicht vom riesigen Einfluss der professionellen Lobbyisten. A propos: Gibt es in Deutschland eigentlich ein Lobby-Register? War ja nur eine Frage. Meinungen werden heute nicht mehr gebildet, sondern sie werden vom Bürger direkt von den Medien übernommen. Wir denken doch selbst schon: *„Ich habe mir eine Meinung gebildet, belastet mich nicht mit störenden Fakten."* Diese manipulierte Meinung, aber auch die dosierte Empörung, wird seit geraumer Zeit auf subtile Weise gesteuert. Von wem genau, entzieht sich meiner Kenntnis. ☺ Es liegt aber auf der Hand, dass es nicht unsere drögen Politiker alleine sein können. Dazu spreche ich diesen schlichtweg die intellektuelle Fähigkeit, aber auch die Raffinesse und das psychologische Kalkül ab. Nein, die Politiker sind vielmehr die über den Umweg des Lobbyismus konditionierten *Sprachrohre der Obrigkeit*. Wir dürfen nicht vergessen, dass auch Politiker unter dem Druck ihrer Existenz funktionieren müssen. Da kann man nicht immer wählerisch sein. Da muss man auch mal gegen die eigenen Überzeugungen politisieren. Bei den Talkshows ist dies besonders leicht zu erkennen, nicht zuletzt durch ein schnelles Sprechen oder ein starkes Schwitzen. Auch hier mag man mir Verschwörungstheorie vorwerfen, aber beweisen Sie mir doch mal das Gegenteil.

Bei den Linken und Grünen hat es sich noch nicht herumgesprochen, dass man das Geld zuerst verdienen muss, bevor man es ausgeben kann. Kein Wunder, haben doch die meisten von ihnen noch nie einen Tag im Leben gearbeitet. Kein Einziger von ihnen weiß, dass sie ihre Lobbyisten mit fremdem Geld finanzieren. Dieses fremde Geld kommt in erster Linie von relativ gut verdienenden Mittelstandsbürgern und den zahllosen kleinen und großen Firmen – es sind die Steuern des Volkes. Aber von einer solchen lästigen Bagatelle lässt sich kein „Weltverbesserer" irritieren. Die Grünen sind meines Erachtens nichts weiter als die *moralischen Platzanweiser* im großen Kino der Welt-Retter GmbH. Sie glauben zu wissen, wohin die Reise gehen muss. So mutieren drittklassige Platzanweiser wie Robert Habeck, Claudia Roth, Katrin Göring-Eckardt und Anton Hofreiter zum Filmregisseur. Es ist vielleicht an der Zeit, sie aus dem Kino zu schmeißen.

Zu ergänzen wäre vielleicht noch, dass die Grünen und die meisten Linken aus der Mittelschicht stammen und deshalb nie einen klaren Klassenstandpunkt erarbeiten konnten. Sie sind also weder arm noch reich. Deshalb sind sie eher anfällig für Moral, Zeitgeist, Narzissmus und Karrierismus. Beruflich sind sie meist als mehr oder weniger qualifizierte Sachwalter der herrschenden Interessen tätig und glauben, zur *Volkserziehung* befähigt zu sein. Ich erachte das als einen fatalen Trugschluss. Dass viele oder sogar *fast alle Lehrer* zu ihren Mitgliedern zählen, kann wohl auch kein Zufall sein. Lehrer scheint heute kein Beruf mehr zu sein, sondern eher eine Diagnose. Ja, ich weiß, dass es auch gute Lehrer gibt. Die Grünen sind also immer mit dabei, wenn die Welt gerettet werden soll. Nun, dass diese Welt nicht gerettet werden muss oder dass diese Welt gar nicht gerettet werden will, erscheint auf ihrem grünen Horizont nicht. Die grünen und auch die linken Parteien betten ihre „Weltrettung" seit vierzig Jahren in wohlgeformte Phrasen ein und werden so zu ökologischen Stichwortgebern der Steuerumverteilung. Das gesättigte Volk blökt ihnen brav nach. Aber was soll es denn anderes tun, das Volk? *Wer gegen die grüne Welt ist, ist gegen die Menschlichkeit.* Diese schlichte Logik erschließt sich nur den Leuten, die nicht gelernt haben, zu Ende zu denken. Dass die Eliten genau diese Sprache schon seit geraumer Zeit für ihre eigenen Ziele missbrauchen, schwant diesen Öko-Stalinisten nicht mal ansatzweise. Fragen Sie doch mal die unsäglichen Klimaaktivisten *Carla Reemtsma* oder *Luisa Neubauer*. Von nichts eine Ahnung, von gar nichts. Aber sie werden vom Mainstream gelobt und von der Politik ernst genommen. Liebe Deutsche, das ist doch absurd!

Wir Bürger sollten es uns langsam abgewöhnen, folgende *Angst-Wörter der Elitensprache* zu benutzen – es sind subtil beeinflussende Wörter, die unser schlechtes Gewissen berühren: *Krieg, Krankheit, Atomkraft, Coronavirus, 5G, Globalisierung, CO_2, Epidemie, Pandemie, Demonstrationen, Terror, Klimaschutz, Dieselfahrverbote* und so weiter. Die Liste ist lang. Schon vor hundert Jahren meinte Carl Gustav Jung, Begründer der analytischen Psychologie: *„Heute wird die Wirklichkeit durch Wörter ersetzt."* Diese Sprache dient den Eliten, uns auf die kommenden Veränderungen vorzubereiten. Schon 1933 wurde das deutsche Volk mit solchen Schlagwörtern konditioniert. Das Reichsministerium für Volksaufklärung und Propaganda war hier federführend. Denken Sie an Kanzler Sebastian Kurz und sein *„neue Normalität"*-Geschwafel. Das bedeutet doch, dass man uns langsam an die sogenannten *neuen Herausforderungen unserer Zeit* gewöhnen möchte, um dann die vielen Vorteile unserer Gefügigkeit zu nutzen. Speziell das Wort *Arbeitsplätze* scheint im Duktus der Politiker ein Dauerbrenner zu sein. Obwohl keiner dieser Politiker und – ja, sagen wir es geradeheraus – Politikerinnen je einen einzigen Arbeitsplatz geschaffen oder wenigstens gerettet hat, lassen wir uns von ihnen auf billigste Art und Weise damit bedrohen. Damit wir uns auch hier richtig verstehen: Ich spreche nicht von Kommunalpolitikern. Den vielen fleißigen Menschen, die dem Bürger direkt verpflichtet sind, möchte ich hiermit ein großes Dankeschön aussprechen. Ja, auch unter ihnen gibt es ein paar wenige schwarze Schafe. Diese werden meist rechtzeitig erkannt, geschoren und gegrillt. Im großen Kino der Bundes- oder Nationalpolitik ist dies leider fast unmöglich.

Obwohl wir alle wissen, dass unsere Politiker mit ihrer Macht nicht sorgsam umgehen können, werden sie von uns Bürgern, aus Mangel an Alternativen, alle vier oder fünf Jahre wiedergewählt. Könnte es sein, dass wir alle eine kollektive Wahrnehmungsstörung haben? Nein, das glaube ich nicht. Wir sind einfach zu faul. Wir alle sind zu bequem, uns selbst über die Politik Gedanken zu machen und diese Nullnummern endlich abzuwählen. Selbst Sie, als politisch interessierter Mensch, sind verständlicherweise müde geworden. Frage: Wann haben Sie zum *letzten* Mal etwas zum *ersten* Mal gemacht? Tun Sie es umgehend, heute, jetzt. Legen Sie das Buch für kurze Zeit weg, und treten Sie aus Ihrer Partei aus – sie hat Sie nicht verdient. Das wirkt nicht nur befreiend, sondern lässt Sie auch objektiver denken. Regen Sie sich nun in einem vernünftigen Maße über die Probleme im Land auf (nicht über die Partei-Entscheide), und handeln Sie endlich wie ein selbständiger Mensch! Strafen Sie diese kleinen, gierigen Möchtegern-Magistraten ab, und wählen Sie neue Köpfe. Nein, nicht etwa junge Köpfe, denn die Lebenserfahrung ist äußerst wichtig, um als Politiker vernünftige Entscheidungen fällen zu können! Die Politik ist kein Kindergarten für 25-jährige Studienabbrecher. Ich denke, dass ich damit zu viel von Ihnen verlange – ich verlange von Ihnen, dass Sie endlich Sie selbst sind.

Ich und Sie, liebe Leser, sind schuld, dass die Welt so ist, wie sie eben ist! Wir leben nicht in einer Welt, die wünschenswert wäre, sondern in der wirklichen Welt. Sehen Sie, jeder Politiker, ob er es will oder nicht, ist ein Lobbyist. Egal ob grün, rot, schwarz oder blau. Die persönlichen Verflechtungen sind in gewisser Weise normal und meistens auch legitim. Wir Bürger verlangen von den Politikern, dass sie wissen, wie die Welt funktioniert – dass dabei Grenzen überschritten werden, liegt in der Natur der Sache. Wir erleben heute eine neue Art der Informationsverbreitung durch die Multis: Mit Hilfe der Politiker sagen sie uns, *wie* wir zu denken haben. Viele (oft auch fälschlicherweise) gehasste Großkonzerne übernehmen heute die Aufgabe, die früher die Parteien stark gemacht hatte. Sie übernehmen die Aufgabe, die Meinungsvielfalt in eine ausgewogene, politische Haltung zu gießen und dann mit einer Stimme erfolgreich gegen die politischen Opponenten anzukämpfen. Das merken die Bürger gar nicht. Es ist wohl die einzige Strategie in einer repräsentativen Demokratie wie in Deutschland und Österreich. Leider. In der Schweiz wäre das undenkbar und wahrscheinlich auch unmöglich, weil die *direkte Demokratie* vom Bürger bestimmt wird. Ein Multi müsste also jeden einzelnen Bürger persönlich überzeugen. Das ist zwar mit Hilfe der gekauften Medien möglich, aber eher unwahrscheinlich. Deutschland und Österreich hingegen scheinen, zunehmend in einer Mischung von Neo-Sozialismus, Neo-Liberalismus, Marxismus und Waldorfschule der grünen Fantasten gefangen zu sein.

Deutschland, Deutschland: Ihr Land prägt Europa in einer positiven Weise wie kein anderes. Ich spreche von den letzten tausend Jahren – natürlich mit Ausnahme des Nationalsozialismus. Ja, Sie dürfen stolz sein auf Ihr Land. Wer heute in Deutschland aber Patriot ist, wird gezielt ausgegrenzt. Vaterlandsliebe gilt als *völkisch*, und wer glaubt, straflos eine *schwarz-rot-goldene Fahne* aus dem Fester hängen zu können, wird mit einem Kopfschütteln beglückt oder als Nazi beschimpft. Hören Sie vielleicht mal, was der russische Präsident dazu sagt, nur so als Gedanke. Bei einem Interview mit der russischen und westlichen Presse, unter anderem mit *Willy Wimmer*, hat Wladimir Putin den russischen Wissenschaftler und Humanisten *Dmitri Sergejewitsch Lichatschow* zitiert.⁽⁶⁾ Putin sagte: *„Der Patriotismus unterscheidet sich grundlegend vom Nationalismus. Der Nationalismus ist der Hass gegenüber anderen Völkern. Der Patriotismus ist die Liebe zum eigenen Vaterland."* Das klingt für mich sehr überzeugend. Sie müssen den Wladimir nicht mögen, aber wo er recht hat, hat er recht. Zeigen Sie Flagge, kaufen Sie sich eine Deutschlandfahne, seien Sie stolz auf Ihr Land. Alle anderen Staaten tun dies schon seit ewigen Zeiten. Ich weiß schon, als Reflex werden Sie mir nun vorwerfen, dass ich ein Putin-Versteher bin. Das ist okay. Nur, wollen Sie mir verbieten, den Zar Putin wenigstens verstehen zu wollen? Dann wären Sie schlimmer als der KGB oder die CIA. Ich möchte Putin verstehen, damit ich weiß, wie er tickt. Ich muss ihn deswegen weder gut noch schlecht finden. Das gilt übrigens auch für Donald Trump oder Anton Hofreiter. Ich will ja nicht an Putin glauben, sondern herausfinden, warum dieser Ex-KGB-Mann es schafft, das Volk und seine reichen Oligarchen hinter sich zu haben – und warum er gleichzeitig auf Europas Provokationen mit einer bemerkenswerten Gelassenheit reagiert.

Ich kenne viele Russen, auch Ukrainer. Fragen Sie mal die Ukrainer, ob sie zur EU oder zu Russland gehören möchten. Die Antwort ist für mich kristallklar: Ukrainer sind im Geiste, im Glauben und von der Überzeugung her Russen. Kiew bedeutet *Mutter aller russischen Städte*. Ganz ähnlich verhält sich die Situation mit der autonomen Republik Krim, die von *Nikita Chruschtschow* 1954 aus ökonomischen Gründen (geplante Schifffahrtskanäle) an die Ukraine angegliedert wurde – sie wurde 2014 von Russland nicht etwa annektiert, das ist *ARD/ZDF-Mainstream-* und *Atlantik-Brücke-*Narrativ. Umfragen in der gemischten Bevölkerung auf der Halbinsel zeigen seit Jahren eine pro-russische Haltung. Das Referendum vom 16. März 2014 war recht eindeutig, obwohl das Abstimmungsresultat mit fantastischen 97 Prozent *für den*

Anschluss an Russland durchaus Zweifel aufkommen lassen könnte. Abschließend darf man objektiv feststellen, dass Putin seit vielen Jahren sehr viel Stabilität in die russische und auch in die globale Politik bringt. Das kann nur gut für uns sein. Ein stabiles Russland bedeutet auch für Europa Stabilität und Frieden. Das ist normale Logik. Es wäre an der Zeit, mit Russland wieder vermehrt Geschäftsbeziehungen zu unterhalten. Das ist auch Logik, für Russland und für Europa. Ihre Medien werden Ihnen auch in Zukunft eine andere Logik eintrichtern, Claus Kleber hat schließlich einen schlechten Ruf zu verlieren, die *Atlantik-Brücke* auch.

Um uns an der kurzen Leine zu halten, sprechen unsere Politiker gerne von der sozialen Schere, die immer weiter auseinander geht. Der technisch versierte Arrogante weiß, dass eine Schere, die immer weiter auseinander geht, eigentlich auch immer weniger Schmerzen bereitet. *Hartz IV* ist exakt die Grenze zwischen dahinvegetieren und einigermaßen leben können. Hartz IV ist ganz bewusst da, wo es ist. Wäre Hartz IV hundert Euro weniger, würde das Volk sich dagegen wehren, und Aufstände wären an der Tagesordnung. Man muss das Volk folglich gerade so an der Schmerzgrenze leben lassen. Das hat sich der Staat schon früh bei der OPEC abgeschaut: **Der Ölpreis hat noch nie mit der Realität eines Handels zu tun gehabt, sondern mit der Schmerzgrenze der Verbraucher.** Mit dieser kurzen Leine schaffen sich die Linksliberalen seit Jahrzehnten ihre Wählerschaft, und die Rechten haben einen guten Grund, auf die sich anbahnende Problematik der flächendeckenden Armut hinzuweisen. Alle Politiker sind also glücklich und zufrieden und tun so, als ob sie sich für uns einsetzen würden. Sogar Angela Merkel reißt für die Armen ein Bein aus. Okay, dass es *Ihr Bein* ist, sei hier nur am Rande erwähnt. Nein, das, was Sie spüren, ist nicht etwa ein Phantomschmerz, das Bein ist tatsächlich weg, da müssen Sie mal nachgucken. Die Politik hat die Pflicht, wenigstens so zu tun, als ob es uns Bürgern durch ihre politische Tätigkeit besser ginge. So hat *Kant* es einmal sinngemäß formuliert. Auch das war bereits vor bald hundert Jahren. Sie sehen, wir sind noch nicht sehr viel weitergekommen. Der Mensch ist halt, wie er ist.

Ihre politischen Eliten treten als Sachwalter der Wahrheit auf. Mit den praktischen Mitteln der Gesetze leben sie mit einem für die Wahrheitsfindung unverzichtbaren Widerspruch: Sie *bekämpfen* mit den Gesetzen die uneingeschränkt freie Meinungsäußerung. Den Politikern geht es nach außen hin um die Wahrheit, im Inneren um die Macht. Nach außen hin geht es auch immer um die Wiederwahl, im Inneren ums Geld. Mit dieser Schizophrenie zu leben, ist die Kunst des unfallfreien Politisierens. Skrupel zeigen höchstens Anfänger. Doch, keine Angst: Päpstin Angela und ihre Kardinäle sind ein eingespieltes Team. *Gloria in excelsis Deo* – die europäische Liturgie bekommt ihren Hauch Merkel. Nicht schlecht, für die Tochter eines kommunistischen Predigers.

Demokratie bedeutete über lange Zeit Folgendes: Über alle Themen, die alle betreffen, müssen alle abstimmen können. Punkt. Heute wird uns von den Politikern gesagt, welche Themen uns betreffen dürfen, damit wir über sie diskutieren, debattieren und abstimmen dürfen. Sie bemerken den Unterschied. *Demokratur* wird zum neuen Wort der Wahl. Apropos Wahl: Kurt Tucholsky wusste schon: *„Wahlen ändern nichts. Da darf man sich ruhig auch mal verwählen."*

Bei aller Demokratie-Folklore müssen wir aber auch bedenken, dass es in Deutschland nicht ewig so weitergehen kann. Die Kassen sind leer, und die Zitrone ist ausgepresst. Die einzige Lösung ist: Wir müssen lernen, mit weniger auszukommen. Weniger ist mehr. Weniger, aber dafür bessere Qualität. Wir werden auch damit leben müssen, dass die Dritte-Welt-Staaten aus dem Sumpf hervorkriechen und ein Stück von unserem Kuchen haben wollen. Hierzulande sind immer mehr Gutmenschen fest davon überzeugt, dass wir nichts dafür könnten, im reichen Europa geboren zu sein – noch schlimmer: Auch die Afrikaner hätten das *Recht*, in Europa ihr Glück zu versuchen. Wo lernt man solchen Unfug? Ich persönlich finde, dass die Afrikaner sich ihren Kuchen gefälligst selbst backen sollten. Wir müssen unseren eigenen Kuchen verteidigen! Ob das nun menschlich korrekt ist oder nicht, scheint mir die falsche Frage zu sein. Darüber soll sich Richard, der David Precht einen Kopf machen. Tatsache ist, dass wir unseren Qualitätsvorsprung *ausbauen* müssen, um auch in zehn Jahren noch an der Spitze zu verweilen und ein warmes Süppchen essen zu können – im Restaurant, nicht an der „Tafel".

Unsere Spitzenpolitiker: Man nennt sie nicht etwa so, weil sie spitze sind, im Gegensatz zu Spitzen-Rennläufern. Sie sind einfach die geometrische Spitze der unzähligen Kommunal-, Regional- und Landespolitiker. Wären sie wirklich spitze, dann wären die Staatshaushalte ausgeglichen und die Steuern niedrig. Das Erstaunliche dabei ist, dass die Basispolitiker ihren relativ kleinen Haushalt durchaus im Griff haben. Die Gemeindepolitiker müssen uns Steuerzahlern schließlich jeden Tag in die Augen sehen. Das schafft Effizienz und Transparenz. Das ist gut so. Vertrauen ist gut, Kontrolle ist besser. Merke: Das Volk schuldet der Regierung keinen Dank, nur Respekt. Bei Staatspolitikern hingegen müssen wir aufpassen, denn ihre dauernden Steuererhöhungen sind nichts anderes als das Resultat mathematischer Unkenntnis und wirtschaftlicher Fantasielosigkeit, gepaart mit mafiöser Schutzgelderpressung – *Koalition* wird das im Politsprech genannt. Professionell bewirtschaftete Problemherde, die durch Corona, Ebola oder die Vogelgrippe entstehen, sind moderne, für sie vor allem finanziell einfach ausschlachtbare Glücksfälle. Auch beim nächsten Glücksfall wird alles Hand in Hand mit der psychologischen Kriegsführung gegen das eigene Volk laufen. Wir erinnern uns vielleicht daran, dass wir von Ministern im Fernsehen davor gewarnt wurden, die Hände falsch zu waschen, die Maske falsch aufzusetzen, falsch zu niesen und diese Virengeschichten vielleicht sogar auf die leichte Schulter zu nehmen. So wurde die *medizinisch nutzlose Maske* gewissermaßen zum *Maulkorb* für das ganze Volk – Propaganda vom Feinsten. Ich kenne mich mit Propaganda nicht zuletzt deswegen recht gut aus, weil ich ja seit über zwanzig Jahren im straff regierten Asien lebe, der angeblichen Brutstätte allen virologischen Ungemachs. Die asiatischen Völker werden von ihrer Führungsriege seit Urzeiten mit Hilfe der Propaganda getrieben. Man darf das Lächeln der Asiaten nicht falsch interpretieren – es ist die reine Hilflosigkeit und Unterwerfung gegenüber der Obrigkeit.

Politik und Taktik

Wenn Politiker vor laufender Kamera miteinander kommunizieren, geht es immer um alles. Es ist der Moment, in dem sie ihre Zukunft sichern können. Um dabei erfolgreich zu sein, helfen einige rhetorische Tricks.

- **Politiker-Taktik I:** Wenn einem Politiker in einer Diskussion die Argumente ausgehen und er Gefahr läuft, die Debatte zu verlieren, gibt es immer noch einen Ausweg: den Gegner diskreditieren, stigmatisieren oder der Lächerlichkeit preisgeben, ihn also mundtot machen. Das ist zwar nicht die feine Art, aber immer wirkungsvoll. Das Volk erkennt diese Strategie selten, weil es von der Rhetorik fasziniert ist und sanft überrumpelt wird. Wir achten ja beim Zuhören weniger darauf, *was* diese Parlamentarier so erzählen, sondern vielmehr darauf, *wie* sie es formulieren. Deshalb kann sich ein guter Rhetoriker auch ohne Argumente aus jeder ungemütlichen Situation retten und geht am Schluss sogar als Sieger vom Platz. Der älteste Latrinenwitz in den Parlamenten lautet: *„Fantastisch, Deine Rede heute."* Antwort: *„Wieso, ich habe mit dieser Rede doch gar nichts ausgesagt." „Ja schon, aber die Wortwahl, einfach genial."*

- **Politiker-Taktik II:** Versprechen sind Versprecher. Eine wiederkehrende Situation beobachten wir immer nach den Wahlen – es hätte einer behauptet, dass etwas faul wäre im Staat (doppelter Konjunktiv, damit er auch hält). Und so werden alle Wahlversprechen im Konjunktiv verfasst, damit man sich danach wenigstens grammatikalisch korrekt davon distanzieren kann. Wenn alle Stricke reißen, hilft ein Brandmarken des Gegners als *politischer Brunnenvergifter*. Nicht nett, aber seit Jahrhunderten bewährt. Die Boulevardpresse stürzt sich mit Begeisterung auf solche politischen Dolchstöße.

- **Politiker-Taktik III:** Ich darf nochmals auf Angela Merkel zurückkommen. Die ewige Kanzlerin wendet seit dem Mauerfall die Raute-Taktik an. Immer wenn sie vor den Kameras auftritt, erweckt sie den Anschein, als wäre sie selbst überrascht, was sie nun als Nächstes sagen würde. Dazu ein verlegenes Lächeln, und schon hat sie alle in der Tasche. Liebevoll von den Medien *Mutti* genannt, erhofften sich die Deutschen im Jahre 2017, dass mit ihrer Wiederwahl alles beim Alten bliebe. Den Deutschen war es offenbar lieber, mit ihr in den Untergang zu segeln, als endlich Farbe zu bekennen und Gegensteuer zu geben. Um es kurz zu machen: Ja, es blieb alles beim Alten. Leider. Wenn wir uns ihren Regierungsstil anschauen, dann wird doch sehr schnell klar, wie Angela tickt. Wer es wagt, ihre Politik zu bezweifeln, wird von ihr und ihrer Entourage diskreditiert. Meine Einschätzung zu Angela? Ich finde, gewisse Politiker sollten nicht zurücktreten, sie sollten zurücklaufen. Liebe Deutsche, bei allem Respekt: Sie sind auf dem besten Weg, 2021 zum tausendsten Male den gleichen Fehler zu begehen. *In die Wüste mit der roten Kasner!* Sie ist das trojanische Pferd mit Kalkül. Ein Doktortitel in Physik ist ein Garant dafür, dass mit Zahlen umgegangen und abgeschätzt werden kann, ob etwas Sinn macht oder nicht. Deutschlands zukünftige Ex-Langzeit-Führerin Angela Merkel ist also, von Berufes wegen, mit einem gesunden Menschenverstand ausgestattet. Aber aufgepasst: Und ewig lockt die Macht! Sie hat das Amt des Bundeskanzlers von *Gerhard Schröder* übernommen, einem liebenswerten und leutseligen Prosecco-Sozialisten. Heute ist er ein wichtiger Botschafter Deutschlands in Russland. Ich schätze mal, dass es sich das links-grün regierte Deutschland ohne seine guten Beziehungen zu Wladimir Wladimirowitsch Putin und den russischen Oligarchen gar nicht erlauben könnte, den Zaren dermaßen zu provozieren. Merkels kleiner Schützenverein wagt es, gegenüber der Großmacht Russland einen auf *dicke Hose* zu machen und *Sanktionen* auszusprechen. Diese totale Verkennung der eigenen Lage wird Sie, liebe Deutsche, noch sehr teuer zu stehen kommen. Angela Merkel, die getreue Soldatin *Honeckers* und Altkanzler *Helmut Kohls*, regiert Deutschland in einer Art und Weise, die mir nur vom Vatikan und aus Palermo bekannt ist. Sorry, liebe Deutsche, aber wer sich heute noch von ihrem bezaubernden Lächeln in die Irre führen lässt, ist selbst schuld. Das ist die Raute-Taktik. Ihren Auftrag hat sie perfekt erfüllt:Die CDU ist demontiert, die Wirtschaft zerstört, Deutschland gelähmt. Sie hatte nie ein politisches Konzept für Deutschland, in ihrer Machtbesoffenheit ging es Angela immer nur um Angela und um die Zerstörung der BRD. Der rosarote Elefant aus der Uckermark ist uns nie als solcher aufgefallen. Kanzlerin Merkel wird in die Geschichte eingehen, es kommt jetzt darauf an, *wer* sie schreibt! Es kommt auf *Sie* an, liebe Deutsche. Merkel leidet am Kuba-Syndrom. In der Risikoforschung bezeichnet man diese uneinsichtigen Führungsgruppen so, weil sie sich bewusst mit Menschen gleicher Meinung und Moral umgeben. Frau Merkel ist geradezu bezeichnend für Deutschlands aktuelle Politiker-Kaste – es handelt sich fast ausnahmslos um Narzissten, welche ihrer Königin brav nach dem Munde reden, ihr zudienen und sich damit selber in ihrer eigenen Position bestärken.

Politiker und Flüchtlinge

Je geringer die sachliche Kompetenz, desto höher der moralische Anspruch. Deshalb experimentiert Physikerin Merkel gerne auch mal im sozialen Bereich. Angie gab während ihrer dritten Amtszeit mindestens genauso viele Steuergelder für das *von ihr herbeigeführte* und als Vertuschungsstrategie benutzte *Einwanderungsproblem* aus, wie sie für die gesamte deutsche Infrastruktur einsetzte. Ich habe für Sie mal grob nachgerechnet: Die Flüchtlinge kosteten bisher so viel wie die gesamte Infrastruktur Deutschlands (Straßenbau, öffentliche Gebäude, Schulen usw.). Jedes Jahr kommen so an die 27 Milliarden Euro zusammen. Die Folgekosten lassen sich nur erahnen, müssen aber genauso hoch sein. Ich habe den Durchschnitt seit 2015 berechnet, die Angaben sind vom Statistischen Bundesamt. Wenn wir schon bei Ihren Steuern sind, Ihr Statistisches Bundesamt scheint mir ein Garant für genaue Zahlen zu sein. Wer bezahlt denn eigentlich, und wer erhält? Bleiben wir zunächst in *Deutschland*. In Österreich sieht es ähnlich aus, dividieren Sie einfach die Zahlen durch zehn. In der Schweiz sieht es komplett anders aus, wir sind schließlich ein sparsames, manchmal auch geiziges Völkchen. Also, die *Steuern Deutschlands*: Bei einer Bevölkerung von etwa *84 Millionen* sind rund *44 Millionen* Deutsche berufstätig und zahlen Steuern. Das klingt schon mal gut. Nur dürfen wir nicht vergessen, dass gleichzeitig *15 Millionen* Menschen vom Staat Geld erhalten und somit nur noch *29 Millionen* Bürger dem Staat netto Geld abliefern. Es gibt auch Berechnungen, die von gerade mal *20 Millionen* Nettozahlern sprechen.

Wer erhält denn Geld vom Staat? Es sind die Lehrer, Beamten, Soldaten, Politiker, Müllmänner und so weiter. Das ist normal. Wie Sie nun aber mit Erschrecken feststellen, ist es eine relativ kleine Gruppe von maximal *29 Millionen* Menschen, die den ganzen Staatshaushalt für *84 Millionen* Bürger finanzieren soll. Nein, von *bezahlen* wage ich nicht zu sprechen, weil Deutschlands Finanzminister sich ja bewusst immer stärker verschuldet. Sehen Sie, eine Finanzierung hat im Neoliberalismus mit bezahlen nur am Rande zu tun. Den Zins und den Zinseszins kann Ihr Land gerade noch zusammenkratzen. Das ist so gewollt, weil eine höhere Strategie dahinter steckt. Hohe Mathematik und so. Fragen Sie nicht den Sozialisten und Rechtsanwalt Olaf Scholz. Sein Fachgebiet war Arbeitsrecht – es ist zwar nicht logisch, aber folgerichtig, dass er jetzt Finanzminister ist. Der Hamburger hat ja von Wolfgang Schäuble das Teilzeit-Finanzministerium der internationalen Banken übernommen. Die freut es so sehr, dass sie ihm bald einen offiziellen Job anbieten werden – dann, wenn er als Finanzminister zurücktritt und die Bundeskanzlerwahl an die Heilige Angela verliert. Ich tippe mal auf *BlackRock*, wo er dann mit *Friedrich Merz* das Co-Präsidium für Europa bekommt.

Zurück zur desolaten Finanzlage Deutschlands: Erschwerend kommt hinzu, dass jährlich etwa *140.000 gut ausgebildete Deutsche* Ihrem schönen Land den Rücken kehren, um beispielsweise bei uns in der Schweiz ein höheres Einkommen zu erwirtschaften und natürlich auch bei uns ihre niedrigen Steuern zu bezahlen. Dafür möchte ich mich im Namen des schweizerischen Finanzministers und der gesamten Bevölkerung bei ihnen bedanken. Das ist noch nicht mal das Schlimme für Deutschland, denn das Loch, das diese Gebildeten aufreißen, wird im Gegenzug jährlich mit etwa *200.000 Flüchtlingen* aufgefüllt, die zum größten Teil Analphabeten sind und nie einen Beruf erlernt haben. Zitat des ehemaligen Alkoholikers und Kanzlerkandidaten Martin Schulz: *„Was die Flüchtlinge uns bringen, ist wertvoller als Gold."*

Ich erachte das als einen pervertierten Zynismus, angesichts der hart arbeitenden deutschen Steuerzahler. Diese riesigen Zahlen sind akkurat, Ihr Statistisches Bundesamt lügt nur in Ausnahmefällen. Bitte nehmen Sie sich die Zeit und studieren Sie die Tabellen auf deren Internetseiten.[7] Trinken Sie einen Gin dazu – meine Empfehlung wäre der *Broken Hearts Gin* von einem erfolgreichen deutschen Auswanderer in Neuseeland. Es kann durchaus sein, dass Sie beim Studium der Statistiken die ganze Flasche trinken möchten, allerdings muss ich Sie darauf hinweisen, dass hier Alkohol an die Grenzen seiner Möglichkeiten gerät. Die offiziellen Statistiken sind brutal ehrlich.

Ist die Flüchtlingsproblematik vielleicht nur eine groß angelegte Vertuschung oder gar eine Verschwörung? Das weiß ich nicht, aber kennen Sie einen Politiker, der heute noch von den *wirklichen* Problemen im Staat spricht? *Euro, Staatsverschuldung, Infrastruktur, Corona-Kosten, Bandenkriminalität, Ausländer, bezahlbare Wohnungen, Bildung* und so weiter – das interessiert offenbar niemanden in Deutschland. Oder habe ich etwa eine *Maischberger-Illner-Will-Lanz-Talkshow* verpasst? Alles dreht sich augenscheinlich um die angeblich armen Flüchtlinge und den Klimaschutz.

Nur um das Ganze mal ins richtige Licht zu rücken und die Verhältnisse aufzuzeigen: Die selbst gemachte Flüchtlingskrise kostet die Steuerzahler in Deutschland jedes Jahr etwa *50 Milliarden Euro*. Das macht *1.725 Euro* pro Netto-Steuerzahler. Damit Sie sich diese gewaltige Zahl etwas besser vorstellen können: Es ist zunächst eine Zahl mit sehr vielen Nullen. Ja, auch im Bundestag sitzen viele davon. Ernsthaft: Diese *50 Milliarden Euro* sind der Gegenwert von *130 nagelneuen Jumbojets* oder *500 Eurofightern*. Man könnte damit auch *50.000 Deutsche* zu Millionären machen. Das ist polemisch, ich weiß. Fakt ist hingegen, dass Sie mit diesem Geld jedes Jahr ausschließlich hunderttausende wildfremde Wirtschaftsflüchtlinge, Analphabeten, „Ingenieure" und ehemalige Eseltreiber bezahlen. Das sind wirkliche Kosten, nicht etwa

Buchungstricks. Das ist richtiges *Bargeld* aus dem deutschen Steuertopf, mit dem für die Flüchtlinge Häuser gebaut und Kleider gekauft werden. Damit werden Sozialarbeiter, Übersetzer und natürlich auch Taschengeld bezahlt. Na, köchelt's? Gleichzeitig rechnet Kassenwart Olaf Scholz alleine für das Jahr 2021 mit *neuen Schulden in Höhe von 180 Milliarden Euro*. Wie kann Olaf da noch schlafen? Spüren Sie, von wem Sie regiert werden? Merkel und Scholz reißen Deutschland in den Abgrund! Schäuble, Altmeier, Seehofer, Maas, Klöckner, Giffey & Co leisten aktive Sterbehilfe. Ich finde das unerträglich – und ich bin ja nicht mal Deutscher! Ich finde es deshalb unerträglich, weil Deutschlands Untergang auch meine kleine Schweiz empfindlich treffen wird. Leider. So wird Ihr Problem zu meinem Problem. Also, Ihre Flüchtlinge kosten viel Geld. Es ist wirkliches Geld, das Olaf aus einer Kasse entnimmt und an Horst Seehofer weiterleitet. Diesen Geldspeicher füllen Sie, liebe Deutsche, und zwar mit *Fronarbeit von Januar bis etwa Mitte Mai*. Ja, Sie verdienen erst ab Juni Ihr eigenes Geld. Übrigens verdienen Politiker ihr Geld bereits ab Februar, weil sie sich selbst einen anderen Steuersatz gönnen, diese Schlau-Altmaier. Beim fülligen Wirtschafts- und Energieminister Peter Altmaier an Diäten zu denken, erfordert bei mir immer wieder einen geistigen Klimmzug.

Armee oder Flüchtlinge? Dauerhaften Frieden gibt es leider nicht ohne eine funktionierende Armee. Für die deutsche Landesverteidigung wird so wenig ausgegeben, dass sogar *ehemalige Militärs* in die Politik ziehen müssen, um ihren Kameraden wenigstens mit Hilfe der AfD eine halbwegs funktionierende Armee zu sichern. Zur Erinnerung: *Ein souveräner Staat definiert sich durch Grenzen und mit einer funktionierenden Armee.* Alle anderen zweihundert Staaten tun das aus guten Gründen, Deutschland nicht mehr. Friede, Freude, Eierkuchen nur in „Good Old Germany"? Die Naivität der Linken und Grünen macht sprachlos. Ja, selbst bei uns in der Schweiz ist eine gefährliche Tendenz zu beobachten, die Armee kaputt zu sparen. Unsere Luftwaffe braucht dringend einen Ersatz für die antiken F-5-Kampfflugzeuge aus den 1970er-Jahren und die F/A-18. Die Schweizer Bürger haben sich deshalb in einer *Volksabstimmung* 2020 mehrheitlich dafür ausgesprochen, unsere Luftverteidigung zu erneuern. Jetzt geht es nur noch um die Typenwahl. Ich persönlich finde: *Nur das Beste ist gut genug*, weil man in der Folge nur die elektronische Technologie dieser modernen Verteidigungsflugzeuge kontinuierlich erweitern und den Gegebenheiten anpassen muss. Wir sprechen von einer Einsatzdauer von über dreißig Jahren. Die Kosten der neuen Flugzeuge sind überschaubar und werden zu einem großen Teil mit Kompensationsgeschäften abgedeckt. Das funktioniert erfahrungsgemäß ganz gut. Und, welches ist denn nun das beste Produkt? Nein, Ihr deutscher *Eurofighter* ist eine Krücke mit gewaltigen Softwareproblemen, sorry. Diese Information habe ich (über einen Informanten) von einem *schweizerischen Testpiloten*, der alle für die Schweiz in Frage kommenden Flugzeugtypen geflogen ist. Der Eurofighter muss so ziemlich das Letzte sein. Die französische *Rafale* und die amerikanische *F-35* scheinen wohl die beste Wahl zu sein, aber das überlassen wir den Profis vom Militär.

Zurück nach Deutschland: Was dabei herauskommt, wenn Politikerinnen Kriegsspiele in Friedenszeiten machen, beweist der desolate Zustand der deutschen Bundeswehr. Von der gewaltigen Komplexität einer Landesverteidigung hatte die ehemalige Familienministerin *von der Leyen* natürlich keinen blassen Schimmer, ihre Nachfolgerin Frau *Annegret Kramp-Karrenbauer* sowieso nicht. Woher auch? Diese zwei unerfahrenen Verteidigungsministerinnen haben die deutsche Bundeswehr aus purer Ahnungslosigkeit zerstört. Ja, auch Annegret ist eine Fehlbesetzung. Die militärische Verteidigung eines Landes ist kein Kaffeekränzchen, Mesdames. Korrigieren Sie das bitte, liebe Freunde in Deutschland. Ein schwaches Deutschland ist eine strategische Gefahr für ganz Europa. Ist ja nicht mit anzusehen, dass selbst unsere kleine Schweizer Armee besser ausgerüstet ist als die deutsche. Keine Bange, wir werden Deutschland nicht überfallen. ☺ Auch bei uns gibt es linke Zellen, die die Schweizer Armee ganz abschaffen möchten. Diese Kommunisten haben im Prinzip die gleiche Agenda wie die Islamisten. Sie versuchen, eine Welt zu schaffen, in der alle Brüder oder Genossen sind. Diese kruden Ideen stammen von *Wladimir Lenin* persönlich.

Krieg oder Frieden in Europa – unsere Politiker haben es in der Hand. Wir sollten in Europa eines im Auge behalten: Nicht etwa China oder Russland sind unser Feind, sondern eskalierende Bürgerkriege innerhalb der EU-Staaten stellen unser nächstes Problem dar. In Frankreich brodelt es schon lange, und die Deutschen verlieren auch bald die Geduld. Da bei uns in der Schweiz fast jeder Bürger gleichzeitig auch ein *bewaffneter Soldat* ist und der Staat von den gleichen Bürgern geführt wird, sind Bürgerunruhen eher unwahrscheinlich. Der ehemalige UNO-Generalsekretär *Ban Ki Moon* bestätigte mir bei Kaffee und Kuchen in der First Class den Mythos, dass unser kleines Land unter anderem deshalb so stabil sei, weil jeder Schweizer gleichzeitig auch ein wehrhafter Soldat ist – mit eigener Waffe und Munition zuhause. So etwas wäre in anderen Ländern undenkbar, meinte er. Für mein kleines Land gilt: Ohne eine vernünftige Armee und ohne eine glaubwürdige Luftwaffe wären wir Schweizer auf die *amerikanische NATO* angewiesen bzw. auf Merkel und Macron. Das wäre eine klare Unterwerfung und würde nicht nur unserer Verfassung widersprechen, sondern auch unserer jahrhundertealten Tradition für Freiheit und Unabhängigkeit.

Fakt scheint mir zu sein – und das ist eine gewagte Diagnose von meiner Alm in der Schweiz aus –, dass das deutsche Volk zunehmend Angst hat. So wie ich das überblicke, steht den Deutschen die Wasseroberkante an der Unterlippe. Das Volk spürt insgeheim, dass der Staat weit über seine Verhältnisse lebt und kurz vor der Implosion steht. Das naive Gutmenschentum gegenüber den Migranten 2015 war bestenfalls Ausdruck eines schlechten Gewissens. Ja, mit diesem Ablasshandel hätten viele Deutsche gerne die Geschichte von damals vergessen gemacht. Zum hoffentlich letzten Mal: Das ist nicht nötig, liebe Freunde. Keiner von Euch hat irgendeine Schuld. Wir wissen es, die Europäer wissen es, ja, die ganze Welt weiß, dass Ihr nichts dafür könnt, dass die dämlichen Vorfahren ihre Situation falsch eingeschätzt hatten. Genau genommen trägt nicht einmal die *Wehrmacht* eine große Schuld – es war die brutale *Waffen-SS* und die Führungselite. Alle Täter sind mausetot! Die Schuld ist tot, die Opfer auch. Basta! Schwamm drüber.

Wenn wir schon dabei sind, Schuldige zu identifizieren, dann dürfen wir nicht vergessen, dass auch die Deutschland *befreienden Amerikaner* zehntausende deutsche Kriegsgefangene auf dem Gewissen haben. Haben Sie schon mal was von den *Rheinwiesen-Lagern* (1945 bis 1948) gehört? Wahrscheinlich nicht, denn das steht nicht in Ihren Geschichtsbüchern. Der Sieger schreibt die Geschichte. Auch Wikipedia ist diesbezüglich kaum eine verlässliche Informationsquelle. Gibt es denn wenigstens ein Denkmal für die ermordeten Deutschen? Kaum. Bevor Sie jetzt ein Zucken im Arm verspüren: Auch die amerikanischen Soldaten sind längst mausetot. Lassen wir sie ruhen.

Politisch überfordert

Die Inkompetenz der Politiker wird nur noch von der Arroganz ihrer Macht übertroffen. Das Fernziel, zumindest in den Köpfen der Politiker, ist ein Staatsgebilde nach chinesischer Art: Alle Macht dem Staat! Flächendeckende Kontrolle der Bürger durch Überwachung, Vorschriften und Strafen. *Bis wir aber so weit sind, müssen wir noch durch die größte Wirtschaftskrise seit 1929.* Halten Sie durch! Corona dauert länger, als uns lieb ist.

Als Ferndiagnose würde ich den Geisteszustand der deutschen Politik mit *todkrank* bezeichnen. Sehen Sie, es sind ja nicht nur Ihre *709 Bundestagsabgeordneten*, die sich in erster Linie um sich selbst kümmern, es sind auch deren hunderte Trabanten in den Ländern und die überbezahlten Figuren in Brüssel und Straßburg. Alle diese Menschen funktionieren in einer Blase, die aus ihrer Perspektive unter allen Umständen verteidigt werden muss. Haben Sie gewusst, dass vom zweitgrößten Parlament der Welt, also von Ihrem aufgeblähten Bundestag in Berlin, nur gerade mal 298 Abgeordnete direkt aus den Wahlkreisen von den Bürgern gewählt wurden? Die restlichen 411 wurden von ihren Parteien in den Bundestag geschickt. Das sind etwa *60 Prozent Nichtgewählte* – da stellt sich mir die Frage, ob Deutschland noch eine Demokratie ist. Ich schweife ab. Obwohl also alle Politiker-Darsteller sehen, dass das Ganze nicht mehr lange funktionieren kann, machen sie munter weiter. Diese kognitive Dissonanz, die auch andere Sparten befällt, wie etwa die Industrie, die Bürokratie, die Medien und die Bildung, wird Deutschland zeitnah das Genick brechen – wie damals 1945.

Es wäre wünschenswert, wenn Deutschland wieder von der Logik geführt, anstatt von der Moral getrieben würde. Sehen Sie, Ideologien klingen immer menschlich, sie sind aber zutiefst mörderisch. Die Statistiken lügen nicht immer. Um eine Ideologie zu zerstören, muss die Gesellschaft den Irrtum zuerst erkennen. Dazu braucht es leider die Krise. Liebe Deutsche, erst wenn es Ihnen *sehr schlecht geht*, sind Sie bereit für die Krise. Es ist höchste Zeit, dass wir endlich etwas daraus lernen. Müssen wir das Rad wirklich alle dreißig Jahre neu erfinden? Offenbar schon – wir sind schließlich die Corona der Schöpfung. Es ist fünf Sekunden vor zwölf. Sie wissen ja: Wenn Ihr großes Deutschland hüstelt, dann bekommt meine kleine Schweiz eine Lungenentzündung. Das muss nicht sein.

Was Sie tun können? Wählen Sie erst einmal die alte Garde ab. Konsequent. In der Zwischenzeit informieren Sie sich ausschließlich aus dem Internet. Die Staatspropaganda-Sender ARD und ZDF, ORF und SRF sind nur noch als Unterhaltungsprogramm zu konsumieren. Tageszeitungen sind allesamt zu meiden. Wenn schon, dann vielleicht Wochen- oder Monatszeitungen, bei denen die Redaktionen genügend Hirnschmalz und Zeit für sorgfältige Recherche aufgewendet haben. *Claus Kleber ist ab sofort Ihr Klassenfeind*, zumindest nach meinem Dafürhalten. Es wird schwer für Sie sein, von dieser liebgewonnenen Medien-Droge wegzukommen. Geben Sie sich und Ihre Kinder und Enkel nicht auf. Die neue Welt der *ausgesuchten Information* wird nach sehr kurzer Zeit sehr viel relaxter, aber auch wahrhaftiger sein. Das verspreche ich Ihnen. Um mehr über die Politik zu erfahren, ist es hilfreich, auch die Informationen auf den Internetseiten Ihrer Gegner, den politisch andersdenkenden Parteien und Organisationen, zu lesen. Nur so sind Sie überhaupt in der Lage, sich eine eigene Meinung zu bilden – maximal zwei Stunden pro Tag, den Rest verbringen Sie mit sich selbst oder Ihrer Familie. So werden Sie zum ausgewogen informierten, wachen Geist. Denken Sie daran, dass Ihre Wut auf die Obrigkeit mit *kor-*

rekter Information besser verarbeitet und kanalisiert wird. *Je mehr man weiß, desto höher wird die Zuversicht, umso besser wird Ihre Lebensqualität.* Für die Politiker wäre dies allerdings die Höchststrafe, denn durch Ihre aktive Teilhabe am Informationsaustausch werden Sie es schaffen, Ihre Spitzenpolitiker zu irritieren. Auf diesem neuen Terrain sind sie noch ungeübt und werden Fehler machen.

Stellen Sie Ihren Volksvertretern fortan unangenehme Fragen. Tun Sie das in einer möglichst angenehmen und fairen Weise. Dadurch haben Ihre Volksvertreter keine Chance, Sie zu desavouieren bzw. Ihnen Populismus vorzuwerfen. Haken Sie nach, lassen Sie sich nicht mit Worthülsen abspeisen. Das Meinungsmonopol des politischen Establishments könnte sich in der Folge in einem *ungewohnt hohen Tempo* vor den ungläubigen Augen der Politik-Darsteller auflösen. Jeder kann heute seine Meinungen und Ansichten mit jedem im Internet teilen. Es wird Zeit, dass wir diesbezüglich erwachsen werden und uns diesen Vorteil zunutze machen, solange wir noch dürfen. Aufgepasst: Früher waren es nur die paar politisch linientreuen Staatssender, die den Bürgern sagten, wie sie politisch und gesellschaftlich zu denken hatten. Heute ist es das Internet, das uns auf die falsche Spur führen kann. Mit all den Fehlern und Makeln ist das Internet aber immer noch ein Hort des relativ freien Denkens und Sprechens.

Sehr lange wird es nicht mehr dauern, bis es damit vorbei ist, denn die Zensur ist bereits heute allgegenwärtig. Auch unser Stammtisch hat sich virtuell verlagert, und somit hat sich leider auch die Sprache negativ verändert. Musste man früher, am realen Stammtisch mit Kippe und Bier, einem Kontrahenten mitten ins Gesicht sagen, was Sache ist, so machen heute kleine Würstchen einen auf dicke Hose. Bei Chips und Cola und mit Falschnamen schreiben sie ihre entlarvenden Hass-Parölchen. Erbärmlich, diese kleinen Trolle. Also: Versuchen Sie, Herr Ihrer Medienauswahl zu werden. Werden Sie Profi im *Zwischen-den-Zeilen-Lesen*. Die Wahrheit ist zwar gut versteckt, aber sie ist da. Die Wahrheit war schon immer da.

Schau-trau-wem: Wir alle sind leider auch Opfer unseres politischen Kurzzeitgedächtnisses. Wir haben uns damit arrangiert, selektiv zu denken und zu unseren Protagonisten hinaufzuschauen. Egal ob sie im Bundestag oder im Fernsehstudio sitzen, unsere Polit-Regisseure sagen uns genau, was wir lesen sollen, sie bestimmen exakt, was wir im Fernsehen sehen und hören sollen und empfehlen uns, wie wir zu denken haben. Es ist schwierig, sich aus dieser Umarmung der Staatsmacht zu lösen. Oder hätten Sie es für möglich gehalten, dass der Wüsten-Spinner Gaddafi uns jahrzehntelang vor der *Flüchtlingskrise* bewahrt hat? Ich nicht, aber die Beweislage ist erdrückend. Der Libyer *Muammar al-Gaddafi* war sogar ein vergleichsweise Guter. Britanniens ehemaliger Premier Tony Blair war hingegen der Böse. Dank ihm, Misses Rodham-Clinton und der Atlantik-Brücke haben wir nun die von den USA gewollte Krise in Europa. Die Flüchtlingskrise ist eine gezielte Destabilisierung, damit wir gefügig gemacht werden können. Zur Vertiefung: Woher kommen unsere Waffen genau? Nein, nicht aus Russland. Kaum zu glauben, aber unsere eigenen Politik-Größen fallen reihenweise darauf rein. Wir erinnern uns: Friedensnobelpreisträger Barack O. unterstützte den Krieg im Irak aktiv und zündelte genauso aktiv und erfolgreich in Syrien. Es war ein Abschiedsgeschenk für seinen Präsidentschafts-Nachfolger Donald Trump, der sich nie in seinem Leben um geostrategische Dinge geschert hatte. Ihn interessierte nur das *amerikanische Business*. Er versuchte, einigermaßen heil aus dieser syrischen Kriegs-Nummer zu kommen. Es ist ihm recht gut gelungen, wie ich finde. Ihr Staatsfernsehen berichtete natürlich genau das Gegenteil. Fällt das denn niemandem auf?

Nun, fragen Sie nicht *Millionär Claus Kleber*, hören Sie nicht auf die tendenziöse *Marietta Slomka*. Misstrauen Sie allen ARD- und ZDF-SchurkInnen von *Anne Will* bis *Sandra Maischberger*. Verjagen Sie *Markus Lanz* zurück ins schöne Südtirol, auch wenn die Italiener nicht besonders scharf auf ihn sind. Egal ob *Das Erste* oder *Das Zweite* – sie sind beide *das Letzte*. Die deutschen Staatssender sollten sich schämen und danach ihre eigenen Grundsätze wieder ernst nehmen. Auf ihrer eigenen Internetseite stehen diese Grundsätze geschrieben. Beim ZDF steht zum Beispiel: *„Die Programme des ZDF sind den publizistischen, ethisch-moralischen und gesellschaftlichen Standards und rechtlichen Vorgaben der Sachlichkeit, Objektivität, Ausgewogenheit, Unabhängigkeit und Fairness verpflichtet."* Zitatende. Finde den Fehler!

Nein, lieber Verfassungsschutz, das ist keine Anstiftung zu irgendwas Unheilvollem – es ist die Aufforderung an Sie und Ihre Mitbürger, Ihr eigenes und das Gehirn Ihrer Mitmenschen wieder einzuschalten. Riskieren Sie was! Riskieren Sie es, Ihre falschen Freunde zu verlieren.

Zurück zu den wichtigen Problemen Deutschlands: Als wachsame Bürger dürfen wir nicht aus den Augen verlieren, dass sich die Politik in erster Linie *mit sich selbst* beschäftigt. Dabei können die Parteien die Agenda frei wählen. Bevor die Politiker es zulassen, dass das Volk über etwas mitreden darf, haben sie sich untereinander sehr detailliert abgesprochen. Der offizielle Meinungskorridor, Sie erinnern sich... Wenn wir uns die Flüchtlingskrise ab 2015 ansehen, dann erkennen wir sofort, dass zeitgleich die Euro-Krise, die Finanzkrise und die EU-Krise völlig in den Hintergrund gedrängt wurden. Waren diese Krisen plötzlich vorbei? Natürlich nicht. Im Gegenteil! Allerdings hatten sich die Polit-Agitatoren damit eine Menge Zeit gekauft, um diese von ihnen selbst verursachten Krisen lautlos unter den Teppich zu kehren. Heute weiß niemand mehr, wie die 4.000 Milliarden Schulden der BRD unter Kanzlerin Merkel überhaupt zustande kamen. Die Wirtschaft lief doch immer super, oder? Exportweltmeister. Daran wird Deutschland wohl zugrunde gehen müssen. Es ist die Klüngelei, der Lobbyismus und die große Entfernung der Politik-Darsteller vom Volk, dem sie ja eigentlich dienen müssten. Man sieht es den Mitgliedern der Regierung nicht auf Anhieb an, dass sie ihren Job vor allem wegen ihrem Ego, dem Dienstwagen, den Diäten und der Medienpräsenz gewählt haben. Es muss sogar eine Art politische Zwangshandlung sein, in jedes sich bietende Mikrofon hineinzusprechen. Gewisse Politiker haben dabei keine Skrupel, im Duktus des Bescheidwissers und Auskenners über völlig unbekannte Themen Auskunft zu geben – ganz im Sinne von *lieber schlechte Werbung als gar keine*. Die grünen und roten Betroffenheitsbeauftragten scheinen in dieser Disziplin besonders umtriebig zu sein. Keine Ahnung, aber eine Riesenklappe. Und die Bürger finden sie auch noch cool. Das sollen also Ihre Hoffnungsträger sein, liebe Deutsche? Ich finde, träger kann Hoffnung wirklich nicht sein. Das bringt mich nahtlos zu einem ehemaligen Dummschwätzer mit Riesenpublikum.

Ist *Gregor Gysi* immer noch ein Begriff für Sie? Für mich ist er der noch lebende Beweis, dass es ein Leben nach dem Tod gibt. Dass sich dieser extreme Linke immer noch getraut, öffentlich aufzutreten, zeugt von seiner tiefen Ignoranz und dem Umstand, langjähriger Haupttäter im Bundestag gewesen zu sein. Der Ex-SED-Politiker und somit Mauerschützenverteidiger lässt sich für viel Geld immer noch interviewen. Wie, Sie finden ihn gut? Ja, er spricht vielen von Ihnen aus der Seele. Das ist sein Job. Der linke Pharisäer ist aber Multimillionär, Sie Humorist. Und wenn wir schon beim deutschen Humor sind: Wie halten Sie es mit *Oliver Pocher*, oder noch besser, mit *Dieter Nuhr* und seinen linken Kabarettisten, sorry, Comedians? Immer lustig, tiefsinnig, satirisch, sarkastisch, intellektuell und ausgewogen? Erkennen Sie bei der *Anstalt* die Satire oder glauben Sie, dass hier eine Ideologie verbreitet wird? Glauben Sie, dass ein *Jan Böhmermann* ungestraft tun darf, was er da tut? Ist das überhaupt Satire, und darf Satire alles? Finden Sie die *Oma als Umweltsau* etwa lustig? Ich auch nicht. Dass er die Kinder für die Corona-Oma an Weihnachten 2020 noch einmal missbrauchte, macht ihn zum Wiederholungstäter. Keiner getraut sich, ihn und das ZDF wegen Volksverhetzung zu verklagen. Auch die anderen, das Mittelmaß nicht überschreitenden Pseudo-Clowns, die sich heute gerne *Comedians* nennen, versuchen angestrengt, uns die politische Welt näherzubringen. Mit einem beachtlichen Maß an Halbwissen ausgestattet, produzieren sie sich in der Sprache des Predigers vor uns, dem zahlenden Publikum. Nein, ich möchte hier kein Öl ins Feuer gießen. Ich möchte die heilige Fernseh-Kirche abfackeln. Das ist natürlich metaphorisch und satirisch gemeint, damit die Anwälte nicht wieder übermütig werden. Ich finde diese kläglichen Versuche deutscher Fernsehsatire einfach zum... ach, mir fehlen die Worte. Sehen Sie, auch wenn es in diesem Buch nicht zum Ausdruck kommt, ja nicht zum Ausdruck kommen kann, denn dafür ist die Lage zu ernst: Ich persönlich habe sehr viel Humor und weiß einen guten Witz zu schätzen. Ja, auch Sarkasmus hat seinen Platz. Der schlüpfrige Witz findet bei mir großen Anklang, aber auch tiefsinnige Judenwitze. Fragen Sie meine drei bis fünf Freunde. Nein, auch wenn ich ein echter Schweizer aus den Bergen bin, ich geh zum Lachen nicht in den Keller. Das ist ja auch nicht unser Territorium. Für den Keller sind schließlich unsere lieben Nachbarn aus Österreich zuständig... Tragen wir's trotzdem mit Humor, oder wie es der französische Theatermann Georges Tabori sagte: *„Im Kern eines guten Witzes steckt immer eine Katastrophe."* Wir erzählen uns Witze, damit wir diese Katastrophen, aus denen dieses Leben besteht, überhaupt ertragen können. Allerdings: Seit der Jahrtausendwende ist die deutsche Satire die Katastrophe selbst. *Didi Hallervordens* unerreichter, gespielter Witz wird zur Realsatire. Das Lachen bleibt mir persönlich bei *Ingo Appelt, Serdar Somuncu, Markus Krebs & Co* leider im Halse stecken. Mag ja sein, dass Sie anderer Auffassung sind. Also, dann einigen wir uns vielleicht darauf: Wir können vielleicht nicht gleicher Meinung sein, weil es uns nicht weiterbringt, wenn wir alle unrecht haben. Das ist hohe Diplomatie – oder eben eine gewiefte Ausrede.

Grüne und linke krude Ideologien

Der schweizerische Psychiater *C. G. Jung* meinte schon vor langer Zeit sinngemäß, dass die Menschen nicht Ideologien hätten, sondern Ideologien Menschen hätten. Das mag überspitzt sein, aber wenn man sich die Reaktionen der *Linken* und *Grünen* bei den Bundestag-Diskussionen betrachtet, fällt auch dem Ungeübten eine gewisse *Sprechblasenmentalität* auf. Aus ihnen sprudeln immer wieder die gleichen auswendig gelernten Sätze heraus. Man erkennt ohne Mühe, dass hier kaum reflektiert wird, sondern nur ideologiekonforme Statements *erbrochen* werden. Ihre von purer Ideologie getriebene Betrachtungsweise verunmöglicht es ihnen, einen anderen Standpunkt überhaupt anzuhören, ihn einzuordnen oder sogar einigermaßen vernünftig zu finden. Zudem ist die linke und grüne Ahnungslosigkeit immer dann entlarvend, wenn sie über physikalische oder chemische Zusammenhänge befragt werden.

Natürlich haben sie keinen blassen Schimmer von Wetter oder gar Klima oder von Finanzen oder gar Wirtschaft. Hier rächt es sich, dass die meisten von ihnen keinen vernünftigen Berufsabschluss haben. Aber das hindert diese fremdgesteuerten Holzköpfe nicht, ihren Mist rauf und runter zu beten. Ich habe bei den Linken und Grünen schon bei vielen Kundgebungen (die heißen so, wenn Linke und Grüne protestieren) bei einfachsten Fragen die völlige Unkenntnis der Protestierenden erkannt. Es geht ihnen bei jeder Protestaktion immer nur darum, *gemeinsam* gegen *etwas* zu sein. Es sind fast ausnahmslos junge Menschen ohne Perspektive, ohne Halt und ohne Sinn im Leben, die sich von den Linken und Grünen für solche Projekte als Aktivisten einspannen lassen. Leider gibt es auch alte Leute, die den jungen gefallen möchten, sich mit ihrem Winseln nach Anerkennung bei ihnen anbiedern und sich dann in der Sache solidarisieren. Das ist ekelhaft. Ja, diese scheinheiligen, alten Leute dürfen sogar wählen gehen. Auch die muss eine gefestigte Gesellschaft aushalten. Dass grüne und linke Politiker selbst die leiseste Kritik aus tiefstem Herzen verabscheuen, zeigen die Youtube-Berichte aus dem Deutschen Bundestag: Die Reden der konservativen Politiker werden von ihnen in einer äußerst unanständigen Weise niedergeschrien. Es sind hauptsächlich die Damen – vor allem linke und grüne Politikerinnen scheinen sich hier hervorzutun. Deren moralische Entrüstung ist nichts anderes als der Heiligenschein der Scheinheiligen. Ich finde das abscheulich und dem Hohen Hause nicht gerecht. Dass die Bundestagspräsidenten hier kategorisch wegschauen, entlarvt sie als *parteiische Klassensprecher*. Wer die Grünen oder sogar die Linken wählt, hat die Kontrolle über sein Leben verloren.

Wie Politiker dazulernen könnten

Wir alle glauben mit fester Überzeugung daran, kritikfähig zu sein. Nun, bei mir ist das etwa so: Als Flugkapitän musste ich lernen, mit Kritik professionell umzugehen. Als gestandener Mann (und wahrscheinlich auch Macho) bin ich von Natur aus eher Kritik verbreitend als Kritik einsteckend. Kritik soll ja heilsam und notwendig sein. Nun, als Jumboflieger und Alphatier kann es sogar lebensverlängernd sein, sich kritisieren zu lassen. Sehen Sie, auch wenn jeder glaubt, ein Passagierflugzeug würde irgendwie vom Autopiloten geflogen, ist es für uns Piloten eine logische Notwendigkeit, sich mit dem Fluggerät möglichst bis ins letzte Detail vertraut zu machen und die Regeln der Physik, aber auch die weltweit unterschiedlichen Gesetze der Luftfahrt zu beherzigen. Das beugt unliebsamen Überraschungen vor und hilft, bei Problemen die richtige Entscheidung zu finden. Das leuchtet ein. Hinzu kommt, dass wir Luftkutscher unsere gesamte Crew als Informationsquelle oder sogar als Entscheidungshilfe miteinbeziehen müssen. Selbst wenn mir also eine völlig unerfahrene Stewardess sagt, dass sie ganz hinten im Jumbo Rauch entdeckt hat (auch wenn es vielleicht nur der Dampf der Klimaanlage ist) oder ein junger Kopilot mich auf eine Unregelmäßigkeit hinweist, bin ich ihnen dafür sehr verbunden.

Wir alle machen täglich Fehler, und wir Kapitäne sind froh, wenn uns jemand in *vorzugsweise freundlicher und idealerweise sogar positiv übermittelter Prosa* mitteilt, dass wir gerade dabei sind, eine große Dummheit zu begehen. Seit wir Luftkutscher diese Inputs beherzigen, ist die Absturzrate dramatisch gesunken und das Durchschnittsalter der Kapitäne gestiegen. Diese Art der zielführenden und *straffreien* Kommunikation gibt es noch nicht sehr lange. Tausende Menschen starben in den letzten hundert Jahren, weil die tollkühnen Kapitäne sich in ihren fliegenden Kisten manchmal etwas überschätzten. Es gibt leider heute noch vereinzelt solche Exemplare. Wären jetzt also auch die Politiker plötzlich kritikfähig, dann müssten wir nicht alle paar Jahre das Rad neu erfinden, sondern könnten die politischen und gesellschaftlichen Probleme mit Hilfe der gemachten Erfahrungen zeitnah und relativ preiswert lösen. Leider sperren sich die meisten Politiker instinktiv und mit aller Kraft dagegen. Das ist, na ja, schade.

Auch aus diesem Grund zerbröselt die politische Mitte zunehmend, **und in den Medien scheint es dann nur noch *Weltretter* und *Rechtsextreme* zu geben.** Dieses bewusste Schwarz-Weiß-Denken polarisiert und schafft ein Hassklima, das die Gesellschaft spaltet. Das Ganze lenkt uns von den wirklichen Problemen der Politik ab und ist für die Zeitungen verkaufsfördernd. Zur Erinnerung: Den Medien geht es nie um die Wahrheit, es geht immer um die *Quote*. Dass sie mit ihrer permanenten Hetze sogar die Hauptverantwortlichen der neuerlichen Corona-Krise sind, perlt an ihrer Journalistenhaut ab.

Viele europäische Nationen sind wegen der Corona-Grippe-Hysterie um etwa dreißig Jahre zurückgebombt worden. Auch die Staatsführung zeigt diesbezüglich keinerlei Schuldbewusstsein. Als Bürger ahnen wir, dass wir politisch im Jahre 1933 leben, aber keiner von uns will das *Déjà Vu* als solches erkennen oder gar bekämpfen. Es geht uns noch zu wenig schlecht. Irgendwie ahnen wir trotzdem instinktiv, dass es sich nur noch um Monate handeln kann. *Die Einschläge kommen näher.* Wir stecken unsere Köpfe in den Sand, wohl wissend, dass uns alles bald vor die Füße krachen muss. Und Angela Merkel? Sie tut so, als wäre alles in Butter. Sie verhält sich wie der Kapitän der Titanic. Eisberg? Ach was, nur Nebel. Merkel beschwichtigt, das Parlament macht die Augen zu. Martin Luthers Haltung „*Und wenn ich wüsste, dass die Welt morgen unterginge, ich würde noch ein Bäumchen pflanzen.*" hat etwas Groteskes, angesichts des realen Krisenfalls. Wenn Sie mich fragen, ist Angela Merkel entweder nicht ganz bei Sinnen oder sogar fremdgesteuert. Die Symptome sind für jeden Laien erkennbar.

Ich weiß nicht, was Sie dabei empfinden, wenn Sie einen ihrer zahlreichen Politiker-Standardsätze hören: „*Wir nehmen die Ängste der Bürger ernst.*" Ich persönlich denke, dass das an Herablassung kaum zu überbieten ist. Es ist, als ob uns ein Sadist quält und sich gleichzeitig nach unserem Befinden erkundigt. Die Ängste ernst nehmen – jeder Psychologe oder Angstforscher weiß, dass man Ängste eben *nicht* ernst nehmen sollte, sondern mit ihnen umgehen lernen muss. Die Angst hat ihre primäre Ursache im falschen Einschätzen von Gefahren. Die Spitzenpolitiker wissen das natürlich haargenau! Ein Beispiel aus meinem Genre: Nach meinen Erfahrungen leiden über die Hälfte der Flugpassagiere an einer Form von Flugangst. Ich als Pilot habe keine, weil ich die Gefahren kenne und sie einschätzen kann. *Falsches Einschätzen von Gefahren hat mit Unwissen und Falschinformation zu tun.* So glauben tatsächlich die meisten Passagiere, dass ein Flugzeug irgendwie vom Autopiloten geflogen wird. Würden sie sich informieren, würden sie diesen Irrtum erkennen und folglich mit der Flugangst umgehen lernen. *Bei jedem Wetter und Unwetter werden 99 Prozent der Landungen übrigens von Hand gemacht, 100 Prozent der Starts.* Ja, das mag sogar Sie überraschen. Jetzt können Sie lernen, mit dieser Angst umzugehen. Viel Glück! Fast alle Politiker, von Linksextrem bis Rechtsaußen, haben deshalb gelernt, diffuse Ängste in ihr Repertoire aufzunehmen und sie bei Bedarf gezielt einzusetzen. Seien Sie also auf der Hut. Corona ist auch eine diffuse Angst.

Europa hilft Afrika

Obwohl jeder Politiker in Europa weiß, dass in Südafrika auch in diesem Jahrtausend Rassismus herrscht, tut keiner etwas dagegen. Ich spreche vom neuen *Rassismus der Schwarzen* gegenüber den Weißen! Nein, ARD und ZDF würden uns diese unbequeme Information niemals ungefiltert zukommen lassen. Seit Friedensnobelpreisträger und *Terrorist Nelson Mandela* die Apartheid zerstört hat, herrscht die neue, *schwarze Mafia* in Südafrika. Ja, es ist mir schon klar, dass das Apartheid-Regime ungerecht und rassistisch war. Geben Sie sich keine Mühe, mich in die rechte Ecke zu stellen. Und nein, keiner meiner besten Freunde ist schwarz. Bin ich deswegen schon ein Rassist? Okay. Versuchen wir also, bei den Fakten zu bleiben. Abends in Johannesburg in Ruhe ein Käffchen zu trinken oder in Kapstadt unbeschwert durch die Straßen zu flanieren, ist heute nur mit einem großen Risiko oder gar unter Einsatz des Lebens möglich. Die Kriminalität verunmöglicht ein normales Leben. Auf dem Land ist es ähnlich: Waren es bis vor etwa zwanzig Jahren vor allem weiße Bauernfamilien, die mit Hilfe der Schwarzen die Ernährung für Südafrika sicherstellten, sind es heute zu 96 Prozent Schwarze. Die Weißen wurden vertrieben oder auf *bestialische Weise ermordet*. Tausende weiße Bauern wurden von den Schwarzen hingerichtet, nachdem sie und ihre Kinder vergewaltigt wurden. Täglich werden in Südafrika sechzig Menschen von Schwarzen ermordet. Die Vergewaltigungen werden statistisch nicht einmal mehr erfasst, man rechnet mit etwa 150 pro Tag. Alle drei Minuten wird ein Einbruch verübt. Immer noch Lust auf einen Südafrika-Urlaub? Das kann nicht neu sein für Sie. Obwohl: In unseren Zeitungen liest man kaum davon. Man hört nur von fantastischen Urlaubstrips und preiswerten Golf-Angeboten. Genozid in Südafrika? Da wären Bono und seine Promi-Sängerknaben von *USA for Africa* doch schon längst zur Stelle. Wir sprechen hier von einem aktuellen Genozid – wo ist der Aufschrei des Internationalen Gerichtshofes in Den Haag?

Wo sind unsere Politiker, die sehenden Auges die Zerstörung dieses einstmals wunderschönen Landes emotionslos tolerieren? Genau, Sie vermuten richtig: Es sind alles Feiglinge. Aber das ist erst der Anfang: Da es die Schwarzen offenbar auch nach dreißig Jahren nicht auf die Reihe kriegen, ihr zurückerobertes Land einigermaßen zu ernähren, werden wir sehr bald Ähnliches erleben wie damals in Rhodesien, huch, Simbabwe natürlich. *Wir stehen kurz vor einer Hungersnot in Südafrika.* Diese Schlagzeile wird in zwei Jahren zu unserem täglichen Brot gehören. Natürlich werden unsere Medien den Klimawandel dafür verantwortlich machen. Und Sie (bzw. Ihr Nachbar) werden es auch glauben. Unsere Kinder werden freitags auf die Straße gehen, und die UNO wird Hilfsprogramme starten. Es wird kein Einziger darauf hinweisen, dass die Schwarzen selbst schuld daran sind. Die Fakten werden ausgeblendet. Die Nachrichten werden *nachgerichtet* – *Claus Kleber* wird Ihnen abends um acht genau erklären, dass die Apartheid und die Weißen schuld sind. Falls Sie dann noch immer nicht überzeugt sind, wird *Marietta Slomka* ihren Betroffenheits-Duktus in den Tagesthemen zum Besten geben. Egal. Und wer zahlt dann die Hilfsgüter und -gelder für Südafrika? Genau, die Europäer, also Sie und ich. Wir, die wir ja schon länger hier leben, sind schließlich für alles die Schuldigen. Und der selbstlose, gütige *U2-Sänger Bono* wird zum dritten Mal auf dem Buckel der Minderheiten mit einem Weihnachtsliedchen Kasse machen – *Live Aid*, *Live 8* und jetzt *Food for South Africa*. Wahrscheinlich wird unser Freund Bill Gates die von George Soros diktierte Lobrede halten. Alles, was Rang und Namen hat, wird mitsingen. Hollywood und seine Stars und Sternchen von Film und Fernsehen, die Pharisäer von Pop und Rap, Influencer und Sportgrößen werden alle gemeinsam ein Publicity förderndes Tränchen verdrücken. Ja, so ist sie, die dunkle Seite unserer Promis, aber auch die unserer weltweiten Spitzenpolitiker. Woher ich das alles weiß? Ich weiß es ja gar nicht, ich vermute nur aufgrund stichhaltiger Beweise. Ich höre ja nicht nur meinen Freunden auf der Alm und in L.A. zu, sondern auch meinen Informanten im fernen Afrika. Mein Tipp: Beginnen Sie heute noch, zwischen den Zeilen zu lesen. Werden Sie Herr Ihrer Gedanken, und beweisen Sie Ihren Bürokollegen, dass sie alle falsch liegen. Riskieren Sie Ihren Job. Denken Sie daran, dass in Südafrika alle dreißig Minuten ein Mensch ermordet wird. Ihr Job ist wichtig, ich weiß. Diese Informationen sind übrigens allesamt relativ unspektakulär und schnell auffindbar. Nein, natürlich nicht bei Wikipedia.

Politik für junge Gutmenschen

Auf meinen Auslandsreisen treffe ich immer wieder auf junge Deutsche, Österreicher oder auch Schweizer, die ihrer Heimat für die Dauer ihrer Ersparnisse den Rücken kehren. Reisen bildet, sollte man meinen, doch im Gespräch entpuppen sie sich nicht selten als *Heimat-Hasser*, die kein gutes Haar an ihrem eigenen Staat lassen und Landesgrenzen *„sowas von rückständig"* finden. Dass sie kein bisschen Stolz für ihre Heimat empfinden, ist wohl ihrer Schulbildung und vor allem der erzieherischen Leistung ihrer Lehrerinnen geschuldet. Aber mal ehrlich: Warum sollten Dritte-Welt-Länder wie Thailand oder Indonesien besser sein als Deutschland? Wer kommt auf solche Gedanken? Ich denke, die Thais und Indonesier wären alle heilfroh, in ein politisches oder soziales System wie das unsere eingebettet zu sein. Dieses selektive Denken unserer Jugend ist erbärmlich. Nun, spätestens nachdem ihre Kohle verbraucht ist, die Träume ausgeträumt sind und der Zahnarzt aus Phuket nicht mehr helfen kann, stehen sie vor den Heimat-Botschaften und betteln um ein Rückflugticket mit Lufthansa. Kaum zuhause, erklären sie den Daheimgebliebenen die Welt, wie wichtig doch Multikulti und Gerechtigkeit unter den Völkern wäre, und außerdem könnten wir Europäer ja nichts dafür, in den reichsten Kontinent der Erde hineingeboren zu sein. Man müsse den anderen, den Armen, doch auch eine Chance geben. Nein, muss man nicht!

Unsere verweichlichten *Millennials* werden vom Multikulti-Mob sehr bald ihre *schreckliche Lektion* erhalten, keine Bange. Unsere jungen Wattebausch-Schneeflocken werden diese Erfahrung genau von den Leuten erhalten, die in den letzten fünf Jahren illegal nach Deutschland eingereist sind. Für die muslimischen Flüchtlinge sind wir Westler der letzte Abschaum. Sie sind hier, um zu bleiben und unser Leben in Richtung Mekka zu richten. Diese *Angekommenen* haben eine ganz andere Hemmschwelle. Da wird bei einer kleinen Unstimmigkeit nicht in der Selbsthilfegruppe aufeinander eingegangen – da wird das Langmesser gezückt und emotionslos zugestochen! Ein Mord hat für diese Art von Menschen eine völlig andere, nämlich *keine Bedeutung*. Na, genug Kultur für heute? Dass unsere Politiker nichts dagegen unternehmen, wissen wir ja. Dass aber halbwegs wache Bürger wie Ihr Nachbar nicht auf die Straße gehen und zumindest dagegen protestieren, ist mir ein Rätsel. Sehen Sie, wenn das Protestieren gegen die illegalen Ausländer bereits schlimmer ist als das Morden, dann ist es an der Zeit, den Politikern jeder Couleur etwas Nachhilfe in Demokratie zu verabreichen. *Friedlich und anständig natürlich*. Bürgerkrieg vor dem Bundestag? Ich hoffe nicht, aber die jahrelangen Provokationen der Politiker, allen voran die der Linken und der Grünen, werden wohl ihren Preis haben. Wir kennen ihr Drehbuch noch nicht, aber es geht in zügigen Schritten in Richtung Sozialismus. Soll man jetzt Deutschland oder die EU mit der ehemaligen Sowjetunion vergleichen? Das weiß ich nicht, aber der russische Dissident Wladimir Bukowski sagte einmal über die EU: „*Ich habe in Eurer Zukunft gelebt, sie war nicht schön.*" Man steckte ihn jahrelang in verschiedene russische Anstalten. Heute lebt er in einem von den eigenen Bürgern befreiten Land – in Groß-Brexitannien, außerhalb der EU.

Okay, ich oute mich: Auch bei mir gibt es diese andere, dunkle Seite. Wenn beispielsweise jemand aus falsch verstandenem Mitgefühl für Mitmenschen anderer Kulturen *seine eigenen Landsleute verrät* bzw. unseren über Jahrhunderte geformten und als Vorzeigekultur ausreichend getesteten *Humanismus in Frage stellt*, dann werde ich unangenehm. Wenn jemand ernsthaft glaubt, *der Islam gehöre zu Europa* und zum deutschsprachigen Raum und er damit gleichzeitig die Scharia in Kauf nimmt, dann werde ich sogar ungenießbar. Wenn jetzt aber jemand aus purer Dummheit einen *Klimaschutz mit stupiden Elektroautos erreichen will*, dann werde ich zum Berserker. Nicht etwa, weil es mein Naturell ist, sondern weil ich naturgemäß ein Anhänger der Physik bin. Es gibt vielleicht Gründe, sich ein E-Auto anzuschaffen, wenn man zum Beispiel in der Stadt wohnt und das Auto nur gelegentlich braucht. Solange man weiß, dass auch ein E-Auto von irgendwoher Strom braucht, ist das okay. Ich finde es aber unredlich von unseren Mitmenschen und Politikern, auf jeden sich anbietenden Grünen-Zug aufzuspringen, nur um dem Rest der Welt zeigen zu können, was für ein toller und fortschrittlicher Hirsch man doch ist – oder Hirschkuh, um auch mal wieder die politisierenden Damen zu berücksichtigen. Wer ohne fundiertes Wissen von seinen Mitmenschen fordert, CO_2 einzusparen, gehört meines Erachtens eingesperrt. Sehen Sie, die gängigsten Probleme dieser Welt lassen sich mit ein wenig Psychologie, einem Grundwissen über Physik und Chemie und einem daraus folgenden, minimalen Maß an gesundem Menschenverstand lösen. Genau dies scheint in den Parlamenten dieser Welt nicht mehr sehr verbreitet zu sein. Mit Kritik umzugehen, ist für die Politiker nicht besonders einfach, vor allem, wenn die Kamera läuft. Auf der anderen Seite reicht es meines Erachtens nicht, wenn ein Politiker nur einigermaßen den Durchblick hat, dieser muss auch klar mit seinen Mitbürgern kommuniziert werden können. Nicht missionarisch daherschnorren, sondern mit Fakten angereichert, den Mitbürgern reinen Wein einschenken. Das ist naturgemäß sehr anstrengend und erfordert von den Politikern ein detailliertes Einlesen in die Materie. Es erfordert aber auch von uns Bürgern ein *wachsames Zuhören und zwischendurch auch ein subtiles Hinterfragen*. Man muss alles hinterfragen dürfen, ja, man sollte alles hinterfragen. Dazu sollten wir im deutschsprachigen Raum in der Lage sein. Die Aufklärung hat uns dieses kommunikative Werkzeug geschenkt. Auf dem Weg dahin hat manch einer den Kopf hingehalten – und verloren. Auch den Sozialismus haben wir, so hoffe ich wenigstens, 1989 beerdigt. Irrtum! Wir sind gerade dabei, ohne Not alles dem links-grünen Gutmenschentum zu verscherbeln. Die Freiheitskämpfer sind umsonst gestorben.

Politiker im Corona-Fieber

Liebe Leser, wie fühlen Sie sich von Ihren Politikern in der Krise regiert? Nehmen wir sie doch, die letzte Corona-Krise: Erinnern wir uns an den Beginn des Jahres 2020. Es sind nur ein paar flüchtige Gedanken, um herauszufinden, wie wir manipuliert wurden. Durch den andauernden Medienhype kann auch ein geschärfter Blick schon mal etwas verzerrt werden. Die Corona-Geschichte war sogar der größte Medienhype seit Gutenberg. Ich erinnere mich jedenfalls an nichts Vergleichbares. Der Meinungskorridor war im März 2020 blitzschnell gemacht. Widerspruch wurde umgehend als „Verschwörung" abgetan. Der gute Bürger hat schnell gelernt: Will man sich sozial nicht zu weit hinauslehnen, tut man gut daran, mit der Masse mitzuschwimmen. An der von oben verordneten Ausgangssperre zu zweifeln, war somit nicht angebracht. Im Nu spürte man instinktiv, dass man mitmachen muss, um nicht ausgegrenzt zu werden. *Das Gruppendenken war dem individuellen Denken vorzuziehen* – Sekten funktionieren übrigens ähnlich. Man stellt keine Fragen! Zum Anforderungsprofil von uns Piloten gehört es, das Wichtige vom weniger Wichtigen zu unterscheiden und danach korrekt nach Prozedere und gesundem Menschenverstand zu handeln – auch und natürlich idealerweise in Ausnahmesituationen. Corona war so eine Ausnahmesituation. Nun, genau wie jeder Tagesschau-Sprecher oder Gesundheitsminister hatte auch ich bis dato von Viren keinen blassen Schimmer. Es war aber trotzdem wichtig, so viel Information wie möglich zu einer eigenen Meinung zu formen, weil ich irgendwie spürte, dass hier manipuliert wird. Ich denke, dass ich die Menschen recht gut einschätzen kann, speziell Menschen, die im Rampenlicht unter erhöhtem Druck eine außerordentliche Leistung vollbringen sollten. Als Jumbo-Instruktor und Prüfer entwickelt man im Cockpit-Stress ein Gefühl dafür, ob ein Kandidat Herr der Lage ist und wann er an die Grenzen seines Könnens gerät. Die Grenzen würde der Prüfling dann erreichen, wenn ich ihm zu viele Probleme gleichzeitig geben würde. Das tut man heute natürlich nicht mehr, weil das kontraproduktiv ist. Die Grenzen werden aber auch erreicht, wenn fehlendes Wissen oder fehlende Erfahrung einen Kandidaten zur Resignation bringt oder man ihn zu einer unüberlegten Handlung drängt. Unsere Politiker und Virologen sind für mich diesbezüglich allesamt durchgefallen. Ja, es gab ein paar wenige Ausnahmen (Dr. med. Sucharit Bhakdi, Dr. Peer Eifler, Dr. med. Wolfgang Wodarg), aber als Berufsstand hat sich keiner explizit gegen den Lockdown gewehrt, weil damit ihre Karriere gefährdet gewesen wäre. Alle schielten sie nach links und rechts – bloß nicht auffallen. Könnte ja sein, dass wirklich so viele Menschen sterben wie die Star-Virologen behaupteten. Okay, ein paar AfD-, SVP- und FPÖ-Politiker versuchten, unter Einsatz ihrer Glaubwürdigkeit, etwas Rationalität in die nicht vorhandene Diskussion zu bringen. Sie waren natürlich auf verlorenem Posten. Der Rest ist Geschichte. Die ganze Welt hat sich fast ein Jahr lang einsperren lassen – ohne Beweise, dass das Coronavirus ein solches Vorgehen rechtfertigen würde. Genial. Dumm. *Genial dumm, unsere feigen Politiker.* Und warum wurde von den Medien, und in der Folge davon von den Politikern, dauernd und grundlos Panik verbreitet? Warum wurde nicht, wie bei allen anderen früheren Viren, einfach Vorsicht verlangt? Da stinkt doch was gewaltig.

Wenn wir die *Weltgesundheitsorganisation* (WHO) etwas näher betrachten, dann stellen wir fest, dass hier seit der Regulierung in den 1970er-Jahren hauptsächlich *private Firmen* am Ruder sind – natürlich unter dem Deckmantel von sogenannten Nichtregierungsorganisationen (NGO). Neben den *Chinesen* dominiert vor allem die größte NGO, die *Bill & Melinda Gates Foundation*, die WHO. Wir sprechen hier also von Microsoft-Mitbegründer Bill Gates, einem der reichsten Menschen der Welt und gleichzeitig der größte Geldgeber der WHO –

ihm gehört faktisch die gesamte Weltgesundheitsorganisation. Die WHO ist eine *private Organisation*. Man lernt nie aus. Versuchen Sie selbst herauszufinden, wie sauber dieser Mann ist. Ich habe es getan, werde mir hier aber nicht die Finger verbrennen.

Vielleicht so viel: *Bill will uns alle impfen!* Es geht um die Zwangsimpfung der gesamten Menschheit. Ein Computerfreak träumt feucht. Denken wir gleichzeitig an die Pharma-Riesen, die ihre Lobbyisten nicht nur am WHO-Hauptsitz in Genf, sondern auch tief drinnen im heiligen UNO-Haus am East River in New York City haben. Die WHO spielt immer dann eine zentrale Rolle, wenn es um fragwürdige Medikamente und Impfstoffe für Dritte-Welt-Länder geht. Auch im Corona-Drama macht die WHO eine schlechte Figur. Ich begebe mich hier in große Gefahr, also erlauben Sie mir, nicht weiter darauf einzugehen. Das ist *Big Business*, diese Leute sind nicht zimperlich. Ich habe einige WHO-Leute in Lower Manhattan kennengelernt – großes Kino, leider ohne Popcorn und vor allem ohne Happy End, falls ich mich hier zu weit hinauslehne.

Vielleicht doch so viel Information aus meinen Gesprächen in einem Restaurant an der Wallstreet: Wann immer Sie eine offizielle Meinung zu Viren und Impfungen hören, ist Bill Gates garantiert Mitverfasser und Sponsor. Wir dürfen nie vergessen, dass er ein Computer-Nerd ist. Seine Welt besteht aus zwei Zahlen, null und eins. Für das gemeine Volk spielt er sich seit Jahren als barmherziger Philanthrop, also gütiger Millionenspender auf. Finden Sie selbst heraus, ob und wie viele Kinder durch seine *Impf-Hilfe* gelähmt wurden oder sogar daran gestorben sind. Für seine HPV-Tests an den Menschen (Cochrane-Review)[8], soll er sich die ärmsten Gebiete Indiens und Afrikas ausgesucht haben. Die Anwalt-Dichte soll dort bedeutend geringer sein als in den USA. Sein erklärtes Ziel ist es, alle Menschen gegen alles zu impfen, und zwar jedes Jahr. Für ihn ist es einfach ein Geschäft. Auf der anderen Seite müssen wir aber auch erkennen, dass es kaum nur ein Bill Gates alleine sein kann, das wäre zu einfach. Und warum sollten gerade wir wissen, dass *er* es ist? Ohne Geheimdienst im Rücken, nur mit ein bisschen Internet googeln? Also muss es doch um einiges komplexer sein. Auffallend ist, dass immer mehr Gesellschaften und Großkonzerne diese *„freiwillige Impfpflicht"* in den Raum stellen. *„Und bist Du nicht willig, dann brauch' ich Gewalt."* (Erlkönig) Der für unsere Gesundheit zuständige Schweizer Bundesrat Alain Berset (SP, Sozialdemokrat) fordert eine Impfpflicht für das Krankenhauspersonal. Sollten diese Leute nicht willig sein, müssten sie sich halt einen neuen Beruf suchen. Nicht besonders sozial, unser Sozialist.

Auch *Alan Joyce, CEO* von *Qantas,* der größten australischen Airline, fordert hemmungslos eine Impfpflicht für die Passagiere in seinen Flugzeugen. Warum tun sie das? Das ist autoritär, wenn nicht sogar totalitär. Hier sieht man zum ersten Mal deutlich, wie die vermeintlichen Vertreter der Bürger mit der Marktwirtschaft zusammenarbeiten, um ein gemeinsames Ziel zu erreichen. In Zukunft wird man einen Impfpass vorweisen müssen, um im Geschäft bedient oder um mit der Bahn transportiert zu werden. Oder denken Sie an *Boris Johnson* – Großbritannien ist das erste Land, das die Impfung testet. Zunächst werden die alten Bewohner von Pflegeheimen sowie das Gesundheits- und Pflegepersonal mit den unzureichend getesteten Impfungen beglückt. Es wird schon bald heißen: Die Probanden sind nicht *an*, sondern *mit* der Impfung gestorben. Waren es dann auch Corona-Tote? Man weiß so wenig. Wem das alles nützen soll, weiß ich auch nicht. ☺

Nichtsdestotrotz: Der 2020 amtierende US-Präsident Donald Trump hat das einzig Richtige getan und die Zahlungen an die WHO erst einmal gestoppt. Dass bei der WHO etwas faul sein muss, ist schon lange klar, dass Milliardär und Heilsbringer Bill Gates eine komische Figur ist, auch. Stellen Sie sich mal vor, Ihr geliebtes ARD und ZDF hätten das alles in dieser Deutlichkeit verkündet. Das haben sie natürlich nicht, im Gegenteil: Die Staatssender Europas machten einmal mehr Donald Trump dafür verantwortlich, dass durch seinen Zahlungsstopp die armen Menschen dieser Welt die Leidtragenden seien. Wer hat nun recht, Bill oder Donald? Ja, wir alle sind Opfer unseres Medienkonsums. Wir sind offenbar schon so verblendet, dass wir uns bereits nach einem Corona-Impfstoff sehnen.

Ein Computer-Milliardär rettet die Menschheit. Bill Gates – der neue Messias. Unfassbar, wie dumm wir als Gesellschaft bereits sind! Wir setzen uns die Schutzmaske auf, halten anderthalb Meter Abstand zu unseren Gesprächspartnern und waschen uns dauernd die Hände. Wenn jemand nicht in die Armbeuge niest, bekommt er von uns einen bösen Blick. Wir verhalten uns wie das tumbe Volk im Mittelalter und schreien: *„Auf den Scheiterhaufen mit den Hexen!"* Überlegen Sie mal für eine Minute, was das alles bedeutet. Bitte tun Sie es, Sie halten schließlich nicht die *Bild-Zeitung* in der Hand.

Wie immer möchte ich auch bei diesem Thema nicht in langweilige *Verschwörungstheorien* abgleiten, aber bemerkenswert ist die ganze Situation schon, nicht wahr? Wir lassen uns von den Medien in einen Kalten Bürgerkrieg treiben. Ich verstehe sogar langsam, wie die Deutschen 1933 die Nationalsozialisten als das kleinere Übel empfinden konnten. Ich persönlich würde mich nicht darüber wundern, wenn sich die meisten Menschen auch in den nächsten und übernächsten staatlich verordneten Lockdown führen lassen würden. Keine Kritik, kein Aufruhr, null Proteste, diszipliniert wie die Japaner. Hauptsache der Staat bezahlt uns dafür. Es muss nicht mehr der Beweis erbracht werden, dass Corona tödlich ist, sondern umgekehrt! Wir Kritiker müssen beweisen, dass Corona ein normales Virus ist und keine Massen dahinrafft. Sind wir tatsächlich schon dermaßen weichgeklopfte Schlafschafe? Es scheint so. Der wichtigste Grund für unser widerstandsloses, kollektives *Urlaub-zu-Hause-Machen* ist: *Der Staat bezahlt uns die ganze Sache.* Viele ersparen sich in diesen Monaten sogar ganz schön viel Geld. Geben Sie es doch zu: Hätten Sie von Ihrem Arbeitgeber oder vom Staat kein Geld erhalten, dann wären Sie spätestens nach zwei Wochen Amok gelaufen. Hätte der Staat uns gesagt, dass wir die nächsten zwölf Monate praktisch nichts mehr produzieren dürften, dann hätten die Firmen und Konzerne sich zusammengetan und mit ihren Anwälten erfolgreich dagegen protestiert. Durch die staatliche Salamitaktik weiß selbst heute niemand genau, wie lange die Corona-Lüge noch bestehen wird. Das Tragische dabei ist: Solange das Geld fließt, lebt das Volk ganz gut mit dieser Lüge und wird sie nicht als solche erkennen wollen. Erst wenn die Massenarbeitslosigkeit über sie hereinstürzt, wachen die Menschen auf. Etwas spät, wie ich finde.

Es gibt nun hinlänglich Beweise, dass der Corona-Fall – und mit ihm die staatliche Verantwortungslosigkeit – ein Paradebeispiel für schlechtes Krisenmanagement ist. Es ist das blinde Reagieren auf völlig übertriebene Prognosen. Dass sich das Volk auch noch stolz selbst feiert, diesem ominösen Coronavirus die Stirn zu bieten, rundet die kollektive Fehleinschätzung ab und zementiert die fahrlässigen Handlungen der Politiker. Also, alles gut. Die Gewinner sind: Merkel, Macron, Kurz, Berset & Co. Und die Verlierer? Raten Sie mal.

Nochmals, damit kein Missverständnis entsteht: Ich habe keinen blassen Schimmer von Viren, Epidemien oder Pandemien. Ich verstehe was von Statistiken und habe eine gewisse Ahnung von Größenordnungen. Ich verstehe von Covid-19 so viel wie der UNO-Generalsekretär, Dieter Bohlen oder Jens Spahn. Ja, in dieser Reihenfolge. Das heißt aber noch lange nicht, dass wir unser Gehirn kollektiv ausschalten müssen. Wenn Sie eine interessante und vor allem objektive Auflistung der Todeszahlen sehen möchten, dann darf ich Ihnen die YouTube-Clips von Samuel Eckert empfehlen. Er beweist mithilfe der Mathematik, dass Corona nicht „tödlicher" ist als eine Grippe (samueleckert.net) Die Medien, aber auch angebliche Virologen wie Karl Lauterbach & Co., machen allesamt den gleichen Fehler beim Interpretieren von absoluten Zahlen. Vielleicht erinnern Sie sich noch an das Gesamt-Äquivalent, nachmittags im Mathematikunterricht. Dieses ist genauer und vor allem objektiv korrekt.

Danach ist man immer schlauer, das ist eine Binsenwahrheit. Wir sind aber noch mittendrin – die nächste Übung wird Covid-20 heißen. Unser aktuelles Covid-19 ist für 97 Prozent der Bevölkerung als Virus völlig ungefährlich, aber als psychologisches Druckmittel genial. Nur zwischen minimal 0,1 und maximal 0,4 Prozent der *positiv getesteten Patienten* sterben daran, allesamt sind sie steinalt und/oder schon vorher ernsthaft krank gewesen. Die Todeszahlen sind mit einer normalen saisonalen Grippe zu vergleichen. Seit Corona haben aber hundert Prozent der Menschen eine neue diffuse Angst. Brillant, Bill. Die Angsterzeugung ist eine zentrale Technik zur Stabilisierung von Machtverhältnissen. Sigmund Freud spricht hier von der neurotischen Angst. Im Gegensatz zur *konkreten Furcht* sind *diffuse Ängste* aber nicht zu bewältigen. Wir werden von diffusen Ängsten gelähmt, gleichzeitig werden wir für die Manipulation empfänglich gemacht. *Angst* ist schließlich eine Herrschaftstechnik des Neoliberalismus. Da wir Angst vor einem Virus haben, ist logischerweise das Virus schuld, nicht etwa die Politiker. Das ist kein Zufall. Der Neoliberalismus wirkt also zutiefst antidemokratisch. Denken Sie an diese Zeilen, wenn Sie die Corona-App *freiwillig* downloaden oder wenn Sie sich *freiwillig* gegen Corona impfen lassen. Haben Sie sich schon mal Gedanken darüber gemacht, wer für die Schäden aufkommt, falls die nicht zugelassenen Impfungen schiefgehen? Nein, der Staat ist es nicht. Der deutsche Staat ist ja nicht einmal bereit, eine Haftpflichtversicherung für die staatseigenen Fahrzeuge abzuschließen. Da sind wir aber alle erstaunt, nicht wahr? Nein, der Staat wird sich einen schlanken Fuß machen. Das hat er schon einmal gemacht. Bei der Schweinegrippe-Impfung haftete der Staat auch nicht für die Schäden. Die Schweiz und Schweden haben für die Schäden gehaftet. Denken Sie daran, wenn der Arzt die Spritze ansetzt und Ihnen mit tiefer Stimme sagt, dass alles in Ordnung ist und es jetzt einen kleinen Pikser gibt. Ach noch was: Österreich soll seine Bürger mit fünfzig Euro ködern, um sich impfen zu lassen.

Die Politiker spielen mit, obwohl sie keine Ahnung von dem Ganzen haben. Und wir gehorchen den Politikern, weil auch wir keine Ahnung haben. Wir glauben grundlos, dass unsere Politiker mehr wissen als wir. Genau deswegen werden die Zwangsmaßnahmen des Staates von uns Bürgern auch brav geduldet – auch beim nächsten Mal. Aus Mangel an Bewusstsein machen wir alles mit. Sie spüren, wie schwierig es ist, Herr seiner Gedanken zu sein. Ja, Sie spüren auch, wie sehr Sie sich von Ihrem Nachbarn treiben lassen. Wir alle sind offenbar unseren Gefühlen und unserem dauernden Bestreben nach Harmonie und Anerkennung ausgeliefert. Ich finde, dass es an der Zeit ist, unser Gehirn wieder einzuschalten.

In den letzten zwanzig Jahren habe ich in Asien alle möglichen Virenattacken durchgemacht und auch problemlos überlebt – so wie 99,9 Prozent der Menschen. Covid-19 war sogar signifikant schwächer als etwa andere Coronaviren (SARS, MERS). Covid-19 war weit weniger schlimm und stellte zu keinem Zeitpunkt eine schwerwiegende Gefahr für die Bevölkerung dar. Corona *war nie eine Pandemie!* Die mathematisch höchst zweifelhaften Hochrechnungen der europäischen Spezialisten waren völlig aus der Luft gegriffen und basierten auf Annahmen, die mit sehr vielen Unsicherheiten behaftet waren. Deswegen waren die Resultate falsch. Die Herangehensweise der Wissenschaftler war ähnlich wie bei den Klima-Modellrechnungen und den daraus abgeleiteten, völlig unbegründeten Prognosen zum Klimawandel. Zwei Fragen an Sie, liebe Leser: Wann lernen wir endlich daraus? Wann hören wir endlich auf, einem Dr. Christian Drosten, einem Jens Spahn oder einer Greta Thunberg zu vertrauen?

Der einzige Unterschied zu den Grippen der vergangenen fünfzig Jahre lag in der völligen Ahnungslosigkeit unserer Politiker und in der medialen Ausschlachtung mit Hilfe der Push-Meldungen auf unser stets griffbereites Handy. Die Angst wird seither dauernd bedient. In zweiter Linie muss man feststellen, dass die äußerst merkwürdige und meines Erachtens absichtliche Überreaktion der WHO eine bewusste, veritable Weltkrise herbeiführte. Mir kann doch keiner sagen, dass das nicht vorausgesehbar war. Oder ist es etwa auch ein Zufall, dass die private Organisation WHO die Kriterien einer Pandemie im Jahre 2009 plötzlich änderte?[9] Ganz plötzlich steht seither nicht mehr drin, dass *eine große Anzahl Menschen davon betroffen* sein muss. Es ist evident, dass die Willkür der WHO damit legitimiert wurde. Genau deshalb spricht man seither auch bei der Tuberkulose mit über 1,5 Millionen Toten pro Jahr nicht mehr von einer Pandemie, sondern von einer *Epidemie*. Das ist doch zumindest merkwürdig. In der Satzung der WHO steht übrigens genau drin, was *Gesundheit* bedeutet: „Es ist ein Zustand des vollständigen körperlichen, geistigen und sozialen Wohlbefindens." Gesundheit wird also nicht nur als *das Fehlen von Krankheit* definiert. Ich musste diesen Satz dreimal durchlesen, weil er verwirrend ist. Nach korrekter Lesart müsste die WHO die Pandemie also längst auflösen. Dass die WHO eine normale Epidemie zu einer Pandemie erklärt, ist zwar völlig unlogisch, erfreut dafür aber viele Aktionäre und CEOs großer Pharma-Firmen. Dadurch werden sie teilweise von der Lohnzahlung an ihre Angestellten befreit und können gleichzeitig ihre Firmen gesundschrumpfen. Eine Win-Win-Situation, Corona sei Dank. Dass durch diesen *supra-staatlichen Eingriff* viele gesunde, kleinere Firmen kaputtgehen, ist in den Augen unserer Spitzenpolitiker ein Bauernopfer. Einige, vor allem linke und grüne Politiker, entblößen ihre Seele mit ihren Tweets: *„Lassen wir doch diese umweltschädigenden Firmen an die Wand fahren und beginnen dann neu... klimaverträglich und gerecht."* Dieser Satz stammt offenbar vom Dresdner Stadtrat Robert Schlick (Die Grünen) und wurde u.a. in der *Bild-Zeitung* vom 14. April 2020 veröffentlicht.[20] Bitte denken Sie bei den nächsten Wahlen in Ihrem Landkreis und bei den Bundestagswahlen an diese entlarvende Brutalität der linken und grünen „Weltverbesserer". Wer links und grün wählt, der wählt letztlich den Kommunismus. Dazu vielleicht noch ein passendes Zitat eines etwas zwielichtigen Zeitgenossen aus Amerika, Henry Kissinger: *„Der Kommunismus findet nur dort Zulauf, wo er nicht herrscht."*

Dass eine Krise jeden von uns überfordern kann, ist klar. Das Leben ist manchmal ziemlich brutal. Aber dass viele unserer Spitzenpolitiker mit Krisen überfordert sind, ist teilweise auch ihrer fehlenden Bildung, aber vor allem auch ihrer fehlenden Lebenserfahrung geschuldet. Gleich nach dem (abgebrochenen) Studium gingen sie nämlich, aus Mangel einer Alternative, direkt in die Politik. Kaum einer hat in seinem Leben etwas anderes gemacht, als Kontakte geknüpft, Wahlstrategien entwickelt und politisch korrekt dahergelabert. Verantwortung haben die wenigsten von ihnen je übernommen. Diesbezüglich spreche ich gerade von unseren drei selbst ernannten Rettern in der Not, Angela Merkel, Alain Berset und Sebastian Kurz, wobei Letzterer nicht einmal einen Berufsabschluss vorweisen kann. Ich weiß, dass Sie mit mir nicht einverstanden sein können, aus einem Reflex heraus und weil es sich nicht gehört, über die Führung des Staates zu lästern. Aber sehen Sie, die

Fakten sprechen klar gegen unser mitteleuropäisches Führungstrio. Alle drei haben sich feige hinter ein paar dubiosen Wissenschaftlern versteckt, die die Diskussion mit anderen Wissenschaftlern kategorisch ablehnten. Unsere Politiker-Spitzen haben offensichtlich und auf ganzer Länge kläglich versagt und unsere Länder, aber auch die Gesundheit vieler Menschen nachhaltig beschädigt. Dass sie für den Tod vieler Patienten verantwortlich sind, denen eine Operation verwehrt wurde, vermag ich zu beurteilen. Ich werde mich hier aber nicht festlegen. Sie haben in der Krise stümperhaft gehandelt, deshalb sind die drei Rücktritte mehr als fällig. Das wäre das Mindeste, aber dazu braucht es ein Rückgrat oder zumindest ein Schuldbewusstsein – das haben alle drei nicht.

Okay, Sie wollen Fakten, bitte sehr: Mit folgenden Informationen waren unsere Politiker schon sehr früh vertraut. Analysieren wir deshalb einmal gemeinsam Italien, den angeblich mit Abstand schlimmsten Corona-Herd in Europa. Als Information vorab vielleicht eine Neuigkeit und nur am Rande: In Norditalien arbeiten seit Jahren über *300.000 Chinesen* zu Tiefstlöhnen in der Bekleidungsindustrie. Kurz vor dem Ausbruch der Epidemie fand das chinesische Neujahr mit den naturgemäß vielen Ansteckungsmöglichkeiten statt. Zudem flogen viele Airlines täglich tausende von Asiaten nach Mailand und Rom. Ja, auch ich flog sie mit meinem Jumbo nach Italien. Also, machen wir den Faktencheck: Im *Rai 1 Telegiornale*, der italienischen Tagesschau des Staatssenders, wurde im März 2020 von italienischer Seite konstatiert, man unterscheide bei den registrierten Todesfällen *nicht* zwischen Corona-bedingten Toten und auf andere Art verstorbenen Toten! Um das herauszufinden, wäre nämlich die Obduktion der Leichen nötig gewesen. Man habe darauf *verzichtet*. Das finde ich schon mal, na ja, bemerkenswert. Es ist so bemerkenswert, dass die Obduktionen mit Sicherheit das ganze Corona-Kartenhaus frühzeitig zum Einsturz gebracht hätten. Deshalb hat man bewusst darauf verzichtet. *Mortui vivos docent, die Toten lehren die Lebenden.* Selbst heute verzichtet man darauf, weil man mittlerweile genau weiß, dass unmöglich so viele Menschen nur an Corona versterben können. Heute wissen wir, dass nur maximal jeder Zwanzigste von ihnen tatsächlich *an* Corona starb. Das heißt im Klartext: Von diesen tausenden *Fällen* ist nur jeder Zwanzigste tatsächlich *an* Corona verstorben. An Corona stirbt ein alter Mensch, wenn er gleichzeitig mit Sars-CoV-2 *infiziert und erkrankt* ist, *starke Symptome* zeigt und zusätzlich *schwere Vorerkrankungen* hat.

Deswegen starben 2020 praktisch ausschließlich über achtzigjährige Greise an Corona, natürlich nicht nur in Italien. Übrigens starben in ganz Europa während der ganzen „Pandemie" weniger als hundert Menschen unter 40 Jahren. Sie alle hatten schwere Vorerkrankungen. Außerdem war der italienischen Presse zu entnehmen, wie die Verstorbenen vor ihrem Tod behandelt wurden: 83 Prozent der Fälle wurden mit der *Antibiotikatherapie* behandelt, die am wenigsten angewendete war die *antivirale Therapie*. Da also die meisten Patienten nur gegen Bakterien behandelt wurden und nicht gegen Viren, heißt das doch logischerweise, dass es *nicht* hauptsächlich das Coronavirus gewesen sein konnte, das für den eigentlichen Tod verantwortlich war. Diese alten Menschen wären in der Folge und mit statistisch größter Wahrscheinlichkeit sehr zeitnah sowieso gestorben.

Insgesamt hatten exakt *dreißig (30!)* der verstorbenen Italiener keine anderen Erkrankungen als das Coronavirus. Ganze dreißig von 60.000 *an* und *mit* Corona verstorbenen Italienern starben nachweislich *nur an* Corona. Alle anderen starben *mit* Corona und anderen Vorerkrankungen eines relativ natürlichen Todes. Damit wir die Verhältnisse nicht aus dem Auge verlieren: Auf ganz Italien umgerechnet bedeutet das: Von den 60 Millionen Italienern starben gerade mal dreißig *ausschließlich an* Corona. Das ist statistisch gesehen vernachlässigbar. Nur bei einem Anteil von weit unter einem Prozent *der Toten mit positivem Corona-Test* kann man also überhaupt davon sprechen, dass nur das Coronavirus für deren Tod verantwortlich war. Ein Prozent von allen positiv getesteten Toten, nicht etwa von der Gesamtbevölkerung. Aufgepasst: Man will uns schließlich in die Irre führen.

In Italien gibt es kein medizinisches System wie das unsere. Selbst die einfachsten Untersuchungen muss man im Krankenhaus oder in den angeschlossenen Ambulanzen und Laboren vornehmen lassen. Selbst zum Blutspenden muss man dorthin. Es ist weltweit bekannt, dass *Krankenhäuser* die Orte mit der *höchsten Dichte von multiresistenten Keimen* sind. In Italien sterben überdurchschnittlich viele Patienten an Krankenhauskeimen. Rechnen wir mal durch: Bei einer Bevölkerung von etwa 60 Millionen sterben in Italien an einem ganz normalen Tag etwa 2.000 Menschen. Während der Corona-Spitzenzeit waren es täglich maximal 2.400. Wenn man nun weiß, dass in Italien in den Krankenhäusern pro Jahr offiziell etwa 500.000 Menschen mit Krankenhauskeimen infiziert werden, dann macht das pro Tag 1.370 Infizierte. 30.000 Menschen sterben deswegen jährlich, das sind dann an einem normalen Tag über 80 Tote nur wegen Krankenhauskeimen. Ja, das beeindruckt auch Sie, ich spüre es. In Deutschland, Österreich und der Schweiz dürften die Zahlen prozentual etwas tiefer liegen.

Da während der Corona-Zeit eine erhöhte Anzahl von alten Menschen mit vorbelastenden Krankheiten eingeliefert wurde, war die Ansteckungsgefahr logischerweise weit höher. Wir haben also eine signifikante Erhöhung an Alten in den Krankenhäusern, die zudem bereits krank sind und Medikamente brauchen. Ihr Immunsystem ist sehr geschwächt, und es braucht relativ wenig, dass sie dahingerafft werden. Das Durchschnittsalter der im Krankenhaus Verstorbenen war weit über 80 Jahre. Bei einer normalen saisonalen Grippe wären diese Menschen sehr wahrscheinlich auch gestorben.

Zum Vergleich: Ein Jahr zuvor (2019) verstarben in Italien fast 10.000 Menschen an der normalen Grippe. Zieht man diese normalen Grippetoten von den *an und mit* Corona Verstorbenen ab, so ergibt das eine Zahl von etwa 27.000 für den Zeitraum von Februar bis Oktober 2020. Das sind etwa 130 Tote pro Tag, für die eine genaue Todesursache fehlt. Nehmen wir die genannten 80 Toten mit Krankenhauskeimen und die normal Verstorbenen 2.000 Italiener pro Tag, dann sehen wir, dass alles ziemlich normal ist. Kein Corona-Hoch, keine Pandemie. Nichts, zero, niente.

Es kamen also gerade während der Corona-Zeit sehr viel mehr alte Menschen mit multiresistenten Keimen, Influenzaviren, den verschiedenen Coronaviren, Rhinoviren usw. in Kontakt. Dass dies die Todeszahlen sogar signifikant erhöhen muss, liegt im Bereich des Erwartbaren. Erinnern wir uns an die Zahl 2.000 an einem normalen Tag und an die höchste Zahl während der Krise, 2.400 Tote pro Tag. Das ist nicht Magie, das ist stinknormale Mathematik. Jens Spahn, setzen! Der deutsche Gesundheitsminister, von Beruf Bankkaufmann, eierte monatelang herum und war sichtlich überfordert. Das gleiche Bild in der Schweiz und in Österreich. Unsere Politiker wussten also von Anfang an, dass Corona kein Killervirus sein kann. Warum handelten Sie gegen jeden Menschenverstand?

Also, ist Corona nun ein Grund zur Panik? Das kommt darauf an, wie alt Sie sind. Dass wir während einer zeitlich befristeten Epidemie besser auf unsere Gesundheit aufpassen, macht natürlich Sinn! Von mir aus auch Händewaschen, weniger Kontakte und vor allem die Alten, Kranken und Schwachen für eine begrenzte Zeit von den Gesunden abschirmen. Eine normale Durchseuchung würde das Virus erfahrungsgemäß schnell bezwingen. Wir dürfen nicht vergessen: Die Menschheit kann auf 300.000 Jahre Erfahrung mit Durchseuchungen zurückgreifen. Dazu muss man sich aber anstecken lassen. Das schafft der normale, gesunde Mensch unter 75 Jahren mühelos. Vielleicht muss der eine oder andere zwei Wochen ins Bett, daran sterben wird praktisch keiner. Danach sind wir als Gesellschaft resistent und können uns auf das nächste Virus vorbereiten. Mit diesen einfachen Mitteln wäre ein relativ normales Leben möglich gewesen, und nach zwei, drei Monaten wäre die Sache ausgestanden gewesen. Das wird in Asien mit allen Viren sehr erfolgreich und seit vielen Jahrzehnten praktiziert – warum also nicht auch bei uns? In Asien fand kein flächendeckender Shutdown statt. Zurecht. Nur gerade Neuseeland tat es uns Europäern gleich. Ganze 28 Menschen starben dort an oder mit Corona, aber vielleicht auch nur an der normalen Grippe. Durch den Lockdown ist Neuseeland wirtschaftlich am Boden. Die linke Premierministerin wird trotzdem gefeiert, Jacinda Ardern hat ein breites Grinsen im Gesicht.

Die brennende Frage bleibt: Warum weigerten sich alle Staaten, die *Corona-Leichen* zu obduzieren? Geschätzte Leser, ich weiß nicht, wie ich Sie politisch korrekt fragen soll, aber: Was läuft hier eigentlich, und warum benehmen wir uns dermaßen idiotisch? Rund um Corona gibt es erdrückend viele Ungereimtheiten, und dabei wirken unsere Politiker irgendwie völlig gelassen, ja schon fast fremdgesteuert. Trotz offensichtlichen Diskrepanzen, Widersprüchlichkeiten und Merkwürdigkeiten wurden im Dezember 2020, nachdem der ganze Spuk schon längst vorbei war, wieder Quarantäne-Maßnahmen verhängt. Wenn beispielsweise jemand aus Wien nach Deutschland einreiste, musste er vierzehn Tage in die Isolation. Wenn er aber aus Salzburg nach Deutschland einreiste, war es mirakulöserweise kein Problem. Schon im Oktober wurde in Deutschland die Maskenpflicht wieder flächendeckend vorgeschrieben.

Es gibt zwar keine Corona-Toten mehr, aber das Volk tut, was verlangt wird – es folgt dem Konformitätsdruck von oben. Wir werden von drittklassigen Politikern und viertklassigen Mitbürgern in den Gehorsam gezwungen. Für wie blöd halten diese Politik-Darsteller uns eigentlich? Fällt Ihnen denn gar nichts auf? Ist das etwa bereits die *neue Normalität*? Morgens müssen Ihre Kinder in der Schule brav die Schutzmaske aufsetzen, nachmittags wird ohne Maske Fußball gespielt – kein Widerspruch? Vielleicht ist es sogar besser, dass wir nicht mehr zur alten Normalität zurückkehren, diese war offenbar geistig verseucht.

In Österreich starben gemäß dem *Bundesministerium für Gesundheit* gerade mal 800 Menschen unter 75 Jahren *an oder mit Corona*. Alleine die Selbstmorde sind fast doppelt so hoch und werden sich noch erhöhen, *wegen* Corona. Kein einziger Österreicher unter 45 Jahren starb ausschließlich an Corona. Trotzdem wurde das ganze Land mit seinen fast neun Millionen Einwohnern dichtgemacht. Muss ich jetzt wirklich zum Verschwörungstheoretiker werden? Nein, werde ich nicht, weil der Mainstream-Mob genau darauf spekuliert. Diesen Gefallen werde ich ihnen bestimmt nicht erweisen. Und wenn ich schon dabei bin, eine Richtigstellung: Ich möchte niemanden dazu aufrufen, gegen den Staat zu demonstrieren. Was Sie tun dürfen, ist Ihre Anliegen in einer *angemessenen Art und Weise* bei Kundgebungen vertreten, auch lautstark. Andererseits möchte ich hier auch nicht dazu aufrufen, bei einer künftigen Virus-Angelegenheit nichts zu unternehmen. Seien Sie einfach wachsam und wägen Sie ab, ob es wieder eine Panikmache ist oder ob es sinnvoll ist, den behördlichen Empfehlungen zu gehorchen. Als Anhänger der Statistik und Mathematik denke ich, dass mit einem vernünftigen, psychologischen Ansatz auch eine bessere Einschätzung der Lage möglich sein sollte. Mittlerweile sollte es nun wirklich jeder begriffen haben: Nur einfach alles vom Fernsehen und von den *von uns getriebenen Politikern* für bare Münze zu nehmen, wäre nicht klug und in vielen Fällen sogar tödlich. Die Vergangenheit hat uns klar aufgezeigt, dass wir völlig überreagiert haben. Aus einer diffusen Angst und aus einem idiotischen Harmoniebedürfnis heraus haben wir den Corona-Zirkus mitgemacht – bloß nicht gegen den Strom schwimmen.

Mit der Angst im Nacken lässt sich der Mensch zu unglaublichen Taten verleiten. Ich mute Ihnen einen Blick in die deutsche Vergangenheit zu: Reichsmarschall *Hermann Göring* sagte vor dem Nürnberger Gericht aus, bevor er sich seiner Hinrichtung feige durch die Einnahme von Zyankali entzog. Er wurde Folgendes gefragt: *„Herr Göring, wie haben Sie die Deutschen dazu gebracht, das alles zu akzeptieren?"* Er gab zu Protokoll: *„Es war einfach, es hat nichts mit dem Nationalsozialismus zu tun, es hat mit der menschlichen Natur zu tun. Sie können dies in einem nationalsozialistischen, sozialistischen oder kommunistischen Regime, in einer Monarchie oder sogar in einer Demokratie tun. Das Einzige, was getan werden muss, um Menschen zu versklaven, ist, sie zu erschrecken. Wenn Sie einen Weg finden, die Menschen zu erschrecken, können Sie sie dazu bringen, das zu tun, was Sie wollen."*

Wird uns jemals gesagt werden, wie viele Menschen im Jahre 2020 an der normalen, saisonalen Grippe gestorben sind und wie viele an Corona? Ich zweifle. Weltweit sterben an der normalen Grippe (Influenza) jährlich etwa 650.000 Menschen. Wie erwähnt, sind die meisten von ihnen hauptsächlich alte und kranke Patienten. Gehen wir hypothetisch einmal davon aus, dass die offiziellen Zahlen stimmen und es wirklich 850.000 Corona-Tote gab – wie viele sind dann nur an der saisonalen Grippe verstorben? Wo sind denn bitte die 650.000 normalen Grippetoten geblieben? Die Zahlen können irgendwie überhaupt nicht stimmen.

Fazit: Corona war logischerweise gar keine Pandemie. Es war eine starke Grippe. Eine Grippe als Angstmacher, genial: Jeden Abend wurden uns zur besten Sendezeit falsche Daten in die Köpfe gebrannt. Es wurden immer nur die neuen Ansteckungsfälle gezeigt, nie die bereits genesenen Patienten. Uns wurden die *Inzidenzen* gemeldet, also die Häufigkeit der Ereignisse, nicht etwa die Anzahl der Erkrankten. Die Statistikkurven waren absichtlich übertrieben hoch dargestellt, um eine große Gefahr vorzutäuschen. Die x- und y-Achsen waren bewusst dramatisiert dargestellt. Auch die Wortwahl war hinterlistig: Welcher Bürger kennt denn schon den Unterschied zwischen *Mortalität* (Sterblichkeit) und *Morbidität* (Krankheitshäufigkeit)? Wir alle wurden stündlich mit schlechten Meldungen konditioniert. Wir wurden gefügig gemacht. Wir alle glaubten doch irgendwie, dass unsere Staatsführung mit ihrem Arsenal an Wissenschaftlern bestimmt mehr Informationen hatte als wir dummen Bürger. Hatten Sie nicht. In der Schweiz begann der Lockdown Ende März, als die Grippewelle bereits abgeflacht war, obwohl jeder kritische Geist, der eine Tabelle halbwegs lesen konnte, es bemerken musste. *Kein Politiker, keine Partei wollte sich daran die Finger verbrennen. Aus purer Feigheit blieben sie alle still und lobten die Regierungsspitze.* Man hätte sich den ganzen teuren Spaß sparen können, aber offenbar war der Reiz der Macht für unsere Politiker größer als das Verantwortungsbewusstsein gegenüber den Menschen. Jede Woche kostete der Lockdown alleine uns Schweizer etwa zehn Milliarden Euro, zerstörte unzählige Existenzen und beschädigte tausende von mittleren und kleinen Betrieben. Die Folgekosten lassen sich noch gar nicht abschätzen. Die Meinung der schweizerischen Staatsführung wurde auch hier von fast niemandem öffentlich kritisiert. Mein ach so gelobtes Land mit der viel gepriesenen *direkten Demokratie* und mit seinen *wachsamen Bürgern* hat tief geschlafen. Die ganze Art und Weise erinnerte mich sehr stark an ein DDR-Regime und den Kommunismus!

Kein Wunder, mit einem führenden Corona-Bundesrat Alain Berset – der Champagner-Soze träumte feucht. Er verbot den Menschen zu arbeiten und bezahlte sie aus der Staatskasse. Das bedingungslose Einkommen! Tja, wir haben es also weit gebracht in Deutschland, Österreich und tatsächlich auch in meiner Vorzeige-Schweiz. *Ja, ich schäme mich dafür.* Ich schäme mich dafür, dass ich es nicht geschafft habe, meine Mitbürger zu überzeugen. Und ich fremdschäme mich für unsere sieben feigen Schweizer Bundesräte: Bundespräsidentin *Simonetta Sommaruga* (Sozialistin, von Beruf Pianistin), Bundesrat *Ignazio Cassis* (FDP, von Beruf Arzt), Bundesrat *Alain Berset* (Sozialist, von Beruf Politikwissenschaftler), Bundesrätin *Karin Keller-Sutter* (FDP, von Beruf Lehrerin), Bundesrätin *Viola Amherd* (Christlich-Soziale, von Beruf Anwältin), Bundesrat *Ueli Maurer* (Volkspartei, von Beruf Buchhalter), Bundesrat *Guy Parmelin* (Volkspartei, von Beruf Bauer). Sie alle zeigten keinerlei Führungsqualitäten und verschanzten sich wie kleine Feiglinge hinter dem Bundesamt für Gesundheit. Alle schielten sie nach Deutschland und zu Angela Merkel hinauf und kopierten ihre fatale *Strategie.*

Unsere Schweizer Regierung besteht augenscheinlich aus sieben Schönwetter-Kapitänen. Unser System sieht es gar nicht vor, starke Persönlichkeiten an der Spitze zu haben – das zeigt sich in einer Krise als fataler Nachteil. Simonetta Sommaruga war 2020 sogar Präsidentin des Kollegiums. Das ist kein Scherz, eher Realsatire. *Die Schweiz wird in der größten Krise seit dem Zweiten Weltkrieg von einer zur Vorsicht gemahnenden Klavierlehrerin angeführt.* Von nichts eine Ahnung, aber munter drauflosabern. Es ist die brutale Kehrseite unserer direkten Demokratie. In einer solchen Krise wünsche ich mir einen *General*, bestimmt keine Klavierspielerin. Ist ja nicht zu fassen. Dass unser Gesundheitsminister Berset während der Krise auch noch Zeit findet, ein Buch zu schreiben, um damit Geld zu verdienen, beweist die schizophrene Art der Sozialisten – er kann den Hals nicht voll genug kriegen. Ohne das Buch zu lesen, ahne ich, dass er damit seine Hände in Unschuld waschen wird. Unser Schweizer Volk findet ihn immer noch toll. Wir spinnen, wir Helvetier!

Nun, eines scheint mir gesichert: Die Corona-*Hysterie* hat weitaus schlimmere Folgen gezeitigt als der Verlauf des Corona*virus* selbst. Man denke an psychisch schwache, depressive oder ängstliche Menschen. Man denke auch an die vielen Millionen Familien, die monatelang in ihren 80-Quadratmeter-Wohnungen zusammengepfercht leben mussten, in den Südländern nicht selten zu acht oder zu zehnt. Wer zählt die Selbstmorde, die durch die Angst oder den Existenzverlust begangen wurden? Wen interessiert die Dritte Welt, die durch das Wegbrechen der Ersten Welt nicht einmal mehr die Brosamen erhält?

Ich mache die Mainstream-Medien und die Spitzenpolitiker für alle diese Toten verantwortlich – Den Haag wird hoffentlich Klarheit schaffen. Alle diese Figuren haben keinerlei Verantwortungs-Erfahrung. Verantwortung übernehmen heißt in erster Linie, sich mit der Problematik intensiv zu befassen und dann, nach einer harten Diskussion der verschiedenen Wissenschaften untereinander, nach bestem Wissen zu entscheiden – auch wenn es die eigene Karriere gefährdet. Sokrates bringt es auf den Punkt: *„Verantwortung heißt, die Herausforderung zu erkennen und auch ihren Preis. Verantwortung heißt, aufgrund dieser Einsicht eine Entscheidung zu treffen und mit dieser Entscheidung zu leben – ohne Reue."* Politiker, die nie in ihrem Leben etwas anderes als Politik gemacht haben, verfügen weder über das nötige Wissen, noch haben sie die emotionale Kompetenz dazu, solche Entscheidungen zu fällen. Sie sind also völlig ungeeignet, hier die Verantwortung zu übernehmen. Das sollte uns Bürgern klar sein. Es ist also ein systemisches Problem. In Deutschland entscheidet in der größten Krise seit 1945 ein Bankkaufmann, in der Schweiz ein Gremium aus Bauern und Klavierspielerinnen und in Österreich ein junger Mann, der nie einen Beruf erlernt hat. Finden Sie das etwa normal? Sokrates bestimmt auch nicht.

Wie wir am eigenen Leib erfahren, ist es für die gut bezahlten Politiker sehr leicht, den ganzen wirtschaftlichen und öffentlichen Betrieb einfach lahmzulegen und abzuwarten, was man wohl als Nächstes tun wird – ohne Fachwissen, ohne Strategie, ohne Skrupel. Damit hat man weder Verantwortung übernommen, noch hat man das Beste für seine Bürger getan, ganz im Gegenteil. Denken Sie daran, wenn Sie Frau Merkel und die Altparteien wiederwählen.

Ich schreibe folgende paar Zeilen in Los Angeles, Auckland und Paris. Es ist Ende März 2020, und somit ist auch der Ansteckungshöhepunkt längst überschritten. Weit gefehlt, das Drama beginnt erst: Im

Moment sieht es so aus, als ob wir in die größte Krise seit hundert Jahren schlittern. Nicht wegen eines Virus', sondern weil überforderte Politiker völlig irrational handeln und gleichzeitig jemand daran interessiert ist, dass das ganze System kollabiert. Das Virus scheint dabei das kleinste Problem zu sein, es ist die von den Politikern und den Medien verbreitete Panik, die uns Menschen nachhaltig in die Knie zwingt. Ich erinnere mich an die Schocktherapie der Weltbank in Südamerika und später in Asien. Die Symptome sind dieselben, nur hat man ein Virus als Sündenbock gefunden. Das ist interessant und gleichzeitig unheimlich. Eines scheint mir bereits gesichert zu sein: Die wirtschaftlichen Schäden werden wir in den nächsten paar Jahren bitter zu spüren bekommen. Die Spitzenpolitiker kümmert das offenbar wenig, denn sie haben ja ihre Diäten. Aber alle anderen Bereiche, vom Kleinunternehmer bis zum Riesenkonzern, vom Bäcker bis zum Ingenieur – alle werden aus meines Erachtens völlig absurden Gründen Federn lassen müssen. Es ist doch nur ein relativ ungefährliches Sars-Virus. Das hatten wir doch schon ein paarmal. Ich prognostiziere mal, dass Millionen Menschen der Lohn gekürzt wird, viele werden den Job verlieren. Werden die Politiker auch daran teilnehmen? Wird den Sprücheklopfern auch das Gehalt halbiert, wenigstens die Diäten gekürzt? Im Gegenteil: Ich lese gerade in der *FAZ*, dass im Deutschen Bundestag eine Diätenerhöhung durchgewinkt wurde. Kann also nicht so schlimm sein, dieses Corona. So weit meine Einschätzung Ende März 2020.

Die Wirklichkeit ist noch schlimmer. Ich hoffe, dass Ihnen bewusst ist, von wem Sie regiert werden. Wenn Sie an aktuellen Daten interessiert sind, empfehle ich Ihnen folgende Internetseite aus England: www.tinyurl.com und die entsprechende Reaktion für Sie als Bürger auf https://gbdeclaration.org/. Auch hier ist deutlich feststellbar, dass die Schweden mit ihrer vernünftigen Strategie der Durchseuchung Recht behalten. Die Frage bleibt: Wo sind die Corona-Toten geblieben? Es gibt keinen einzigen Beweis dafür, dass der Lockdown gerechtfertigt war. Es gibt erdrückend viele Beweise, dass der Mundschutz für Viren untauglich ist. Corona schreit nach Gerechtigkeit – die Politiker sind die Lügenmäuler!

Lassen Sie mich den Schritt politisch weitergehen: Wäre es nicht fantastisch für die gesamte EU-Führung und vor allem für die deutschen Politiker, diesem Coronavirus die Schuld für alles geben zu können? Wäre es nicht praktisch, den Einsturz des EU-Gebildes und die deutsche Pleite am bösen Corona festzumachen? Die Krise ermöglicht den Regierungen diverse „alternative" Möglichkeiten: Verschiebung einer Wahl, das Ausrufen des Kriegsrechts oder eine ansonsten nicht mögliche Wiederwahl eines Politikers: Putin und Merkel 4.0?

Wir sind alle so beschäftigt, dass sich keiner wundert, dass im riesigen China nur gerade eine einzige Stadt vom Coronavirus heimgesucht wurde. Uns fällt nicht auf, dass da was gewaltig stinken muss in Wuhan und in Peking. Wenn ich sie nach zwanzig Jahren nicht so gut kennen würde, die chinesischen *Lügenmäuler*. Ja, wenn man solche Dinge zu Ende denkt, ist man plötzlich ein Verschwörungstheoretiker. Bin ich aber nicht. Ich denke trotzdem zu Ende und weiß, dass ich damit auch falsch liegen kann. Beweisen Sie es mir! Nun, die Corona-Geschichte wird auf jeden Fall für viele von uns existenziell werden. Vom Sekretariat ins Prekariat in weniger als zwölf Monaten. Nicht lustig. Haben Sie für zwölf Monate Geld? Die nächste Pandemie ist möglicherweise schon in den Startlöchern. Es gibt heutzutage keine Zufälle dieser Größenordnung mehr. Seien Sie wachsam, und fahren Sie Ihre Lebenskosten auf ein vernünftiges Maß runter. Genießen Sie die Freiheit, nicht jeden billigen Mist kaufen zu müssen. Weniger kann wirklich mehr sein. Aber zuerst müssen Sie wieder einen Job finden, ich weiß. Ich drücke Ihnen die Daumen. Geht mir ja nicht anders. Sehen Sie, wir Piloten wurden aufgrund des Wortes „*Pandemie*" für ein Jahr beurlaubt – ohne Bezahlung. Andere Airlines mussten ihre Tore schließen, Karrieren wurden zerstört. Selbst Lufthansa und die starken Asiaten zittern sich mit Staatshilfen durch die Krise. Niemand weiß, wie es ausgehen wird. Die Fliegerei ist ein fragiles Geschäft, auch ohne Virus.

Was wir seit dem Frühjahr 2020 erleben, sind Panik verbreitende Politiker, die mit Hilfe von halbwissenden Fachleuten das ahnungslose Volk ein Jahr lang einsperren. Durch die krassen Fehlentscheidungen der Politiker werden unsere Kinder verängstigt und die Familienväter unter enormen Permanentstress gesetzt. Die Wirtschaft ist lahmgelegt, Depressionen und Selbstmorde werden in Kauf genommen. In Kalifornien hat sich die Selbstmordrate während des Lockdowns verzehnfacht, die deutschen Zahlen werden uns nicht genannt – alles Corona-Tote? Fakt ist: Die führenden Politiker und Wissenschaftler in Deutschland, Österreich und in der Schweiz haben aus einer Mischung von Unwissenheit und Arroganz tausende Menschenleben zerstört. Sie haben sich von den Medien und den dubiosen Geschäftemachern vor den Karren spannen lassen. Ironischerweise erkennt man das Gesicht dieser Politiker erst, wenn sie sich am Ende der „Pandemie" scheinheilig eine Maske aufsetzen. Dass sie sich damit entlarven, ist doch erbärmlich. Und wir? Wir schweigen und nehmen die politischen Akteure dadurch in Schutz. Ist es tatsächlich so schlimm einzugestehen, dass man falsch lag? Offenbar schon.

Corona, Politik und die EU

Der beschleunigte Tod der EU: Die Corona-Krise ist vielleicht der Anlass, aber *nicht die Ursache* des Kollapses. Die Ursache steckt in den Problemen und Verwerfungen der EU, die Sie in diesem Buch gelesen haben und noch lesen werden. Es ist ein Regierungsversagen epidemischen Ausmaßes. Ohne die Fakten zu prüfen, wurde europaweit panisch reagiert. Bertolt Brecht meinte: *„Wehe denen, die nicht geforscht haben und trotzdem reden."*

Zeiten wie diese gelten historisch gesehen als idealer Moment für politische und wirtschaftliche *Reinigungsmaßnahmen* der sinistren Art. Wir alle sind durch Corona etwas abgelenkt. Haben wir in der Zwischenzeit von Frau Lagarde wieder mal etwas gehört? Oder wo stecken eigentlich José Manuel Barroso, Jean Claude Juncker, Ursel von der Leyen? Wie geht es unserem lieben Mario Draghi? Alle wie vom Erdboden verschluckt. Das Brüsseler Monopoly scheint in einer Endlosschlaufe zu stecken. Rien ne va plus! Nichts geht mehr! Die Bank gewinnt immer.

Ein Novum scheint die neu gewonnene Macht der Politiker zu sein. Es ist erstaunlich, wie schnell sie uns unsere Freiheiten genommen haben. Derweil reden wir uns gegenseitig ein, dass es wohl so sein müsse und dass die da oben schon wüssten, was sie tun. Die Corona-Krise veranlasste biedere Politik-Hinterbänkler dazu, seltsame Erlasse und Bestimmungen zu ersinnen und diese emotionslos auch einzuführen. Wir haben uns ja schon fast daran gewöhnt, zur Sicherheit immer eine Schutzmaske mitzuführen. Auch den Mindestabstand zum Vordermann halten wir bereits instinktiv ein. Die Einschüchterungstaktik solcher politischen Soziopathen kennt man doch sonst nur von längst vergangenen Epochen oder vielleicht noch aus Nordkorea.

Die Politiker geben weltweit eine lächerliche Figur ab. Sie tun so, als ob ihre Erlasse und Bestimmungen, vom *Social Distancing* bis zum Maskentragen, erfolgreich wären. Wir Bürger glauben tatsächlich, dass diese unsozialen Maßnahmen auch noch wirksam sind. Die Politiker tun so, als hätten sie die Lage unter Kontrolle. Es ist einfach nur peinlich. Auch der dümmste dieser Politik-Darsteller muss doch irgendwie erahnen, dass er dereinst Rede und Antwort stehen muss. Wer jetzt denkt, dass selbst mit den neuen Erkenntnissen und Beweisen die Corona-„Pandemie" eine kolossale Fehleinschätzung der Politiker war und somit eine Art Einsicht zum Tragen käme, sieht sich getäuscht. Im Gegenteil: Wie ein Junkie, dem die Droge entzogen wird, erlässt der europäische Durchschnittspolitiker neue, noch stumpfsinnigere Regeln. Allen voran Frankreichs skrupelloser Ödipus Emmanuel Macron. Der kleine Napoleon lässt seine Bürger am Strand und auch im Büro tatsächlich nur noch mit Masken herumlaufen. Auch in Deutschland und Österreich findet man diese *Idee* toll – also die deutschen und österreichischen Politiker natürlich.

Es ist ihnen völlig egal, wie sich die Menschen dabei fühlen. Fehler und fehlendes Wissen einzugestehen, entspricht nicht der DNA eines modernen Politikers. Auch Politikerinnen sind völlig immun gegen solche Selbstkritik. Dass während der gesamten Corona-Zeit tausende Menschen nicht operiert werden durften und viele somit sterben mussten, blenden unsere Berufsblender gekonnt aus. Dass tausende Firmen pleitegingen, stecken sie einfach weg. Nun, der Mensch wird unter anderem durch seine Fähigkeit zum Mitgefühl definiert – nicht so beim modernen *Homo politicus*. Dessen Herablassung findet in dieser Krise ihren vorläufigen Höhepunkt. Was sind diese PolitikerInnen für Menschen? Ekelhaft. Dass wir Bürger uns um unsere Finanzen sorgen, interessiert die Politiker nicht mal ansatzweise. Wir Bürger sind hilflos und resignieren. Wir akzeptieren diese stumpfsinnigen Regeln mit einer erstaunlichen Gelassenheit. Ja, wir grüßen uns sogar ohne Händeschütteln und machen dabei noch Verlegenheitsscherze. Ich persönlich werte diese Ellbogen-Grüßer als naive Schlafschafe, die sich zu jedem Mist überreden lassen. Früher waren es das *Hakenkreuz* und der *Hitler-Gruß*, heute sind es die *Maske* und der *Faust-Gruß*. So weit haben uns die Politiker und Politikerinnen also gebracht. So dumm sind wir! Wir werden ihnen auch in Zukunft glauben, weil wir dumm sind. Wir haben als Gesellschaft, aber auch als einzelner Bürger keinen Arsch mehr in der Hose. Trotz einer Fülle von Informationen sind wir schlechter informiert als die Deutschen 1933. Ich mache uns halbwegs wachen Bürgern in Deutschland, Österreich und der Schweiz den Vorwurf, für alle Toten mitverantwortlich zu sein, die durch den Lockdown gestorben sind. Obwohl wir alle wissen mussten, dass die paar wenigen Corona-Toten völlig normal sind für eine starke Grippe, haben wir das Denken und Handeln den Politikern überlassen. Die Politiker und wir haben etwas Schreckliches getan: Wir haben Mitschuld an vielen zerbrochenen Leben. Ja, ich natürlich auch. Obwohl ich schon im Januar 2020 so viel Kenntnis über Covid-19 hatte, wie Jens Spahn heute hat, ist es mir nicht gelungen, eine starke Stimme zu sein. Mit diesem Buch komme ich diesbezüglich zu spät. Zu hoffen bleibt, dass Sie wenigstens die anderen Themen in diesem Buch erst nehmen und selbständig nach der Wahrheit suchen. Mit der *Klimawandel-Lüge* laufen wir nämlich zielgenau in das exakt gleiche Messer – nur, dass damit tatsächlich hunderttausende Menschen sterben werden. Nicht am Klimawandel, sondern an den vom Gutmenschen gemachten Gegenmaßnahmen.

Das Schlimmste, was die Politiker mit der von ihnen herbeigeredeten Corona-Krise angerichtet haben, ist die völlige *Zerstörung der Wirt-*

schaft, aber auch das *Zerstören des Vertrauens* in die Regierungen, die Behörden, die Wissenschaft und die Institutionen. Wer einmal lügt, dem glaubt man nicht mehr. Wir Menschen sind dadurch völlig verunsichert worden. Cui bono? Wem das nützt, kann man nur erahnen: Es sind nicht nur Firmen wie Bayer, Pfizer und Novartis. Diese verdienen wohl viel Geld damit, aber die tun das doch, meiner Meinung nach, relativ legal. Anders die Firma BioNTech: Bitte googeln Sie Professor Ugur Sahin, Vorstandsvorsitzender von BioNTech, dem Hersteller Ihrer Impfdosis. Als er am 21. Dezember 2020 von der ARD gefragt wurde, ob er sich selbst auch impfen ließe, bekam der Journalist des Ersten nur eine verschwurbelte Antwort. Im Klartext: Nein. Nun, wollen Sie sich etwa immer noch impfen lassen? Mutig.

Wenn der Impfstoff verbreitet wird, dann leben vor allem die Unternehmen davon, die diesen in den Umlauf bringen. Diese Unternehmen leben nur vom Risikokapital (Venture Capital) und sind somit nicht haftbar. Man (der Staat) lässt diese Firmen haften, obwohl sie es gar nicht können – alle sind fein raus. Diese Risikokapitalfirmen sind eigentlich schon lange pleite, erfahren aber durch den Impfboom eine Auferstehung wie der Phönix aus der Asche. Das Schlimmste, was wir Bürger getan haben, ist, uns von den Politikern wie Kinder behandeln zu lassen. Noch schlimmer: Wir unterstützten die Politiker auch noch aus falsch verstandener Solidarität. Diese Politiker und Politikerinnen haben *Sie* nicht verdient! Schicken Sie sie endlich in die Wüste!

Was würden die alten Philosophen in einer Corona-Krise tun? Was würde uns Sokrates empfehlen? Nun, ich denke, dass er wahrscheinlich unangenehme Fragen stellen würde. Er würde nicht aufhören zu fragen, bis die Politiker, Experten, Sachverständigen und Meinungsverbreiter sagen müssten: *„So ganz genau weiß ich es leider auch nicht."* Danach würde Sokrates den Politikern den Auftrag geben, gemeinsam mit der Wissenschaft der Sache auf den Grund zu gehen, alles zu analysieren, Meinungen mit anderen Staaten auszutauschen, die Fakten auszubreiten und dann darüber zu diskutieren, welche Lösung die beste ist.

Wie schrieb schon der französische Schriftsteller und Philosoph Albert Camus: *„Die einzige Art, gegen die Pest zu kämpfen, ist die Ehrlichkeit."*

Immerhin bleibt die Hoffnung, dass jeder Politiker ganz tief drinnen von seinem schlechten Gewissen geplagt wird. Er weiß, dass er dereinst Rechenschaft über seine kriminelle Tätigkeit ablegen muss. Er kann diesen Moment der Wahrheit, sein politisch Jüngstes Gericht, vielleicht noch ein paar Monate hinauszögern, aber irgendwann ist er dran – und mit ihm auch die Moderatoren-Köpfe und die Redakteuren-Köpfe.

Wagen wir einen Ausblick ins ferne Jahr 2039: In einer Idealwelt würde man bei einer Wahl nicht auf die salbenden Worte der Politiker hören müssen, sondern auf ihre klar definierte Gesinnung und Ihr eigenes Abstimmverhalten. Dafür wird es dann eine Meinungs-App über jeden Politiker geben. Bei einer Volksabstimmung würde man als Bürger die persönlich beste Lösung favorisieren, nicht die lauteste Partei. Man nennt das *direkte Demokratie*. Das können Sie, liebe Deutsche und Österreicher, vielleicht sogar hinbekommen. Der Zeitpunkt ist ideal, aber dazu müssten Sie Ihren Allerwertesten bewegen. Ich zweifle.

Abschließend muss man festhalten: Nicht jeder Politiker kann ein Visionär sein, aber manchmal reicht es ja schon, einen kleinen *Denkansatz* zu haben. Zwingen Sie deshalb Ihre Politiker zum Nachdenken, indem Sie ihnen die richtigen Fragen stellen. Lassen Sie sich nicht abwimmeln. Gehen Sie wählen, solange Sie noch dürfen. Wählen Sie die alte Garde ab. Geben Sie der AfD und der FPÖ eine Chance. *Geben Sie sich selbst eine letzte Chance.* In der Schweiz können wir relativ beruhigt weitermachen wie bisher, denn wir Bürger sind schließlich der Souverän, aber auch hier sind die Linken und Grünen eine latente Gefahr und bringen die direkte Demokratie an ihre Grenzen. Solange aber der Bürger politisch interessiert bleibt, hat unsere Demokratie eine gute Überlebenschance für die nächsten zweihundert Jahre. In Deutschland und Österreich sollte man vielleicht mal darüber nachdenken und darüber debattieren, ob eine *direkte Demokratie* machbar wäre. Die Menschen sind so weit.

Kaiserin Angela wird das mit allen Mitteln verhindern, denn folgende Weisheit steht für unsere Politik-Darsteller: *„Jeder lügt, so gut er kann, und alles, was wir machen, machen wir uns vor."* Ein paar Beweise? Nun, manche Politiker entlarvt man am besten, indem man sie einfach zitiert:

„Diejenigen, die entscheiden, sind nicht gewählt. Und diejenigen die gewählt werden, haben nichts zu entscheiden."
Horst Seehofer, CSU

„Denn wir haben wahrlich keinen Rechtsanspruch auf Demokratie und soziale Marktwirtschaft auf alle Ewigkeit."
Angela Merkel, CDU

„Und wir in Deutschland sind seit dem 8. Mai 1945 zu keinem Zeitpunkt mehr voll souverän gewesen."
Wolfgang Schäuble, CDU

„Der deutsche Nachwuchs heißt jetzt Mustafa, Giovanni und Ali."
Cem Özdemir, Bündnis90/Die Grünen

„Der Nationalstaat alleine hat keine Zukunft."
Kanzlerin Frau Angela Merkel, in der DDR-Führung sozialisiert und ausgebildet

Die Medien

„Wir haben zwar eine Pressefreiheit, aber keine freie Presse mehr. Wir Journalisten werden dafür bezahlt, die Wahrheit zu zerstören, unumwunden zu lügen, zu verleumden, zu pervertieren, die Füße des Mammons zu lecken und das Land zu verkaufen. Für unser tägliches Brot. Wir sind die Werkzeuge und Vasallen der reichen Männer hinter der Szene, wir sind intellektuelle Prostituierte."
John Swinton, ehemaliger Hauptleitartikler der New York Times, 1883

Tagebucheintrag Nr. 7: 2. April 2019:

Heute sitze ich als Passagier in einem Airbus A330 unserer Airline. Einmal im Monat fliege ich in der First- oder Business Class nach Asien zu meinem Arbeitsort. Die erste ist heute voll, also nehme ich in der zweiten Klasse Platz. Auch nicht schlecht. Neben mir sitzt ein freundlicher, junger Herr, der sich schon lange vor dem Boarding als Journalist zu erkennen gab. Sein Handy ist schon ganz heiß. Wir kommen schnell ins Gespräch. Das heißt, ich höre ihm gut zu und versuche zwischendurch, meine Sicht der Dinge beizutragen. Ich versuche ziemlich erfolglos, meine politischen Erfahrungen mit meinen unterschiedlichsten Gesprächspartnern in die Unterhaltung einfließen zu lassen. Keine Chance, denn der Schreiberling der größten deutschen Tageszeitung lässt sich nicht von seinem Kurs abbringen. Als ich ihn auf die europaweit agierende Geheimarmee GLADIO (ein *stay-behind*-Netzwerk von CIA und MI-6) anspreche, wirkt er kurz irritiert – er missioniert mich nun richtiggehend und korrigiert meine vorsichtig vorgetragenen Darstellungen mit einer gewissen Arroganz. Das erstaunt mich schon etwas. Er ist doch erst Anfang dreißig und somit kaum in der Lage, mittel- oder langfristige Geschehnisse der weltweiten Politik mit der nötigen Distanz zu betrachten. Jedenfalls hält er stur an seiner auswendig gelernten Rhetorik fest. Interessant. Nun, das kann ja heiter werden – zehn Stunden mit diesem umgepolten Schreiberling? Make the best of it. Ich beginne langsam, den Stiel umzudrehen und auf seiner Seite zu sein. Er kriecht mir auf den Leim. So bin ich nun, zumindest für die Dauer eines Langstreckenfluges, ein NATO-freundlicher EU-Armee-Befürworter und entschiedener Gegner Donald Trumps. Ich bin für die restliche Flugzeit glühender Anhänger Elon Musks und finde, dass Greta ihre Berechtigung hat. Auch Merkels Willkommenskultur macht für mich beim Überfliegen der mongolischen Grenze plötzlich Sinn. Über China stimme ich ihm sogar zu, dass wir noch mehr Windräder und Solaranlagen brauchen. Beim Öffnen der Flugzeugtür darf ich dann endlich wieder ich selbst sein. So muss sich also ein Politiker fühlen, der rechts denkt, aber links abbiegen muss. Der junge Journalist muss bis zum heutigen Tag glauben, dass ich seiner Meinung bin.

Wer sind eigentlich „Die Medien"?

Diese Frage ist komplex, aber mit gezielter Recherche weitgehend zu beantworten. Machen wir uns nichts vor, nur die wenigsten Menschen würden sich diese Frage überhaupt stellen. Es gibt heute keinen Anspruch mehr an die Medien. Ihr Nachbar und die meisten anderen Medienkonsumenten wollen nur noch einfache, plausible Informationen hören, die ihre Meinung bestätigen und zu ihrem Weltbild passen. Sie sagen sich: *Meine Meinung steht fest, stört mich nicht mit Fakten.* Von wem sie dieses Weltbild erhalten haben, interessiert sie gar nicht. Die Medien machen sich diesen Umstand seit über hundert Jahren äußerst erfolgreich zunutze und geben dem Konsumenten genau das, was er braucht. Andererseits unterliegen die gleichen Medien einer weitgehenden, von uns Mediennutzern kaum wahrgenommenen Gleichschaltung. Die Medien selbst unterliegen zunehmend einer auf den ersten Blick freiwilligen, jedoch streng ideologisierten Gleichschaltung. Diese betrifft vor allem die jungen Medienschaffenden. Die meisten dieser jungen Journalisten bemerken diese sanfte *Führung* nicht einmal, weil sie ja entsprechend journalistisch sozialisiert und von ihren Mentoren zielgerichtet erzogen werden. Die älteren Zeitungsmacher wissen genau, wovon ich spreche. Zudem erleben unsere Medien seit etwa zwanzig Jahren einen gewaltigen Umbruch in der Kommunikation, die in ihrer Intensität zuletzt bei Gutenbergs Erfindung des Buchdruckes stattfand. Das war im 15. Jahrhundert. Erst als um 1450 plötzlich auf jedem europäischen Küchentisch eine *Bibel* stand, wurde aus der Kirche, was sie bis heute ist: ein weltweites Machtzentrum.

Wir leben in einer Zeit, in der wir mit der massiven und gezielten technischen Störung der öffentlichen Sphäre umgehen müssen. Diese Störung heißt *Des-Information*. Wenn Sie ernsthaft glauben, Sie könnten einfach Ihre Tageszeitung lesen, um einigermaßen informiert zu sein, sehen Sie sich leider getäuscht. Wir leben am Ende einer Medien-Reformation, und fast keiner bemerkt es. Das beantwortet noch nicht, wer die Medien sind. Ich möchte Sie um etwas Geduld bitten, denn diese Analyse braucht seine Zeit. Es wird spannend. Sobald Sie dieses Kapitel verstanden haben, werden Sie umgehend sehr viel mehr Zeit für sich und Ihre Familie haben. Das Geld für die Zeitungsabonnements sparen Sie sich obendrein, teilweise wenigstens. Vor allem aber werden Sie wieder Herr Ihrer Gedanken, auch die Damen unter Ihnen.

Mit dem Zweiten sieht man besser

Früher galt: *Ein guter Journalist hält Distanz und macht sich nicht gemein mit einer Sache, auch nicht mit einer guten! Journalisten sind idealerweise ausschließlich Berichterstatter. Lobbyisten, Parteizentralen und die Marketingabteilungen der Industrie sollten für Journalisten tabu sein.* Nun, das sieht heute ganz anders aus. Abgesehen davon, dass genau die eben Genannten dafür sorgen, dass die Zeitungen und Fernsehanstalten genug Geld in ihrer Kriegskasse haben, sehen wir uns mit einer neuen Art des Billigjournalismus konfrontiert – mittlerweile müssen nämlich viele Medienfachleute *freiberuflich* arbeiten. Somit haben die Zeitungen und Fernsehanstalten *keinen Einfluss mehr* auf deren lukrative, journalistische Nebenbeschäftigungen. Ein politisch korrektes Beispiel mit Migrationshintergrund ist *Dunja Hayali*, Teilzeitmoderatorin beim ZDF, Buchautorin und bekennende Lesbe. (Hat sie denn was angestellt?) Frau Hayali ist so ein eifrig Geld scheffelndes Links-Außen-Ideologie-

Früchtchen mit irakischen Wurzeln. Das volle Programm also. Ein Schelm, wer Böses dabei denkt, aber ich werde mich hüten, Frau Hayali hier zu diffamieren. Ein Facebook-Nutzer hat schon eine Klage am Hals. Es könnte ihn bis zu 250.000 Euro kosten, falls er sie nochmals politisch unkorrekt kommentiert. Diese Information ist frei verfügbar und nicht ohne Grund bei Wikipedia nachzulesen. Die versteckte Drohung muss ja irgendwie publik gemacht werden. Somit wissen wir alle nicht mehr so genau, wer sich hinter den netten, stets freundlich lächelnden Moderatorinnen und Moderatoren verbirgt. Nun, bei Dunja Hayali scheint sich die Schlinge langsam zuzuziehen. Die Fernsehzuschauer haben offenbar die Schnauze voll von ihr. Die Stimmen nach einem Rausschmiss werden lauter, zumindest im Internet. Meine Einschätzung: Ihr Kopf wird nicht rollen, weil sich der öffentlich-rechtliche Rundfunk nicht dazu durchringen wird. Ein solches Bauernopfer könnte einen Dominoeffekt auslösen. Außerdem sitzen die Fernsehanstalten so etwas aus. Nur so viel: Liebe ARD und ZDF, SRF und ORF, wir alle wissen natürlich auch, dass man vom Fernsehkonsumenten nicht erwarten kann, dass er jeden Wetterfrosch googelt. Transparenz müsste also fairerweise von Euch, den Öffentlich-Rechtlichen kommen. Das wird niemals geschehen. Deshalb, liebe Leser, tun Sie es trotzdem: Googeln Sie *Claus Kleber, Marietta Slomka, Anja Reschke, Ingo Zamperoni* und alle anderen Moderatoren während der Werbepause. Die Verbindungen der Medienleute zu verschiedenen Organisationen werden dann auch Ihr Bild von Ihrem Lieblingsmoderator ins richtige Licht rücken. Dass viele dieser Protagonisten Mitglied der *Atlantik-Brücke* sind, scheint offenbar niemanden zu stören – das außenpolitische Narrativ ist jedenfalls immer betont NATO- und US-freundlich. Nein, ich habe weder gegen die NATO noch gegen die USA etwas, aber etwas mehr Ausgewogenheit würde auch dem latent schlechten Ruf von ARD und ZDF entgegenwirken. Deren klar *tendenziöse* Berichterstattung fällt dem müden Fernsehzuschauer schon gar nicht mehr auf. Also, alles gut? Einleuchtend scheint mir jedenfalls eines zu sein: Von einem klaren Bildungs- und Informationsauftrag der öffentlich-rechtlichen Medienanstalten dürfen wir weiterhin träumen. Zwangsgebühren dürfen wir hingegen auch in Zukunft brav bezahlen – in der Schweiz, in Österreich und in Deutschland. Unsere drei staatlichen Fernsehanstalten schwimmen im Geld. Alleine das deutsche Staatsfernsehen bekommt jährlich acht Milliarden Euro von den GEZ-Milchkühen. Ja, ich meine Sie, muh. Den freien Wettbewerb haben die Staatsfunk-Anstalten nie kennen gelernt, denn unser Staat hält seine schützende Hand über sie und stopft Milliarden in den Wasserkopf der Intendanten, Chefredakteure, Programmdirektoren, Produktionsdirektoren, Fernsehräte und Starmoderatoren. Deshalb nochmals: Investieren Sie Ihre kostbare Zeit und googeln Sie, mit wem diese Figuren Ihres Lieblingssenders verbandelt sind. Der weitgehend unabhängige schweizerische Medien-Navigator schafft etwas Transparenz.[10] Das wird Sie vielleicht eine halbe Stunde kosten, diese sparen Sie aber wieder ein, weil Sie den Fernseher nicht mehr zu Informationszwecken einschalten werden. Die Tagesschau und die Talkshows können Sie sich in Zukunft schenken.

Die mediale Symbiose von Politik, Wirtschaft und Volk funktioniert natürlich nur, solange die Bürger ihre Gebühren zahlen und die Fernseh-Macher brav berichten, was in den schmalen Meinungskorridor der Politik, Wirtschaft und Obrigkeit passt. Diese Vernunftehe ohne Trauring besteht seit dem Zweiten Weltkrieg. Dass damit dem *Haltungsjournalismus* Tür und Tor geöffnet wird, kann auch nur mir einfallen. Der ominöse *Kampf gegen Rechts* ist so eine ideologisch vorgegebene Haltung, auch der Umweltschutz oder vielmehr der *vom Menschen verursachte Klimawandel*. Sind ARD und ZDF, ORF und SRF also nichts weiter als das vom Bürger finanzierte Fernsehprogramm der Linken, Grünen und Guten? Teilweise schon. Frage: Warum wohl sind immer dieselben zwanzig Gäste-Köpfe in den Talkshows am Bildschirm zu sehen? Klar, das ist purer Zufall, ich weiß. Dass diese zwanzig Diskussionsteilnehmer zu achtzig Prozent linksliberal, rot und grün sind, hat dann wohl mit meiner latenten Farbenblindheit zu tun. Bitte vergessen Sie nicht, dass ich Flugzeugführer bin. Die restlichen zwanzig Prozent sind Figuren, die sich mit ihrem Schönsprech und ihrer Politischen Korrektheit einen höheren Job erhoffen. *Norbert Röttgen* ist so ein Exemplar. Er möchte gerne Kanzlernachfolger von Angela Merkel werden.

Muttis *Klügster* wurde er schon genannt. Ach noch was: Röttgen ist stellvertretender Vorsitzender der *Atlantik-Brücke*. Die Zufälle mehren sich.

Dass ich diese Zeilen mitten im Territorium des Klassenfeindes schreibe – ich sitze wieder einmal im Restaurant *Funkhaus* des linksgrünen WDR in Köln –, ist wirklich ein reiner Zufall. Der Kaffee, das WLAN und die Bedienung sind hervorragend. Sind die Medien also mein Feind? Zuerst vielleicht etwas Aufklärung: Die Medien haben *nicht* die Aufgabe, uns Bürgern die Wahrheit zu sagen. Dazu fehlt ihnen größtenteils die fachliche Kompetenz, aber auch das moralische Bewusstsein. *Lügenpresse* ist somit ein Rohrkrepierer. Die Medienwelt ist ziemlich komplex. Wem gehören sie, die Medien? Eines vorneweg: Gesichert kann man sagen, dass es hauptsächlich uns unbekannte, wohlhabende Familien sind, die ihre und andere Interessen mit Hilfe ihrer Zeitungen und Fernsehstationen und der massiven Einflussnahme der Politik durchsetzen. Die Medien sind somit die Vorstufe zur wirklichen Macht im Staate, der Obrigkeit. Das Ganze hat natürlich Kalkül, denn die Medien sind nicht nur die Verbreiter einer bestimmten Ideologie, sondern auch ein lukratives Business. Dieses Business generiert seit Jahrzehnten sehr viel Geld. Als Bürger bezahlen wir die Medien, damit wir von ihnen exakt die Informationen bekommen, die von der Obrigkeit gewünscht werden. Unser Meinungskorridor wird von ihnen sehr genau abgesteckt. Als Bürger bezahlen wir auch die Politiker, die die Ideologien der Obrigkeit in ihren Scheindebatten umsetzen. Wir sollen schließlich glauben, dass für uns Bürger gekämpft wird. Dass wir das Ganze kaum durchschauen, ist unserem etwas antiquierten Verständnis von Recht und Ordnung geschuldet. Ich bin mir völlig bewusst, dass ich Ihnen mit dieser *Verschwörungstheorie* einiges zumute, aber jede Ideologie braucht schließlich eine Verschwörung, damit sie unerkannt bleibt. Denken Sie in Ruhe darüber nach. Die Welt ist ein kompliziertes Theater geworden. Versuchen Sie, diesen Gedanken mit der unbequemen Tatsache zu verknüpfen, dass Deutschland seine Schulden während der Kanzlerschaft von Frau Merkel-Kasner verdoppelt hat.

Die Verschwörung erscheint somit plötzlich in einem etwas anderen Licht. Die Medien sind stark hierarchisch, fast militärisch aufgebaut. Sie dienen, neben der Politik, als zweite Kampflinie der herrschenden Elite. Es ist wichtig, diesen Umstand möglichst glaubwürdig zu vertuschen. Die Medien gehen deshalb mit einer langzeiterprobten List vor, die sich die Nachteile unseres Kurzzeitgedächtnisses zu Nutze macht: In regelmäßigen Abständen darf beziehungsweise muss ein winzig kleiner Teil der Elite mit größtmöglicher Vorsicht durch den medialen Kakao gezogen werden. Damit bleibt man glaubwürdig und wird vom drögen Bürger weiterhin brav konsumiert. Das *betreute Denken* soll schließlich nicht auffliegen. Dass politische oder gesellschaftliche Intrigen manchmal etwas überspitzt dargestellt werden, trägt zur allgemeinen Belustigung, aber auch zur Glaubwürdigkeit bei und verwischt den Verdacht jedweder Verbindung zur Elite.

Um als Fernsehanstalt oder Zeitung erfolgreich zu bleiben, muss deshalb qualitativ hochwertig gelogen werden, was das Zeug hält. Lügen gehört natürlich auch zum Anforderungsprofil anderer Berufe, die meist ein minderwertiges Produkt an den Mann bringen müssen – ich denke da an Pfarrer, Staubsaugerverkäufer oder Versicherungsvertreter. Gemeinsam an der Spitze dieser teilweise recht zwielichtigen, medialen Berufsgattungen stehen natürlich – Wer hätte es gedacht? – die Spitzenpolitiker. Nochmals: nicht die auf kommunaler Ebene fleißig arbeitenden Räte, Bürgermeister oder Gemeindepräsidenten, denn diese müssen uns Mitbürgern ja täglich aufrecht Rede und Antwort stehen. Tun sie es nicht, werden sie von uns Bürgern im schlimmsten Fall nicht mehr gegrüßt, in Italien vielleicht mit einem Betonsockel versenkt. Aber so ab nationaler Ebene werden Seilschaften und somit auch die Gefahr von Fremdbestimmung immer wahrscheinlicher und vor allem auch lukrativer. Wer ist in diesen schwierigen Zeiten schon unbestechlich, Don Alfredo? Nein, wir haben noch keine sizilianischen Verhältnisse bei uns. Noch nicht.

Die Medien – sie produzieren und gestalten also im Auftrag verschiedener Interessengruppen und in gut austarierter Abstimmung mit der genannten Atlantik-Brücke eine veröffentlichte Meinung. Diese veröffentlichte Meinung wird so lange wiederholt, bis sie zur öffentlichen Meinung wird. Sie bemerken den semantischen Unterschied. Reichspropagandaminister Joseph Goebbels war vor bald hundert Jahren ein Genie auf der Klaviatur der Volksmanipulation. So wie damals kann auch der heutige, durchschnittliche Zeitungs- und Tagesschau-Konsument den Unterschied zwischen öffentlich und veröffentlicht kaum feststellen, weil die Dosis der Meinungsmanipulation homöopathisch, also extrem gering, aber eben doch sehr wirkungsvoll ist. Mit psychologisch gezielten und redaktionell kaum erkennbaren Manipulationstechniken werden wir dauernd und mittlerweile schmerzfrei an der Nase herumgeführt. Die tendenziöse Berichterstattung mit Hilfe von psychologisch und schauspielerisch geschulten Journalisten gehört zum Fernsehbusiness. Ganze Propagandabotschaften werden dem müden Bürger zur besten Sendezeit über seine Augen und Ohren vermittelt.

Der österreichisch-amerikanische Werbekönig Edward Louis Bernays, Neffe von Sigmund Freud, sagte: „*Propaganda existiert überall um uns herum. Sie ändert das Bild, das wir uns von der Welt machen. Wenn wir den Mechanismus und die Motive des Gruppendenkens verstehen, wird es möglich sein, die Massen, ohne deren Wissen, nach unserem Willen zu kontrollieren und zu steuern.*" Joseph Goebbels studierte Bernays Bücher bis ins letzte Detail und missbrauchte die Botschaft für den Nationalsozialismus. Er perfektionierte die Propaganda. Sie muss nicht wahr sein, sondern hundertfach wiederholt werden. Die Propaganda funktioniert bei jedem Menschen, egal wie intelligent er ist. Mit sprachlichen Techniken werden wir für ausgewählte Themen sensibilisiert, auch die psychologischen Tricks sind längst bekannt: Es fängt mit der einseitigen Themenauswahl an, geht über die manipulative Wortwahl, Suggestionen und Assoziationen weiter und endet mit dem emotionalisierenden Kommentar eines anerkannten Korrespondenten oder langjährigen, vertrauten Tagesschau-Sprechers – *Claus Kleber* wird uns doch nicht belügen. Dann werden Diskussionsrunden mit ausgesuchten Teilnehmern veranstaltet. Dabei ist es hilfreich, eine attraktive Moderatorin mittleren Alters einzusetzen. Die Glaubwürdigkeit wird damit erhöht, und zudem sehen sich auch die Frauen solche Sendungen an. Dass die

Moderatorinnen von der Regie über Funk klare Anweisungen bekommen, wie die Diskussion im Rahmen gehalten wird, ist leicht herauszufinden: Der Griff ans Ohr verrät sie manchmal. Die Choreografie ist minutiös abgestimmt, die Bilder im Studiohintergrund sind überzeugend. Die Einspielungen verdienen einen Oscar – manipulative Bildbearbeitung, manipulative Falsch-Übersetzungen, manipulative Suggestionen, eine betont langsame und schwere Stimme des Kommentators und eine traurige, emotionalisierende Hintergrundmusik stimmen den Zuschauer darauf ein, wie er zu denken hat. Mit diesem Propaganda-Effekt wird uns täglich etwas eingetrichtert, ohne dass wir es bemerken. Nicht nur Talkshows, sondern auch die Fernseh- und Radiobotschaften sind immer mit den anderen Mitgliedern des atlantischen Bündnisses abgestimmt.

Die Printmedien tun dasselbe und verleihen den Fernseh-Botschaften eine gewisse Legitimität und Nachhaltigkeit – quasi schwarz auf weiß. Schlagen Sie mal nach, was *Framing* in der Sozialwissenschaft bedeutet. Ich habe unzählige Zeitungsartikel und Tagesschau-Beiträge untersucht und komme zu dem Schluss, dass es reine Zeitverschwendung ist, diese manipulierten Plattformen zu konsumieren. Gehen Sie in die Kneipe nebenan und diskutieren Sie über Fußball oder schöne Frauen. Ihr Leben wird ein neues sein. Weigern Sie sich, in der Kaffeepause über die Talkshow der drei TV-Gouvernanten zu plaudern. Reden Sie über sich und die Welt, das entspannt und verbindet. Alles andere spaltet. Hier könnte das Kapitel eigentlich schon beendet werden, doch leider sind wir allesamt Informationsjunkies. Ja, auch ich. Versuchen wir gemeinsam, von dieser Droge etwas wegzukommen.

In meinem Freundeskreis habe ich *einen kleinen Test* gemacht. Im Internet sprachen die Veranstalter der Corona-Demos in Berlin (29. August 2020) von etwa einer halben Million besorgter Bürger, die gegen die unverhältnismäßigen Corona-Einschränkungen der Bundesregierung demonstrierten. Die Polizei sprach hingegen von nur 18.000 Demonstranten, die gemäß ihrer Logik vor allem der rechten Ecke zugeordnet wurden. So stand es in den Zeitungen, so berichteten ARD und ZDF. Ob es in der Tat die Logik der Polizei war, wage ich zu bezweifeln. Fakt ist, dass hier zwischen Staat und Bürger eine riesige Lücke klaffte. Die Fotos der Kundgebung ließen die Medien schlecht aussehen: Nicht nur die Masse war erkennbar um Faktoren größer, sondern auch die DNA der randalierenden Demonstranten zeigte ein anderes Bild – es waren vor allem Linkspopulisten, die die Kundgebung der besorgten Bürger stören wollten. Nach kurzer Zeit war klar, dass es hunderttausende gewesen sein mussten. Ein Zurückkrebsen wurde von den Medien aber nicht in Erwägung gezogen. Ich schickte meinen Freunden eine E-Mail, in der das Organ *Correctiv* einen angeblich objektiven Faktencheck durchführte. Diese Gruppierung wird sehr oft, unter anderem auch vom deutschen Fernsehen, zu Rate gezogen. Durch diese E-Mail konnte ich feststellen, ob sich mein Freundeskreis von mir bzw. von *Correctiv* umstimmen ließ und somit eher die Polizeiangaben als die Wahrheit empfand. Die Meinungen waren geteilt, mit leichtem Vorsprung für die Polizei- und Medienversion. Als ich ihnen etwas später meine Fünf-Minuten-Recherche über *Correctiv* zukommen ließ, waren sie dann doch einigermaßen überrascht – über *Correctiv*, aber wahrscheinlich auch über ihre eigene Leichtgläubigkeit.

Nun, wer ist denn eigentlich diese Firma, und wer bezahlt sie? Die deutsche Version von Wikipedia, eine in Ideologiefragen nicht über alle Zweifel erhabene Plattform, nennt, aus welchen Gründen auch immer, die Geldgeber von *Correctiv*. Es sind die bekannten Verdächtigen: Unter ihnen befinden sich klingende Namen wie etwa die *Rudolf Augstein GmbH* (Der Spiegel) oder die *Deutsche Telekom*. Auch Frau *Anneliese Brost* (WAZ-Verlagsgruppe) zahlt anständig: 3,7 Millionen Euro. *George Soros* und Herr *Reemtsma* (Klimawandel-Gönner von Greta Thunberg) sind mit fetten Beiträgen dabei. Nicht überraschend sind auch *Facebook* mit 100.000 Euro und *Google* mit 370.000 Euro bei *Correctiv* mit an Bord. So viel also zum „objektiven Correctiv-Faktencheck". Offenbar wird hier seit Jahren eine geballte Ladung an Meinung verkauft. Wie Sie spüren, wird es zunehmend schwierig, den gesunden Menschenverstand zu konsultieren, wenn man sich nur einseitig informiert. *Auch unser Bauchgefühl braucht schließlich korrekte Informationen.* Das ist leider grundlegend anders als noch vor dreißig Jahren. Sich die korrekte Information zu besorgen, erfordert Ihre werte Zeit, liebe Mitbürger. Die eigene Meinung muss man sich in diesem Jahrtausend hart erarbeiten. Man kann sie natürlich auch bequemerweise vom Mainstream übernehmen und mitschwimmen. Die meisten Menschen tun das. Es tut nicht weh. Noch nicht.

Wir können unsere Welt nur über die Medien erfahren, das Fernsehen also, Radio und die Zeitungen. Dieser Satz stimmte im letzten Jahrhundert. Heute haben wir zusätzlich die asozialen Hetzwerke, die sozialen Netzwerke natürlich. Sie gehören auch zu den Medien, von uns mitgestaltet und von den Medien ausgewertet. Um aus den sozialen Netzwerken die richtige Information herauszufischen, benötigt man sogar noch mehr Zeit, als wenn man einfach den Fernseher anmacht und sich bei Bier und Chips eine plausible Meinung eintrichtern lässt – eine Meinung übrigens, die gesellschaftlich zumeist auch sehr gut ankommt, vor allem bei Freunden, Bürokollegen und Vereinsmitgliedern. Sie alle tun schließlich genau dasselbe. Wir sehen uns die Welt durch die *Brille der Mainstream-Medien* an. Auch dieses Buch ist da keine Ausnahme, nur damit wir uns nicht falsch verstehen. Wie schon anfangs erwähnt: Sie kennen mich ja nicht einmal. Wieso sollten Sie ausgerechnet *mir* glauben? Nur weil meine Berufsgruppe der Luftkutscher, neben den Feuerwehrleuten und den Krankenschwestern, zu den vertrauenswürdigsten gehört? Das ist übrigens nur ein kleiner Teil von Berufsgattungen, denen Sie blind vertrauen müssen, ob Sie es wollen oder nicht. Aber warum sollten Sie einem Journalisten glauben? Und warum nicht? Man kann heute mit einem bisschen Mehraufwand sehr oft an die richtige, echte Information gelangen. Es ist in der Tat hauptsächlich nur eine Zeitfrage und hat mit Intelligenz nur ganz am Rande zu tun. Diese haben Sie zweifellos, aber haben Sie die Zeit für die Recherche? Eben.

Haben Sie sich schon mal überlegt, wer uns zwingt, über jeden Mist eine Meinung zu haben? Wer sagt uns denn, worüber wir uns mit Freunden am Stammtisch oder mit Kollegen in der Kaffeepause zu unterhalten haben? Wer erklärt uns denn die Welt und schlägt uns vor, was gerade *angesagt* ist? Genau, die Medien. Das ist nicht erst seit Gutenberg so. Dabei meine ich den Erfinder des Buchdruckes und nicht etwa den Erfinder des Plagiats. *Dr. Karl-Theodor Freiherr von und zu Guttenberg* war meines Erachtens ein vergleichsweise fähiger Politiker. Er sollte unbedingt wieder in den Bundestag. Aber das wird er sich wohl nicht mehr antun, ich verstehe ihn.

Zurück zu den Medien und deren Meinungsmache: Schon bei den alten Griechen war es so, dass sie die *News* erst dann als solche verbreiteten, nachdem sie ausreichend darüber reflektierten und somit dem Volk um mindestens einen Schritt voraus waren. Die Philosophen ergänzten ihre Thesen dann vor allem durch gehörte Geschichten und weitergegebene Mythen. Die haben unmöglich alles selbst erlebt. Früher war die Literatur die moralische Anstalt und genoss zurecht einen guten Ruf, heute sind es die moralisierenden Medien, die sich um so etwas antiquiertes wie einen Ruf nicht scheren müssen. Bei den Medien geht es heute in erster Linie nicht mehr um Information, sondern um Propaganda und um viel Geld, sehr viel Geld. Der deutsche Medien- und Kommunikationstheoretiker *Professor Norbert Bolz* meinte schon vor Jahren sinngemäß: „*Wer nach Moral ruft, will Ihnen das Denken ersparen.*" Idealerweise hätten wir heute eine *neutrale Berichterstattung*, die durchaus langweilig sein dürfte, dafür inhaltlich näher an der Wahrheit wäre. Daneben hätten wir dann die *Meinung* der Zeitung oder der Zeitschrift oder von mir aus den *Kommentar* am Schluss der Tagesschau. Wichtig wäre dabei, dass immer klar ist, wann eine Meinung gesagt wird und wann die Fakten geschildert werden. So wäre es auch für den normalen Bürger wieder möglich, sich seine eigene Meinung zu bilden. Das ist leider nicht mehr gewollt. Die Journalisten wollen nicht mehr aufklären, sondern sie wollen recht behalten. Der heutige Journalismus hat nicht einmal mehr den Anspruch, neutral zu sein. Unsere Starjournalisten sind teilweise sogar fanatische Eiferer, die die Leser und Fernsehzuschauer offenbar gar nicht mehr brauchen. Das Geld kommt ja reichlich vom Staat. Dadurch wird die einstmalige *vierte Gewalt* zur repressiven Gewalt. Die Medien spalten das Volk in vollem Bewusstsein.

Also, back to reality: Als schlecht getarntes Ablenkungsmanöver treiben unsere medialen Brunnenvergifter jede Woche eine neue Sau durchs Dorf. Wir amüsieren uns dabei gelegentlich oder ärgern uns gemeinsam darüber. Auf jeden Fall lässt es uns emotional nicht kalt, obwohl wir mittlerweile merken müssten, dass diese Geschichten sich im Nachhinein praktisch immer als leere Provokationen herausstellen. Genau darum geht es den Medienschaffenden ja. Das Ritual der Einnahme dieser täglichen Dosis an spaltender Information nehmen wir bereits als von Gott gegeben hin. *Man muss doch informiert sein.* Wirklich? Uns ist doch schon gar nicht mehr bewusst, wozu wir eine Zeitung lesen oder warum wir uns die Tagesschau ansehen. Wir klicken täglich mehrmals auf die *News* und sind enttäuscht, wenn es keine Sensation zu lesen gibt. Jeder von uns leidet offenbar an einem unterschiedlichen Stadium seiner Mediensucht. Das tägliche journalistische Opiat der Mainstream-Medien und der lyrische Erguss gewisser Kolumnisten scheinen uns nicht loszulassen. So wie ich das von meiner Alm aus überblicke, sind die Medien aber bloß die Vasallen der wirklichen Macht. Vom kleinen Journalist bis hinauf zum Chefredakteur – sie alle glauben, dass sie eine wichtige Rolle spielen. Ich denke, dass das eine Fehleinschätzung ist. Sie sind höchstens die Handlanger, die Knechte der wirklich Mächtigen. Zudem unterwerfen sich die Massenmedien dem selbst auferlegten Drang, täglich oder sogar stündlich eine neue Hiobsbotschaft, eine Katastrophe oder zumindest eine politische Indiskretion zu verbreiten. Und wenn nichts passiert, werden die Geschichten halt erfunden – ihre Redaktions-Schubladen sind voll davon. Als jüngstes Beispiel dieser journalistischen Hetze könnten wir über die *angebliche* Rassendiskriminierung sprechen.

Na, haben Sie schon einen erhöhten Blutdruck? Versuchen wir, sachlich zu bleiben. Erinnern wir uns an den natürlich völlig *zu unrecht* getöteten George Floyd. Seinen Namen kennen wir, aber kennen wir auch den Namen des *von einem Muslim* in Paris geköpften Geschichtslehrers? Er hieß *Samuel Paty* (47), und mit ihm starb am 16. Oktober 2020 die Meinungsfreiheit in Frankreich. *Die Lehrerschaft wird in Zukunft brav islam-konform unterrichten, auch bei uns.*

George Floyd also... Ein nicht über jeden Zweifel erhabener Polizist tötete ihn bei seiner Festnahme, indem er ihm mit seinem Knie so lange auf den Hals drückte, bis er starb. Dass die US-Polizisten teilweise rassistisch sind, möchte ich gar nicht bestreiten. Was dann aber die Presse daraus machte, war typisch für ihren Berufsstand. Mit Hilfe der immer wieder zündelnden Schwarzen-Organisationen, an ihrer Speerspitze *Prediger Al Sharpton*, forcierten die Medien einen weltweiten Aufruf zur Solidarität mit den Schwarzen in den USA. Nun, ich habe insgesamt ein paar Jahre in Amerika verbracht und kenne das Land möglicherweise besser als die meisten unserer jungen und linken Journalisten.

Ich fliege jeden Monat mindestens einmal in die USA und habe unter anderem auch viele Stunden mit Landstreichern, den *Homeless People*, verbracht und mit ihnen bei McDonalds ein paar Burger verdrückt. Dabei erzählten sie mir einige Geschichten – teilweise wahr, teilweise fantasiert. Ich kenne ihre Version des „Amerikanischen Traums". Von Rassendiskriminierung war nie die Rede. Ich habe auch monatelang in den überteuerten, von Security bewachten *Golfplatz-Ghettos* verbracht. Wir wohnten im Nachbars-Golfclub von Bill Gates in *Palm Desert*, Kalifornien. Dabei lernte ich den einen oder anderen Milliardär, Filmfritzen und Politiker kennen – alles Weiße. Beim gemeinsamen Essen oder auch auf der Golfrunde wurde mir ihre Sichtweise über die Schwarzen in den USA kristallklar mitgeteilt. Ich würde keinen von ihnen als Rassisten beschreiben, sie alle haben einfach die Schnauze voll von den hauptsächlich *von Schwarzen verübten Straftaten* in ihrem Land.

Vom Einbruch bis zum Mord – die Gefängnisse sind voll, überwiegend mit Schwarzen. Deswegen igeln sich die Reichen in ihren Villen ein. Dass es in den USA viele Ungerechtigkeiten gibt, ist naheliegend. Aber dass die Rassenfrage nur dazu benutzt wird, eine politische Kraft zu werden, ist offensichtlich. Natürlich wird das bei uns anders dargestellt. Unsere linken Medien versuchten zwanghaft, die Rassenfrage Donald Trump anzuhängen. Eines muss man den Anführern der *Black-Lives-Matter*-Bewegung lassen: Sie haben es in jahrelanger Arbeit geschafft, ihre Rasse als Opfer darzustellen. Heute ist es sogar so, dass die Schwarzen in Amerika mittlerweile als *Untouchables* gelten – niemand wagt es, über Schwarze zu reden oder sie gar zu kritisieren, weil man sofort ins Rassisten-Lager gesteckt wird. Das kann teuer werden in den USA. Wer schwarz ist, hat heute *bessere Berufsaussichten* als ein Weißer.

Am besten sichtbar wird diese angeblich politisch korrekte Sache am Bildschirm. Die amerikanischen Fernsehstationen müssen zunehmend Schwarze beschäftigen, weil sonst die Rassismus-Keule droht. Auf der anderen Seite haben die Weißen zunehmend Angst, ihre Jobs zu verlieren, nur weil sie ihre Meinung kundtun. Also bleiben sie still. Die aufgezwungene *Political Correctness* wird von den Schwarzen schamlos als Machtstrategie missbraucht. Dass sie sich deshalb zu einer neuen Kraft mausern, liegt im Bereich des Möglichen. Dass diese Heuchelei Sprengstoff für Unruhen bietet, ist für jeden erkennbar und von den Medien gewollt. Die Demokraten sind sich nicht zu schade, auch aus diesem Chaos Wählerstimmen zu generieren. Der Dumme bleibt der Schwarze, metaphorisch gesehen. Ich muss schließlich auch aufpassen, was ich sage. Ich finde, dass die *White-Lives-Matter*-Bewegung genau so ihre Berechtigung hätte wie die *Black-Lives-Matter*-Bewegung. Dass es weder die Politiker der Demokraten noch die der Republikaner juckt, was weit unten im Volk passiert, ist anzunehmen. Brot und Spiele? *Unsere deutschsprachigen Staatsfernsehen und Leitmedien haben auch aus diesen fernen Problemen ein europäisches gemacht.* Obwohl wir kaum Schwarze in unserer Gesellschaft haben und diese wenigen auch kaum diskriminiert werden, werden wir immer wieder mit diesem Mist beschäftigt. Unsere Gutmenschen in Deutschland, Österreich und in der Schweiz verlangten bei BLM-Demonstrationen, dass auch wir *niederknien* sollten, aus Solidarität. Tatsächlich fanden sich für diesen Unfug Heuchler zuhauf. Es waren die exakt gleichen Menschen, die gegen den Klimawandel und für die Flüchtlinge auf die Straße gingen. Ich würde niemals für eine Sache auf die Knie gehen, die mich nichts angeht – außer ein Schwarzer oder ein durchgeknallter Gutmensch würde mir eine *44er Magnum* an den Kopf halten. Aber da wird wohl jeder gesprächsbereit.

Ach ja, damit wir noch ein bisschen Hintergrundwissen über den Schwarzen George Floyd erhalten: Der Ermordete war ein Berufsverbrecher und Hip Hopper. Er verbrachte viele Jahre im Knast. Insgesamt musste er fünf Mal ins Gefängnis, einmal sogar für fünf Jahre. Ich habe nachgeforscht: Seine Richter waren überwiegend schwarz. Von einem Märtyrer zu sprechen, kann also nur einem *zündelnden Journalisten* oder einem schwarzen Prediger einfallen, der davon lebt, dass das Rassenproblem eines bleibt. Dass die Schwarzen in den USA nur gerade mal 15 Prozent der Einwohner stellen, aber jeder zehnte von ihnen schon mal im Gefängnis war, liest man kaum. Wir sprechen hier von fünf Millionen Straftätern. Dass Schwarze vor allem Schwarze töten, passt auch nicht ins Weltbild der Linken. Dass die überwältigende Mehrheit der von Polizisten getöteten Schwarzen von *schwarzen Polizisten getötet* werden, muss dann wohl auch Fake-News sein. Nein, Claus Kleber würde so etwas nie verbreiten. Er würde uns auch nie offenbaren, dass die Schwarzen vor allem in den US-Südstaaten bevorzugt *konservative, weiße Republikaner* wählen. Das passt nicht in sein von ihm mitverfasstes Weltbild.

Die Medien also... Womit beliefern sie uns denn? Mit Nachrichten, Fakten oder gar mit der Wahrheit? Natürlich nicht – wozu denn auch? Wes' Brot ich ess, des' Wort ich schreib. Das ist keineswegs etwas Neues. Im Mittelalter durfte der Hofnarr auch nur sagen, was ihm der König erlaubte. Ja, ich weiß, die Geschichtsschreibung denkt hier anders. Aber überlegen Sie sich mal für eine Sekunde, was ein ehrlicher Hofnarr für den König bedeutet hätte. Eben. Auch die ersten Zeitungen der modernen Geschichtsschreibung hatten einen klaren Auftrag: Das Volk gezielt mit einer leicht zu verstehenden, plausiblen Meinung füttern, die Auflagen ausweiten und Macht konzentrieren! Als Steigbügelhalter der Politik, die ihrerseits Steigbügelhalter des Establishments ist, wurde der Journalismus schon früh zum Einflüsterer des ganzen Volkes. In homöopathischen Dosen, täglich verabreicht und in volkstümliche Sprache gegossen, wurde und wird das tumbe Gesinde willenlos und gefügig gemacht. Ziel ist es, sich den Menschen zum zuverlässigen, treuen Konsumenten heranzuzüchten und gleichzeitig eine Politik zu verbreiten, die die Macht der Obrigkeit zementiert. Dabei hilft die Werbung tüchtig und mit psychologischer Brillanz mit, die Wirtschaft am Brummen zu halten. Alle sind glücklich mit diesem unsäglichen Schulterschluss. Auch Sie – geben Sie es ruhig zu. Auch Sie sind ganz glücklich, wenn Sie im Internet nur wenig Werbung wegklicken müssen. Ich auch.

Ein Knebelvertrag, die Fußfessel für Journalisten

Man mag es nicht glauben, aber das war auch schon die gute Seite des Journalismus. Die schlechte Seite ist etwas komplizierter und nicht auf Anhieb zu erkennen. Grundlos gehen wir alle immer noch davon aus, dass es die Aufgabe des Journalismus ist, sachlich und neutral zu berichten. Wir wissen gleichzeitig, dass dies seit Jahrzehnten nicht mehr zutrifft. Dabei möchte ich an eine bekannte, vom deutschen Mainstream in die Verbannung gestoßene Journalistin erinnern. Die ehemalige Nachrichtensprecherin der Tagesschau und beliebteste Moderatorin Deutschlands erklärt in einer Viertelstunde auf Youtube (*Eva Herman* deckt auf), wie der deutschsprachige Journalismus heute funktioniert. Meine persönlichen Recherchen und Begegnungen mit unterschiedlichen Journalisten decken sich hier zu hundert Prozent mit Frau Hermans Erfahrungen. Sie sagt beispielsweise sinngemäß, dass die linksliberalen öffentlich-rechtlichen Fernsehanstalten eine ganz bestimmte Vertrags-Agenda einhalten müssen. Sie sollen in ihrer Berichterstattung das *Westliche Bündnis* bestätigen, weil nach dem Zweiten Weltkrieg die Regelungen für die wichtigsten Medienkonzerne und Journalisten in Deutschland ja *von den Siegermächten* neu entworfen und festgelegt wurden. In den Arbeitsverträgen für Journalisten werden die Redakteure, Korrespondenten und Qualitätsjournalisten zu diesen Vorgaben verpflichtet. Wer also lauthals gegen Russland kommentiert, für eine Massenmigration wirbt, den Klimawandel als vom Menschen verursacht darstellt oder das Konstrukt der Vereinigten Staaten von Europa fördert, *tut nur seine vertragliche Pflicht*. So viel zum Korsett des „freien" Journalismus. Diese Art von einseitiger Berichterstattung wirkt wie eine Gehirnwäsche. Ob es in Ihrem Land im Zeitalter des Internets immer noch einen öffentlich-rechtlichen Rundfunk braucht, überlasse ich Ihnen. Der unbequeme Verdacht, dass ein freier Journalismus in diesen Anstalten gar nicht mehr gewollt ist, scheint sich zu erhärten. Dass deren Mitarbeiter für ihre Ideoligienverbreitung auch noch unappetitliche, fürstliche Gehälter bekommen, sollte Sie zumindest ein bisschen ärgern. Wir alle bezahlen für unsere eigene Gehirnwäsche und erkennen die an der kurzen Leine gehaltenen Moderatoren auch noch als Promis an. Mit diesen speziellen Arbeitsverträgen mit den klaren Vorgaben kennt sich der Verbraucher naturgemäß nicht aus. Wozu denn auch? Menschen, die täglich ihr Lieblingsblatt per Smartphone, Tablet, am Laptop oder als Zeitung lesen, möchten sich damit nicht aufhalten. Wer als *Top-Journalist* in den Abendnachrichten der Tagesschau, des Heute-Journals oder der Zeit-im-Bild (ZIB, Österreich) unkritisch über die NATO-Kriegseinsätze mit insgesamt Millionen Toten berichtet, selbst wenn diese Angriffe nachgewiesenermaßen *widerrechtlich* stattgefunden haben, hält sich nur an seinen Arbeitsvertrag. Beispiel ZDF: Marietta Slomka und Claus Kleber lügen uns möglicherweise vertragskonform und mit Fug und Recht an. Das Gleiche gilt für Themen wie beispielsweise die Eurorettung, die Europäische Integration oder die unsägliche Flüchtlingsthematik. Journalistische Feder- und Maulhuren halten sich an einen Vertrag, der Denkverbote und Zensur als ureigenste Doktrin vorschreibt. Wer sich als Politiker für die europäische nationale Tradition und deren friedliche Versöhnung mit anderen Ländern ausspricht, hat umgehend den Stempel des Rechtsextremen auf der Stirn. Wer sich nicht explizit gegen Putin äußert, dem widerfährt Ähnliches. Wer hier eine Gleichschaltung der Medienvielfalt erkennt, liegt wohl richtig – *Medien-Einfalt* wäre angebrachter. Vergleichen Sie doch bitte mal die Texte in unseren Mainstream-Blättern, die ideologische Ähnlichkeit ist erschreckend.

Sollten wir uns weiterhin dieser permanenten Gehirnwäsche unterziehen, sehe ich kein gutes Ende. Wenn Sie jetzt aber denken, dass die modernen „sozialen Medien" davor gefeit sind – think again. Die gleiche Spezies von Journalisten wird seit geraumer Zeit als Fake-News- oder Hate-Speech-Polizisten eingesetzt (u.a. auch correctiv.org). Diese zündelnde Truppe setzt sich, wie schon erwähnt, aus führenden Mitgliedern der sogenannten Leitmedien zusammen: Spiegel, ARD, ZDF, Süddeutsche, TAZ, Stern, Bild und so weiter. Sollten Sie mal Zeit haben, dann lohnt es sich wirklich, dieses Säuberungskommando genauer anzusehen. Scary! Schauen Sie mal kurz rein, Sie haben Ihr Handy ja bestimmt zur Hand – very *handy*. Tiefe Abgründe tun sich da auf, eine ideologisch gefährliche Reise ins Mittelalter. Zensur ist hier erst der Anfang. Man erinnert sich an die dunkle Seite der DDR. Objektivität ist im heutigen Journalismus nicht mehr gefragt, obwohl das Volk danach dürstet. Nun, das könnte man wenigstens annehmen.

Wenn ich so durch die deutschsprachigen Innenstädte bummle, beschleicht mich allerdings das Gefühl, nur noch Medien-Zombies zu sehen. In der Schweiz oder in Österreich ist die Lage ganz ähnlich. Ich stehe also inmitten potenzieller Wähler und erkenne, dass für diese Art von Mitbürgern *die Unterjochung durch die Obrigkeit* wohl die beste Lösung sein wird. Hier bin ich nicht mal sarkastisch, leider. Die Ahnungslosigkeit des Otto Normalverbrauchers paart sich mit dem neuen Gutmenschentum. Die Lage ist fatal, ein schnelles Umdenken täte Not. Aber mal unter uns: Die Sache ist doch eigentlich schon gelaufen.

Trotzdem: Ich gebe nicht auf. Was ist also zu tun? Wir müssen uns erst einmal von jeder Art der Mainstream-Meinungsmache lösen. Ein erster Schritt ist, endlich Ihr Facebook-Konto zu kündigen. Wenn Sie es können. Mal ehrlich: Ist es nicht unwürdig, mit diesem Kinderkram Ihre wertvolle Energie zu verschwenden? Facebook macht Sie weder klüger, noch gibt es Ihnen das Gefühl, jünger zu sein. Schalten Sie Facebook aus und Ihr Gehirn wieder ein. Beschleicht Sie etwa die Angst, Ihre Facebook-Freunde zu verlieren? Die hatten Sie gar nie, und Sie wissen es. Zudem ist Facebook nichts anderes als freiwillige Stasi-Arbeit. Der ehemalige DDR-Führer *Erich Honecker* blickt in seinem Grab zufrieden nach Kalifornien, wo uns zwischen den beiden Gehirnhälften von Palo Alto und Cupertino gesagt wird, *was wir denken sollen*. Facebook, Google, Microsoft und Apple flüstern unseren Kids ein, was sie mögen sollen. Bezahlen tun es Sie, die Eltern. Nicht weitersagen.

Wenn man erkennen möchte, wer uns was zum Lesen auftischt, muss man schon etwas Hintergrundarbeit vollbringen. Ich übernehme im Moment diesen Part für Sie, aber nur als kleiner Anschub für Ihr künftiges Eigen-Engagement. Wie gesagt: Je besser Sie verstehen, wer sich hinter den News verbirgt, umso gelassener werden Sie diese Meldungen aufnehmen und einordnen können. Es passiert ja nicht dauernd etwas. Denken Sie an die Corona-Zeit. Streichen Sie jede mit Corona verknüpfte Meldung aus der Zeitung. Die Hälfte ist weg. Das gleiche Bild beim Fernsehen.

Tagebucheintrag Nr. 8: 28. Dezember 2018

An der Whisky-Bar des Hotels *Raffles* in Singapur, eine noble Adresse, lernte ich einen Journalisten der *Washington Post* kennen. Er war schon weit über sechzig, was in diesem Beruf unüblich ist. Dass diese Zeitung von Weltruf eher links zu verorten ist, ist ein offenes Geheimnis. Ich war also gespannt, was mir der Asien-Korrespondent nach dem gefühlt sechsten *Glengoyne 21 Years* zu erzählen hatte. Nach anfänglichen Belanglosigkeiten, dem üblichen Smalltalk und einer kurzen politischen Beschnüffelung legte er los: „*Alle Reichen sollte man auf den Mond schießen.*" Obwohl sich zwei adrett gekleidete Herren etwas angewidert zu uns wandten, schloss ich mich seiner mit 43 Prozent angereicherten Single-Malt-Meinung an. Er doppelte nach: „*Dieser Amerika-Ungar ist auch so einer.*" Bullseye! Reporter Steven T. aus Dallas, Texas, fing an zu erzählen: „*Weißt Du, auf der Suche nach der Wahrheit begegnet uns doch immer wieder dieser alte Amerikaner mit ungarisch-jüdischen Wurzeln. Wir alle kennen ihn doch, den György Schwartz.*" Ich erwiderte überrascht: „*Nie was gehört von einem György Schwartz.*" Er fuhr fort: „*Klar kennst Du ihn. Unter dem Decknamen ‚George Soros' hat der Milliardär seine gierigen Wurstfinger überall drin – von ‚Black-Lives-Matter' bis zu ‚Klimaretten', von den größten Zeitungen bis zu den Fernsehsendern. Er ist der Rupert Murdoch und Warren Buffet in Personalunion. Da ich mich mit ihm nicht anlegen möchte, setze ich auf Dein eigenes Gespür für Investigation und Nachforschung. Der Feind hört schließlich immer mit. Da drüben, diese zwei Sportsfreunde – beides Topmanager von GM, General Motors.*" Sie reagierten kaum. Steven T. schien George Soros also nicht besonders zu mögen. Natürlich zu Recht, wie ich meine.

Googeln Sie mal eine halbe Stunde quer durch die Internetseiten. Das reicht völlig, um solche Kreaturen zu entzaubern. Es reicht übrigens auch, um Österreichs Kanzler Sebastian Kurz in einem neuen Licht zu sehen. Seine Verbindung zu George Soros' *Open Society Foundations* muss wohl reiner Zufall sein. Auch seine Leichen wird man finden – zeitnah und hoffentlich nicht im Fritzl-Keller. Was vom über 90-jährigen George Soros übrig bleiben wird, ist die unsägliche *politisch korrekte Sprachregelung*, die eine normale Kommunikation untereinander gewollt behindert, ja sogar verunmöglicht. Tja, meine Damen und Herrinnen, so weit sind wir bereits. George Soros sei Dank. Dass er nebenbei *Google* mit Millionenbeträgen unterstützt, wird Sie kaum mehr überraschen. Beweise? Suchen Sie sich diese zusammen, solange es noch geht. Ein Tipp: Bei Google werden Sie nicht fündig. Was aber in fünf oder zehn Jahren im Internet noch erlaubt sein wird, können Sie sich selbst ausmalen. Sie sind schließlich intelligent genug, diese Zeilen richtig zu interpretieren. Eines dürfen Sie mir glauben: Die fantastische Welt von *James Bond*, in der jemand die Weltherrschaft übernehmen will, haben wir längst erreicht – nur mit dem Unterschied, dass es keinen *007* mehr gibt und dass *Dr. No* kein Spinner, sondern eine relativ kleine, aber sehr mächtige Gemeinschaft von Superreichen ist. *George Soros* hat übrigens nicht nur die Finanzmärkte und die Medien, sondern auch *Greenpeace*, die *Seenotretter*, die *Extinction Rebellion* und andere *NGOs* fest im Griff. Sie erinnern sich doch bestimmt an die Greenpeace-*Nussschalen-Kapitänin Carola Rackete*. Nicht mehr? Super, ich bin stolz auf Sie.

Wie kann man sich erfolgreich gegen diese weltweite Medienmanipulation wehren? Gibt es vielleicht sogar eine Möglichkeit, etwas näher an die Wahrheit zu kommen, ohne gleich als Verschwörungstheoretiker gebrandmarkt zu werden? Das ist schwierig. Um *die Wahrheit* zu finden, hilft es uns vielleicht, wenn wir uns in die Psyche des Gegners versetzen. Achtung, Fremdwörter-Alarm: *Als Mittel für die methodische Wahrheitsfindung dient uns die Dialektik. Durch den Gebrauch dieses klassischen Instrumentes der Rhetorik werden Gegensätze gegeneinander ausgespielt und analysiert. So objektiv wie nur möglich. Da ich mit mir selbst sozusagen einen geistigen Diskurs führe, erfahre ich zudem auch etwas mehr über mich und meine Geisteshaltung. Im Ergebnis versteht man den Gegner und kann ihn dann mit seinen eigenen Waffen bezwingen.*

Wer diese Form der Kommunikation beherrscht, kann wahlweise ein Grüner, ein Nazi, ein Linker oder sogar ein Mörder sein. Nach einigem Üben weiß ich heute mit Sicherheit, dass ein wirklicher Profi damit Menschen manipulativ ausnutzen kann. Diese Profis sitzen an oberster Stelle bei Funk und Fernsehen, unseren Hauptmedien. Denken Sie an *Claus Kleber*. Jeder Satz ist auswendig gelernt, jedes Augenrollen wird an der richtigen Stelle vollzogen. Kann dieser Mann lügen? Nichts wird dem Zufall überlassen. Deswegen verdient Kleber weit über eine halbe Million Euro pro Jahr. Ja, ich bin neidisch. Es will einfach nicht in meinen Kopf, dass ein Nachrichtensprecher mehr verdient als ein Jumbo-Kapitän. Und nein, ich verdiene nicht zu wenig.

Da wir Menschen uns schon fast traditionell und im guten Glauben mit Hilfe dieser Medien von Thema zu Thema hangeln, nehmen wir uns nicht mehr die Zeit, ein Thema vertieft zu untersuchen und herauszufinden, was denn nun wirklich Sache ist. Mit Halbwahrheiten und Fake-News bewaffnet, muten wir uns zu, eine Meinung bilden zu können. Von den uns *vorenthaltenen* Fakten spreche ich noch gar nicht. Wir erhalten von den Medien nur genau die Informationen, die wir bekommen dürfen. Ein gewagtes Statement? Vielleicht. Nur, um ihre täglichen Berichte abzuliefern, fischen sogar gestandene Journalisten im Trüben. Obwohl es zweifellos tausende sehr gute Journalistinnen und Journalisten gibt, wird auch ihnen sehr oft verwehrt, die Menschenmasse mit der politisch und gesellschaftlich richtigen Wahrheit zu informieren. Eine ausgewogene Berichterstattung ist nicht gewollt und somit unmöglich. Es ist meines Erachtens nicht mehr möglich, von den Mainstream-Medien korrekt informiert zu werden.

Die Miesepeter vom öffentlich-rechtlichen Rundfunk: Wenn man dauernd Mainstream-Medien konsumiert, läuft man automatisch Gefahr, nur schlechte Nachrichten zu sehen oder zu hören. Ohne es zu bemerken, mutiert man zum missmutigen, verärgerten Zeitgenossen. Depressionen sind bei uns, neben Herz-Kreislauf-Geschichten, die häufigste Todesursache. Deswegen ist es sehr wichtig, dass wir auch *gute Nachrichten* lesen, uns entspannende Dokumentarfilme ansehen und uns zwischendurch auch Kabarett und Klamauk reinziehen. Ja, auch Nonsens. Dieses Buch ist naturgemäß leider nicht besonders lustig – betrachten Sie es als unangenehme Medizin. Wenn Sie dieses Buch aber zu Ende gelesen und verstanden haben, werden Sie mit sehr viel mehr Enthusiasmus und begründeter Lebensfreude in die Welt hinausblicken können. Das verspreche ich Ihnen! Wie gesagt: Je mehr man weiß, desto nachhaltiger ist dann die Freude. Wenn man *zwischen den Zeilen lesen* kann, wird plötzlich klar, dass es der Welt und auch uns Menschen sehr viel besser geht. Wir dürfen uns von den Medien nicht negativ beeinflussen lassen. Den Medien geht es um unser Geld.

Die Lust und die Last des Lebens: Natürlich werden wir in unserem Leben täglich mit unglaublich vielen Problemen beladen. Das können private oder berufliche Probleme sein. Es sind glücklicherweise zumeist ganz kleine, unscheinbare und für sich alleine betrachtet vernachlässigbare Unstimmigkeiten. In der Summe werden wir damit aber ziemlich belastet. Wenn jetzt noch mediale Hiobsbotschaften, weltweite Krisen und Pandemien über uns hereinbrechen, gelangen wir schnell einmal an unsere Grenzen. Unser Gehirn wird mit dieser ständigen Alarmbereitschaft ziemlich gefordert. Diese dauernde Angst vor dem Löwen hinter dem Busch kann zermürbend sein, das wissen die Psychologen unter Ihnen besser als ich. Gehen Sie mal Ihren stinknormalen Arbeitstag durch und versuchen Sie, fünf unangenehme Begebenheiten herauszupicken. Jetzt versuchen Sie herauszufinden, ob Sie diese Probleme völlig souverän gelöst haben oder ob da noch ein klein bisschen Ungereimtheit übriggeblieben ist. Genau diese kleinen Dinge werden sich anhäufen und am Ende der Arbeitswoche unverarbeitet ins wohlverdiente und durchgeplante Wochenende mitgeschleppt. Man kann diese Last vielleicht kurzfristig beiseiteschieben, doch spätestens am Sonntagnachmittag taucht sie wieder auf. Sie kennen vielleicht die schlechte Laune am Sonntagabend, wenn man weiß, dass man wieder eine volle Woche ins Hamsterrad steigen muss.

Es mag Sie trösten, dass die Perspektive des Hamsters im Rad suggeriert, die Karriereleiter hochzusteigen. Wie war das noch mit dem perspektivischen Sehen? Paracelsus war bestimmt kein Hamster. Jetzt haben wir aber nur fünf unangenehme Dinge aufgezählt. Tun Sie das Gleiche mit fünf schönen Begebenheiten des Tages. Doch, es gibt immer fünf schöne Ereignisse pro Tag, auch in einem vielleicht etwas trostlosen Job. Es ist wichtig, dass wir zentriert und wach bleiben. Wenn wir uns selbst aus einer Distanz von einem Meter beobachten, erkennen wir unsere Schwachstellen. Eine Schwachstelle in uns Menschen scheint die bewusste oder unbeabsichtigte *Einflussnahme* anderer Menschen *auf uns* zu sein. Wir lassen uns aus einem gewissen Harmoniebedürfnis und vielleicht sogar aus einer falsch verstandenen Nächstenliebe heraus dauernd von unseren Mitmenschen beeinflussen. Wenn man aber wachsam und zentriert ist, kann man mit dieser Manipulation leichter umgehen und wird so zur ausgeglicheneren Persönlichkeit. Wenn man dann endlich wieder Herr seiner Lage ist, kann man diese Manipulationen sogar umdrehen. Wichtig ist: Versuchen Sie, sich nicht als Opfer zu sehen. Das bringt nichts.

Zurück zu den Medien: Indem wir bewusst das Wichtige vom Unwichtigen unterscheiden, werden wir automatisch auch klügere Medienkonsumenten. Alles muss hinterfragt, nichts darf unkritisch gelesen werden. In jedem Nachrichtensprecher lauert ein *Lügner*. Das klingt natürlich überspitzt und scheint genau das Rezept für Missmutige oder sogar Paranoide zu sein. Weit gefehlt. Wenn man einmal begriffen hat, wie wir Menschen täglich und stündlich manipuliert werden, hat man plötzlich ein viel besseres Gefühl für sich, sein persönliches Umfeld und vor allem für seine Zukunft. Anders gesagt: *Es ist alles nur halb so schlimm*, wie wir es lesen oder im TV sehen. Die Begründung dazu finden wir in den offiziellen Statistiken unserer Länder. Wie schon erwähnt, müssen wir uns ziemlich anstrengen, denn die Daten sind zwar da, aber schwer herauszulesen. Ob das bewusst so geschieht, entzieht sich meiner Kenntnis. Was man selbst aus den UNO-Internetseiten herauslesen kann, ist zum Beispiel, dass es in den letzten vierzig Jahren nie so wenig Kriege oder Sklaverei gab. Selbst die Hungersnöte sind rückläufig, mit weltweit etwa 700 Millionen Hungernden, aber noch weit weg von besiegt. Aber die Aussichten werden besser, weil die großen Agrar-Multis hier ein neues Geschäftsmodell entdecken. Hoffen wir, dass es den Hungernden auch wirklich hilft. Unserem Planeten geht es heute ökologisch sehr viel besser als in den 1980er-Jahren. Ja, auch die Luft ist heute sehr viel besser. Auch hier kann man noch viel tun, logisch. Unsere Lebenserwartung ist bei über achtzig. Es geht uns vergleichsweise gut! Es geht uns *nur mental* sehr viel schlechter, hier in Europa. Das gehört zur Manipulation.

Die Medien also: Früher waren sie ein Teil der Lösung, heute sind sie das Problem. Wie schon erwähnt, versucht die ehemalige vierte Macht im Staat andauernd, bei uns diese Mischung aus Neugier und Abscheu herauszukitzeln. Damit werden wir monatelang beschäftigt, ob wir es wollen oder nicht. Automatisch denken wir: Das Elend ist doch überall zum Greifen nah, wir müssen doch was dagegen tun. Die armen Flüchtenden, die armen Schwarzen, die armen Eisbären, die Wale... *Hallo! Aufwachen!* Haben Sie alles schon vergessen? Werden Sie endlich Herr Ihrer Gedanken!

Wir haben leider nur noch gerade eine Handvoll Medienbesitzer im deutschsprachigen Raum. Jeder schreibt von jedem ab. Um die Medien aus dieser Einheitsbrei-Spirale zu führen, brauchte es aber eine Eigentümer-Vielfalt. Das wird leider aus verschiedenen Gründen nicht geschehen. Die Situation ist heute die, dass die Verlagshäuser gezwungen werden, *mehr zu machen*, aber gleichzeitig *weniger Abonnenten* haben und folglich ihren Journalisten zu wenig bezahlen können. Man stellt zunehmend junges, billiges Personal ein. Daraus folgt auch zwingend, dass heute und auch künftig zweitklassige Journalisten drittklassige Informationen erstklassig abkupfern. Wir haben heute etwa 25 Prozent weniger Journalisten als noch vor der Jahrtausendwende. Rechne. Aber der weit wichtigere Grund für die Einheitsbrei-Journaille ist, dass wir alle glauben sollen, dieselbe Wahrheit zu lesen: „*Es stand doch überall in den Zeitungen.*"

Wer regiert eigentlich die Regierung? Diese Frage könnte sogar rhetorisch gemeint sein, denn den wirklich Reichen und Mächtigen ist es völlig egal, wer *unter ihnen* regiert. Ihre getreuen Vasallen, vor allem aber die Medienbesitzer, die Verleger und Fernsehintendanten, missbrauchen mit psychologisch billigsten Tricks unser Medien-Konsumverhalten, um die Politik der Reichen und Mächtigen durchzusetzen und gleichzeitig Quote zu generieren. Quote generiert mit Hilfe der Werbeeinnahmen automatisch sehr viel Geld, mit dem teilweise wiederum Ideologien transportiert und Meinungen geformt werden. Bei den Zeitungen gehen die Werbeeinnahmen allerdings mit Lichtgeschwindigkeit zurück. Folglich muss das Geld von irgendwo anders kommen. Die Gewinner sind Facebook, Google und Youtube. In Deutschland geht das Geld vom Staat und von den Gebührenzahlern direkt an die Öffentlich-Rechtlichen. Finden Sie selbst heraus, wie viel Geld Ihre Staatsfernsehintendanten und Spitzenmoderatoren verdienen. Wofür bekommen die wohl so viel Geld? Für die ausgewogene und gut recherchierte Berichterstattung wohl eher nicht, weil sie ja gleichzeitig Mitglied bei der *Atlantik-Brücke* sind. Sie sind im gleichen Club wie alle Zudiener der wirklich Reichen und Mächtigen. Sachen gibt's.

Das Ende der unabhängigen Berichterstattung sehe ich persönlich um etwa Mitte der 1970er-Jahre. Seit dieser Zeit bin ich regelmäßiger Medienkonsument – Mainstream natürlich. Etwas anderes gab es ja nicht. Die Kriegsberichterstattung beispielsweise war damals wesentlich weniger subtil als heute. Die hemdsärmeligen, leicht blutrünstigen Reporter durften bis zu diesem Zeitpunkt direkt von den verschiedenen Kriegsfronten berichten. Ihren Presseausweis nutzten sie im Vietnamkrieg als *Ticket to the Hell*, um in den Rettungshubschraubern der US-Army-Medevac bis mitten in die Kampfzone mitzufliegen. Diese Bell-Huey-Helikopter führten die mutigen Journalisten und Kamerateams direkt auf die blutigen Schlachtfelder. Die schrecklichen Bilder am abendlichen Fernsehen führten schließlich und glücklicherweise dazu, dass Amerika sich 1975 aus Vietnam zurückziehen musste. Der Druck der amerikanischen Bevölkerung war zu groß. Das Pentagon hat daraus gelernt, denn seither wird der Presse praktisch kein Einblick mehr in das Kriegsgeschehen gewährt. Wenn Sie sich an den ersten und zweiten Golfkrieg erinnern, kennen Sie bestimmt die Aufnahmen der Bordkameras, die die angeblich chirurgische Präzision der modernen, GPS-gesteuerten Raketen als *humane Art und Weise der Feindes-Eliminierung* darstellten. Das amerikanische Volk war beruhigt. Dass nur etwa *zwei Prozent* dieser Smart-Bomben und Raketen ihr Ziel präzise erreichten, wurde erst Jahrzehnte später bekannt. Die meisten Bomben wurden flächendeckend auf Industrie- und Wohngebiete abgeworfen. Diese Information habe ich unter anderem direkt von einem amerikanischen F/A-18-Kampfpiloten, der im Golfkrieg selbst Bomben abwarf. Nein, mein ehemaliger Jumbo-Kopilot ist bestimmt nicht stolz darauf. Die Zivilbevölkerung hatte keine Chance. Das zweite Datum, und somit die definitive Verabschiedung des korrekten Journalismus, sehe ich im Jahr 2001, bei den Anschlägen am 11. September. Jeder Zweifel an der amerikanischen Sichtweise der Anschläge wurde im Keim erstickt und als „Verschwörung" abgetan. Im optimalen Fall. Seit den Anschlägen werden dutzende Journalisten vermisst, die eine kritische 9/11-Berichterstattung für angebracht hielten. Ihnen sei hiermit eine Gedenkminute gewidmet.

Die weltweit in einem erschreckend kleinen Team operierenden Nachrichtenagenturen erhalten ihre Informationen heute praktischerweise direkt vom Verteidigungsministerium. Somit fällt das letzte Feigenblatt – der Angeklagte wird zum Richter. Der unabhängige Journalismus ist mausetot. Diese bestimmt auch mit Hilfe von Google zu findende Information habe ich aus erster Hand erhalten, und zwar von einem ehemaligen Nahost-Korrespondenten der *FAZ*. Der Flugzeug-Enthusiast war sehr gesprächig in der Business Lounge der Lufthansa in Frankfurt. Martin B. (58) war ganz stolz, endlich für eine Weile nach Asien versetzt zu werden. Seine Frau hatte die Schnauze voll von Muezzin, Terror und islamistischem Ballermann. Asien ist da vergleichsweise friedlich. Natürlich auch nur deshalb, weil dort mit strenger Hand regiert wird. Die Strafen sind drakonisch. Von daher unterscheidet sich Asien kaum vom Nahen Osten. Immerhin sind die Asiaten friedlicher.

Der Bote ist nicht immer unschuldig. Hatte die Presse früher zumindest eine gewisse Mitschuld an der politischen und gesellschaftlichen Misere, trägt sie heute die Hauptschuld. Durch ihre *konstante Angstmacherei* und ihr *dauerndes Panik verbreiten* schaffen die Medien ein Klima der Unsicherheit, ja sogar der Hoffnungslosigkeit. Denken Sie nur an Covid-19 oder an die dauernd ins Feld geführte Lüge über den angeblich menschengemachten Klimawandel. Typen wie Elon Musk oder Greta Thunberg werden von den Medien zu Popstars gekürt, ein gewisser Bill Gates soll ein selbstloser Wohltäter sein – so zumindest die Mainstream-Meinung. Wenn sich Leute aus dem öffentlichen Leben, Sportler oder Schauspieler, zu kritisch gegen Windräder oder die flächendeckenden Impf-Pläne unserer „Wohltäter" äußern, werden die bissigen journalistischen Kettenhunde von der Leine gelassen. Wenn es zu viel Widerstand und Widerspruch gegen Milliardär Bill Gates gibt, werden Karrieren mit medialer Hilfe umgehend zerstört. Und wir alle glauben diesen Unsinn der Mainstream-Medien sogar noch. Schlimmer noch: Wir verbreiten ihn. Die Rechnung geht auf, zumindest für die Bill Gates', George Soros', Gretas und Elons der ökologischen Parallel-Welt. Ich finde: Gerade weil sich unsere linke Gehirnhälfte hauptsächlich kognitiv mit Logik beschäftigt, sollten wir auch endlich davon Gebrauch machen.

Mit ein bisschen Nachdenken werden diese Figuren nämlich kaltgestellt. Nur ist es leider so, dass wir durch die mediale Panikmache und mit der Angst im Nacken automatisch unsere rechte Gehirnhälfte gebrauchen, die emotionale Seite. Diese ist sehr leicht manipulierbar, und das wird nicht nur von der Werbung benutzt. Auch unsere Meinungsbildung geht praktisch nur über die rechte Gehirnhälfte. Das sage natürlich nicht ich, sondern das sagen gestandene Gehirnforscher. Die rechte Gehirnhälfte kommt vor allem beim leicht zu konsumierenden Fernsehen ins Spiel – Bild und Ton überzeugen immer. Aufgebauschte Schreckensbilder und Horrorszenarien bestimmen unsere Meinungsbildung, das choreographisch perfekte Augenrollen des vertrauten Moderators unterstreicht die Denkrichtung, und die leicht lesbare Statistik sorgt im Hintergrund für die Bestätigung der Message. Die Fakten spielen dabei immer eine untergeordnete Rolle. Logische Widersprüche werden durch die ruhige Stimme des Moderators ausgeblendet.

ZDF-Seelsorger Claus Kleber lügt nicht, und so tragen wir brav die völlig wirkungslosen Schutzmasken und halten anderthalb Meter Abstand zu den Mitmenschen. Ja, auch hochintelligente Menschen tun so etwas. Die Angst als Schere im Gehirn. Als Menschheit sind wir vielleicht kognitiv gereift, emotional sind wir aber ziemlich infantil geblieben.

Wenn wir schon dabei sind: Hat das Tragen der Masken einen Zusammenhang mit der Intelligenz des Trägers? Abgesehen davon, dass durch diese flächendeckenden, vom Staat angeordneten Befehle bereits vorhandene latente Ängste bedient und vor allem ängstliche Leute psychologisch von oberster Stelle bestraft werden – *nein, ich glaube nicht, dass das Tragen der Masken etwas mit Intelligenz zu tun hat.* Es gibt wahrscheinlich etwa drei Typen von Schutzmasken-Trägern: Der erste Typ tut es, um sich zu schützen. Er glaubt den Politikern, Behörden und den Wissenschaftlern und hinterfragt sie nicht. Er ist der ideale Bürger. Er braucht einen starken Staat, der ihn führt. Der zweite Typ trägt die Maske, weil er muss. Er ärgert sich täglich darüber und kann es nicht begreifen, dass die ganze westliche Zivilisation so blöd ist und nicht selbständig denkt. Der dritte Typ trägt die Maske, weil er sich nicht ausgrenzen lassen will – es ist der Königsweg des geringsten Widerstandes. Da nimmt er auch in Kauf, dass er sein ausgeatmetes Kohlendioxyd wieder einatmet. Dadurch wird die Sauerstoffzufuhr zu seinem Gehirn eingeschränkt. Das kann bis zur Acidose führen (Übersäuerung des Körpers, Schäden an Nieren und Herz). Er weiß das, der Typ drei. Trotzdem trägt er brav die Maske. Für mich ist er der Schlimmste.

Seit Corona wissen wir sehr genau, dass wir Menschen harmoniebedürftig bis hin zur Selbstaufgabe sind. Zu welchem Typ gehören Sie? Wahrscheinlich auch zur Restgruppe: Wir versuchen, so rational und wissenschaftlich wie möglich, einen gangbaren Weg durch die Krise zu finden. Wir versuchen, uns einen Eindruck über die Effektivität einer Schutzmaske zu machen. Wir wissen, dass unsere Mundschutzmasken die relativ *großen Bakterien* zurückhalten. Wenn wir lange genug googeln, dann wissen wir auch, dass ein Virus die Größe von etwa einem Zehntausendstel eines Millimeters hat, die Poren unserer besten Schutzmasken aber sehr viel größer sind – man muss ja noch atmen können. Wir wissen somit, dass die Masken wirkungslos sind. Es ist ein Jammer. Wir wissen so vieles, und doch hat der Staat uns mit seiner idiotischen Maskenpflicht völlig im Griff. Die Medien helfen ihm dabei. Vielleicht hilft uns ein geistreiches Zitat unbekannter Quelle: *„Diejenigen, die uns zu unserem eigenen Wohle quälen, die knechten uns bis zum bitteren Ende, weil sie es unter dem Beifall ihres eigenen Gewissens machen."* Ja, die Psychologie kann grausam sein, unsere Regierung auch. Interessante Zeiten. Viele Menschen machen einfach mit, weil die große Masse es schließlich auch tut. Sie nehmen es als Schicksal hin, diese Schafe. Wir sind alle nicht konsequent. Sogar diejenigen, die behaupten, dass alles von Gott vorbestimmt sei, schauen links und rechts, bevor sie die Straße überqueren. So ist er halt, der Mensch. Die Medien freut's, die Zeitungen werden gefüllt, die Karawane zieht weiter.

Medien-Monopol

Weltweit konsumieren 75 Prozent der Menschen in irgendeiner Form die News vom australischen *Medien-Tycoon Rupert Murdoch,* natürlich ohne es zu bemerken. Dass auch von ihm manipuliert wird, liegt im Bereich des Erwartbaren. Es wird wohl auch seinen Grund haben, dass wir das Internet fast umsonst konsumieren dürfen. Auch hier steckt wohl jemand dahinter. Unser Internetverhalten wird im großen Stil dazu benutzt, dereinst mit *Künstlicher Intelligenz* (KI) verknüpft zu werden. Das wird schon noch eine ganze Weile dauern, und es ist zu hoffen, dass wir das nicht erleben müssen. Aber die Richtung ist bereits eingeschlagen, viele ihrer Ziele sind unbekannt. Das bekannte Fernziel ist aber, uns Bürger ohne Bargeld und mit einer einzigen Währung, mit einer Tracing-App und einer veröffentlichten Meinung in Schach zu halten und uns zu sagen, was wir gerne kaufen, anziehen, essen oder fahren möchten. Dagegen werden wir uns kaum wehren können. Die ständige

Ungewissheit über unsere Zukunft muss als drohendes Damoklesschwert über uns schweben.

Achten Sie auf den immer leicht bedrängenden Duktus der Politiker. Dem Bürger wird keine Alternative gelassen: Vogel friss oder stirb. Ich spreche hier ausdrücklich nicht von der Schweiz – Sie erinnern sich, wir haben die direkte Demokratie mit dem Bürger als Souverän. In den meisten anderen Staaten ähneln die Regierungen hingegen eher sozialistischen Regimes. Ja, leider auch in Deutschland und Österreich. Zwischendurch werden uns gut orchestrierte Corona-Krisen die nötige Staatsgläubigkeit in Erinnerung rufen, damit wir auch weiterhin aus *freiem Willen* tun, was von uns verlangt wird. Dabei bereitet die *Technokratie* uns den Weg für eine neue Ordnung. Wir alle werden dies relativ zeitnah miterleben. Die Medien sind nur das lächerliche Sprachrohr der Eliten. Sehen Sie, Ihr Smartphone gibt Ihnen schon heute exakt, was Sie von ihm erwarten. Daran erfreuen Sie sich sogar. Zusätzlich wird unser natürliches Bestreben, mit allen Mitmenschen gut auszukommen, professionell missbraucht. Aus einer latenten Angst heraus getrauen wir uns deshalb nicht mehr, Tacheles zu reden. Wir passen uns schweigend an und übernehmen die Meinung der Medien. Beobachten Sie ruhig mal das Verhalten Ihrer Umgebung. Wir sind alle so politisch korrekt und unnatürlich fremdenfreundlich geworden. Nach außen hin wenigstens. Ist das etwa normal? Nein, es sind alles Anzeichen eines schleichenden Sozialismus. Wer dabei schon immer der Verlierer war, steht in den Geschichtsbüchern. Dieser Abschnitt ist gewagt, aber es lohnt sich vielleicht, ihn nochmals zu lesen und zu verstehen.

Im ersten Moment regen Sie sich darüber auf, im zweiten werden sie aber zufriedener sein. Wie bereits erwähnt: Für das persönliche Wohlbefinden ist es hilfreich, einen Sachverhalt zunächst zu verstehen, ihn einzuordnen und dann zu akzeptieren. Wir müssen lernen, die Zeitung richtig zu lesen und die Tagesschau-Darsteller kritisch zu beleuchten. Bitte denken Sie daran: Es gibt heute keine Zufälle mehr. Die gibt es nur im Zahlenlotto. Haben Sie den Lottozettel ausgefüllt? Füllen Sie ihn sofort aus. Und wenn Sie gewonnen haben, rufen Sie mich an. Es gibt keine Zufälle.

Jung und dynamisch

Im Fernsehen sehen wir praktisch ausschließlich Sendungen, die von relativ jungen und gutaussehenden Moderatoren präsentiert werden. Es sind durchwegs Moderatoren, die naturgemäß wenig Erfahrung in Sachen Geschichte und noch weniger Wissen über politische Zusammenhänge haben können – trotzdem erklären sie uns die Welt. Die Alten werden nur noch in geriatrischen Beiträgen oder für die Kukident-Werbung gebraucht. Okay, das überschaubare Millionenspiel dürfen sie auch noch moderieren, das journalistische Endlager. Frage: Was geht in Ihnen vor, wenn Ihnen ein knapp dreißigjähriger Moderator seine Meinung über Palästina oder Russland in seiner abgeklärten Art und Weise kundtut? Keine Bedenken? Ich finde, dass ein Tagesschau-Sprecher ein gewisses Alter haben muss, um wenigstens glaubwürdig zu erscheinen. Wenn eine junge Dame oder ein junger Herr komplexe politische Gegebenheiten fehlerfrei und mit einem Lächeln vom Teleprompter abliest, zappe ich sofort weg.

Meine Meinung: Gerade weil wir dank dem Internet Zugriff zu tausend Themen dieser Welt haben, glauben wir auch, zu allen Themen eine Meinung haben zu müssen. Das ist natürlich abwegig. Nicht nur, weil es zu viele Themen gibt, sondern weil wir zumeist nur an einen Teilbereich der Informationen herankommen. Wir müssen uns eingestehen, dass wir einfach viel zu wenig Zeit haben, uns über die meisten Themen eine eigene Meinung zu bilden, die auch *auf bestem Wissen und Gewissen* beruhen würde. Um trotzdem einigermaßen gut einschlafen zu können, behelfen wir uns mit der Meinung unserer Lieblingszeitung oder des Staatsfernsehens – in der naheliegenden, aber dennoch unbegründeten Hoffnung, dass diese es wohl gut durchdacht hätten. Ja, das haben sie, leider.

Alles linke und grüne Corona-Hetzer?

Im Zweifelsfall sind die Journalisten links eingestellt, gerne auch humanistisch und sentimental, bunt und ausländerfreundlich. Als gelernte

Opportunisten wissen sie sehr genau, wie sie schreiben müssen, um ihr Häuschen im Grünen abbezahlen zu können. Somit erhalten die meisten von uns eine sehr stark von den Medien beeinflusste Meinung über den Klimawandel, über Putin, den Brexit, Nordkorea oder über Donald Trump. Ich denke nicht, dass es die viel zitierte *Lügenpresse* gibt. Es gibt vielmehr die Manipulation durch Nicht-Information. Ein Lüge wäre mit ein paar Google-Klicks schnell entlarvt, aber eine nicht verbreitete, uns vorenthaltene und wichtige Information hingegen ist in der Regel fast unmöglich, ermittelt zu werden. Gemischt mit einem sehr professionellen *Framing*, erliegen wir dadurch einer neuen Art der Propaganda. Georg Christoph Lichtenberg wusste schon um 1780: *„Die gefährlichsten Unwahrheiten sind Wahrheiten, mäßig entstellt."* Die gezielt moralisierende Darstellung der Beiträge durch unsere Tagesschau-Darsteller beschert uns eine bisher unerkannte Gehirnwäsche. Ein Stirnrunzeln hier, ein Augenrollen da, und schon übernehmen wir *unbewusst* die Meinung unserer vertrauten Moderatoren. Unsere telegenen Empörungsfabrikanten werden nicht müde, uns ihre ideologisch gefärbten Sprechblasen auch noch als Information zu verkaufen.

Wer sind die Guten, wer sind die Bösen? Im Durchschnitt sehen sich *zehn Millionen Deutsche* ihre Tagesschau an. Bei einem Stimmenanteil von dreißig Prozent bei den Wahlen schaut also mindestens jeder Zweite den täglichen Bericht des ARD/ZDF-Zentralkomitees an und glaubt fast alles, was die Klebers, Reschkes, Zamperonis und Slomkas an psychologisch bis ins Detail einstudierten Texten in die gute Stube blasen. Keine Propaganda? Ich bitte Sie! Also, wer sind die Guten, wer die Bösen? Dem von der Arbeit müden, durchschnittlichen Fernsehzuschauer zuzumuten, dies herauszufinden, wäre unfair. Er kann das nicht. Nicht weil er zu dumm ist, sondern weil er einfach zu müde ist. Damit erfüllt der Zuschauer und Wähler exakt die Ziele der Obrigkeit. Das Ziel dieser Elite ist es, dass der Bürger gerade noch schlau genug ist, um fleißig arbeiten zu gehen, tüchtig zu konsumieren und sein Kreuz an der richtigen Stelle des Wahlzettels zu machen. Dieses betreute Denken fängt schon sehr früh an – er soll von unseren Schulen und Unis genau so dumm gehalten werden, dass er sich keine schlauen Fragen ausdenkt. Mehr soll er gar nicht können, der tumbe Bürger. Fragen Sie doch mal Ihre Physikerin in Berlin, die ist nicht blöd.

Manchmal spüren wir etwas, können es aber nicht artikulieren. Man spürt beispielsweise, dass etwas faul ist. Obwohl viele Menschen um uns herum dieses gleiche Gefühl (aus Furcht des möglichen Verlustes ihrer Position in der Gruppe) nicht öffentlich mit uns teilen möchten, ist es wohl auch bei ihnen da. Erst wenn sich der Anführer dieser Gruppe outet und das Problem anspricht, werden die anderen Mitglieder mutiger und sagen dann, dass sie ähnlich denken. Die klare *Anweisung von der Obrigkeit an die Medien* ist, beim ersten Aufkeimen eines möglichen Konsenses des Volkes die Totschlagargumente aus dem Köcher zu holen. Durch dauerndes Wiederholen der Lüge und mit unzähligen Statistiken belegt, wird die neue Wahrheit in Stein gemeißelt. In endlosen Diskussionssendungen werden dann, mit Hilfe des an der richtigen Stelle klatschenden Publikums, auch die letzten Zweifel ausgeräumt. Dass die Klatscher bezahlt sind, glaube ich nicht. Das ist gar nicht mehr nötig. So werden wir zu braven Bürgern erzogen. Aber ich will nicht von Anne Will, Claus Kleber oder von der Tagesschau erzogen werden. Ich will bloß gut recherchierte Informationen. Nicht mehr, nicht weniger. Ich will keine Kommentare irgendwelcher Nahost-Korrespondenten. Ich weiß, dass es fast keine mehr gibt. Die sitzen nämlich alle in der Redaktion in Berlin, Zürich und Wien bei Kaffee und Kuchen und downloaden sich die Informationen von einem News-Team aus Amerika oder England.

Die Promis unter Druck: Der Journalismus lebt auch vom zweiten Standbein, nämlich der Aufdeckung und dem Verbreiten von Skandalen. Diese Kunst der „*Skandalierung*" generiert eine Leserschaft, die dann auch beiläufig die Werbung mit konsumiert, das dritte Standbein der Medien. Wenn Flaute ist, wird sogar zum Skandal, wenn ein Promi seine Meinung zu einem Skandal äußert. Hat er eine andere Meinung als der Mainstream, dann wird er, schwupps, in die Ecke des Skandals befördert. So können erfolgreiche Karrieren im Nu beendet werden. Das wissen unsere Promis natürlich – und schweigen. Nicht zuletzt deswegen sind sie für mich die jämmerlichsten Figuren unserer Zeit. Sie getrauen sich nichts und beten dem Mainstream alles nach, nur damit ihre Kasse stimmt. Widerlich. Jede Nutte hat mehr Format. Ein Schauspiel-Promi sagte es bei einer Talkshow einmal so: *„Bei uns Prominenten verhält es sich ähnlich wie bei den Flugkapitänen. Es gilt nicht, wie viele Jahrzehnte er alles richtig gemacht hat, sondern wie er bei seinem letzten Flug reagiert hat. Es interessiert niemanden, ob er schon zehntausende Menschen vor dem sicheren Tod bewahrt hat, sondern ob er im entscheidenden Moment korrekt nach Vorschrift und intuitiv richtig gehandelt hat."*

Das mag uns Piloten vielleicht schmeicheln. Es suggeriert aber auch, dass Schauspieler und Flugzeugführer in irgendeiner Weise vergleichbar wären. Mit Verlaub: Dagegen wehre ich mich reflexartig.

Linke Medien haben die Tendenz, die Realität zu ignorieren. Dieses Ignorieren kann man frei praktizieren, ohne dabei zu lügen. Unterlassene Hilfeleistung ist in der gleichen Deliktsparte zu finden. Wir erinnern uns: Wer nichts Schlechtes tut, hat damit noch nichts Gutes getan. Moderne Propaganda operiert also nicht mehr mit Lügen, sondern man führt die Menschen mit halber Information in die Irre. Das ist sehr schwierig herauszufinden und ist im Ergebnis weitaus schlagkräftiger als Fake-News. Der alte Goebbels hat sich diese Strategie schon in den 1930er-Jahren zunutze gemacht. Hitlers PR-Fachmann hatte dummerweise fast alles richtig gemacht. Der Massenmörder aus Mönchengladbach war seinerzeit *Elon Musk*, *Greta Thunberg* und *Bill Gates* in Personalunion, wobei ich den drei Vertretern der modernen Lüge logischerweise nichts Illegales unterstellen möchte. Es geht hier nur um die Art und Weise, wie das deutsche Volk heute wie damals für dumm verkauft wird. Dass das Staatsfernsehen ihnen seit Jahren unanständig viel Medienpräsenz bietet, ist allerdings ein Tatbestand, der untersucht werden sollte. Bill Gates hatte während der Corona-Zeit ganze acht Minuten lang seine höchst zweifelhafte Impfpropaganda vom Stapel gelassen. Er wurde von den Medien nicht kritisiert. Das kann doch nicht mit rechten Dingen zugehen.

Der Journalist mutiert zunehmend zum Oberlehrer: Ein halbwegs guter Journalist sollte selbst in der Kommentarspalte idealerweise nur analysieren, nicht emotionalisieren. Er sollte berichten, nicht schlussfolgern. Das sollte er seinen Lesern überlassen. Diese sind durchaus in der Lage, einen komplexen Sachverhalt zu verstehen, mindestens so gut wie ein durchschnittlicher Schreiberling. Ihnen, liebe Leser, stellt sich vielleicht dann und wann auch mal die Frage, ob die Medien überhaupt noch relevant sind. Speziell junge Menschen holen sich ihre Informations-Dreizeiler schließlich aus dem Internet, und das Fernsehen wird nur noch zur billigen Unterhaltung gebraucht. Deswegen sehen sich nun die klassischen Medienproduzenten mit der ungeheuerlichen Frage konfrontiert, ob sie eigentlich noch zeitgemäß sind. Die Antwort ist geschenkt. Wenn die Presse nicht wieder die Standards anwendet, die sie selbst von der Politik und der Industrie verlangt, werden sich die Menschen von ihr abwenden, und sie wird somit vollständig vom Internet ersetzt. Algorithmen werden dann zu den neuen Quotenbringern – keine wirklich angenehme Vorstellung für mich. Meiner Meinung nach müsste es das Ziel sein, die Geschwindigkeit, aber auch die Masse der Berichterstattung zu halbieren, damit die Qualität der Information wieder zu einer individuellen Meinungsbildung führen kann. Einen ersten Schritt dazu können wir selbst machen, indem wir nicht dauernd auf unser Handy starren. Wozu schauen Sie denn alle dreißig Minuten auf den Screen? Haben Sie was an der Birne? Wenn Sie eine wichtige E-Mail bekommen, wird Ihnen das Smartphone dies mitteilen. Werden Sie wieder Herr Ihres Lebens, und lassen Sie sich nicht dauernd von einem Push-Programm Ihrer Lieblingszeitung ablenken. Also: Weniger ist mehr!

Wie wir nun wissen, nimmt sich eine *Wochenzeitung* sehr viel mehr Zeit für die Recherche als eine *Tageszeitung*. Information ist extrem schnell, aber Wahrheit braucht Zeit. Deswegen lese ich bevorzugt Wochenzeitungen. Die Redakteure nehmen sich viel mehr Zeit, Zusammenhänge herauszufinden, Verbindungen zu überprüfen und Abläufe abzuwarten. Der Verlauf einer Story kann sich über Nacht ändern, die korrekte Analyse braucht so seine Zeit. Was heute auf den ersten Blick offensichtlich erscheint, wird morgen schon nicht mehr so klar sein. Auch eine Sensation braucht ihre Inkubationszeit – ein falsches Urteil ist schnell gefällt. Doch leider sind wir medial immer noch im tiefsten Mittelalter: Die Hexen müssen sofort verbrannt werden. Selbst um eine einfache Berichterstattung korrekt auszuführen, bedarf es einer Abwägung von Sensationslust und Seriosität. Ich habe im Verlauf der letzten vierzig Jahre lernen müssen, dass heute das Lesen einer Tageszeitung eine reine Zeitverschwendung ist. Sie mag dem Rentner über die Langeweile des Tages helfen, aber als informative Unterhaltung oder gar politische Schützenhilfe eignet sie sich eindeutig nicht mehr. Zudem taugt fast keine deutsche Tageszeitung mehr zur ausgewogenen Informationsverbreitung. Dass der Wetterbericht hier den größten Wahrheitsgehalt hat, sollte uns zu denken geben. Deswegen weichen immer mehr Deutsche ins Ausland aus. Die Schweizer *NZZ (Neue Zürcher Zeitung)* scheint für viele Deutsche das neue *Westfernsehen* der BRD zu sein. Das mag bei Ihrem ideologisch verseuchten, deutschen Mainstream-Einheitsbrei sogar zutreffen. Allerdings schwindet auch der Wahrheitsgehalt unserer *NZZ* in einer dramatischen Geschwindigkeit. Da scheint auch in Zürich jemand am Meinungskompass zu drehen.

Ein Beispiel: Im Frühjahr 2021 ließ sich unser mediales Aushängeschild *NZZ* zu einem äußerst negativen Bericht hinreißen. *Ken Jebsen* war auf ihrem Radar, weil er die Corona-Frage stellte. Der intelligente Journalist alter Schule wurde mit dem Totschlaghammer erfolgreich in die Verschwörungstheoretiker-Ecke gemobbt. Ich persönlich kann Ihnen Ken Jebsens Podcast wärmstens empfehlen. Er ist ein Schnellsprecher, der offensichtlich auch schnell denken kann. Dass er als Friedensaktivist auch einen leichten Linksdrall hat, kann ich nachvollziehen. Wer kann schon gegen Frieden sein? Das klassische *Verleugnen der Corona-Tatsachen* hatte nun also auch die *Neue Zürcher Zeitung* erreicht. Schade. Für mich persönlich war es irritierend, wie das Blatt Anfang 2020 unsere eigenen Politiker dauernd und in einer penetranten Weise belobhudelte. Egal was unsere Bundesräte in Sachen Corona beschlossen, die *NZZ* fungierte als getreuer *Hofberichterstatter*. Als dann auch noch Kanzler Kurz in den Olymp der Corona-Weltretter gehievt wurde, war für mich klar: Für einen kritischen Beobachter war die *NZZ* über weite Strecken blankes DDR-Infotainment. Es war irgendwie beschämend zu beobachten, wie der letzte Fels in der Medien-Brandung zugunsten des Mainstreams abbröckelte.

Da bleibt für uns deutsch sprechende Europäer nur noch die schweizerische Wochenzeitung *Die Weltwoche* übrig. Ich kaufe sie mir ab und zu am Kiosk, auch in Deutschland und Österreich. Die sauber recherchierten und messerscharfen Artikel ihres *Chefredakteurs (Roger Köppel)* wären für die deutschen Zeitungsbesitzer unerträglich. Unerträglich wahr. Roger Köppel ist übrigens Teilzeitparlamentarier im *Schweizer Nationalrat*. Könnten Sie sich einen Burda, einen Funke, eine Mohn oder einen Bertelsmann im Deutschen Bundestag vorstellen? In der Schweiz funktioniert auch das problemlos. Ich muss Sie ja nicht erinnern, wer das Volk in der Schweiz ist. Deshalb funktioniert unser kleines Land wenigstens halbwegs.

In Deutschland kenne ich eigentlich nur einen Journalisten, der nach alter Väter Sitte recherchiert und die Meinung dem Leser, in seinem Fall dem Youtube-Konsumenten, überlässt. Sein Name ist *Markus Gärtner*, und er ist der Leiter von *PI Politik Spezial*. Zwischendurch macht er Interviews mit politisch und wirtschaftlich versierten Gästen. Ich möchte seinen Kanal jenen Deutschen empfehlen, die sich von ARD und ZDF verschaukelt fühlen. Auch als Buchautor ist er eine absolute, löbliche Ausnahme. Als investigativer und berichtender Journalist hat Markus Gärtner in Asien und in Amerika gelebt. Er kennt also die Zusammenhänge wie kein anderer. Er ist dem Mainstream ein Dorn im Auge. Hoffen wir, dass er noch lange lebt. Natürlich gibt es noch mehr gute Journalisten. Die meisten getrauen sich aber nicht, Farbe zu bekennen. Die Sanktionen bringen sie zum Schweigen.

Abgesehen von der Verbreitung von Ideologien beobachten wir also einen Grundkonflikt allen Publizierens – es ist der Grundkonflikt zwischen Geschwindigkeit und Genauigkeit. In der heutigen Medienwelt kann man offenbar nicht mehr schnell und gleichzeitig genau arbeiten. Wir Medienbenutzer sind daran zu einem großen Teil selbst schuld. Wir schauen schließlich nur noch, was an *neuen Titeln* angeboten wird, bevor wir uns entscheiden, den langen Text dazu zu lesen. Andererseits sind es die Medien, die uns nur *Emotionen* auf das Smartphone beamen. Das ist billigste Psychologie und billigste Propaganda. Die Zeitungen und Fernsehanstalten halten uns Bürger, teilweise sogar zu Recht, für blöd. Uns bleibt nur ein Ausweg: Kündigen auch Sie Ihre Lieblingszeitung. Sofort. Beim Fernsehen ist es schwieriger. Die Macht des Staates wird Sie davon abhalten, die Zwangsgebühren nicht zu bezahlen. Es gibt da verschiedene Mittel, Sie an die Zwangs-Droge ARD/ZDF zu binden. Auf der Internetplattform www.hallo-meinung.de wird Ihnen gezeigt, wie man sich juristisch korrekt mit den Gebühreneintreibern der GEZ auseinandersetzt. Auf dieser Internetseite bekommt man Tipps, wie man mit den GEZ-Gebühreneintreibern umgehen kann. Ein Vorschlag ist, einen Euro *zu viel* einzuzahlen. Oder noch besser: Verlangen Sie schriftlich, dass Sie die *GEZ-Gebühren in bar* bezahlen möchten. Ein Klassiker ist auch die Terminüberweisung – den korrekten Betrag auf verschiedene Monate verteilen. Das Ganze wird die GEZ-Stellen überfordern.

Der neue Journalismus

Meine Vorstellung vom künftigen Journalismus ist: mehr informieren und weniger missionieren. Um dies zu erreichen, ist es unabdingbar, den Journalisten die Zeit und die Möglichkeit zur vertieften Recherche zu bieten – das Ganze bei einem anständigen Gehalt. Die neuen Medien dürfen ruhig auch das Doppelte oder das Dreifache kosten. Wer sich diese Medien leistet, beweist damit auch seine Intelligenz! Gratiszeitungen berichten exakt so viel, wie sie kosten. Zur wiederbelebten, neuen Kultur der Information und Recherche gehört auch eine neue Fehlerkultur. Das heißt, ähnlich wie bei uns Piloten und hoffentlich auch bald bei den Ärzten: *Eingestehen der punktuellen Inkompetenz und gemeinsame Verbesserung des Fachwissens.* Das bedeutet, dass auch eine Wochenzeitung Fehler machen und diese eingestehen darf – und dann natürlich versucht, diesen Fehler zu berichten und nicht zu wiederholen. Diese neue Ehrlichkeit mit dem Konsumenten fördert die Glaubwürdigkeit der Zeitung und unterstreicht zugleich die Wertschätzung des Lesers. Die journalistische Idealwelt: Die Zeitungen sollten eine ganze Seite dafür verwenden, die Unwahrheiten der anderen Zeitungen aufzugreifen und sie mit den Lesern zu diskutieren. Eine Utopie? Keineswegs! Es ist die einzige Möglichkeit, als Zeitung in Zukunft zu bestehen, denn guter Journalismus bildet idealerweise die Realität ab. Dass das Ganze sehr viel Geld kostet, leuchtet ein. Das müssen wir als Konsumenten anerkennen und endlich den fairen Preis dafür bezahlen. Geiz ist nicht geil. Uns Konsumenten bleibt nur die Hoffnung, dass die verschiedenen Medien sich nicht zerfleischen und uns künftig ausgewogen, wertfrei und sachlich mit sauber recherchierten Informationen beliefern. Die Information muss richtig, nicht schnell sein. Erst dann können sich alle Menschen eine wirkliche Meinung bilden und auch an basisdemokratischen Entscheidungen teilhaben. Schön wäre es allemal. Das österreichische *Servus-TV* von *Red-Bull-Chef Dieter Mateschitz* oder *Die Weltwoche* aus der Schweiz machen es vor. So sieht Journalismus aus. Den anderen Müll braucht kein vernünftiger Mensch. Diese Müllmänner- und Frauen sind Informations-Krieger und machen Propaganda. Durch ihre manipulative Schreibweise greifen sie ins politische und gesellschaftliche Tagesgeschehen ein und drücken die Agenda der herrschenden Klasse durch. Es gibt auch gute Journalisten-Einzelkämpfer, Boris Reitschuster ist so einer. Er schwimmt unermüdlich gegen den Strom. Hoffen wir, dass er nicht mundtot gemacht wird.

Zurück zur Realität: In jeder Zeitung stehen interessengebundene Artikel und Berichte. Seien Sie also wachsam, wenn Sie Ihre Lieblingslektüre genießen, und versuchen Sie, die Lüge herauszufiltern. Die Verleger sind schließlich Teil des Verarschungs-Systems. Diese Knechte sind von dem Glauben beseelt, dass sie zur wirklichen Elite gehören. Nein, das wäre abwegig. Sehen Sie, dazu fehlt ihnen die soziale Kompetenz, es fehlen die Verbindungen, und vor allem fehlt es ihnen an Geld. In Deutschland gibt es keine *wirklich* reichen Verleger. Wohlhabend vielleicht, aber doch nicht reich. Trotzdem lohnt es sich, einmal herauszufinden, wer die Verlage besitzt und wem somit natürlich auch die Meinungsbildung gehört.

Fangen wir mit den deutschen Verlagshäusern an. Sie geben auch in Österreich und der Schweiz die Richtung an: *Springer*, *Mohn*, *Bertelsmann*, *Schaub* und *Funke* sind die klingenden Namen der Meinungsproduzenten von der *Süddeutschen Zeitung*, des *Spiegels* und des *Focus* (das journalistische Endlager). Was gerne verschwiegen wird: Die *Bild-Zeitung* wurde in den 1960er-Jahren von der amerikanischen CIA gegründet. Der aufmerksame Leser weiß, wer damals auf die Tonbänder diktiert hat und heute in die Laptops der Journalisten e-mailt. Hierzu ein passendes Zitat von *Spiegel*-Gründer *Rudolf Augstein* aus dem Jahre 1969: „*Das kapitalistische Pressesystem beruht auf dem unveräußerlichen Grundrecht jedes Kaufmanns, dumme Käufer aufzusuchen und noch dümmer zu machen.*" Man kann über den *Spiegel* sagen, was man will: Erfolgreich ist er immer gewesen, und auch heute müssen wir ihn uns vorhalten. Der *Spiegel* war schon immer eine Reflektion der Zeit. Es gibt kein vergleichbares Blatt im deutschsprachigen Raum. So viel Ehrlichkeit muss sein. Und es ist nicht alles schlecht, was im *Spiegel* steht. A propos *Spiegel*: Journalisten sind stolz, wenn sie für ein führendes Medium arbeiten dürfen. Das ist nachvollziehbar. Es besteht aber die Gefahr, dass dabei unbewusst *Fehlidentitäten* aufgebaut werden. Die eigene Firma ist gut, die anderen sind schlecht. Auch der normale Schichtarbeiter identifiziert sich gelegentlich durch seine Freizeitbekleidung mit Firmenlogo mit seinem Arbeitgeber. Man fühlt sich einer Gruppe zugehörig und möchte das nach außen hin signalisieren. Durch diese historisch dokumentierte, sanfte Gehirnwäsche erhält der Firmenchef eine Belegschaft, die letztlich für weniger Geld arbeitet. Man will ja nicht von den (Arbeits-)Freunden verstoßen werden. Diese Fehlidentitäten werden von mittleren und großen Firmen systematisch erzeugt und gefördert.

Die besten Beispiele dafür sind die getreuen Apple-, Google- oder Facebook-Mitarbeiter. Sie alle würden auch zum halben Lohn arbeiten, ich habe sie im Silicon Valley bei Bier und Chips interviewt. Die Firma ist alles. Aber auch wir Konsumenten sehen uns als Träger von Fehlidentitäten. Wer seit Jahren ein iPhone hat, wird sich niemals ein Samsung-Smartphone anschaffen. Ein Porsche-Fahrer bleibt ein Porsche-

Fahrer, ein Leben lang. Den Fußballverein wechselt man nie, die Ehefrau schon eher. Es gibt nicht nur diese Fehl-, sondern immer öfter auch *Falschidentitäten*. Das Resultat dieser neuen Kultur des Konsumismus unter falschem Namen sehen wir bei den „sozialen Netzwerken" wie Facebook, Twitter, Youtube oder bei den anonymen Leserbriefe-Schreibern. Damit wird unserer Gier nach immer mehr und immer neueren Formen von Falschidentitäten Vorschub geleistet. Meiner Meinung nach müssten alle Facebook-User und Youtube-Kommentar-Verfasser mit vollem Namen und Adresse zu ihren Postings stehen. Damit wäre auch die Zeit der Diffamierungen und Falschaussagen vorbei. Die Trolle wären auf einen Schlag tot. Meinungsfreiheit? Aber sicher. Aber auch dahinter stehen und in möglichst freundlicher Prosa seine Meinung kundtun. Oder ist das schon zu viel verlangt, *Rezo*? Sie haben bestimmt von ihm gehört. Dieser Schaumschläger ist bei den jungen Menschen als Influenzer bekannt. Influenzer, das klingt für mich eher nach einer Grippe als nach einem Beruf. Viel mehr als ein kleiner Provokateur ist dieser Rezo aber auch nicht. Von Beruf Informatiker, kennt er sich mit seinem Medium gut aus. Finden Sie selbst heraus, von wem er bezahlt wird.

Mein Tipp: Nicht googeln, sondern auf duckduckgo.com seinen Namen eingeben. Sein Stottern überwindet er mit schnellem Sprechen. Das wiederum suggeriert seinen Fans, dass er schnell denkt. Zwischendurch ein englisches Wort, ein paar Fake-News oder eine Behauptung, und schon bekommt er von seinen Followern die ersehnten Klicks. Dass er alles vom Teleprompter abliest, stört seine getreuen Dumpfbacken nicht, und dass er mit bald dreißig Jahren immer noch blaue Haare hat, hat ihm auch noch keiner erzählt. Ihn stört es nicht einmal, dass er sich mit seiner Falschidentität lächerlich macht. Er glaubt sogar, dass ihn das noch berühmter macht. Armer Kerl.

Auch Wikipedia will übrigens seinen bürgerlichen Namen nicht nennen. Ich finde das albern. Mit drei Klicks habe ich ihn herausgefunden. Big Deal, Yannick F. alias Rezzzo. *Grow up!* Die heute praktizierten, nach wie vor unechten Formen der kommunikativen Selbstentfaltung enden letztlich darin, dass wir die Realität gar nicht mehr erkennen können. Also, Facebook abschaffen? Wenn das so einfach wäre. Facebook ist längst über sich hinaus gewachsen. Mark Zuckerberg hat doch nichts mehr zu berichten in seiner Firma. Sein Facebook ist mittlerweile ein totalitäres Instrument geworden. Der Geist ist aus der Flasche raus, und Meister Zuckerberg bringt ihn nicht wieder hinein. Ähnlich steht es mit den Algorithmen – keiner versteht sie wirklich, aber wir alle werden von ihnen beherrscht.

Bei Wikipedia erfahren wir auch etwas über die Medienmacht der SPD. Dort heißt es: *„Das RedaktionsNetzwerk Deutschland (RND) ist die Redaktion für überregionale Inhalte der Verlagsgesellschaft Madsack in Hannover. Deren größte Kommanditistin ist die Deutsche Druck- und Verlagsgesellschaft, das Medienbeteiligungsunternehmen der SPD. Das RND wurde 2013 gegründet. Es versorgt nach eigenen Angaben mehr als 60 Tageszeitungen mit einer täglichen Gesamtauflage von mehr als 2,3 Millionen Exemplaren und einer Reichweite von rund 6,8 Millionen Lesern am Tag. Zum RedaktionsNetzwerk Deutschland gehört das Hauptstadtbüro RND Berlin sowie das RND Digital Hub, welches überregionale Inhalte für Nachrichtenportale von Tageszeitungen produziert. Externe Kunden sind unter anderem die Neue Westfälische, das Redaktionsnetz Westfalen, die Siegener Zeitung und die Mittelbayerische Zeitung."*[11]

Einen weiter entlarvenden Artikel über das „rote Medien-Imperium" finden Sie bei www.achtgut.com.[12]

Wenn wir noch kurz bei der Mathematik bleiben wollen: Dynamische Systeme, wie etwa unsere Gesellschaft, schießen angeblich von einer Unordnung in die nächste. Was wir daraus subjektiv erkennen, nennen wir dann Normalität. *Mathematiker Thum* hatte darüber mal mit seiner *Katastrophentheorie* sinniert. Die Presse lebt von dieser Unordnung und stachelt uns in einer penetranten Art zum nächsten *„Sau-durchs-Dorf-Jagen"* an. Wir machen willig mit und formen daraus unbewusst und mit Hilfe der Katastrophentheorie den Zeitgeist.

Alle schreiben offenbar vom gleichen Skript ab. Vergleichen Sie die *Süddeutsche Zeitung* mit der *FAZ* oder noch einfacher den Züricher *Tages-Anzeiger* und die *NZZ*. Jeden Tag senden uns die Fernsehanstalten in Europa und der restlichen Welt den gleichen Müll in die gute Stube. Es greift zu kurz, wenn man ihnen nur Faulheit oder Kosten sparen vorwirft. Das wäre nicht nur absurd, sondern auch gefährlich. Also, wer diktiert unseren Massenverblödungsmedien unser täglich Informations-Brot in ihre Laptops? Nein, weder Donald Trump noch Angela Merkel. Auch sie sind nur die *Puppets on a String*, die Grüßauguste und Hampelmänner und -frauen. Ich glaube zu ahnen, dass es bald so weit ist – die *Neue Weltordnung* muss kurz davor sein, sich zu zeigen. Viele Indizien sprechen dafür. Es kann sich nur noch um wenige Jahre handeln. Wir Bürger, Stimmvieh und Steuerzahler, sind schlichtweg zu blöd, uns darum zu kümmern.

Wir sind glücklich, wenn wir in Ruhe gelassen werden, unser iPhone XIV kaufen und zweimal im Jahr Billigurlaub auf Malle machen können. Obwohl wir erahnen, dass das Fernsehen nichts anderes als staatlich verordnete Gehirnwäsche ist, die wir auch noch selbst bezahlen, tun wir nichts dagegen. Wir verhalten uns wie alle Drogenabhängigen – was soll schon schiefgehen? Für die paar wenigen wirklich interessanten Reportagen zappen wir uns dumm und dusselig durch die hundert Sender, wie ein Alkoholiker, der die Pfandflaschen leertrinkt. Dabei verschwenden wir täglich im Durchschnitt vier Stunden unseres wertvollen Lebens, unserer wohlgelittenen Partnerschaft und unserer überfordernden Elternpflicht. Schmeißen Sie den Fernsehapparat endlich zum Fenster hinaus. Ich habe es vor dreißig Jahren getan. Wenn Sie es nicht umgehend tun, müssen Sie sich nicht wundern, dass Sie tatsächlich alles glauben, was Ihnen auf die Glotze gebeamt wird. Seit 9/11 haben Sie das Wort *Terror* schon mindestens 10.000-mal gehört oder gelesen. Wir glauben tatsächlich, dass es auf der Welt tausende Terroristen gibt. Oder andere Trigger-Worte: *Saddam Hussein, Osama Bin Laden, Massenvernichtungswaffen, Klimawandel, Atomkatastrophe, Fukushima, Corona, Flüchtlinge, Sars, Greta, Aids, Ebola, Elektromobil, Tesla, Windkraft, Solarenergie, Klimawandel.* Sie haben sie von Ihren halb prominenten Nachrichtenablesern vom TV gehört oder in Ihrer Lieblingszeitung, der Sie ja schon seit dreißig Jahren treu sind, gelesen. Sie sind bereits fast unheilbar konditioniert. Fällt Ihnen wirklich nichts auf? Kann es sein, dass Sie und Ihr Nachbar der Grund sind, warum die Reichen noch reicher werden und die Mittelschicht gleichzeitig immer ärmer und blöder wird? Brechen Sie aktiv aus dem Mainstream-Medien-Teufelskreis aus.

Die Presse begleitet jeden Krieg und ändert die Tatsachen zugunsten des Siegers. Nehmen Sie die journalistische Geschichtsschreibung des Zweiten Weltkriegs – ist da etwa alles mit rechten Dingen zugegangen? Kaum, denn die Alliierten hatten alle ihre eigenen Gräueltaten aus den Pressemitteilungen und somit aus den Geschichtsbüchern gestrichen. Heute wissen wir, dass die Befreier gleichzeitig auch Täter waren. Was wir in der Schweiz, Deutschland und Österreich von der Geschichte kennen, wurde von den alliierten Großmächten *USA, Russland, Frankreich und England* in unsere Bücher diktiert und von unseren Lehrern in die Köpfe der Schülerinnen und Schüler gestopft. Man kann es durchaus als *Erziehungs-Trauma* bezeichnen. Unsere Eltern und wir wurden dadurch schon früh pädagogisch infiziert – Gehirnwäsche mag hier ein gewagtes Wort sein, aber suchen Sie sich doch ein treffenderes. Also aufpassen, wem man glaubt. Fake-News gab es schon immer.

Unabhängige Medien im Vasallenstaat & Atlantik-Brücke

Alles hat seinen Ursprung. Auch wenn ich damit in die Ecke der Verschwörungstheoretiker gestellt werde, an der nachfolgenden Analyse kommen auch Sie schwer vorbei, ohne zumindest die einleuchtendsten Fakten erkennen zu müssen. Für die Deutschen unter Ihnen muss der folgende Abschnitt schmerzhaft sein. Versuchen Sie trotzdem, objektiv zu bleiben. Seit dem Zweiten Weltkrieg ist die Bundesrepublik Deutschland gemäß den Verträgen mit den Alliierten *kein unabhängiger Staat* mehr. Die BRD ist folglich leider ein *Vasallenstaat* der Alliierten bzw. des *Imperiums USA*. Die Begründung dafür war damals wohl korrekt: Die Amerikaner wollten damit sichergehen, dass von den Deutschen nie wieder ein Krieg angezettelt wird. So weit, so schlecht. *Als neutraler Schweizer finde ich, dass es an der Zeit wäre, diesen Umstand zu klären – mit Hilfe der UNO.* Doch die deutsche Politik hat offenbar überhaupt kein Bestreben, unabhängig zu werden. Wird darüber wenigstens hinter verschlossenen Türen diskutiert? Wird es wenigstens bei *Hart aber Fair* oder *Maischberger* thematisiert? Kaum, denn der Meinungskorridor verbietet es ihnen. Darüber muss man schweigen.

Um seine Nähe zur Obrigkeit zu unterstreichen, hat Ex-Finanzminister *Wolfgang Schäuble* in verschiedenen Interviews freimütig zugegeben, dass Deutschland seit dem Zweiten Weltkrieg nie mehr souverän war und von den Siegermächten, speziell von den USA, gezwungen wurde, eine Informationspolitik nach deren Gusto anzuwenden. Mit anderen Worten: Egal was die Vereinigten Staaten von Amerika anstellen, die deutsche Politik und die deutsche Presse haben dies in keiner Weise zu kritisieren.

Sie glauben das nicht? Jan van Helsing hat in seinem Buch „Wir töten die halbe Menschheit" ein Interview mit einem Insider namens Hannes Berger geführt, in dem er auch auf Deutschlands Souveränität zu sprechen kommt:

> **Jan van Helsing: Wenn wir gerade bei Deutschland sind, wie sieht es mit unserer Souveränität aus? Können wir uns nicht dagegen wehren?**
>
> Hannes Berger: Wir sind nicht souverän. Und wir haben auch keinen richtigen Friedensvertrag. Der Zwei-plus-Vier-Vertrag von 1990 ist ein Abkommen, aber kein Friedensvertrag. Die Regelungen des Vertrages waren offiziell folgende: 1. Die Souveränität wird vollständig wiederhergestellt, damit Deutschland zum eigenständigen Subjekt auf der internationalen Bühne wird; 2. die Vollmachten der vier Hauptalliierten in Bezug auf ganz Deutschland werden damit vertraglich beendet, und die Reste des Besatzungsstatutes werden damit beseitigt. Aber es bleiben weiterhin die vier Einschränkungen der deutschen Souveränität in Kraft, die noch im ‚Deutschlandvertrag' von 1952 durch die Westalliierten festgelegt wurden.
>
> • Erste Einschränkung: Verbot von Volksentscheiden über militärpolitische Fragen des Landes. Die Deutschen haben kein Recht

zu entscheiden, eine US-Militärbasis im Lande zu haben oder nicht zu haben. Die Deutschen haben kein Recht zu entscheiden, eine strategische Luftwaffe zu haben oder ihre eigene Armee zu vergrößern.

- Zweite Einschränkung: Nach dem Zwei-plus-Vier-Vertrag hat Deutschland kein Recht, den Abzug der ausländischen Truppen aus Deutschland zu verlangen bzw. zu fordern. Die Sowjetunion hatte ihre Truppen aus der DDR freiwillig abgezogen.

- Dritte Einschränkung: Deutschland wird verboten, außenpolitische Entscheidungen zu treffen, ohne diese zuvor mit den Siegermächten abzusprechen.

- Vierte Einschränkung: Sie verlangt, die Truppenstärke der Bundeswehr auf 370.000 Soldaten zu beschränken.

Diese vier Einschränkungen der deutschen Souveränität bleiben in Kraft bis zur Unterzeichnung des Friedenvertrages. Der wird aber aus Sicht der derzeitigen Regierung weiterhin ausbleiben, denn sobald ein deutscher Verteidigungsminister den Friedensvertrag nur erwähnt, bleibt er in der Regel nicht lange im Amt.

Jan van Helsing: Bei Wikipedia heißt es dazu: *„Am 28. September 1990 ist vereinbart worden, dass der Überleitungsvertrag zusammen mit dem Deutschlandvertrag infolge der Unterzeichnung des Zwei-plus-Vier-Vertrags mit Wirkung vom Zeitpunkt der Vereinigung Deutschlands, dem 3. Oktober 1990, suspendiert und mit dem Inkrafttreten des Letzteren ausdrücklich außer Kraft gesetzt wurde. Einzelne der im Überleitungsvertrag getroffenen Bestimmungen behalten jedoch ihre Geltung."* Genau dieser letzte Satz hat es in sich: *„Einzelne ... Bestimmungen behalten jedoch ihre Geltung."* Hier kann man die Punkte aus dem Überleitungsvertrag von 1954 einsehen, die laut BGBl 1990, Teil II, Seite 1386 ff weiterhin gültig sind (daran hat auch der Zwei-plus-Vier-Vertrag nichts geändert)

Da Russland für die Amis traditionell der größte Feind auf dieser Erde ist, ist eine diplomatische Annäherung Deutschlands an die Russen weder vorgesehen noch erwünscht. Folglich haben alle Pressestellen in Mitteleuropa den *gemeinsamen Konsens* geschaffen, dass Amerika gut und Russland böse ist, auch wenn die Faktenlage bei weitem nicht eindeutig ist. Die *angebliche Annektion der Krim* und die Situation in der *Ukraine* werden von den deutschen Medien verzerrt dargestellt und Zar Putin angelastet. Kein Wunder, die Dämonisierung Russlands verläuft durch den gesamten Mainstream.

Kennen Sie George Friedman? Friedman ist der Chef des von ihm 1996 gegründeten Thinktanks *Stratfor*, mit dem er rund 4.000 US-Firmen berät. Bei einem Vortrag aus dem Jahr 2015 vor dem *Chicago Council on Global Affairs* sagte Friedman: *„Deutschland bildet zusammen mit Russland eine ernsthafte Gefahr für die Weltmachtpolitik der USA."* Deshalb unternehmen die Amerikaner alles, um eine Annäherung dieser beiden Länder zu torpedieren. Zudem meinte er: *„Es war das Ziel der US-Politik der letzten hundert Jahre, jeden Ansatz einer europäischen Supermacht frühzeitig zu zerschlagen."* Laut Friedman ist es das Ziel der US-Politik, einen Gürtel aus antirussischen und europaskeptischen Staaten zu schaffen, die als Pufferzone zwischen Russland und Deutschland fungieren. Hierzu gehören vor allem die baltischen Staaten, Weißrussland und die Ukraine. War Ihnen das bewusst?

Hier vielleicht noch eine Anregung für die jungen Journalisten. Auch wenn Sie denken, dass Ihr *Journalisten-Idol* unfehlbar ist, gönnen Sie sich doch die Zeit, selbst exakt und unvoreingenommen zu recherchieren. Versuchen Sie, sich von journalistischen Idolen und redaktionellen Übervätern zu befreien, und formen Sie Ihre eigene Meinung. Tragen Sie Verantwortung!

Ich persönlich kam vor langer Zeit zu dem Schluss, dass uns Wladimir Putin und seine Russen sehr viel näher sind als beispielsweise Brüssels EU oder Washingtons Senatoren-Millionäre. Politische Statements der jeweiligen westlichen Presseabteilungen wollen uns in die Irre führen. Persönliche Gespräche mit Russen zeigen hingegen sehr oft ein völlig anderes Bild. Es wäre wünschenswert, wenn unsere jungen Journalisten der hohen Verantwortung ihres Berufes wieder gerecht würden und etwas mehr Wagemut zeigen könnten. Ich weiß, der Job ist in Gefahr, die junge Familie will ernährt werden. Aber es kann nicht die Aufgabe der Journalisten sein, Steigbügelhalter für die USA oder Oberlehrer für das Volk zu sein. Mittlerweile fühlen sich viele Journalisten sogar dazu berufen, die Menschheit auf den richtigen Weg zu führen, Stichwort Klimawandel. Das ist fatal. Es ist ein Leichtes für Journalisten, uns mit ihrer Wortwahl zu manipulieren. Man ist ja nicht immer hellwach beim Lesen.

Ein Beispiel: Wenn ein Europäer etwas mitteilt, dann heißt es *„er sagt"*, wenn es ein Russe tut, dann heißt es *„er behauptet"*. Die Liste dieser Pfeile im Köcher des Journalismus ist endlos und wird bereits während der journalistischen Ausbildung verinnerlicht. Am gleichen Ort wird doziert, dass Pressefreiheit auch Informationsvielfalt bedeutet. Wenn aber gerade mal *zwei Pressehäuser* ganz Deutschland beherrschen, kann man sich schon fragen, wie weit wir von Russland oder Nordkorea entfernt sind. Auf der anderen Seite sollte man auch erkennen, dass die EU-Sanktionen gegen Russland immer die Ärmsten treffen. Kann uns das egal sein? Den *Oligarchen* ist es egal, denn sie leben ganz komfortabel, wahlweise in London, Zürich und Monaco. Letztlich müssen wir uns aber an den Gedanken gewöhnen, dass Deutschlands Journalisten die *Stenographen der USA* sind. Das macht die Einordnung ihrer Texte zwar etwas einfacher, ein Grund zum Jubeln ist es aber nicht. Die deutschen Fernseh- und Zeitungs-Journalisten haben offenbar einen klaren Auftrag. Diesen Auftrag finden wir beispielsweise in den „Essentials", also der Unternehmensverfassung des Axel-Springer-Verlages (BILD-Zeitung). Diese Essentials wurden 1967 von Axel Springer formuliert und sind Teil der Satzung sowie der Verträge mit den Journalisten in Deutschland. Diese lauten wie folgt:

1. *„Wir treten ein für Freiheit, Rechtsstaat, Demokratie und ein vereinigtes Europa.*
2. *Wir unterstützen das jüdische Volk und das Existenzrecht des Staates Israel.*

3. Wir zeigen unsere Solidarität in der freiheitlichen Wertegemeinschaft mit den Vereinigten Staaten von Amerika.
4. Wir setzen uns für eine freie und soziale Marktwirtschaft ein.
5. Wir lehnen politischen und religiösen Extremismus und jede Art von Rassismus und sexueller Diskriminierung ab."[17]

Um die Anbindung an das US-Imperium zu untermauern, wurde bereits 1952 die bis heute sehr aktive *Atlantik-Brücke* installiert. Es handelt sich hier um eine Art Bruderschaft, eine Vernetzung der Mächtigen aus Militär, Finanz, Medien und Politik – ähnlich der Organisation der *Bilderberger*. Erst auf den zweiten Blick erkennt man, dass hier Politiker und Presseleute im gleichen Boot sitzen. Dr. Arend Oetker, der ehemalige Vorstands-Chef der *Atlantik-Brücke*, gab im Jahre 2002 folgende Antwort auf die Frage nach dem Bestehensgrund dieser Organisation: *„Die USA werden von 200 Familien regiert, und zu denen wollen wir gute Kontakte haben."* Na so was aber auch. Man geht also bei den Atlantik-Brücke nicht davon aus, dass es ein Donald Trump ist oder ein Joe Biden, der das Land regiert, sondern superreiche Familien.

Dann schauen wir uns einmal an, wen wir bei der Atlantik-Brücke so alles als Mitglieder finden. Sie werden staunen! Hier ein paar Namen der Leute, die sich dort einfinden und über unsere Zukunft planen:

Gründungsmitglieder waren:
Eric M. Warburg, Ernst Friedländer, Erik Blumenfeld, Gotthard von Falkenhausen, Albert Schäfer, Hans Karl von Borries, Marion Gräfin Dönhoff, John J. McCloy.

Namen aus dem Vorstand:
Sigmar Gabriel, Norbert Röttgen, Kai Diekmann.

Eine Auswahl an prominenten Mitgliedern:
Angela Merkel, Friedrich Merz, Philipp Rösler, Dorothee Bär, Markus Blume, Karsten Voigt, Christian Lindner, Claus Kleber, Jan Fleischhauer, Martin Winterkorn, John Christian Kornblum, Max Strauß, Claudia Roth, Richard von Weizsäcker, Helmut Schmidt, Guido Westerwelle, Walther Leisler Kiep, Cem Özdemir, Katrin Göring-Eckardt.[13]

Ja, ich weiß, da fällt einem nichts mehr ein: CDU/CSU sitzt neben den Grünen, der FDP und der SPD, zusammen mit den Big Bankers und den Medienvertretern. Mit dabei Claus Kleber. Und genau so sieht die bundesdeutsche Politik aus: Es ist alles eins!

Wenn nun also ein Tagesschau-Sprecher Claus Kleber seine Nachrichtensendung *NATO-konform* und gleichzeitig für uns Zuschauer unabhängig moderiert, dann bekommt er dafür von der Bundesakademie für Sicherheitspolitik einen Preis. Ich finde, dass er dafür sogar einen *Oscar* bekommen sollte! Beste Rolle als Selbstdarsteller. Sie kennen vielleicht die *Münchner Sicherheitskonferenz*, eine weitere, politische Instanz in Deutschland. Die Atlantik-Brücke schreibt dieser peinlich genau ins Protokoll, *was* sie uns Bürgern zu erzählen hat – natürlich mit gütiger Hilfe von ARD/ZDF, Ihrem gebührenfinanzierten Propaganda-Sprachrohr, und den Schmierfinken der Printmedien. In ähnlicher, jedoch weniger subtiler Weise kupfern Österreich und die Schweiz diesen *Konsens* ab, und schon haben wir eine flächendeckende Mentalvergiftung der Bürger im aufgeklärten Mitteleuropa, eine Gehirnwäsche im Schongang. Mit Hilfe der *Aktual- und Tiefenindoktrination* werden wir in homöopathischen Dosen konditioniert. Dabei durchlaufen wir eine schleichende, professionelle Gehirnwäsche. Hand aufs Herz – wer könnte einem Claus Klebers misstrauen? Er und seinesgleichen mischen dann noch ein paar Falschwörter wie *Lohnnebenkosten*, *Protestwähler*, *Kollateralschaden*, *Corona-Leugner*, *Negativzins*, *Klima-Leugner* oder *Globalisierungskritiker* in ihre tendenziöse Berichterstattung, und schon fühlt sich der selbst denkende Steuerzahler in die Schmuddelecke der Verschwörungstheoretiker und Populisten gedrängt.

Ob wir es wollen oder nicht: Wir alle sind Opfer unserer Informationsauswahl. Die Masse der Menschen merkt so etwas gar nicht. Es ist offenbar sehr viel bequemer, einem netten Tagesschau-Sprecher oder den Talkshow-Moderatorinnen zuzuhören und ihnen alles zu glauben, als sich selbst Gedanken über die politischen, wirtschaftlichen und gesellschaftlichen Zusammenhänge zu machen. Letztlich sind wir Opfer unserer Bequemlichkeit. Wir Bürger sind selbst schuld – als faules Stimmvieh haben wir es nicht besser verdient.

Wie gesagt, mit Intelligenz hat das nur am Rande zu tun. Vielleicht noch ganz kurz zur Münchner Sicherheitskonferenz: Sie ist so alt wie ich und wurde 1963 als Wehrkundetagung gegründet. Im *Hotel Bayrischer Hof*, eine gute Adresse in München, findet seither jährlich diese mehrtägige Klausur statt. Bei Wikipedia steht dann auch, dass sich diese Konferenz aus hochrangigen Politikern, Diplomaten, Militärs und Sicherheitsexperten zusammensetzt. Dass die Presse auch ein Teil davon ist, muss man schon selbst herausfinden. Aktuelle und ehemalige Teilnehmer lesen sich wie das *„Who is Who"* der aktuellen und vergangenen Weltgeschichte: die Ex-US-Außenminister *Henry Kissinger* und *Madeleine Albright, Christiane Amanpour* von CNN, *Lady Lynn Forester-De Rothschildt, Bill Gates, Joseph Liebermann, Angela Merkel,* Ex-General *David Petraeus*, Ex-NATO-Chef *Rasmussen, Wolfgang Schäuble, George Soros,* der amtierende *UNO-Generalsekretär* und natürlich jede Menge Wüstensöhne. Zur Tarnung werden harmlose Würdenträger wie etwa Freiherren und Prinzen oder neutrale Politiker wie ein Schweizer Bundesrat oder Schwedens Premierminister eingeladen. Am Ende dieser Konferenz *werden vom NATO-General die Anweisungen verlesen,* wie das Volk im kommenden Jahr von den Medien informiert werden soll.

Taktik: Die Mainstream-Medien schaffen irgendwie den Spagat, *trotz* einer pro-amerikanischen Haltung gemeinsam gegen US-Präsident Donald Trump oder Joe Biden zu schießen. Wie so etwas geht? Nun, wir sind uns doch alle einig, dass Trump unmöglich ist. Aber ist er das wirklich, und sind wir uns darüber einig? Zugegeben, Ex-Präsident Trump macht es uns allen schwer, ihn zu mögen. Auch ich mag ihn nicht, obwohl ich ihm, im Gegensatz zu den meisten Journalisten, wenigstens schon ein paarmal begegnet bin. Ja, ich war sogar schon in seinem Privatjet. Als ehemaliger Airforce-One-Pilot weiß ich natürlich, dass dies ein Privileg war. Das macht mich aber noch lange nicht zum Trump-Versteher. Immerhin habe ich eine eigene Meinung über sein innen- und außenpolitisches Handeln. Da ihn die Außenpolitik offenbar überhaupt nie interessierte, mischt er sich auch nicht ein. Das war gut für unseren Weltfrieden. Ist es Ihnen nicht auch aufgefallen? Während der vier Jahre der Trump-Präsidentschaft gab es praktisch keinen

Krieg mehr. Das alleine macht ihn für mich zum besten Präsidenten seit John F. Kennedy. Nein, Bill Clinton und Barack Obama haben Kriege geführt, schon vergessen? Einer von den beiden hat dafür tatsächlich auch noch einen Friedensnobelpreis entgegengenommen. Ziemlich mutig für den letzten Schwarzen im Weißen Haus. Was denn, erhöhter Blutdruck? Meiner Meinung nach war Barack Obama einer der schlechtesten Präsidenten in der Geschichte der USA. Darüber lässt sich natürlich herrlich debattieren, die Faktenlage ist aber erdrückend. Obama führte unter anderem acht Jahre lang Kriege im Irak und in Afghanistan. Ist es nicht bemerkenswert?

Einerseits sind unsere Medien strammes Mitglied der Atlantik-Brücke, andererseits freuen sie und die Medienbenutzer sich über antiamerikanische Texte. Es ist also nicht erstaunlich, wie sich das Amerika-Bild der jungen Deutschen verschlechtert hat. Etwa die Hälfte gibt an, dass ein gutes Verhältnis zu den Chinesen wichtiger wäre als zu den USA. Das hat natürlich viel mit der medialen Rhetorik bezüglich des losen Mundwerkes Donald Trumps zu tun. Da ist er natürlich nicht unschuldig. Nur: Mit gütiger Twitter-Mithilfe des Donalds vom Weißen Haus urteilen wir alle reflexartig *gegen das ganze amerikanische Volk*. Obwohl die wenigsten Deutschen, Österreicher und Schweizer auch nur ansatzweise der englischen Sprache mächtig sind, trauen sie sich zu, ein Urteil über die angeblich so oberflächlichen über dreihundert Millionen Amerikaner zu fällen. Nun, das passiert offenbar, wenn man in einer Medienblase lebt.

Kritik in Deutschland: Die SED und die Stasi hatten eine fast wahnhafte Angst vor Kritik. Wer Kritik laut werden ließ, galt als Klassenfeind und wurde als bekämpfenswerter Gegner dargestellt. Parallelen zum Deutschen Bundestag sind natürlich spekulativ und höchstens zufällig. Inwieweit die linken und grünen Parteien die deutschen Medien dahingehend beeinflussen, kann ich von meiner Alm aus schlecht beurteilen. Aber die Indizien werden von Youtube-Videos untermauert, sprechen also eine klare Sprache: *Die Presse hatte den klaren Auftrag, die AfD mit Hilfe der Altparteien schlechtzureden und sie umgehend in die rechtsextreme Ecke zu stellen.* Sogar am Abend der Bundestagswahl vom

23. September 2017 versuchten alle Vertreter der linksliberalen Regierungsparteien und des öffentlich-rechtlichen Rundfunks, den Neuling AfD als *Rassismus-Partei* zu diffamieren. ARD und ZDF zogen alle Register und scheiterten kläglich mit dem Versuch, die Millionen von AfD-Wähler als tumbe, grölende Radautruppen abzukanzeln. Es war ein Lehrstück mangelnder Kritik- und Demokratiefähigkeit. Die Altparteien CDU/CSU, einst mitte-rechts und konservativ, gaben sich als dünnhäutige Mimosen, und Kanzlerkandidat *Martin Schulz*, das ewig machtlose Flaschenkind, kämpfte mit den Tränen. Mann, was war bloß aus Deutschland geworden? Der AfD-Spitzenkandidat *Jörg Meuthen* hatte mit seinem Einzug in den Bundestag klargemacht, dass ab sofort wieder debattiert wird. Lösungsorientiert, aber hart in der Sache. Keine Kuschelpolitik mehr. Frau Merkel saß, geistig völlig abwesend, mit versteinerter Miene in der Runde. Sie wurde als Kanzlerin zwar wiedergewählt, aber in diesem Moment verfluchte sie den Tag im Januar, als sie vollmundig verkündete, sich für weitere vier Jahre für Deutschland *in den Dienst zu stellen*.

Medien und Politik: Der deutsche Verfassungsschutz kennt den Begriff „*Anti-Deutsche*". Obwohl naheliegend, sind damit nicht Linke und Grüne gemeint. Im Internet ist er auch unter „*Transatlantifa*" bekannt: Die Rede ist von den Mitgliedern der *Atlantik-Brücke*, die in Politik, Funk und Fernsehen eine *linke Rhetorik* verbreiten. Gleichzeitig schaffen es diese teilweise prominenten Mitglieder, die Agenda des transatlantischen Bündnisses zu transportieren. Mit anderen Worten: Sie reden den Vereinigten Staaten von Amerika nach dem Mund bzw. den führenden Staaten in der UNO, plus Israel. So wird jede Kritik an Israel sofort als antisemitisch abqualifiziert. Auf der einen Seite tadelt die Transatlantifa den US-Präsidenten Donald Trump oder Joe Biden, und auf der anderen Seite unterstützt sie die Kriege der USA. Ja, es kann kompliziert werden. Googeln Sie doch mal die *Amadeu-Antonio-Stiftung*. Dabei lächelt Ihnen die ehemalige Stasi-Mitarbeiterin *Anetta Kahane* (Spitzname „IM Victoria") entgegen. Wenn Sie jetzt tatsächlich glauben, dass alle Ihre 709 Bundestagsabgeordneten diese Zusammenhänge begreifen, überschätzen Sie sie.

Journalisten des öffentlich-rechtlichen und von uns bezahlten Rundfunks sind Meinungssoldaten. Bereits an ihrer Mimik erkennt man, wie ein Bericht eingeschätzt werden soll. Das ist kein Zufall, das ist choreographische Perfektion. Die überwältigende Mehrheit ihrer Berichte haben eine Merkel-freundliche, linksliberale Konnotation. Kritik an der Staatsführung wird tunlichst vermieden. Das einzig Kritische an manchem Journalisten ist möglicherweise nur dessen Geisteszustand. Auf dem linken Auge ist die Presse blind – wie ist das rechtlich möglich? Auch schon fast ein Kalauer. Man kann es fast nur noch mit Humor ertragen. Ernsthaft: Wie können wir es zulassen, in Deutschland, Österreich und der Schweiz ein DDR-Staatsfernsehen 2.0 zu haben, bei dem die Wahrheit nur noch normativ verbreitet wird? Die Klatscher bei Maischberger, Illner und Will wissen genau, wann ihr Einsatz kommt. Das Schlimme ist: Wir klatschen geistig bereits mit. Aus *Wahr-Nehmung* wird *Falsch-Nehmung*, um hier etwas Semantik reinzubringen. Wir sehen zwar die Realität, müssen aber das Gegenteil glauben. Mit Hilfe der Politischen Korrektheit wird zudem die Sprache so stark verändert, bis sie uns auch geistig dahin bringt, wo wir politisch schon seit Jahren sind – links außen. Wir werden unsere Sprache in Zukunft gar nicht mehr brauchen, weil die Obrigkeit auch das Denken für uns übernimmt. Nicht etwa eine überbordende Sozialdemokratie oder gar Sozialismus ist die Gefahr – wenn man es zu Ende denkt, ist das *Endziel ein neuer Kommunismus!* Ein gewagtes Statement? Schauen Sie sich um. Die Zeitungen sind schon lange so weit: Der eine Hohlkopf schreibt vom anderen ab, und somit erhalten wir den journalistischen Einheitsbrei, den wir offenbar verdienen. Alles ist gut, legen Sie sich wieder hin. Ist nichts passiert. Wenn wir Bürger es nicht schaffen, aus unserer irren Schweigespirale auszubrechen, werden die Alt-68er und ihre ideologischen Gesinnungskinder den Kampf gegen uns gewinnen. Das ist das Ende der Aufklärung und der Beginn des Kommunismus, mit einem gleitenden Übergang zum Islam. Wenn Sie immer noch denken, dass ich übertreibe, dann verbrennen Sie dieses Buch und kaufen Sie ihn, den Koran.

Man darf jetzt nicht glauben, dass alle Journalisten exakt und stramm auf der Linie der Chefredaktion oder des Verlegers sind. Aber sehen wir die Sache doch mal praktisch: Diese Berufsleute haben eine Ausbildung gemacht und sich über Jahre ein generelles Wissen über viele Themen dieser Welt angeeignet. Da will man doch nicht seine Karriere riskieren, zumal die Berufsgruppe der Medien sehr stark vernetzt ist und dadurch ein Jobwechsel verunmöglicht würde. Deshalb versuchen die meisten Journalisten, ihre Seele so schmerzlos zu verkaufen, wie halt eben möglich. Ich bin sogar davon überzeugt, dass die meisten Journalisten mit sich hadern. Zuletzt haderte ein gewisser Markus Lanz mit seinem Beruf. In seiner Talkshow muckte er kurz auf und stellte überraschenderweise die richtigen Fragen. Das Publikum war begeistert, der Intendant weniger. Und so war Lanz gezwungen, den *Gang nach Canossa* zu machen, den 90-Grad-Bückling vor *ZDF-Chef Thomas Bellut*. In der nächsten Sendung funktionierte Zinnsoldat Markus Lanz wieder perfekt. Ja, unsere Talkshows – wie die richtigen Stammtische sind auch sie heute nüchtern kaum noch zu ertragen. Früher wurde bei Fernsehdiskussionen wenigstens noch geraucht und ein Gläschen Wein getrunken. Erinnern Sie sich? Nicht, dass damals die Qualität der Diskussionen wesentlich besser gewesen wäre, aber man konnte wenigstens den Qualm und vor allem den Alkohol dafür verantwortlich machen. Nein, früher war nicht alles besser, *aber es war gut!* Wenn nur noch difamiert und direkt auf den Mann gespielt wird, anstatt dass lösungsorientiert um einen Kompromiss gerungen wird, wenn es auf die feinen Unterschiede nicht mehr ankommt, sondern nur noch aufs große Ganze und Ungefähre, dann verpuffen intellektuell gut gemeinte Ratschläge wie Rauchschwaden. Schade eigentlich, denn in der harten Diskussion entstehen oft gute Verbesserungen der Lage – nicht selten für beide Parteien. Dass solche Lösungen von sieben Leuten in anderthalb Stunden vor laufender Kamera entstehen können, entbehrt jeder psychologischen Logik. Hinzu kommt, dass die „Maischberger" dieser Zunft die Ideologien des linksliberalen Staatsfernsehens durchboxen müssen. Das ist leicht zu erkennen, wenn die Moderatorinnen sich zwischendurch ans Ohr fassen – immer dann, wenn der Regisseur ihnen als *„Mann im*

Ohr" neue Anweisungen erteilt. Die Diskussionen sind im wahrsten Sinne des Wortes nicht der Rede wert, weil es ja immer Exponenten der gleichen Parteien sind, die sich über die vorgegebenen Themen in gemütlicher Eintracht unterhalten. Seit ein paar Jahren wird dann auch gerne gemeinsam gegen die AfD geschossen – natürlich ohne einen AfD-Politiker einzuladen, der sich und seine Partei verteidigen könnte. Es ist einfach nur noch langweilig. *"Was-bin-ich"*-Fernsehlegende *Robert Lembke* meinte einmal: *"Es gibt Fernsehprogramme, bei denen man seine eingeschlafenen Füße beneidet."*

Die einseitige Berichterstattung und das immer gleiche Ritual der Gutmenschlichkeit und des politisch Korrekten machen aus einem lebendigen Medium eine Totgeburt. Zum Abschalten sind wir scheinbar zu feige, die Fernseh-Droge verlangt nach mehr. Paracelsus wusste schon im 16. Jahrhundert, dass alles Sehen perspektivisch ist. Das bedeutet, dass man eine Sache von mindestens zwei Seiten betrachten muss, um sie zu verstehen. Der Slogan vom ZDF heißt: *"Mit dem Zweiten sieht man besser."* Ja, super, auf dem einen Auge blind und mit dem anderen perspektivisch sehen? Entlarvend, diese Werbebotschaft. Die wollen offenbar gar nicht, dass wir Bürger die Themen perspektivisch sehen. So beobachten wir im drögen Staatsfernsehen, wie sich Physik und Psychologie zur Philosophie entwickeln. Das schreit nach Richard, dem medialen David Precht.

Brauchen Sie eine Werbepause? Prinzessin *Meghan* und der doofe *Prinz Harry* – mal ehrlich, interessiert es Sie, was die so in ihrer überbezahlten Langeweile tun? Kaum, aber Sie werden gezwungen, diese Meldungen wegzuklicken, die Seite umzublättern oder wenigstens ein Bier vom Kühlschrank zu holen. Auch hier gilt: Kein Alkohol ist auch keine Lösung.

Zensur gab es schon vor dreißig Jahren: Damals in den 1990er-Jahren durften ARD und ZDF beispielsweise nichts Negatives über die neuen Bundesländer berichten. Der eine oder andere erinnert sich vielleicht an den *Eisernen Vorhang*, dahinter verbarg sich die DDR. Sorry, aber ich muss in diesem Buch auch die jungen Leser berücksichtigen, ihr Geschichtsunterricht fand immer am *Fridays for Future* statt. Okay, die Öffentlich-Rechtlichen wurden von der Regierung angewiesen, auch schriftlich, dass keine Meldungen zum Nachteil der aktuellen Politik verbreitet werden sollen. Eine ausgewogene und faire Berichterstattung wurde so von Amtes wegen verhindert. Heute vermuten wir mit einer wahrscheinlich sehr hohen Treffsicherheit, dass die BRD damals kaum freiere Staatsmedien hatte als die DDR. Der „freie Journalismus" ist eine Lüge. Da Journalisten keine Titel bekommen, adeln sie heute die Chefredakteure mit *„Hauptstadt-Korrespondent"* oder *„Bundestags-Journalist"*. In anderen Berufen bekommen die Angestellten wenigstens eine schöne Uniform mit Streifen oder einen Dienstgrad. Oder beides. Der Dirigent der Medienunternehmung wird dann *Intendant* oder *Chefredakteur* genannt. Über den Besitzer weiß man am wenigsten, aber auch hier wird es heißen: Wer die Musik bezahlt, bestimmt auch, was gespielt wird. Das war schon auf der Titanic so. Deren Schicksal ist bekannt. Eisberg voraus? Aber ich bitte Sie – alles nur Nebel. Dieser Nebel sollte sich aber ganz schnell lichten, sonst wird uns ganz Europa vor die Füße knallen. Mit unseren Kapitänen dürfen wir nicht rechnen, denn sie sind schon lange von Bord gesprungen. Seit etwa den 1990er-Jahren erleben wir eine Gehirnwäsche in winziger Dosierung. Ganz bewusst wird dabei unser schlechtes Gewissen bewirtschaftet, um uns auch den letzten Pfennig aus der Tasche zu stehlen. Schon Lenin wusste: *„Um eine Revolution erfolgreich zu starten, müssen zuerst die Medien übernommen werden."* So etwas macht man heute nicht überfallartig, sondern subtil. Achten Sie mal auf die Werbung in den Zeitungen oder auch im Fernsehen – Ihnen lächelt immer häufiger ein Migrant entgegen. Es ist doch auffallend, dass Ihnen sogar im legendären Fernseh-*Tatort* alle ideologisch wichtigen Zutaten für ein links-grünes Leben in Deutschland geboten werden. Keine Minderheit wird ausgelassen. Das Schwulsein wird als völlig normal geschildert, Wirtschaftsflüchtlinge werden zu netten Nachbarn, Muslime arbeiten bei der Feuerwehr, und dass der Kommissar kein Schwarzer ist, muss purer Zufall sein. Oder habe ich da etwas verpasst?

Wo der Geist nicht blitzt, da donnert die Stimme. Die öffentlich-rechtliche Stimme ist unanständig laut geworden im einstmals demokratischen Deutschland. Wie tief ARD und ZDF sinken, sieht man täglich an der veröffentlichten Meinung. Die AfD wird mit Nazis verglichen, und das politische Altparteien-Establishment tut so, als wäre das normal. Also tut auch der Fernsehkonsument und Mainstream-Medien lesende Bürger das Gleiche – ohne sein Gehirn einzuschalten, plappert er nach, was Kleber, Zamperoni und die drei Garnelen ihm am Vorabend gestenreich eingetrichtert haben. Man muss leider anerkennen, dass das Volk bereits in fortgeschrittenem Maße verdummt ist. Es ist einfach traurig mit anzusehen, wie mein Nachbarland vor die Hunde geht. Nicht zuletzt deshalb, weil es ein sicherer Indikator dafür ist, wo mein eigenes Land in nicht allzu ferner Zukunft sein wird. Auch bei uns in der Schweiz ist die Presse links-grün-rot. Die Sozialisten und Marxisten der Journaille missbrauchen auch hierzulande die Ahnungslosigkeit des Volkes. Warum, liebe Nachbarn in Deutschland und Österreich, tun wir nichts dagegen? Ganz einfach, weil wir Schiss vor der Wahrheit haben und uns davor fürchten, dass der Nachbar uns nicht mehr grüßt. Das ist doch ziemlich armselig, finden Sie nicht auch? Sehenden Auges beobachten wir, wie die Linken und Grünen von der Presse hofiert werden. Die neue Art des Journalismus spült vor allem Vertreter des versteckten Marxismus in die Redaktionen der Medien. Unter dem grünen Deckmantel und dem Vorwand der heroischen Weltrettung werden marxistische Ideen wieder salonfähig gemacht. Dies zu durchschauen, ist nicht immer einfach, aber ich bin sehr stark der Meinung, dass diese eklige Eiterbeule zeitnah zerdrückt werden muss: *Wenn man den Sumpf trockenlegen will, fragt man nicht die Frösche!*

Mancher Journalist ist ein schmieriger Frosch – außen grün, innen rot. Von der Frankfurter Schule bis zur Universität Chicago zieht sich eine blutrote Linie der Gesellschafts-Veränderer durch. Es sind dann auch vor allem Studenten, die sich diesem Irrglauben des Marxismus hingeben. Als nicht besonders mutige Zeitgenossen und leicht manipulierbare Universitätsbesucher gehen auch angehende Journalisten den Weg des geringsten Widerstandes und nicken alles ab, was ihnen ihre *linken Professoren* vorlesen. Damit geht man in Bezug auf den Abschluss schon fast auf Nummer sicher. Es gibt erdrückend viel Literatur, die diese Behauptung stützt. Diese *Strategie der Schildkröte* ist von den amerikanischen Universitäten über den großen Teich zu unseren Akademien herübergeschwappt. Es sind nicht mehr die hellsten Kerzen auf der Torte, die promovieren, sondern die angepassten Ja-Sager. Der Verlierer ist der Fortschritt, und der Bürger zahlt die Zeche. Viele unserer *Milleniums-Studenten* zeichnen sich als jammernde Schneeflocken und Heimat-Hasser aus. Sie haben eine große Klappe und sind nicht besonders widerstandsfähig, diese jungen *Snowflakes*. Das soll dereinst unser neues Führungspersonal werden, unsere Juristen, Ingenieure, Professoren, Journalisten? Kaum. Die Höchststrafe, die dieser Generation widerfahren kann, ist vielleicht ein Shitstorm auf ihrer Internetseite oder ein paar Mobbing-SMS. Die wissen doch gar nicht, was Strafe ist. Diese Pflänzchen werden vom richtigen Leben derart *abgeschirmt*, dass ich dafür ihren Eltern und dem verweichlichten Schulsystem den Vorwurf machen muss! Wenn die Jugendlichen und Twens in unserem modernen Leben eine Daseinsberechtigung haben wollen, müssen sie schnell umdenken. Es wird schwierig sein, denn diese Massenpsychose ist stärker als jede Vernunft. Vielleicht hilft ein Blick ins Ausland. Nein, nicht in die Schweiz oder Österreich. Ich meine das richtige Ausland. Es gibt ja etwa zweihundert Länder, wo die *Klimahysterie* kaum Anhänger finden würde und ein Klimawandel sogar ein willkommenes Problem wäre. Schicken wir unsere Studenten und Journalisten zwecks Reality-Check doch mal für ein Austauschjahr nach Kamerun oder Bangladesch. Ohne Smartphone.

Die Politik gibt die Agenda vor, und der Mainstream-Journalismus hat sich ihr zu beugen. Das eine ist die Symbolpolitik, wo sich der Bürger auch einbringen darf, das andere ist die wirkliche Politik, über die der Bürger gar nicht erst informiert wird. Genau hier macht sich der Journalist zum Steigbügelhalter der Politiker. Es wird nicht über das berichtet, was wirklich wichtig ist. Die Strategie lautet: Irreführung durch weglassen oder eben Lückenpresse. Auf der anderen Seite wird jeder Bericht eines staatlichen Untersuchungsausschusses so präpariert, damit der Einfluss stabilisiert und die Macht erweitert wird. Daran stören sich offenbar die wenigsten Journalisten. Spätestens hier ergäbe sich ein berechtigtes Misstrauen gegenüber den Medien. Es wäre wünschenswert, wenn Sie als Bürger diesen Umstand erkennen und die Medien künftig wieder seriös recherchiert berichten würden. Unser Journalismus beruft sich ja schon mantrahaft darauf, zu den Guten zu gehören. Im Zusammenhang mit der NATO-Politik wäre es vielleicht angebracht, die geschichtlichen Zusammenhänge nochmals zu studieren. Wenn ein Chinese oder ein Russe in seiner Zeitung etwas schreibt, dann weiß man zu hundert Prozent, dass es Propaganda ist. Bei uns will man das von unserer Presse nicht glauben, es ist aber leider zunehmend so. Dazu kommt die unsägliche Politische Korrektheit, die uns in einer fast totalitären Weise einen geistigen Maulkorb überstreift. Was aber noch schwieriger zu durchschauen ist, ist die *tendenziöse* Berichterstattung. Dabei wird der Bürger mit medialer Vorverurteilung dahingehend konditioniert, einen Sachverhalt so zu lesen oder im Fernsehen zu sehen, dass es *quasi eindeutig ist*, wer der Gute und wer der Böse im Spiel ist. Leider lassen sich auch die Österreicher aus purer Gewohnheit immer noch von ORF-Moderatoren wie *Armin Wolf*, dem geistig insolventen Sprechblasenverbreiter der *Zeit im Bild* (ZIB), des-informieren. Wie schon kurz erwähnt, hätte Österreich durchaus eine Alternative zum Staatsfunk.

Ich möchte Ihnen dazu ein interessantes, im *Servus-TV* vom deutschen *Medienanwalt Ralf Höcke* vorgebrachtes Zitat des *Falter*-Chefredakteurs *Florian Klenk* vorstellen: „*Entscheidend ist, dass an sich offene, aber für sich genommen unangreifbare Formulierungen in ein Netz des Verdachts eingesponnen werden, aus dem es keinen Ausweg gibt. Wesentliche Fakten werden unterschlagen – Fakten, die ein völlig anderes Licht auf die Geschichte werfen würden.*"

Das ist eine, wie ich meine, scharfe Beobachtung. Durch diese kontinuierliche Manipulation wird der Medienkonsum äußerst schwierig und die Wahrheitsfindung fast unmöglich. Dass sich der normale, einfache Bürger langsam, aber sicher aus dieser Veranstaltung ausklinken wird, ist die logische und auch gewollte Konsequenz. Kein Wunder, dass er langsam zum Proll wird. Für die Politiker und die Medien besteht überhaupt keine Veranlassung, ihn korrekt und umfassend, aber gleichzeitig auch einigermaßen kurz zu informieren. In der Schweiz wurde diesbezüglich im Oktober 2020 eine Studie veröffentlicht. Es ging darum, das Medienverhalten und die Menge an politisch und gesellschaftlicher Information bei verschiedenen Bevölkerungsschichten herauszufinden. Dabei wurden über dreißig Prozent der jungen Menschen bis 35 Jahre als *News-Deprivierte* eingestuft. Das heißt, dass fast ein Drittel dieser Menschen wenig oder gar keine News, politische oder gesellschaftliche Informationen konsumieren. Sie haben sich von dieser Welt abgehängt und gehen naturgemäß auch nicht zu Wahlen oder Abstimmungen. Die Versorgung mit gesellschaftlichen und politischen Angeboten aus dem Inland wären aber wichtig, um *auf informierter Grundlage* die demokratischen Grundrechte ausüben zu können.

Was fast noch wichtiger ist, gemäß Studie: *Das gesellschaftliche Bild dieser News-Deprivierten sei stärker emotional und bedrohlich aufgeladen. Diese Gruppe flüchtet sich zunehmend in die sozialen Medien oder in Tiefen des Dark-Nets.* Ein Lichtblick: Die Studie stellte fest, dass ein zunehmender Konsum an „sozialen Medien" auch deren Glaubwürdigkeit schwächt. Nur gerade 38 Prozent glauben, was da an Informationen herumgereicht wird.[14]

Medialer Kampf gegen die Multis

Ich finde, man sollte nicht reflexartig gegen die Multis wettern. Nicht alle sind schlecht. Ja, es gibt natürlich schwarze Schafe unter ihnen, aber wir alle leben schließlich davon, dass diese Multis gute Arbeit machen. Auch der Haifisch muss sein Territorium im Karpfenteich verteidigen. Für uns Karpfen ist das nicht immer nachvollziehbar, denn es sind ja mehrere Haie, die sich unser annehmen möchten, wenn ihr Magen knurrt. Jetzt kann man darüber debattieren, ob es eine Rolle spielt, von welchem Hai wir gefressen werden. Tatsache ist aber auch, dass die Haie ohne uns verhungern würden. Aus einem gewissen Eigennutz lassen sie daher die meisten von uns am Leben. Also versuchen wir doch, mit den Haien auszukommen, so gut es eben geht. Immer mit dem Finger auf die Großkonzerne zu zeigen und ihre CEOs zu brandmarken, mag ein netter Zeitvertreib sein, vor allem für die Medien. Ihnen geht es ja nur darum, uns Leser bei der Stange zu halten und uns maßvoll zu provozieren. Ob die Vorwürfe gegen die Multis stimmen, wissen wir aber in den seltensten Fällen. Hauptsache wir können unseren Frust in den Kommentarspalten der Online-Portale und in Leserbriefen an Zeitungen loswerden.

Hier ein *Paradebeispiel von bewusster Provokation* und teilweise bewusster, aber auch *unbewusster Falschdarstellung der Fakten* durch die Medien: Im März 2019 stürzte eine Boeing 737-8-MAX in Äthiopien ab – 157 Tote. Es war innerhalb eines halben Jahres der zweite Crash dieses modifizierten, äußerst erfolgreichen Flugzeugtyps. Die Medien stürzten sich mit Begeisterung auf diesen Unfall, weil sehr schnell ein angebliches Versagen der *Führungsspitze* der riesigen US-Firma Boeing ausgemacht wurde. Bei näherer Betrachtung und mit dem geschulten Auge des Fachmannes konnte aber genauso schnell festgestellt werden, dass der *unerfahren*e und erst 29-jährige, schwarze Kapitän aus Kenia mit einer Situation völlig überfordert war, bei der zuvor viele andere Piloten die korrekten Prozeduren durchführten und danach mühelos landeten.

Wichtig ist in diesem Zusammenhang die *minimale Flugerfahrung* der gesamten Ethiopian-Airlines-Cockpit-Crew. Der frischgebackene, junge Kapitän war in dieser Funktion erst ein Jahr im Einsatz. Zuvor war er Kopilot auf der Langstrecke und durfte *ein- oder vielleicht zweimal im Monat eine Landung* ausführen. Er hatte gerade einmal 1.400 Stunden Flugerfahrung auf der Boeing 737. *Sein Kopilot hatte praktisch keine Flugerfahrung*: Der frisch von der Schulbank eingesetzte, 25-jährige Kopilot aus Äthiopien konnte insgesamt sogar nur 361 Stunden Flugerfahrung vorweisen. Diese wenigen Stunden verbrachte er hauptsächlich als Flugschüler mit *helfendem Fluglehrer* auf kleinen, einmotorigen Sportflugzeugen. Er war also nichts anderes als ein *fliegerischer Fußgänger* in einer blendenden Uniform. Dass diese zwei Anfänger zusammen eingesetzt wurden, war ein grober Fehler der Crew-Einsatzplanung der Ethiopian Airlines, einer Dritte-Welt-Fluglinie. Davon war in den weltweiten Medien nichts zu lesen, weil wohl eine kritische Meinung an einer afrikanischen Busch-Airline zu *politisch inkorrekten* Schlussfolgerungen geführt hätte. Also suchte man den Fehler im Management des Flugzeugherstellers.

Die Medien trieben die Politiker zu einer ungewöhnlichen Entscheidung: Der amerikanische Kongress, auch in aviatischen Dingen eher Laie, forderte umgehend ein Grounding aller Boeing-737-MAX-Flugzeuge – mit Erfolg. Da die beiden Frischlinge krass *entgegen* den Anweisungen der Boeing-Notfall-Checkliste handelten und zusätzlich die einfachste Fliegerei sträflich vernachlässigten, brachten sie das nagelneue Flugzeug bei schönstem Wetter, einwandfrei funktionierenden Triebwerken und bei Tageslicht kurz nach dem Start in Addis Abeba zum Absturz. Anstatt das Flugzeug *von Hand* zu fliegen, versuchte der überforderte Kapitän dutzende Male, den Autopiloten einzuschalten. Durch einen Mangel an Systemkenntnissen wusste er nicht, dass dies in dieser Situation gar nicht möglich ist. Der Kapitän berührte die Schubhebel nach dem Abheben *kein einziges Mal*, weshalb sich das Flugzeug mit Maximalgeschwindigkeit in den äthiopischen Boden bohrte. Alle tot. Diese Details habe ich den führenden Zeitungen in Europa und den USA schriftlich bekannt gegeben, inklusive der offiziellen Daten aus dem *„Preliminary Report"*.[15]

Niemand hielt es für angebracht, diesen wichtigen Umstand bekannt zu machen, denn dann hätten sie ja ihre eigenen Fake-News eingestehen müssen. Es war also zu spät. Die Lawine war losgetreten, die Meinungen waren (auch unter den Piloten!) bereits gemacht und verbreitet. Ja, auch meine Pilotenkollegen wollten nicht plötzlich dastehen wie die Vollidioten. So berichten heute noch alle Medien die gleiche, falsche Geschichte. Da ich diesen Fall sehr genau kenne und auch die Boeing 737 jahrelang als Kapitän geflogen bin, traue ich mir zu, hier ein objektives Urteil fällen zu können. Das manuelle Fliegen gehört nicht erst seit diesen zwei 737-MAX-Unfällen zum Standardprogramm einer jeden Simulatorübung – ich spreche hier von normalen europäischen, amerikanischen oder russischen Airlines. Diese Dinge muss ein westlicher Pilot einfach beherrschen. In Dritte-Welt-Ländern wie Äthiopien oder Indonesien vertraut man eher der Technik und macht fatalerweise ausgiebigen Gebrauch vom Autopiloten, ohne seine Kapazität und Grenzen genau zu kennen. Nicht weitersagen: Dieser *Autopilot fällt ab und zu aus* oder spielt verrückt. Deswegen ist es wichtig, so oft es die Witterungsverhältnisse zulassen, von Hand zu fliegen. Das macht auch mehr Spaß und verbessert gleichzeitig das fliegerische Können. Die Hauptschuld trägt meines Erachtens der überforderte Kapitän. *Dass das sogenannte MCAS falsch reagierte, ist der Firma Boeing anzulasten.* Dieses eigentlich für die Flugsicherheit eingebaute Teil erhielt die Informationen von nur einem einzigen Sensor, und dieser spielte verrückt.

Ein halbes Jahr vor diesem Unfall hatte Boeing alle Piloten weltweit persönlich darüber informiert, wie bei einem MCAS-Problem korrekt vorzugehen ist. Ich selbst habe eine Kopie davon. Auch der kenianische Kapitän der Ethiopian Airlines erhielt diese Information. Dieser entscheidende Umstand wurde nie einer breiteren Bevölkerung zugänglich gemacht. Für die europäischen, aber auch amerikanischen Mainstream-Medien war es offenbar zu schön, den riesigen Boeing-Konzern taumeln zu sehen. Ob hier die europäischen Airbus-Hersteller nachgeholfen haben, darüber mag ich nicht spekulieren. Auf entlarvende Weise zeigte sich hier aber einmal mehr, dass die Medien generell kaum noch selbst recherchieren und sich aus Kostengründen auf laienhafte Amateur-Internetseiten abstützen, die von Hobbypiloten und Flugzeugenthusiasten betrieben werden. Der Blinde schreibt vom Lahmen ab, und wir lesen den ganzen Müll. Ich kann nur erahnen, wie es bei anderen Fachgebieten aussehen muss – Medizin, Umweltschutz, Recht, Landwirtschaft, Kernkraft, Autoindustrie usw. Da die Journalisten kaum noch genug verdienen, muss man sich über den dünnen Inhalt ihrer schlecht recherchierten News nicht wundern. Wir erinnern uns: Das Ziel der Medien ist nicht, uns zu informieren, sondern uns ständig zu unterhalten, notfalls mit aus der Luft gegriffenen Provokationen. Negative Neuigkeiten werden von uns besonders gerne gelesen, und die allgemeine Empörung empfinden wir bereits als angenehm. *Wir sind eine Kombination von Blockwarten und Waschweibern geworden.* Übrigens hat Boeing seine Hausaufgaben gemacht. Die 737-MAX-Flugzeuge dürfen wieder fliegen.

Lesen lernen: Eine Zeitung korrekt zu lesen, erfordert sehr viel Übung. Man muss heute, mehr denn je, eine Zeitungsmeldung interpretieren, um einigermaßen die Wahrheit zu erfahren. Ich bin beispielsweise ein Fachmann in Sachen Fliegerei. Hiobsbotschaften über Flugzeug-Zwischenfälle, wie etwa eine *Notlandung* wegen einer Warnanzeige im Cockpit, schaffen es bei News-Flaute bis auf die Titelseiten, nicht nur bei der Boulevardpresse oder im Internet. Aber gerade deren Redakteure müssen ihre Ausbildung bei den Gebrüdern Grimm genossen haben. Als Flugkapitän weiß ich in der Regel um deren Wahrheitsgehalt und rege mich angemessen darüber auf. *Wir sind den schlechten Journalisten völlig ausgeliefert.* Nicht zuletzt deshalb ist es hilfreich, vor allem ausgesuchte Wochenzeitungen zu lesen. Die Recherche braucht Zeit.

Scio ut nescio, hat schon der alte Sokrates gesagt. Ich weiß, dass ich nichts weiß. Immerhin weiß ich damit immer noch mehr als die Menschen, die nicht einmal wissen, dass sie nichts wissen. Mit diesem Wortspiel meine ich: Es ist besser, sein Unwissen oder Halbwissen einzugestehen und dann selbst herauszufinden, was Sache ist. Auf dem Weg dorthin wird man getäuscht, belogen, verachtet, gedemütigt und ausgegrenzt. Ob sich diese Reise lohnt, ist schwer abzuschätzen. Ich habe sie begonnen. Kann sein, dass ich gezwungen werde, diese Reise abzubrechen. Die Mächte sind stark, und es gibt immer wieder einen Vollpfosten im System, der das große Ganze nicht begriffen hat oder der Obrigkeit pflichtbewusst zudienen will. Vor diesen muss ich mich hüten, ich weiß. Ich hoffe, dass Sie mir dabei helfen. Ich zähle auf Sie. *Wir müssen gemeinsam gegen das Medienkartell der Generation der Alt-68er andenken.* Das heißt, wir müssen die Führer der Medien, des öffentlich-rechtlichen Rundfunks und der Grünen und Linken mit intellektueller Kraft in die Schranken weisen und sie umgehend aus ihren Ämtern kippen. Sie haben über vierzig Jahre lang regiert und speziell Deutschland an die Wand gefahren. Das Experiment muss gestoppt werden. Zeitnah, jetzt!

Was ich uns Medienkonsumenten und den Journalisten wünsche, ist Folgendes: Die Medienschaffenden müssen eine unabhängige Anlaufstelle bekommen, wo sie gegen das Unrecht ihrer Chefredakteure und Zeitungsbesitzer anonym klagen können. Die Rundfunkräte müssen entsorgt werden, sie sind politisch kontaminiert. Mit den technologischen Möglichkeiten könnten wir als Konsumenten sogar auswählen, wer Chef des Fernsehens oder der Zeitungen wird. Damit wäre es wenigstens gesichert, dass die Parteien ihren Einfluss auf die Medienverbreitung verlieren würden. Zudem würde das viele Geld der Gebührenzahler besser eingesetzt. Vorläufig wenigstens. Aber so sähe ich die Medien in den nächsten zwanzig Jahren. Denken Sie an den wiederhergestellten Debattenraum. Das wäre alles machbar, ist aber natürlich nicht gewollt. Das größte Problem sind nämlich Sie: Leider werden Sie nicht zugeben wollen, dass Sie jahrzehntelang Ihrer Tagesschau auf den Leim gekrochen sind. Deshalb werden Sie sich auch künftig weigern, die öffentlich-rechtlichen Rundfunkanstalten kritisch zu betrachten. Genau deswegen wird es Figuren wie Claus Kleber, Marietta Slomka und Armin Wolf auch in Zukunft noch geben. Your Choice.

Politisch korrekt

„Toleranz ist die letzte Tugend einer untergehenden Gesellschaft."
Aristoteles

Europa ist ein Hort des Humanismus und der Bürgerrechte, nicht der Toleranz. Man darf Demokratie und Toleranz nicht verwechseln. Die Zensur lauert überall. Frage: *Warum soll man sich nur noch politisch korrekt äußern dürfen? Wem hilft das, wem schadet es? Wer bestimmt eigentlich, was politisch korrekt ist?*

Neulich flog ich als Passagier nach Zürich. Schon beim Einsteigen schnappte ich ein paar politisch korrekte Sätze auf – es waren zwei Damen, die zu einem Psychologie-Kongress wollten. Beide Mitte vierzig, durchgestylt und mit dem neuesten Modell der Louis-Vuitton-Handtasche und dem Mercedes unter den Bord-Trolleys bestückt, diskutierten sie vor mir über die gendergerechte Bezeichnung für die *Lehrpersonen*. Die eine befand, dass man strikt „Lehrerin" sagen sollte, weil es ja bedeutend mehr Damen als Herren Lehrpersonen gäbe. Die andere gab ihr natürlich recht und ergänzte, dass ein Mann in der Schule sowieso eine Fehlbesetzung wäre. Beide saßen unmittelbar vor mir in der Business Class und gaben sich allergrößte Mühe, uns männlichen Fluggästen zu gefallen. Es war interessant, diese Schizophrenie zu beobachten. So funktionieren sie offenbar, die politisch korrekten Gutmenschen.

Versuchen wir gemeinsam, in die Tiefen des modernen, angepassten Menschen zu blicken. Unter vorgehaltener Hand hören wir immer wieder den Satz: *„Darf man das noch sagen?"* Durch die uns übergestülpte Politische Korrektheit opfern wir ohne Not das höchste Gut einer modernen Gesellschaft, nämlich die Meinungsfreiheit. Kritiker der Politischen Korrektheit werden von Gutmenschen mit der immer griffbereiten Nazi-Keule mundtot gemacht – oder zumindest als Rechtsextreme diffamiert. Die neue Art, wie wir miteinander zu kommunizieren haben, wird offenbar von ideologisch verseuchtem Personal der linken und grünen Kaste diktiert. Das Volk macht mit. Oder wie es der österreichische Ex-Nationalrat Gerald Grosz in seinem Youtube-Blog perfekt sagt: *„Der politische Kompass wird langsam über unsere Köpfe hinweg verschoben. Wer sich dieser neuen Wahrheit nicht beugt, wird mit dem Shitstorm des künstlichen Mainstreams, der sogenannten veröffentlichten Meinung bedacht."* Nun, das betrifft ja nicht nur mich, sondern jeden liberalen oder auch konservativen Bürger. Ja, es betrifft auch Sie. Zurück zu der Frage, ob man das denn noch sagen darf: *Ja. Man darf, und man muss!*

Was gut gemeint ist

Der genaue Sprachgebrauch entscheidet über die Aussage, der Sprech-Akt entscheidet über deren Bedeutung (Semantik). Mit dem Instrument der politisch korrekten Sprache kämpfen wir auf der völlig falschen Ebene, um für Minderheiten einen Gewinn zu erzielen. Dabei werden die Minderheiten sogar noch einmal zu den Verlierern. Wenn man jede Randgruppe als solche erwähnt, wird sie erst recht zur Randgruppe. Die Gutmenschen stört das nicht, weil sie glauben, etwas Gutes getan zu haben.

Versuchen wir, so behutsam wie nötig, die Fakten sprechen zu lassen. Das ist leicht gesagt, denn das Problematische dabei ist, dass gewisse links-ideologische Kreise die Definitionsgewalt über die Politische Korrektheit besitzen wollen. Das gilt übrigens auch für Fakten. Erinnern wir uns an den vorgegebenen Meinungskorridor. Dabei entpuppt sich die Politische Korrektheit als nichts anderes als eine staatlich verordnete *„Tyrannei mit Manieren"*. Dieser Ausdruck stammt nicht von mir, sondern den habe ich von einem Kabarettisten aus dem fernen Amerika aufgeschnappt. Dort werden die Angehörigen dieses Berufszweiges zu Recht „Comedians" genannt und erfüllen die Aufgabe, die bei uns in Europa bereits zur Zeit des düsteren Mittelalters die Narren hatten – nämlich uns tumben Bürgern, aber auch der gehobenen Schicht, unangenehme Wahrheiten in amüsanter Prosa vorzutragen. Wahre Sachverhalte wurden dermaßen überspitzt dargestellt, dass man nicht immer genau wusste, welcher Teil nun wahr oder unwahr, richtig oder falsch war. Jeder konnte es sich aussuchen. Diese Narren durften fast alles sagen, ohne befürchten zu müssen, von der Obrigkeit einen Kopf kürzer gemacht zu werden. Nun ja, ab und zu verschwand ein allzu vorlauter Narr im tiefen, tiefen Wald und wurde dann ersetzt. No risk, no fun. Heute zeigen uns drittklassige deutsche „Comedians" genau, was politisch korrekt ist. Im Studio klatscht das (bezahlte?) Publikum an der korrekten Stelle und mit freudigem Gesicht. Dass hier echte Fakten verstörend wirken können, ist einleuchtend.

Versuchen wir einmal, etwas zurückzublättern. Die Politische Korrektheit gibt es erst seit etwa dem Ende des Vietnamkriegs 1975. Seither bevölkern ehemalige Alt-68er-Studenten unsere Schulzimmer und Hörsäle als Lehrpersonen. Ideologisch verblendete Grünschnäbel gaben sich also seither als Lehrer und Professoren. Die institutionelle Gehirnwäsche nahm so ihren unheilvollen Lauf. Die Politische Korrektheit ist eine Erfindung unserer Neuzeit und wird als psychologisch wirksames Mittel der geistigen Unterdrückung missbraucht. Diese latente Unterdrückung wird heute in den vielen sozialistisch und grün regierten Parlamenten der westlichen Welt vorexerziert – allen voran im EU-Moloch Brüssel, der Opferstätte unserer Demokratie. In ganz Asien, Afrika oder gar den etwa fünfzig islamistisch regierten Staaten wäre ein solches Gebaren undenkbar. Dort ist man politisch und gesellschaftlich schließlich bereits im tiefsten Mittelalter angelangt. Ein kleiner Scherz, zur Auflockerung. Folglich müssten wir also in Europa politisch in der modernen, westlichen Welt sein. Nein, das sind wir leider schon lange nicht mehr. Durch diese unkorrekte, vorgeschobene Korrektheit werden hierzulande die Dinge nicht mehr beim Namen genannt. Der eine oder andere Leser erinnert sich an die DDR, denn im Sozialismus war dieses Verhalten völlig normal. Hören Sie sich mal die aktuellen Talkshows in den öffentlich-rechtlichen Bedürfnisanstalten oder politische Debatten im Bundestag oder Nationalrat genau an. Furchtbar, wie der feige Duktus des Korrekten gewählt wird, nur um möglichst keine Minderheit anzugreifen. Aus Furcht vor einer Attacke umschifft man unangenehme Wörter wie Schwule, Lesben, Schwarze,

Behinderte, Transen usw. Sie wollen Beispiele? Dann schnallen Sie sich an, es wird turbulent.

Fangen wir gleich bei der kleinsten Minderheit in unseren Breitengraden an, den „Schwarzen": Der *Mohr* ist aus unserem Sprachgebrauch zu eliminieren. Der *Mohrenkopf* will nun *Othello Schokoladenballen* oder *Schokokuss* genannt werden. Dass die Bezeichnung *Mohr* vom Namen der nordafrikanischen Region der *Mauren* abstammt und *Neger* von dem französischen Wort *nègre* (dunkelbraun, schwarz – mit beabsichtigter Konnotation), interessiert die Gutmenschen nicht. Hauptsache man kann sich als guter Mensch in Szene setzen und sich dabei wohl fühlen. Oder wie ist unser Umgang mit einer anderen Minderheit, den Rollstuhlfahrern? Ja, es ist bestimmt verdammt hart, wenn man sich nur mit diesem Gefährt fortbewegen kann, keine Frage. Aber ich vermute mal, dass der Rollstuhlfahrer selbst wohl kaum als Benachteiligter angesehen werden möchte. Im Gegenteil: Natürlich ist er ein gleichwertiges Mitglied unserer Gesellschaft. Schon die Tatsache, dass ich dies erwähne, schreit nach einem Umdenken. Aber warum tun einige von uns so, als ob die physisch Behinderten mehr Rechte haben sollten als wir? Klar sollten wir uns darum kümmern, dass Behinderte überall ohne Hindernis hinkommen, aber wozu werden Beiträge im Fernsehen für Gehörlose mit Gebärdensprache unterlegt? Die sind doch nicht blind. Man kann das doch mit Untertiteln lösen. Warum sind alle Flughäfen und Bahnhöfe mit blindengerechten Markierungen auf dem Boden versehen? Die große sehende Mehrheit stolpert täglich darüber. Nur damit ein paar wenige Blinde ihren Zug finden? Das kann man heute doch anders lösen. Über die Lesben und Schwulen mag ich heute gar nicht reden – sollen sie doch machen, was sie wollen. Das geht mich nichts an. Die Penis- und Vagina-Intoleranten sind übrigens gar nicht das Problem, es sind die linksliberalen, linken und grünen Gutmenschen, die sich für sie stark machen – nicht zuletzt, um ihre eigene Position als Gutmenschen zu stärken. Das ist typisch für diese widerlichen Prosecco-Sozen. Sie versuchen, jeder noch so kleinen Minderheit zu *helfen*, um ihre eigene Gutmenschlichkeit zu befriedigen und der Welt zu zeigen, dass sie Gutes tun. Die Minderheiten selbst sind ihnen völlig egal. Es geht immer nur um sie selbst – den Gutmenschen geht es um die Gutmenschen. Was denn, schwule Männer sollen Kinder adoptieren dürfen? So ein Unfug. Aber auch dafür setzen sich die Linksliberalen und Grünen mit Herzblut ein. Hat dabei schon mal jemand an die Kinder gedacht? Kinder brauchen bestimmt keine zwei Homo-Väter. So wie ich das sehe, geht es den schwulen Paaren doch nur um sich selbst.

Was haben wir denn noch für Minderheiten? Ach ja, dumme Kinder. Ja, die gibt es, und möglicherweise haben Sie sogar eines zuhause. Sie werden heute gerne auch „intellektuell benachteiligt" genannt. Nein, sind sie nicht, sie sind ganz einfach dumm. Gestehen Sie es sich ein: Ihr Kind ist blöd und wird es schwer haben im Leben. Zäpfchen? Da hilft leider auch kein falsches Wohlfühlattribut. Werfen wir einen Blick auf das andere Ende der Lebensskala: Alte Menschen werden heute gerne auch Senioren genannt. Nein, sie sind alte Menschen, bald Greise, bald tot. Niemand wird gerne alt, auch ich nicht. Aber es gehört nun mal zum Leben dazu, und wir sollten uns damit abfinden. Älterwerden ist nichts für Feiglinge. Das sollten wir akzeptieren, aber auch wertschätzen. Ich weiß nicht, wie es Ihnen geht, aber ich kann es nicht mehr hören, wenn im Radio und Fernsehen von „achtzig Jahre jung" gesprochen wird. Mit achtzig ist man steinalt! Rüstig und aktiv vielleicht, aber steinalt. Bald tot. Je mehr wir diese Euphemismen gebrauchen, desto schlechter geht es uns psychisch. Das kann doch nicht gewollt sein, oder doch?

Die Politische Korrektheit ist weit mehr als nur die Gleichstellung von Mann und Frau oder die Anerkennung von Minderheiten. Wenn wir auf den Beginn dieser Bewegung zurückblicken, wurde darum gekämpft, der Frau die berechtigte Rolle in der westlichen Gesellschaft zu ermöglichen. Der Grund dafür ist aus heutiger Sicht ziemlich banal. Die Männer sträubten sich vergeblich mit Händen und Füßen dagegen. Selbst die männliche politische Führung musste erkennen, dass die Frauen ihre politischen Interessen zunehmend auch per Stimmzettel kundtun wollten – natürlich völlig zu Recht. Figuren wie Alice Schwarzer machten daraus eine Lebensaufgabe und vor allem ein Millionengeschäft. Dass sie eine Pharisäerin ist, war schon bekannt, bevor es von einem Gericht festgestellt wurde. Ihre Schwarzer-Geldkonten in der Schweiz wurden dummerweise vom wachsamen deutschen Fiskus entdeckt. Zurück zum Thema: Der europäische Ehemann hatte also fortan auch politisch nichts mehr zu melden. Seither benutzt die Politik eine neue Gesellschaftssprache, die angepasster, toleranter und weicher ist, um die Damen nicht zu brüskieren. Was für eine Heuchelei. Wenn man von der Psychologie weiß, dass Frauen praktisch genauso aggressiv sind wie Männer, finde ich es sogar eine Anmaßung. Ich finde, wir sollten in der politischen Diskussion wieder vermehrt die richtigen Substantive, Verben und Adjektive benutzen, damit wir wieder verstehen, was eigentlich gemeint ist. Das kann man auch anständig und vor allem auf Augenhöhe machen. Hören Sie sich die Bundestags-Zwischenrufe auf Youtube an, und entscheiden Sie selbst, wer primitiver in die Reden dazwischenbrüllt. Es sind praktisch immer die Frauen von links und die GrünInnen.

Die von den angeblich modernen Menschen geförderte, soziokulturelle Gleichmacherei funktioniert nur in den wirren Gedankenspielen der Marxisten, Kommunisten, Sozialisten und zunehmend auch bei den Grünen und Grün-Liberalen. Die psychologische Realität spricht natürlich eine völlig andere Sprache: Männer und Frauen unterscheiden sich deutlich stärker, als wir alle zugeben möchten. Diese Unterschiede sollten wir vielleicht zelebrieren, nicht verwischen. Je mehr man von außen versucht, Mann und Frau gleich zu machen, desto unterschiedlicher werden wir! Ich bin mir fast sicher, dass die meisten Frauen mich wenigstens in diesem Punkt unterstützen. Darüber gibt es interessante psychologische Studien mit zehntausenden von Menschen in dutzenden Ländern. Wenn man zudem noch weiß, dass die meisten dieser untersuchenden Psychologen eher politisch links zu verorten sind, dann darf man überrascht sein über deren wissenschaftliche Ehrlichkeit.

Um ein gemeinsames Ziel zu erreichen, hilft es manchmal, nicht immer den Konsens, sondern auch mal den Dissens zu suchen. Nur so kann man sich selbst oder eine verfahrene Situation verbessern. *Friede, Freude, Eierkuchen* ist ja ganz nett, bringt uns aber bei einer Problembewältigung selten weiter. Wie schon erwähnt, sind diesem Konzept der falschen Harmonie die vielen tausend Toten auf den Operationstischen geschuldet. Weil sich keiner getraut, dem Chefarzt zu sagen, dass er den Tupfer in der Leiste vergessen hat, stirbt ein gesunder Mensch völlig unerwartet an „Komplikationen". Ein Assistenzarzt getraut sich doch nicht, seinem Chef zu sagen, was er gerade, und vielleicht zum wiederholten Male, falsch macht. Seine Beförderung wäre dahin – dann doch lieber aus Politischer Korrektheit und aus karriereetechnischen Gründen hin und wieder einen Patienten über die Klinge des Skalpells springen lassen. Wenn der graumelierte Chefarzt einen Fehler begeht, dann wird das seine nächste Golfrunde kaum beeinflussen. In den Krankenhäusern sterben jedes Jahr tausende Menschen, weil sich die Halbgötter in Weiß gerne etwas überschätzen. Nun, die Ärzte könnten von uns Piloten zumindest lernen, wie man mit Kritik umgeht. Mein Berufszweig bezahlte seine jahrzehntelange Ignoranz nicht selten mit seinem und der Passagiere Leben. Seither hören wir verstärkt auf unsere Kopiloten. Die Flugsicherheit hat sich damit dramatisch verbessert. Immerhin sind wenigstens die jungen Ärzte gewillt, ihren verantwortungsvollen Beruf neu zu definieren. Die neue Maxime: Nicht wer recht hat, sondern was richtig ist, zählt. Das rettet Leben! Es reicht schließlich, dass europaweit jährlich hunderttausende Patienten an multiresistenten Krankenhauskeimen sterben, da muss der Herr Dr. Chefarzt nicht noch mit dem Skalpell nachhelfen. Also: Politische Korrektheit sollte idealerweise in allen Berufen und auf allen Ebenen bekämpft und durch anständige, aber in der Sache harte Kommunikation ersetzt werden. Natürlich auch in der Politik! Zum Wohle aller Bürger.

Political Correctness made in USA: Neben der sogenannten „Cancel Culture", der absoluten Intoleranz gegenüber abweichenden Meinungen an den amerikanischen Universitäten, fällt auf, dass sich vor allem die Demokraten betont schwulen-, lesben-, afro- und latinofreundlich geben. Dass aber genau diese Minderheiten von denselben Politikern für ihre Machtansprüche missbraucht werden, hat sich bei den meisten

Schwulen, Lesben, Schwarzen und Latinos noch nicht herumgesprochen. Achtung, Fangfrage: Überlegen Sie sich mal für eine Minute, ob es den Rassismus wirklich noch gibt. Versuchen Sie, nicht reflexartig zu antworten. Haben Schwarze tatsächlich weniger Rechte als Weiße? Werden Schwule und Lesben wirklich ausgegrenzt? Dazu brauchen Sie keine Sekunde. Die wenig überraschende Wahrheit ist folgende: Die Schwarzen sind heute in den USA sogar die *„Untouchables"*, die Unberührbaren. Keiner getraut sich, ein falsches Wort gegen sie zu sagen. Und ja, einige Schwarze genießen es offenbar. Seit etwa fünfzehn Jahren ist bei uns in Europa eine ähnliche Tendenz festzustellen. Obwohl wir praktisch keine Schwarzen haben, müssen wir in vorauseilendem Gehorsam kundtun, dass wir gegen Rassismus sind. Als ob diejenigen, die nicht explizit und dauernd gegen Rassismus werben, Rassisten wären! Von uns wird offenbar verlangt, dass wir immer und bei jeder Gelegenheit betonen, dass wir für die Gleichberechtigung der Frau, der Schwarzen oder der Schwulen und Lesben sind. Tun wir es nicht, lauert in uns offenbar ein chauvinistischer Rassist. Suchen Sie einen Job? Vorsicht beim Bewerbungsgespräch: Ihre berufliche Laufbahn könnte einen Knicks bekommen, sollten Sie sich zu weit hinauslehnen. Rassismus ist mittlerweile auch in Europa ein schmaler Grat. Jegliche Benennung oder Wahrnehmung von menschlichen Unterschieden wird heute als Rassismus gedeutet. Tatsächliche Unterschiede werden ausgeblendet, Tradition und Kultur spielen eine nebensächliche Rolle. Wenn ich beispielsweise einen Schwarzen arglos frage, woher er kommt: *Rassismus-Alarm!* Es wird bald wieder geschwiegen in Deutschland. Das sind die Blüten des Linksextremismus. Die Tragik: Der Gutmensch fühlt sich dabei so richtig wohl. *Man darf gewisse Sachen nicht mehr sagen.* Auch hier wird offensichtlich und mit dem Segen des Staates der Meinungskorridor verengt. Auch hier entlarven sich die Linken als nicht demokratiefähig. Sie glauben fälschlicherweise, dass sie mit ihren Verboten, mit ihrer Einschüchterung und mit ihrer Bestrafung ein moralisch höher gelegenes Gelände beanspruchen. Big Mistake.

Anhand eines Rassismus-Beispiels aus der Schweiz möchte ich Ihnen zeigen, wohin die Reise offenbar schon seit Jahren geht. Die beiden schweizerischen *Bildungsexpertinnen und Rassismus-Fachfrauen* Rahel El-Maawi und Mandy Abu Shoak kommen in ihrer Studie über schweizerische Schulbücher zu dem Schluss (*Weltwoche* vom 17.11.2020): *„Wir haben kein einziges Lehr- oder Lernmittel gefunden, das wir ohne Zweifel empfehlen können."* Frau El-Maawi ist *Organisationsberaterin für diversitätsorientierte Betriebskultur.* Ja, das gibt es in der Schweiz. Sie meint, dass unsere Geschichtsbücher rassistisch wären, weil zu viele Angehörige der weißen Rasse abgebildet würden und überhaupt praktisch überall Männer vorkämen. Der Rütlischwur, bei dem der Beginn der schweizerischen Eidgenossenschaft 1291 besiegelt wurde, wäre vorwiegend von weißen Männern mit Bärten besucht worden. Angehörige ethnischer Minderheiten würden in den Geschichtsbüchern nicht zu finden sein. Auch Frauen wären unterdurchschnittlich beteiligt am schweizerischen Geschichts-Geschehen. Das wäre rassistisch und werte die Frauen ab. Die Musliminnen kommen zu dem Schluss, dass den Schülern in schweizerischen Schulen *struktureller Rassismus* eingeimpft wird. Unsere Lehrmittel würden sogar gegen die UNO-Konventionen verstoßen. Hat man Töne! In ihrer Optik gelte ich schon als Rassist, *weil ich nicht konkret gegen den Rassismus* in der Schweiz ankämpfe. Mea maxima culpa. Übrigens gibt es in Berlin ein *Institut für* diskriminierungsfreie Bildung. Von dort haben unsere beiden Expertinnen mit Migrationshintergrund ihr Gedankengut erhalten. Die Studie unserer zwei schweizerischen Fachfrauen ist offenbar ein „Copy-Paste" der angeblichen deutschen Problematik mit Rassismus. Hier die Berliner Internetseite als kleines Beweisstück unserer zunehmenden flächendeckenden Volksverblödung: https://diskriminierungsfreie-bildung.de (Privilegien-in-der-Schule.pdf). Diese mit staatlichen Millionen bezahlten Studien sind kaum auszuhalten, Sie sind gewarnt!

Gendern, eine Zivilisationskrankheit

Das politisch korrekte Problem fängt schon bei den beiden Geschlechtern an. Ja, Sie haben die Semantik natürlich bemerkt. Nach meinem Dafürhalten gibt es nur *zwei biologische Geschlechter*. Lassen Sie es mich klar aussprechen, damit wir uns verstehen: Die zwei einzigen Geschlechter, Mann und Frau, sind nicht gleich. Nicht nur physisch. Hier werden einige LeserInnen bereits ihre ersten Schweißausbrüche bekommen. Sie natürlich nicht. Gut, wir sind uns also einig, dass es nur zwei Geschlechter gibt. Fakt ist vielmehr, dass wir immer noch zu wenig über die gewaltigen Unterschiede von Mann und Frau wissen. Suchen Sie in einer freien Minute mal die Worte *Animus und Anima* im Netz. Damit werden in der *Analytischen Psychologie* die Personifikationen der weiblichen Natur *im Unbewussten des Mannes* und der männlichen Natur *im Unbewussten der Frau* bezeichnet. Nein, ich habe keine Ahnung davon, aber meine naheliegende Vermutung ist, dass wir folglich auch viel zu wenig über Homosexuelle, Transsexuelle, Transvestiten, Bisexuelle, Pansexuelle, Asexuelle usw. wissen, als dass wir uns ein klares Bild darüber machen könnten – von einer korrekten Umgangsweise ganz zu schweigen. Diese Dinge sind viel zu komplex, als dass wir unsere Moral danach richten könnten. Geben wir es einfach zu, dass wir mit diesen komplizierten Sachen überfordert sind. Ein Beispiel: Die Schwarzen behaupten immer, dass… Oder: Die Frauen sagen immer, dass… Wie wir schnell erkennen, können wir nicht einmal diese einfachen Gruppen klar definieren. Von zeitweise bisexuellen Transen sprechen wir noch gar nicht. Wenn es so einfach wäre… Genau deshalb haben die Linken und Grünen daraus längst ein Geschäftsmodell gemacht. Ihre Ideologie verlangt im Kern, dass wir jede Minderheit in den Himmel loben. Schon Lenin hat über diese Gruppe der „brauchbaren linken Idioten" referiert. Wenn wir also tatsächlich dieser unsäglichen Ideologie folgen, enden wir mit Sicherheit im Gulag. Die Linken und Grünen zündeln ganz offensichtlich mit diesem marxistischen Fernziel, unsere stabile Gesellschaft auseinanderzureißen oder zumindest zu spalten. Im Moment scheinen sie recht erfolgreich zu sein, leider. Weil wir die Tragweite dieses Genderwahns nicht erkennen wollen, lassen wir sie einfach gewähren. Die Lösung? Wir sollten uns umgehend und konsequent gegen jeden staatlichen Eingriff in unsere natürlich wachsende Sprache wehren und uns weniger über unsere Differenzen ärgern. Wir sollten unsere Gemeinsamkeiten genießen. Leben und leben lassen.

Damit meine ich natürlich nicht die Gutmenschen – die guten Menschen schon.

Parallel zur Politischen Korrektheit wurde die ganze Klimawandel-Bewegung vor etwa fünfzehn Jahren ins Leben gerufen, und zwar um politische Ziele in wirtschaftliche Gewinne umzumünzen. Dass die Wähler der Grünen und Linken dies immer noch nicht durchschauen, liegt wohl an ihrer beschränkten Intelligenz. Dass Kinder und Jugendliche es nicht verstehen, liegt einerseits an der fehlenden Erfahrung mit Manipulation, andererseits an ihren links-grünen Lehrern. Gehen Sie ruhig mal in sich hinein und überprüfen Sie, wem Sie bei Wahlen Ihre Stimme schenken. Wählen Sie etwa die Grünen, weil sie denken, dass diese Politiker sich mit ganzer Kraft für die Umwelt einsetzen? Gefallen Ihnen Wörter wie „ökologisch", „nachhaltig", „CO_2-frei", „Bio", „Erdgas" usw.? Oder werden Sie etwa von den Slogans der Grünen emotional berührt? *„Rettet den Wald! Rettet den Eisbär! Rettet die Welt! Deutschland ist erneuerbar! Atomkraft, nein danke! Grün wählen gegen Hass! Flüchtende brauchen Schutz statt Hetze! Klima schützen, bevor es zu heiß wird! Wir haben die Welt von unseren Kindern nur geborgt!"* Alle diese sinnfreien Slogans haben nur ein Ziel: unser schlechtes Gewissen. Googeln Sie ruhig etwas gründlicher in die tatsächlichen Tiefen der grünen Pharisäer im schmuddeligen Strickpullover mit Halstuch. Sie werden schnell erkennen, dass Ihre überbezahlten, grünen Politiker völlig überbewertet und unterbelichtet sind. Aber dazu sind Sie wahrscheinlich noch nicht bereit, liebe Bürger der BRD, der Schweiz und Österreichs, weil Sie Angst davor haben, Ihre politischen Positionen neu überdenken zu müssen. Die Menschheit stand schon vor ein paar hundert Jahren vor einem ähnlichen Problem: Im tiefen Mittelalter, zur finsteren Zeit der Inquisition, sollte die Erde angeblich plötzlich um die Sonne kreisen. Was denn, unsere Mutter Erde nicht mehr Mittelpunkt allen Seins? Die katholische Kirche wurde in ihren Grundfesten erschüttert. Während alle Bürger den Kopf in den Sand steckten, rollten andere von der Guillotine, wurden Hexen verbrannt, Astronomen ertränkt. Denken Sie beim Zeitunglesen daran, dass die Journalisten zwar nicht ihren Kopf, aber immerhin ihren Job verlieren, wenn sie diesen nicht stur nach Mainstream machen! Journalisten müssen nicht nur nach der Pfeife der Intendanten, Verleger und Chefredakteure tanzen, für Journalisten sind das blinde Anwenden der Politischen Korrektheit und das korrekte Gendern auch die Gebrauchsanweisung für eine gesicherte Karriere und ein glückliches Eheleben. Da ist nicht mehr viel Spielraum für unsere ehemaligen Berichterstatter.

Wir müssen uns dagegen wehren: Lassen Sie sich nicht als Rassisten, Sexisten, Homophoben oder gar als Ausländerfeind bezeichnen. Randgruppen soll man mit Anstand und Würde behandeln, klar. Randgruppen dürfen aber nie besser behandelt werden als die Mehrheit im Volk. Deswegen nennen wir sie ja „Randgruppen" bzw. „Minderheit". Gerechtigkeit ist keine Einbahnstraße. Und noch was: Es gibt keinen Grund, jeden Menschen zu respektieren! Respekt muss man sich verdienen. Die jungen Menschen haben diesbezüglich falsche Vorstellungen. Ja, erteilen wir ihnen eine Lektion in Soziologie. Junge Menschen müssen sich ihren Respekt zuerst verdienen. Alte auch.

Gleiche Rechte – auch für den Mann

Gleichberechtigung von Mann und Frau bedeutet nicht, dass die Jobs zu je fünfzig Prozent vergeben werden oder die gleiche Arbeit auch gleich bezahlt werden soll. Ach Gott, Sie zittern ja schon wieder. Okay, ich versuche, es zu erklären, denn um diesen scheinbaren Gegensatz zu begreifen, müssten sich die meisten Menschen in komplizierte Literatur einlesen. Ich habe dies (als Mann) für Sie und Ihre Mitmenschen getan. Nun können Sie mir das Ganze einfach glauben oder mich dafür hassen, dass ich so etwas veröffentliche. Ich finde, dass beides unkritisch und in gleicher Weise falsch ist. Was Sie aber tun können, ist zu versuchen, die Faktenlage objektiv zu beurteilen. Diese Fakten finden Sie im Internet reichlich. Ich werde Ihnen dazu keinen Tipp geben können, denn es gibt keine Hilfe zur Selbsthilfe – sonst ist es ja gar keine. Ich denke, dass wir uns verstehen. Hier zunächst ein paar unbequeme Wahrheiten für meine weibliche Leserschaft: Männer haben historisch gesehen weit mehr gelitten als Frauen. Fangen wir mal bei den Kriegen an: Es sind hauptsächlich Männer gestorben. (Ja, meine Damen, die Kriege wurden auch von uns Männern angezettelt.)

Oder Arbeitsunfälle: Männer führen die Todesliste an. Krankheiten, die auf die Schwere der Arbeit zurückzuführen sind? Die Männer sterben weg. Selbst beim Coronavirus führen wir Männer die Statistik der Toten an, egal ob mit oder an Corona... Sogar bei den Selbstmorden sind die Männer an der Spitze – nicht zuletzt, weil sie beruflich nicht weiterkommen oder die Perspektiven verlieren. Aber nicht nur deshalb haben die Frauen eine höhere Lebenserwartung. Es hat auch damit zu tun, dass die Männer sehr viel härtere Arbeiten ausführen. Oder möchten Sie, liebe Damen, dass es gleich viele Müllmänner und Müllfrauen gibt? Blicken wir auf das Baugewerbe, meine Damen: Möchten Sie im Winter bei Minustemperaturen Häuser und Straßen bauen? Wohl eher nicht. Oder kehren wir die Sache mal um: 75 Prozent der Lehrer sind weiblich. Im angenehmen, wohl temperierten Schulzimmer lässt es sich leicht über Quoten streiten. Über 70 Prozent der staatlichen, sich in angenehm warmer Atmosphäre befindenden Bürojobs werden von (Teilzeit arbeitenden) Frauen ausgeübt. Möchten Sie etwa, dass wir hier auch *fifty-fifty* haben? Überlegen Sie es sich gut, bevor Sie die Büchse der Pandora öffnen. Quoten und Politische Korrektheit führen uns hier also ins Leere. Das Leben verlangt vom Mann offenbar mehr ab. Als Mann darf ich auch mal *outside the box* denken: Könnte es vielleicht sogar sein, dass der Mann schwächer ist als die Frau? Man weiß es nicht. Vielleicht ist nur sein Schmerzempfinden unterschiedlich. Träumen Sie weiter, liebe Damen. Der Vergleich von Mann und Frau führt uns also schnell ins Abseits. Ich denke, die Frauen haben in den letzten fünfzig Jahren sehr viel erreicht, und wir Männer schätzen die faire Zusammenarbeit mit ihnen. Mehr geht nicht, verehrte Damen. Wenn Sie uns Männer aber weiter pushen, werden Sie die Verlierer sein. Das kann ich Ihnen, als gestandener Mann, garantieren.

Also: Pax tecum! Friede sei mit Dir! Historische Tatsache ist, dass sich Männer und Frauen immer geholfen haben. Gemeinsam haben sie das Leben gemeistert. Das werden Sie so in keinem modernen Buch finden, aber Ihr gesunder Menschenverstand gibt Ihnen recht, auch wenn Sie eine langweilige, bissige und ewiggestrige Emanze sind. Männer gegen Frauen auszuspielen, mag Feministinnen und Feministen beschäftigen, den Menschen hilft es nicht. Genau dasselbe Trauerspiel finden wir bei den Quoten. Quoten sind Unsinn, weil sie diskriminierend sind. Sehen Sie, die meisten Firmen dieser Welt sind gewinnorientiert und suchen sich die besten Führungskräfte aus. Glauben Sie tatsächlich, dass sie da einen Unterschied zwischen Mann und Frau machen würden? Im Ernst? Es geht den Firmen um den Profit, und deshalb werden nur die Besten genommen. Es ist bestimmt kein Zufall, dass mehrheitlich Männer genommen werden. Das hat mit dem mangelnden Interesse der Frauen und der damit einhergehenden, fehlenden Qualifikation für diese besser bezahlten Jobs, aber auch mit ihrer schwächeren Durchsetzungskraft zu tun. Ja, die Männer sind selbstbewusster und brutaler. Ob das gut ist, weiß ich auch nicht. Vielleicht sollten ausschließlich Frauen die Topjobs besetzen, dann würden wir ja gemeinsam feststellen, was Sache ist. Nun, auch das wird nicht passieren, liebe Damen.

Job-Kreationen: Es gibt ja mittlerweile in vielen Staaten sogenannte „Frauenbeauftragte". Ja, diese sind in der Regel (huch, schon wieder ein sexistisches Fettnäpfchen) weiblich. Das ist nicht logisch, weil damit die Männer ja bereits benachteiligt werden. Im deutschen Grundgesetz gibt es den Artikel 3, der besagt, dass keiner benachteiligt, aber auch keiner bevorzugt werden soll. Brauchen wir nun eine(n) Männerbeauftragte(n)? Absoluter Unsinn, diese Scheindebatte. Hinzu kommt, dass es immer mehr Förderprogramme exklusiv für Frauen gibt. Wozu denn eigentlich? Wie wir wissen, sind es ja genau die Mädchen, die den Jungen in der Schule weit voraus sind. Anstatt aber den Jungs zu helfen, werden Abiturientinnen herangezüchtet, die spätestens nach dem ersten Kind das Studium schmeißen und den Staat somit nur Geld kosten. Wo ist hier die Gerechtigkeit? Was denn, schon wieder Schnappatmung? Ich denke, dass eine durchschnittlich fleißige, schlaue und ausdauernde Frau die exakt gleichen Chancen hat wie ein durchschnittlich fleißiger, schlauer und ausdauernder Mann. Mehr Fairness geht nicht in dieser Welt.

Warum sind denn eigentlich die Mädchen besser in der Schule? Eine der Ursachen ist schnell gefunden. Die Jungs verbrauchen ihre Energie während der Pubertät anders als die jungen Damen. Ihnen bleibt keine Geduld für das langweilige Lernen. Ich denke, wir sollten mit Hilfe der Psychologie und der Pädagogik den jungen Schülern gezielt helfen, durch die schwierige Zeit des Heranreifens zu kommen. Man darf ruhig auch mal eine geistige Anstrengung wagen und über ein höheres Einschulalter und ein späteres Abitur sinnieren. Warum sollten wir nicht alles etwas später und mit einer gewissen Reife beginnen und dafür länger machen? Wir werden schließlich immer älter. Wo steht geschrieben, dass man mit spätestens zwanzig Jahren an die Uni soll? Ach so, ich vergaß – man will ja möglichst früh den perfekten Konsumenten heranzüchten. Alles klar. Darüber darf man ja nicht einmal reden, das ist politisch nicht korrekt. Nur: In einem wirklichen Rechtsstaat hat niemand zu bestimmen, was gesagt werden darf und was nicht. Das wäre der erste Schritt in den Totalitarismus. Politische Korrektheit ist somit eindeutig totalitär.

Das Problem sind nicht etwa die Frauen, sondern die Feministinnen und Feministen. Ja, unsere fragile Gesellschaft muss auch Männer aushalten, die den Damen nach dem Mund reden. Dass die Femmen den Frauen damit einen Bärendienst erweisen, liegt auf der Hand. Als Mann sehe ich das haargenau. Die Feministinnen möchten nur die privilegierten, gut bezahlten und angenehmen Jobs für die Damen sichern. Aber wir Männer durchschauen das. Die Feministinnen sehen ihre Felle davonschwimmen. Um es politisch unkorrekt zu sagen: Femmen, Ihr seid entlarvt! Und noch was: Wo sind denn unsere Star-Feministinnen, wenn es um die Rechte der islamischen Frau geht? Die interessieren sie nicht. So viel zu den lächerlichen Frauenbeauftragten und Mahnerinnen. Es geht ihnen nicht um die Frau, es geht ihnen um sich selbst und ihre gut bezahlten Staatsjobs als Frauenbeauftragte.

Quoten über alles

Quoten sind grundsätzlich kontraproduktiv und ungerecht. Um als Gesellschaft weiter zu kommen, müssen wir die besten Leute in den verschiedenen Berufen einsetzen, nicht einfach je die Hälfte Männer und Frauen. Wenn jeder Berufszweig mit fünfzig Prozent Frauen besetzt würde, wäre das fatal. Schweden hat das versucht und ist vor allem bei den technischen Berufen kläglich gescheitert. Und es gibt ebenso Berufe, bei denen Männer eine Fehlbesetzung wären, z.B. in Pflegeberufen oder als Kindergärtner. In meinem Beruf als Pilot gibt es aus guten Gründen weniger als drei Prozent Frauen. Sie sind praktisch allesamt Kopilotinnen, selten Kapitänin. Sie können den Job prozentual einfach nicht so gut wie ein Mann. Das klingt politisch nicht ganz korrekt, ich weiß. Also, warum können es die Frauen prozentual nicht so gut wie wir Männer? Ganz einfach, weil sich mehr Männer für diesen Beruf interessieren als Frauen. Deswegen gibt es logischerweise auch eine größere Auswahl an fähigen männlichen Kandidaten. Bei der relativ kleinen Anzahl der an Fliegerei interessierten Damen schaffen folglich nur sehr wenige die durchaus harten Anforderungen zum Piloten. Das ist einfache Mathematik, kein Anti-Feminismus und schon gar keine Diskriminierung. Natürlich wirkt das politisch nicht korrekt, es ist aber trotzdem ganz normaler Fakt. Statistischer Fakt ist gleichzeitig auch, dass eine unbekannte Anzahl an Frauen nicht ins Cockpit gehörte. Diese Aussage macht mich natürlich unsympathisch, aber ich habe diesbezüglich ein ganzes Kapitel in einem anderen Buch geschrieben, in politisch korrekter Sprache. Nur so viel: Eine Frau kann, weil sie eben eine Frau ist, ein psychologischer Störfaktor und somit ein Sicherheitsrisiko im Cockpit sein. Es wäre dann besser, wenn zwei Frauen vorne sitzen würden, Kapitänin und Kopilotin. Na, wieder zufrieden, meine Damen? Die Kurve gerade noch gekriegt. (Nachzulesen in meinem Buch »...*vorne links*«, Novum-Verlag.)

Beliebte Narrative wie „*Frauen sind besser als Männer.*" oder umgekehrt sind meist lächerlich, weil sie weder belegt noch einleuchtend sind. Die Idealwelt für beide Geschlechter scheint mir persönlich zu sein, wenn Frauen ihre teilweise Überlegenheit im Konsens mit der männlichen Kraft abstimmen und gemeinsam mit uns Männern zu einem zielführenden Teamwork bündeln würden. Diese Logik versteht natürlich keine Frau, weil sie ja von mir, einem Mann, kommt. Somit werden wir Männer gezwungen, die Damen weiterhin daran zu hindern, uns die guten Jobs wegzunehmen. Selber schuld, Mesdames.

Der politisch korrekte Genderismus ist ein schwieriges Thema, meine Damen und Herrinnen. Ei, bin ich ein Schalk. Es wird nicht besser, wenn Sie sich dagegen wehren, Ladies. Ernsthaft: Wussten Sie, dass die staatlichen Stellen alleine im deutschsprachigen Raum viele hundert Millionen Steuer-Euros dafür ausgeben, nur um in ihren Formularen, Anträgen, Ausweisen, Schulungsbüchern, Strafzetteln und so weiter alle Geschlechter gleichwertig aufzuführen? Achtung, das war eine Fangfrage – es gibt doch nur zwei (2) Geschlechter. Wir alle haben schon früh gelernt, dass es biologisch nur zwei Geschlechter gibt: männlich und weiblich, bestimmt durch xy- und xx-Chromosomen. Aber auf solche harten Fakten reagieren unsere weichgespülten Gutmenschen im besten Fall mit Ignoranz. Noch eine Frage: Seit wann ist sexuelle Orientierung ein Geschlecht? Aus Politischer Korrektheit und unter dem Deckmantel der Gleichstellungspolitik wird von den Linken, den linksliberalen Altparteien und vor allem den Grünen versucht, die Geschlechtsidentität ganz aufzulösen.

Mein Einwurf: Wenn es also gar keine Geschlechter gibt, dann kann es ja auch keine Geschlechterdiskriminierung geben. In der Praxis bedeutet das: Gleiche harte Arbeit und gleicher niedriger Lohn für Mann und Frau – beispielsweise auf dem Bau, denn sie sind nun beide ein einziges Geschlecht. Wie Sie spüren, können verkürzte Sichtweisen schnell aufs Glatteis führen. Hier der Knüller: Fragen Sie mal einen jungen Studenten, ob er es okay findet, wenn ein Mann sich als Frau fühlt und als solche respektiert werden möchte. Natürlich findet er es reflexartig okay. Die nächste Frage ist, ob diese „Frau im Körper eines Mannes" dann auch die Umkleide und die Dusche der Damen besuchen darf. Huch. Ein weiteres Beispiel: Eine hübsche Dame wird unerwartet schwanger, der leibliche Vater fühlt sich aber plötzlich als Frau. Wer zahlt?

Ja, es wird kompliziert, ein konsequenter Gutmensch zu sein, nicht wahr? Ich finde, wir sollten alle wieder ein bisschen normaler werden und wirkliche Probleme lösen. Speziell junge Menschen spüren aber zunehmend den Druck, diese fatalen Ideologien gut finden zu müssen. Wer nicht mitmacht, wird von den eigenen Freunden als „Rassist" bezeichnet und aus der Community rausgeschmissen. Dass das Geschlecht natürlich nichts mit Rasse zu tun hat, erscheint auf deren Radar nicht. Das heuchlerische Gutmenschentum, der Klimaretter-Hype und der idiotische Genderismus sind Beweise dafür, dass das aufgezwungene Gruppendenken unsere Jugend zunehmend dominiert und die Individualität zerstört. Um als Individuum glücklich und erfolgreich zu leben, sollte man aber versuchen, keine Schwäche zu zeigen. Wenn man bei sich selbst genau darauf achtet, *was* man sagt, dann hat man auch die Möglichkeit herauszufinden, *wie man denkt*. Das Leben (nicht nur als junger Mensch) kann ziemlich hart sein. Wenn man darunter leidet, äußert sich das in Schwäche. Diese Schwäche ist unter anderem ein Resultat der Angst. Wer Angst hat, wird verbittert. Wer genügend verbittert ist, wird schnell einmal rachsüchtig. Als indirekte *Konsequenz der gezeigten Schwäche* sehen wir also die *Rache*. Das kann die Rache an bessergestellten, wohlhabenderen, schöneren oder sogar glücklicheren Menschen sein. Deswegen sind junge, schwache Menschen leicht für totalitäre Dinge zu begeistern. In abgeschwächter Form sehen wir das bei den *Occupy-Bewegungen*, der *Antifa* oder den *Klimarettern*. Die Jugend wird instrumentalisiert, um Ziele der Erwachsenen zu erreichen. Versuchen Sie mal, diesen Abschnitt einem Teenager oder einem Studenten zu erklären. Good Luck!

Bald ins Grundgesetz gegossen? Im Mittelpunkt steht die unfassbar dumme Behauptung, dass es angeblich zum Freiheitsrecht des Menschen gehört, sein Geschlecht und seine sexuelle Orientierung frei wählen zu können – nicht nur, ob er beispielsweise heterosexuell oder transsexuell sein will, sondern auch, ob er Mann oder Frau sein will.

Dieser Unfug nennt sich Gender-Mainstreaming. Wer hat eigentlich Zeit für so einen Mist, und wer bezahlt das? Fragen wir die Wissenschaft: *„Alle Formen des Genderns sind unbrauchbar! Der wissenschaftliche Beweis: Sie sind in sich widersprüchlich, nicht konsequent durchführbar, sie stoßen an die Grenzen der Logik, Praktikabilität und Akzeptanz. Alle Formen des Genderns sind unästhetisch, unökonomisch und irreführend."* Das sagt Dr. Tomas Kubelik, studierter Germanist und Mathematiker. Er ist in der Slowakei geboren, aufgewachsen in Deutschland, hat in Österreich promoviert und, nein, er ist keine *universitäre Koryphäe* und kein mit Steuergeldern gesponserter Sprachguru. Seine Aussagen, vor ein paar Jahren am Symposium in Stuttgart, sind eine Wohltat für uns Männer und eine Offenbarung für die Frauen.

Um wieder vernünftig miteinander kommunizieren zu können, muss der Genderismus umgehend abgeschafft werden. Warum? Weil er ideologisch ist und uns Bürgern von oben herab etwas aufzwingen will, was wir als Gesellschaft nicht wollen. Die Begründung hierfür ist, dass Klarheit und Verständlichkeit der Sprache prioritäre Ziele sind und nicht den links-grünen Befindlichkeiten geopfert werden dürfen. Wir wissen: Die Sprache ist lebendig und entwickelt sich dynamisch. Doch was die Feministinnen in vierzig Jahren nicht geschafft haben, werden sie wohl mit Hilfe der links-grünen „Weltverbesserungsvereine" bald schaffen, wenn wir nicht sofort Gegensteuer geben. Die Linken und die linksliberalen Altparteien wollen uns zusammen mit den Grünen vorschreiben, wie wir miteinander zu kommunizieren haben. Die etwas dümmlichen Vertreter der Waldsterbe-Union und Ozonloch-Vermessung wünschen sich in ihrer neuen Welt, dass man eine Sprache entwickelt und dann natürlich auch gebraucht, die jedes der über sechzig Facebook-Geschlechter und jede der hunderten verschiedenen Ethnien gebührend und ohne rassistischen Beigeschmack erwähnt – flächendeckend, natürlich, und per Dekret von ihrem Elfenbeinturm aus. Gendern nennen sie das sperrige Wort auf Neudeutsch – nicht mal dafür finden die naiven, scheinheiligen „Weltverbesserer" ein deutsches Wort. Unsere Sprache verändert sich seit den Grunzlauten der Neandertaler laufend und in einer natürlichen Weise. Durch die von oben befohlenen

Sprachvorschriften wird die Freiheit auf eine natürliche, freie Meinungsäußerung in Gefahr gebracht, ja sogar verunmöglicht.

Uns wird von Gutmenschen vorgeschrieben, was wir sagen dürfen, und die Genderisten befehlen uns die Form. Dass damit eine gewisse Weltanschauung transportiert wird, ist offensichtlich. Ist das Ganze ein Ding der Zukunft? Weit gefehlt. Wir sehen ihre sinistren Machenschaften bereits in den Schulbüchern. Die Kinder lernen früh und nachhaltig, wie ein moderner Mensch zu funktionieren hat. Diese Sprachvorschrift, die natürlich eine bestimmte Weltanschauung transportiert, muss entschieden bekämpft werden. Es geht hier um weit mehr als nur männlich oder weiblich. Es geht um Sprachpolitik und Bevormundung. Es geht um eine gefährliche Gehirnwäsche seitens des Staates. Es geht um Umerziehung! Die Bevölkerung lehnt das strikt ab. Das heißt, wenn sie denn je gefragt würde. Machen Sie von Ihrem Initiativrecht (Volksbegehren) Gebrauch. Ja, auch in Deutschland und Österreich haben Sie dieses Recht. Schreiben Sie Ihren Volksvertretern, und lassen Sie nicht locker! Aber ich denke, dass die meisten von Ihnen zu faul sind. Verlassen Sie sich nicht auf Ihren Nachbarn, diese Pflaume. Werden Sie Herr Ihrer Lage, sonst passiert auch hier das exakt Gleiche wie bei Corona, der Flüchtlingslüge und dem Klimabetrug! Wie oft brauchen wir einen *Wake-Up Call*?

Die Forderungen der feministischen Linguistik etwa sind wissenschaftlich unhaltbar und führen zu einer komplizierten Verunstaltung im Sprachgebrauch. Dies führt unweigerlich zu kommunikativen Missverständnissen und trägt kaum zur Gleichberechtigung der Menschen bei. Es führt zu Stilblüten wie etwa: *„Frauen sind die besseren Autofahrerinnen und Autofahrer."* Ja, das klingt lustig, aber es darf doch nicht sein, dass eine Ideologie die Sprachverständlichkeit und das Sprachgefühl zerstört. Genderismus ist sexistisch, weil jeder Satz auf das biologische Geschlecht bezogen wird. Das schadet der Frau mehr, als es zu nützen vorgibt. Das ist meiner Meinung nach heuchlerisch und dumm. Dieser Euphemismus muss bekämpft werden. Ich darf diesbezüglich an die deutsche Journalistin Dagmar Rosenfeld (*Die Zeit*) erinnern. Sie äußerte sich zum Feminismus wie folgt: *„Ich bin eine Frau, und ich füh-*

le mich belästigt von den ‚in'-Endungen, dem Binnen-I und dem ganzen syntaktischen Gleichberechtigungsgefummel. Die fast extremistischen Züge des Verweiblichungswahns von Sprache haben wohl mit der Tradition des Alice-Schwarzer-Opfer-Feminismus zu tun." Dies sind die Worte einer sehr selbstbewussten, intelligenten Frau, und sie sind Balsam für die Männerseele.

Die hässliche Fratze der feministischen Bewegung wird alleine in Deutschland mit 160 Lehrstühlen für Genderismus manifestiert. Nein, kein einziger Mann ist dabei. Das Gendern ist nicht etwa ein Schildbürgerstreich, es ist bittere Realität. Sprache und Denken lassen sich nicht trennen. Wenn die Sprache verändert wird, hat das auf das Denken einen Einfluss. Denken Sie in Ruhe darüber nach, welche Konsequenzen das haben wird. Denken Sie auch daran, dass unsere Kinder bereits seit Jahren darauf gedrillt werden.

Objektiv ist zu sagen, dass der Genderismus auch grammatikalisch falsch ist. Das sagt der Duden. Das Binnen-I, das wir bei *AutofahrerInnen* sehen oder bei Wörtern mit Umlaut (*AnwältInnen*), ist eine Konstruktion, die grammatikalisch falsch ist und zudem den Sprachfluss stört. Oder denken Sie an das generische Maskulinum. Schlagen Sie mal nach, wie kompliziert er werden würde, wenn wir die Sprache in Zukunft „gender-linguistisch" korrekt ausüben würden. Ich finde: Wir sind etwa hundert Millionen deutsch Sprechende und haben das Recht, selbst zu entscheiden, wie wir unsere Sprache gebrauchen möchten. Dazu brauchen wir keine Feministinnen, keine Gender-Lehrstühle und keine Sprachpolizei. Aufs Schafott mit ihnen.

Der folgende Kommentar einer Frau Rechtsanwalt ist vielleicht weniger objektiv, dafür aus dem Internet. Sie schrieb: *„Ich bin nicht Juristin, denn ich übe meinen Beruf nicht mit meinem Geschlecht aus, sondern mit meinem Verstand."*

Die Politische Korrektheit hat einen siamesischen Zwilling, die Toleranz. Es ist natürlich okay, ein moderner, toleranter Mensch zu sein. Aber nicht bis zur Selbstaufgabe. Die vorgeschobene Toleranz der linken und grünen Gutmenschen gegenüber Minderheiten und Flüchtlingen ist in Wahrheit nichts als Feigheit. Es ist die Feigheit und der tiefe

Unwille, zu den eigenen Bürgern zu stehen und auf eine für uns Bio-Europäer verträgliche Lösung hinzuarbeiten. Für viele ist es bedeutend einfacher, diese feige, tolerante Linie zu fahren, als wirkliche Lösungen zu suchen und diese dem Volk, aber auch beispielsweise den Einwanderern zu erklären und dann auch konsequent durchzusetzen. Unsere naive Toleranz und unser dämliches Bestreben, politisch korrekt zu sein, enden mit absoluter Sicherheit in der Übernahme Europas durch den Islam. So einfach ist das. Soll mir jetzt keiner kommen und sagen, dass das zu vereinfacht dargestellt sei. Manche Dinge im Leben sind weiß Gott nicht komplizierter, als sie sich darstellen. Denken Sie kurz an Ihre Politiker, die aus den einfachsten Dingen wahre Komplexitäts-Konstrukte erschaffen, nur um uns zu beeindrucken und uns gleichzeitig politikmüde zu machen. Auf der anderen Seite werden, wie bei der Corona-Krise, undenkbare Wege eingeschlagen und zügig durch die Parlamente geboxt. Wir müssen tatsächlich was an der Birne haben. Die multikulturellen Gutmenschen sind unser Feind im Staat, und ihnen müssen wir die Realität auf ihre grün angemalte Nase drücken. Sehen Sie, auch jeder Gutmensch lässt sich mit zehn Millionen Euro kaufen. Ja, auch das ist so einfach wie es sich darstellt. Überlegen Sie mal kurz, wo Sie selbst für zehn Millionen Euro Ihr Kreuzchen anbringen würden. Ja, auch Sie sind bestechlich, Sie Mensch, Gutester!

Grün und politisch korrekt: Diese Öko-Faschisten in ihren Hanfkleidern – ich finde sie einfach eklig. Als Mahner und Fingerzeiger machen sie einen auf ökologisch, fliegen aber bei jeder Gelegenheit in der Business Class zu einem CO_2-Weltkongress oder zu einer Klimakonferenz. Der deutsche Aldi-Proll, der österreichische Kürbiskern-Ölscheich und der schweizerische Milka-Alm-Öhi finden das auch noch völlig in Ordnung. Ich fliege diese Pharisäer seit Jahren zu ihren Terminen. Wer weckt diese politisch korrekt Verseuchten endlich auf? Es kann doch nicht sein, dass ich das tun muss. Ich bin doch nur der Fahrer hier. Okay, der Flieger. Nun, der Herr ist seiner Knechte kundiger Schauer. Es wird bestimmt eine gerechte Strafe geben. Denkste! Wie schaffen es die Politiker und die Medien eigentlich, ungestraft aus Tätern Opfer zu machen? In politisch korrekten Talkshows werden brutale Sexualstraftäter aus Syrien im Nu zu Opfern unserer *„viel zu freizügigen"* Gesellschaft gemacht. Und wir Zuschauer? Wir denken auch noch, dass sich die Frauen nicht wundern sollten, wenn der eine oder andere Muselmann über sie herfällt – sie hatte aber auch wirklich einen superkurzen Minirock an. So weit haben uns die Gutmenschen schon gebracht. Was kommt wohl als Nächstes? Ich meine: Aufs Schafott mit diesen heuchlerischen Gutmenschen!

Meinungsfreiheit im Kampf gegen Politische Korrektheit

Bei uns herrscht immer noch die unbeschränkte Meinungsfreiheit – natürlich nur solange wir politisch korrekt sind... Meinungsfreiheit bedeutet auch, dass andere Meinungen angehört werden müssen. Sogar völlig abstruse Gedanken sollten mit einem gewissen Maß an Wohlwollen und Geduld angehört werden. Mit Hilfe der fundierten Argumentation sollte ihnen dann begegnet werden. Dass man andere Menschen überreden kann, ist punktuell wohl möglich, aber langfristig für unsere Gesellschaft nicht unbedingt zielführend. Wenn hingegen unsere Argumentation sticht, dann haben wir die Menschen überzeugt, und sie werden das Gleiche mit weiteren Mitmenschen tun. Das ist anstrengend. Machen Sie bitte mit.

Trotz allem muss ich eingestehen, dass ich der Ansicht bin, dass unsere Gesellschaft der Aufklärung den brutalen und intoleranten Islam wohl nicht überleben wird. Wir alle werden ins Mittelalter zurückgebombt. Zeitnah. Es kommt sehr stark darauf an, wie zornig unsere Bevölkerung werden wird. Im Moment schlafen die meisten. Vielleicht etwas unruhig, aber eben trotzdem. Die Corona-Krise hat diesbezüglich nichts bewirkt. Im Gegenteil: Viele fragen sich sogar, wie es wohl den armen Flüchtlingen geht. Die links-grüne Politik bewirtschaftet dieses Themenfeld in theatralischem, heuchlerischem Duktus. *„Wir haben Facharbeiter gesucht und Menschen geschenkt bekommen."* So redet der grün kostümierte Zynismus daher. Diese Sprechblase wurde von einer ostdeutschen Bundestagsabgeordneten abgesondert, Katrin Göring-Eckardt. Ach ja, ich wage es, „Ostdeutsche" zu sagen. Hören Sie bitte auf, Deutsche aus dem Osten zu sagen. Das ist lächerlich. Es ist nicht einmal politisch korrekt. Die Ehrlichkeit darf nicht von falsch verstandener Toleranz und naiver Nächstenliebe erstickt werden. Abgesehen davon sind Ostdeutsche im Moment die patriotischeren Deutschen. Die Ossis wissen schließlich aus Erfahrung, was Manipulation bedeutet. Die brauchen das nicht nochmal. So zumindest meine Einschätzung von meiner Alm aus.

Ich bin der Meinung, dass Deutschland und Österreich sich so schnell wie möglich die direkte Demokratie ins Grundgesetz meißeln sollten, um damit ihre Peiniger im Bundestag zur Vernunft zu zwingen. Damit würde der Bürger endlich zum Souverän und könnte selbst darüber entscheiden, ob er die Windkraft fördern, die Atomkraftwerke abschalten oder den Islam in seinem Land haben will – oder eben nicht. Letzteres ist weder Rassismus, noch ist es unethisch. Es ist ganz einfach die Notbremse. Es gibt keine Veranlassung dazu, wildfremden Menschen mehr Rechte zu gewähren als den einheimischen Steuerzahlern. Frage: Glauben Sie tatsächlich, dass Sie in Saudi-Arabien eine Kirche bauen dürften? Eben. Der politische Islam will Europa in seiner christlich-abendländischen Form zerstören und letztlich die ganze Welt beherrschen. Finden Sie das etwa politisch korrekt? Oder glauben Sie gar, dass wir nichts dafür können, in unseren schönen und sicheren Ländern geboren zu sein? Glauben Sie, dass jeder das Recht hat, sein Glück bei uns zu suchen? Dream on, Snowflake! Die Araber werden das mit dem Langmesser klären, versprochen! Erinnern wir uns: Der geköpfte Lehrer aus Paris war erst der Anfang. Geschichtslehrer Samuel Paty wollte seinen Schülern die *Mohammed-Karikaturen* erklären. Das war sein Todesurteil.

Die tägliche Politische Korrektheit wird uns in naher Zukunft den Arbeitsplatz verseuchen. Ein normales Arbeiten wird dadurch schon heute behindert. Haben Sie es noch nicht bemerkt? Die meisten nicht, weil sie schon Teil der politisch korrekten Bürokratie geworden sind. Von uns allen wird verlangt, dass wir stupide Wörter gebrauchen und uns zweimal überlegen, wie wir den Bürokollegen um etwas bitten. Daraus folgt logischerweise, dass die Motivation, gut und effizient zu arbeiten, sinkt. Das wird die Firmen Millionen kosten. Was Sie als Angestellter tun können? Beim ersten Aufkommen dieser Politischen Korrektheit müssen Sie sich wehren. Das wird im ersten Moment ein Risiko sein. Halten Sie durch, die Logik steht auf Ihrer Seite. Wenn Sie es nicht tun, werden Sie es bereuen. Sie haben also gar keine andere Wahl, als die Wahl selbst zu machen! Sie werden sehen, dass Sie gegen solche politisch korrekten Mitarbeiter gewinnen werden, weil sie es nicht gewohnt sind, dass jemand gegen ihre dummen Forderungen zurückschlägt. Sie werden aufgeben. Problem gelöst. Sollte es nicht klappen: Get a new Job! Solange Sie einen Job haben, werden Sie am nächsten Tag einen anderen, möglicherweise besseren finden.

Fazit: Da es offenbar schon viel zu anstrengend ist, anders zu denken als die anderen und seine eigene Meinung kundzutun, denken viele Menschen schon fast automatisch politisch korrekt. Bloß nicht alleine stehen mit seiner eigenen Meinung. Diese Isolationsangst bestimmt mittlerweile große Teile der westlichen Welt. Man bringt sich selbst zum Schweigen, aus einem falsch verstandenen Harmoniebedürfnis heraus und um den eigenen Ruf nicht zu beschädigen. Durch diese staatlich geförderte kognitive Dissonanz biegt die Menschheit evolutionsmäßig links ab und steuert gleichzeitig direkt in den islamistischen Abgrund. Darwin hatte wohl recht.

Die EU und der Euro

Die Europäische Union ist ein Wirtschaftspakt. Ökonomisch gesehen ist die EU konvergent (übereinstimmend), sozial- und staatspolitisch aber divergent (entgegengesetzt). Um diesen Widerspruch erfolgreich an die EU-Bürger zu verkaufen, ist ein gerüttelt Maß an Kaltschnäuzigkeit seitens der EU-Politiker, aber auch der Politiker der Mitgliedstaaten erforderlich. Der gesunde Menschenverstand und die Logik sprechen dafür, dass diese Lüge nicht mehr lange aufrechterhalten werden kann. Allerdings: Totgesagte leben länger.

Dem Verfassungsrechtler Hans Herbert von Arnim wird folgendes Zitat zugeschrieben: *„Wenn die EU heute der Europäischen Union beitreten wollte, würde sie nicht aufgenommen werden, weil die EU zutiefst undemokratisch ist..."*

Erlauben Sie mir, als Schweizer und somit Europäer, aber nicht EU-Mitglied, die Geschichte der EU von außerhalb, und gleichzeitig im Zentrum der EU, kurz zu beschreiben: Die Europäische Union bzw. die damalige EWG war ursprünglich tatsächlich eine ganz gute Idee. Mit dem nötigen Druck der Siegerstaaten wurde nach dem Zweiten Weltkrieg eine Institution geschaffen, die das friedliche Zusammenleben der zerstrittenen europäischen Staaten mit Hilfe von wirtschaftlichen Abhängigkeiten fördern sollte. Wer zusammen erfolgreich Geschäfte machen will, der wird es sich zweimal überlegen, ob er den Partner überfällt. So viel zur Logik der 1950er-Jahre – die Europäische Wirtschaftsgemeinschaft (EWG) war geboren. Über weite Strecken war diese völkerübergreifende Organisation wohl ein Erfolg. Über Jahrzehnte hinweg versuchte die EWG-Zentrale, als Ansprechpartner zwischen den zwölf Mitgliedstaaten zu vermitteln. Das funktionierte ganz gut. Es funktionierte sogar so gut, dass die EWG-Funktionäre in Brüssel sich ihrer Sache schon dermaßen sicher waren, dass sie anfingen – vielleicht auch aus purer Langeweile –, fantasievolle Langzeitstrategien zu entwickeln. Was dabei herauskam, sehen wir heute mit der machtgeilen, völlig abgehobenen EU. Diese Büro-Strategien sind zum völligen Irrsinn verkommen. Standen früher wirtschaftliche Zusammenarbeit und Vereinfachungen im Sinne von einheitlichen Maßen und Gewichten im Vordergrund, wurden zunehmend höher gesteckte Ziele gesucht. Irgendein Brüsseler Büroangestellter muss zwischen zwei Zigarettenpausen die Einwohner der EWG zusammengezählt und dann sein persönliches *„Heureka!"* gehabt haben, dass mehr davon besser für die EU wäre. Die EU brauchte plötzlich mehr Mitglieder.

Als der Kalte Krieg just zu diesem Zeitpunkt für beendet erklärt wurde (Russland hatte kein Geld mehr) und die EWG das unanständige Angebot an die nun freien Ostblockstaaten machte, sich der fortan als EU firmierenden Union anzuschließen, war der erste Sargnagel des relativ erfolgreichen Elitenprojektes eingeschlagen. Mit Deutschland und Frankreich als federführende Nationen (und mit Amerika als Patenonkel) wurde die „Integration" vorangebracht. „Integration" heißt: Vereinheitlichung von allem und Auslöschung der Nationalstaaten. Natürlich wurde das den mittlerweile über 500 Millionen Europäern nie so gesagt, die Fakten sprechen aber eine klare Sprache. Nun, was aus der Brüsseler EWG geworden ist, sehen wir heute: Tausende Lobbyisten bezahlen nicht gewählte Funktionäre, die den Abgeordneten sagen, wie sie für das europäische Volk abstimmen sollen. „Fremddenken" kennt man sonst nur aus sozialistischen und kommunistischen Staaten – und genau so verhält sich diese mittlerweile als ideologische Kopfgeburt der Nachkriegszeit entlarvte EU seit etwa einem Vierteljahrhundert. Mit Hilfe der Weltbank, des Internationalen Währungsfonds und des US-Imperiums wurde in den letzten Jahrzehnten eine riesige Hydra geschaffen, die niemandem nutzt, aber alle etwas kostet – sehr viel kostet, um etwas genauer zu sein. Die von allen EU-Akteuren als Endlosband wiederholte Lüge, dass die Europäische Union friedenssichernd sei, entlockt keinem Europäer mehr den Hauch einer Emotion. Mal ehrlich: Glauben Sie tatsächlich, dass ohne die EU Deutschland und Frankreich um Elsass-Lothringen kämpfen würden? Mit Friedensförderung hat die EU natürlich schon seit Jahrzehnten nichts mehr zu tun – im Gegenteil. Der Mythos EU ist gedanklich in den 1950er-Jahren steckengeblieben. Die viel beschworene Europäische Union ist ein Auslaufmodell. Die Völker Europas wollen dieses Elitenprojekt nicht mehr. Ich finde: Lassen wir die EU endlich gemeinsam sterben. Ich möchte Ihnen dazu, als guter Schweizer, etwas Sterbehilfe leisten – Exit.

Die Europäer, die es als Volksgruppe per Definition gar nicht gibt, werden seit Jahrzehnten von einer zwielichtigen Führungsriege in ein „Korsett der friedlichen Gemeinschaft" gezwängt. Nur schon der Gedanke eines Mitgliedstaates an eine Alternative oder wenigstens eine kleine Änderung der Spielregeln wird von der EU-Führung als Majestätsbeleidigung gewertet. Diese schlecht kooperierenden Staaten werden umgehend von den von der EU gesteuerten Medien als Antichrist und Nestbeschmutzer an den Pranger gestellt. Österreich musste diese schmerzliche Erfahrung schon im frühen Stadium seiner Mitgliedschaft machen. Seither ist die Alpenrepublik ein tadelloses EU-Vorzeigeland und Bundeskanzler Kurz eine brave Marionette.

Die EU-Führungsriege benimmt sich wie die Fürsten, nicht erst seit Barroso und Juncker. Diese zwei fülligen Sonnenkönige sind jedoch die entlarvenden Gesichter der brüsselschen Völlerei. Beide sind übrigens immer noch aktiv am Netzwerkeln, ein Rentnerdasein kennen diese Alphatiere kaum. 2019 versuchten die deutschen Bürger, sich Frau Ursula von der Leyen, einer völlig unbegabten Streberin aus gutem Hause zu entledigen, nur um von ihr aus dem fernen Brüssel noch härter bestraft zu werden. Der Schuss dieser uneinsichtigen „Flinten-Uschi" ging einmal mehr nach hinten los. Sie selbst unterliegt noch heute dem fatalen Irrtum, die ganze Menschheit hätte auf sie gewartet. Hat sie nicht, Frau von der Leyen-Albrecht, hat sie nicht. Dass Angela Merkel sie auf Anraten Emmanuel Macrons in Brüssel installierte, würde vor allem dem Europäer der ersten Stunde, Robert Schuman, schmeicheln. Für die Seele des ehemaligen Ministerpräsidenten von Frankreich, der während dem Ersten Weltkrieg in der deutschen Verwaltung arbeitete(!), wäre dies ein erquickendes Labsal.

Als Gründervater der Europäischen Montanunion und der späteren EU war sein Ziel klar: Die EU sollte eine Unterabteilung des französischen Außenministeriums werden. Madame von der Leyen, in Brüssel aufgewachsen und sozialisiert, ist die perfekte Darstellerin für diesen irrsinnigen Komplott. Ich spüre, wie auch Sie jetzt kombinieren. Ja, Sie haben recht: Eine in der DDR sozialisierte Bundeskanzlerin, eine in Brüssel sozialisierte EU-Kommissionspräsidentin aus Deutschland, ein mit einem Mutterkomplex gesegneter Staatspräsident aus Frankreich – das ist der Stoff, aus dem zweitklassige Krimis gemacht werden. Nun, wir sprechen hier nicht von einer Fiktion, sondern von einem reellen Irrsinn. Warum genau ist denn das viel gepriesene „Friedensprojekt EU" ein Irrsinn? Uns Zeitungslesern wird doch, seit wir lesen können, eingehämmert, wie wichtig diese Union für unser Zusammenleben und unseren Frieden in Europa sei. Es lohnt sich vielleicht, etwas in die Geschichte zu gehen und die Psychologie der EU-Macht etwas zu beleuchten.

Wir alle kennen die Geschichte des friedensstiftenden Werkes, das damals in den 1950er-Jahren bestimmt auch seine Richtigkeit hatte. Heute, nachdem es keine politische oder ideologische Veranlassung und vor allem kein Geld mehr gibt, ein Nachbarland überhaupt anzugreifen, ist eine Gemeinschaft von völlig unterschiedlichen Staaten weltfremd und gehört auf den Komposthaufen der Geschichte. Nein, das schwache Europa muss nicht gemeinsam gegen den Rest der Welt kämpfen. Das war schon immer eine Lüge. Die heutige EU ist nur noch Zweck zum Selbstzweck. Die Kassen werden geplündert. Die persönliche Bereicherung der EU-Bediensteten wird langsam aufgedeckt. Ich empfehle Ihnen dazu ein Buch des österreichischen Professors Max Haller, »Die EU, ein Elitenprojekt«. Nun besteht aber die Gefahr, dass das ehemalige Friedensprojekt zum eigentlichen Bürgerkriegsgrund wird. Die Zeichen deuten immer stärker darauf hin, dass der Unmut in der Bevölkerung der schwächeren EU-Mitgliedstaaten gegenüber der sie beherrschenden Bundesrepublik Deutschland und Frankreich in kürzester Zeit in Proteste und danach in Anarchie umschwappen könnte. Von außen betrachtet stehen die Zeichen sogar eindeutig auf Sturm: Die Flüchtlingskrise, die Euro-Krise, die Bankenkrise, die Klima-Krise und jetzt noch eine Corona-Krise hält keine homogene Gesellschaft auf Dauer aus, von einer höchst heterogenen, wie die der EU, sprechen wir noch gar nicht. Bester Indikator unseres kollektiven Unmuts ist die instabile Situation in Frankreich (ich schreibe diese Zeilen in Paris). Gemäß der beschwichtigenden deutschen Mainstream-Presse köchelt das Einwanderungsproblem seit Jahren auf angeblich kleiner Flamme. Meine persönlichen Erfahrungen hier in Paris, aber auch in Südfrankreich, sagen mir etwas ganz anderes: Es grenzt für mich an ein Wunder, dass dort nicht schon lange Bürgerkrieg herrscht. Die Gelbwesten und die Afrikaner, die Banlieues (Stadtrandgebiete) der Großstädte und die Bauern auf dem Land – ein kleiner Anlass, und schon steht La Grande Nation wirklich in Flammen. Dass ausgerechnet Präsident Macron die Wogen glätten könnte, halte ich für völlig unmöglich – ganz im Gegenteil –, denn sein arroganter Herrschaftsstil kommt in ganz Frankreich schlecht an. Bei allen Schichten übrigens. Mit seiner Corona-Ausgangssperre kann er die Tumulte vielleicht etwas hinauszögern, der Druck wird dadurch allerdings erhöht!

Mein Job bringt mich ab und zu nach Brüssel, die Heimat der enthemmten EU-Mitarbeiter, aber auch in andere EU-Metropolen. Meine Gespräche mit dem Otto Normalverbraucher und den tüchtigen Geschäftsleuten vor Ort deuten alle in die gleiche Richtung – sie alle wittern die drohenden Bürgerunruhen. Auf der anderen Seite sehen wir die übergewichtigen EU-Bürokraten in Straßburg und Brüssel. Die sind sich alle gar nicht bewusst, dass sie seit Jahren in einer Käseglocke leben und glauben sogar, dass sie das Richtige tun. Natürlich wissen sie haargenau, dass sie auf Kosten der Steuerzahler leben, aber das kann man mit teurem französischen Wein leicht ausblenden. Uns allen wird dauernd vorgelogen, dass der ganze EU-Apparat nur etwa ein Prozent des Staatsetats koste. (Wie berechnet man so etwas eigentlich?) Das ist natürlich eine Lüge. Man dürfte annehmen, dass diese überbezahlten Büro-Fuzzis wenigstens ansatzweise erkennen müssten, dass sie zu viel EU produzieren. Ganz im Gegenteil, das Resultat ist bekannt: Die Eurokraten reagieren auf Kritik mit noch mehr EU, noch mehr „Integration", noch mehr Gesetzen, noch mehr Steuern. *Und bist Du nicht willig, so brauch ich Gewalt.* Seit die EU im Wachstumsrausch jeden noch so klammen Ostblockstaat aufgenommen und gleichberechtigt hat, brodelt es zunehmend im ehemaligen Friedensprojekt. Brüssels Eliten entfachten damit aus purer Geld- und Machtgier eine wahre Hassfreundschaft unter den unterschiedlichen Mitgliedern der EU-Staaten. Dank Corona erleben wir im Moment die Ruhe vor dem Sturm. Dass Deutschland es geschafft hat, eine Ursula von der Leyen an die Spitze des Elitenprojektes zu pushen, wurde zwar von allen Staaten mit erheblicher Bestürzung, aber nach ein paar Tagen auch mit einer gewissen Gleichgültigkeit aufgenommen. Die EU-Führung hatte sich mit diesem illegalen Kraftakt endgültig von seinem Volk entkoppelt. Diese getürkte Wahl wird leider kein gerichtliches Nachspiel haben. Welches Gericht wäre denn überhaupt zuständig? Der Europäische Gerichtshof etwa? Wohl eher das Jüngste Gericht, die Apokalypse.

Die EU ist tot – es lebe Europa

Europa liegt finanziell und politisch in Schutt und Asche – doch im Führerbunker brennt noch Licht. Ursula von der Leyen-Albrecht wird das Energiespar-Licht in Brüssel löschen, nachdem die Vergemeinschaftung der Schulden mit Hilfe der Corona-Bonds das Fass endlich zum Überlaufen gebracht hat. Uschis mahnender Zeigefinger wird bis zur letzten Sekunde zur Besonnenheit mahnen, und die Bürger gehorchen ihr aus purer Ratlosigkeit. Dass es hauptsächlich die pflichtbewussten deutschen und österreichischen Bürger sind, kann kein Zufall sein. Scheitert der Euro, dann scheitert die EU. Er muss scheitern! *„Wird auch Zeit!"*, könnte man sagen. Die Südländer machen derweil, was sie immer gemacht haben: Fiesta und Siesta. Nach dem Zusammenbruch des Euros gehen sie ganz einfach zu ihren Währungen zurück und beginnen das Spiel von vorn. War da was, Euro, EU? Legt Euch wieder hin, ist nichts passiert. Die zwanzigjährige Euro-Lüge wird dann endlich zu Grabe getragen. Ach so: Sie, liebe EUphoriker, haften für den Schaden. Die Steuern werden in Österreich, Deutschland, Frankreich und Holland noch 2021 erhöht, und zwar massiv. Und Angela Merkel wird von Ihnen zum tausendsten Mal wiedergewählt werden! Wir schaffen das. Mann, bin ich froh, dass meine kleine Schweiz nicht bei Euch im EU-Club ist.

Die EU muss sterben. Warum? Weil die Europäische Union zutiefst undemokratisch ist, und das seit ihrer Gründung. Ein Land, eine Stimme? Pustekuchen. Die Luxemburger, die Zyprioten oder sogar die Malteser haben mehr zu sagen als Deutschland. Der Beweis, dass diese EU bestenfalls ein Schönwetter-Club ist, zeigte sich während der Corona-Krise: Jede Nation kochte ihr eigenes Süppchen – von einer Einheit nicht die Bohne. Die EU, der Euro und der Europäische Gerichtshof (EuGH) haben nicht einmal Spurenelemente einer demokratischen Legitimation. Durch das überraschende Urteil des deutschen Bundesverfassungsgerichtes bezüglich der Billionen von EZB-Anleihen im Mai 2020 wurde diese groteske Situation erstmals auch richterlich beleuchtet. Etwas spät, wie ich finde. Und ohne Konsequenz, obendrein.

Die Europäische Union geht in ihre finale Phase. Neben Ihren diätenreichen Politikern in Brüssel, Berlin und Wien gibt es noch einen anderen Sieger: China. Woher genau kam das Coronavirus, und vor allem warum gerade jetzt? Schon wieder ein Zufall. China profitiert seit Jahren davon, dass die EU die Mitgliedstaaten an der kurzen Leine hält. Es wäre interessant zu sehen, ob da irgendwelche Gelder von Peking nach Brüssel fließen. Ich denke nur laut. Und: Ich kenne die Arbeitsweise der Chinesen seit Jahrzehnten.

Blicken wir etwas weiter zurück: Von Europa gingen die wichtigsten Eroberungen aus: Portugal, Spanien, England und Frankreich machten sich die Welt untertan. Später folgten die industrielle Revolution und die sozialistische bzw. die angestrebte großdeutsche Revolution mit den beiden Kriegen (insgesamt etwa achtzig Millionen Tote). Wider Erwarten begann ab 1945 eine bis heute anhaltende Phase des Friedens um jeden Preis. Mit Hilfe des Lebens auf Pump generierten mitteleuropäische Staaten in den 1950er- und 1960er-Jahren einen Wirtschaftsboom. Die deutschen Geschichtsbücher sprechen gerne vom Wirtschaftswunder. Auch der Mainstream verkauft uns diese Geschichte natürlich EU-konform, nämlich dass der Aufschwung von der friedenssichernden EWG und später von der EU getragen wurde. Erinnern Sie sich an den Jugoslawienkrieg, den Schandfleck im Reinheft der EU? Ohne Mandat wurde dieser Krieg mitten in Europa geführt und von den Amerikanern „begleitet". Die Region ist bis heute ein Pulverfass. Die EU, friedenssichernd? Ich bitte Sie.

Eine neue Art von Krieg brachte die Euro-Krise 2008 hervor. Die Banken mussten plötzlich gerettet werden, und alle Politiker machten dabei mit. Dass damit ganze Länder ins Chaos gestürzt wurden, war absehbar, interessierte aber niemanden. Seither werden Euros gedruckt, als ob es kein Morgen gäbe. Das vorletzte Beispiel des europäischen Versagens zeitigt der Umgang mit der Flüchtlingskrise, der letzte Akt war die Corona-Lüge. Eine Union zeichnet sich normalerweise dadurch aus, dass sie eine Gemeinschaft ist und den Mitgliedern zur Seite steht. Deutschland hat sich die Flüchtlingssuppe eingebrockt, also muss es sie auch selbst auslöffeln. So der Konsens. Das ist nicht schön, aber für alle nachvollziehbar. Von außen wenigstens. Als Gong für das große Finale sehen wir im Jahre 2020 die Corona-Krise, die aufzeigt, wie fragil dieser Verein in Brüssel ist. Die deutsche Schönwetter-Kapitänin von der Leyen verhielt sich wie der italienische Kapitän der Costa Concordia, der feige Francesco Schettino. Abgetaucht, ohne dabei nasse Füße zu bekommen. Un Miracolo.

Von einer EU-Gemeinschaft mag seither schon keiner mehr reden. Die Covid-19-Viruserkrankung als Brandbeschleuniger des EU-Untergangs? Kommissionspräsidentin Ursula von der Leyen verhielt sich in ihrer ersten Krise ihres Lebens einfach lächerlich. Besonders entlarvend war ihre theatralisch drittklassige Pontius-Pilatus-Inszenierung während der zur allgemeinen Hygiene gemahnenden Corona-Zeit: Vor dem ganzen Volk wusch sie ihre Hände in Unschuld. Aber wirklich, Ursula. Der österreichische Kolumnist Gerald Grosz meint dazu treffend: *„Damit hat sich Ursula von der Leyen selbst zum Waschweib degradiert."*

Bei so viel Ungemach scheint eines derzeit gesichert: Totgesagte leben länger, und somit sind die exakt gleichen Akteure noch heute in Amt und Würde. Diesmal werden sie die EU mit sicherer Hand in die letzte Krise steuern. Die Folge davon wird ein fataler Streit unter den Mitgliedstaaten der EU sein, aber auch ein Kampf von Arm gegen Reich. Sie dürfen raten, wer diesen Krieg gewinnen wird. Ein Viertel der etwa 500 Millionen Europäer ist von akuter Armut bedroht. Wer hier noch glaubt, dass diese Menschen einfach alles hinnehmen werden, träumt den Sozialisten- und Kapitalistentraum gleichzeitig. Trotzdem: Den Kapitalismus sollten wir mit allen Kräften verteidigen. Wie ein Zigarre rauchender, britischer Politiker vor Jahrzehnten schon sagte, ist der Kapitalismus das kleinere Übel. Als Silberstreifen am Horizont erkenne ich mit Freude, dass mit dem erfolgreichen Brexit, den nach Autonomie strebenden Katalanen, der Front National und der AfD ein längst fälliges Korrektiv gegen die zerstörerische EU-Einheitspartei auffährt. Lassen wir uns von der Presse nicht verunsichern, sie spricht in diesem Zusammenhang gerne von Rechtsradikalen. Ich spreche von unzufriedenen Bürgern.

Nüchtern betrachtet steht die EU heute etwa da, wo die Sowjetunion am Ende der 1980er-Jahre stand: vor dem tödlichen Abgrund. Das langsame Sterben der EU wird mit allen Mitteln der Illegalität hinausgezögert – dem Kadaver wird am Herzschrittmacher herumgeschraubt. So, wie ich die Sache von meiner Alm in der Schweiz aus überblicke, muss man bei der EU bereits von Leichenschändung sprechen. Die Europäische Union und ihr illegales Zahlungsmittel, der Euro, sind faktisch schon seit Jahren mausetot. Seit dem Brexit fehlt dieser Union auch noch der gute Draht zu den Amerikanern. Gleichzeitig fehlen zudem nicht unerhebliche 18 Prozent des Bruttoinlandsproduktes. Die EU ist seit dem Brexit um fast ein Fünftel geschrumpft! Diese Zahl taucht übrigens fast nirgends auf. Auch in den offiziellen Statistiken der Eurostat in Brüssel muss man tief graben. Seit Großbritannien nicht mehr dabei ist, wird es schwierig, an solche Daten heranzukommen. Ich verstehe die EU.

Gehen wir der Reihe nach – oder fangen wir sogar von hinten an: Was ist also schiefgelaufen mit dem Dickschiff EU? Die kurze Antwort: Man wurde größenwahnsinnig, und man hatte aus Wachstumsgründen viele Ostblockstaaten aufgenommen, die gar nicht EU-tauglich waren. Alleine die Masse zählte, Qualität würde man dann später erreichen, so die Hoffnung. Der ohnehin schon riesige Funktionärsapparat in Brüssel wurde zu einem gewaltigen Wasserkopf mit dem einzigen Ziel, seine eigene Existenz zu erhalten.

Wie kann so etwas überhaupt legal sein? Ganz einfach: Die EU ist kein Bundesstaat, sondern ein Staatenbund. Dafür braucht es kein Gesetz. Die EU ist eine lose Vereinigung mit einem Machtpotenzial, das von den führenden Staaten subtil benutzt wird. Die EU hat sich für ihr Monopoly ein paar Spielregeln gegeben, die unter keinen Umständen gebrochen werden dürfen. Natürlich nur theoretisch und zur Beruhigung der Märkte und des Volkes. Mittlerweile werden die als „Maastrichter Kriterien" bekannten Regeln bereits von vielen EU-Mitgliedern verletzt. Ja, auch von Deutschland. Diese Kriterien sehen unter anderem vor, dass sich die EU-Mitgliedstaaten um nicht mehr als 3 Prozent ihres Bruttoinlandsproduktes (BIP) verschulden dürfen. Bei Nichteinhaltung werden angeblich Sanktionen ausgesprochen. Die gab es aber bisher wundersamerweise nie. Gemäß ihren eigenen Regeln darf sich auch nicht gegenseitig finanziell ausgeholfen bzw. Schulden erlassen werden. Kein Bail-Out, keine Finanzspritzen, nichts. Na ja, dann kam ganz plötzlich und aus dem Nichts 2008 die EU-Krise. Die Bankenkrise, um genau zu sein. In der Folge kam das ganze System fast zum Erliegen.

Es kam ans Tageslicht, was streng geheim sein sollte, jedoch jeder schon lange ahnen musste: Spanien, Portugal, Italien und Griechenland hatten ihre Wirtschaftszahlen – Wie soll man's politisch korrekt mit einem Hinweis auf ein ehemaliges Fast-Mitglied sagen? – getürkt. Diese Staaten waren eigentlich längst pleite. In letzter Minute holten die französischen und deutschen Banken, mit gütiger Mithilfe Frau Dr. Merkels, ihre Kohlen aus besagten Ländern – über einen kleinen Umweg, denn die eigentlich zahnlose EZB half selbstlos mit, diesen Ländern Finanzspritzen zu verabreichen. Nun, das Geld floss nicht sehr weit: Es gelangte von der einen auf die andere Straßenseite, innerhalb des Frankfurter Bankenviertels. Damals residierte die EZB-Verwaltung noch nicht im etwas außerhalb von Frankfurt gelegenen Glaspalast. Die Milliarden flossen also von der Europäischen Zentralbank direkt zur Deutschen Bank und anderen deutschen und französischen Banken. Das weiß ich von einem EZB-Mitarbeiter aus erster Hand.

Was mit Sicherheit keine Vermutung ist: Die EZB wird von Goldman Sachs *geleitet*. Man muss hier vorsichtig formulieren. Wir erinnern uns an den ehemaligen Goldman-Sachs-Jünger und Ex-EU-Kommissionspräsidenten Mario Draghi. Ja, das ist der Mann, der sich am Ende seiner Karriere zum Ministerpräsidenten Italiens krönen ließ. Eine Mafia-Erfolgsstory. Um die ganze Sache beim Bürger zu legitimieren, haben sich die Politiker mächtig ins Zeug gelegt: Unter der Führung von Ex-Finanzminister Schäuble haben die Finanzjongleure gewaltige, fiskalpolitisch nicht unbedenkliche Klimmzüge vollbracht. Schwupps, erfanden die Komplizen rund um den Geizkragen aus Schwaben auch schon ein neues Wort-Ungetüm – es war die Geburt des Fiskalpaktes, des Europäischen Stabilisierungsmechanismus, ESM. Ein beruhigendes Wort, denn es suggeriert dem Bürger, etwas zu stabilisieren. Damit wurden kurzfristig alle Klauseln des Maastrichter Vertrages außer Kraft gesetzt. Die EZB, obwohl ohne ein einziges Kilo Gold, wurde so zum mächtigsten Geldverleiher Europas. Wertloses Fiat-Geld – und Monopoly für große Buben. Erlauben Sie mir, in diesem Zusammenhang wieder einmal einen Deutschen zu zitieren. Bertolt Brecht sagte: *„Bankraub ist eine Unternehmung von Dilettanten. Wahre Profis gründen eine Bank."* Sind unsere drei Panzerknacker Draghi, Schäuble und Merkel also nicht dilettantisch?

Dass die Architektur dieses ESM gar nie funktionieren kann, muss irgendwann auch Wolfgang Schäuble eingeleuchtet haben. Das ganze Gebilde würde beim ersten kleinen Sturm in sich zusammenbrechen. Kein Fiskalpakt, keine Bankenunion und kein Sparen könnten hier mehr helfen. Bis heute sind diese Probleme ungelöst und werden unter größter Anstrengung täglich unter den großen EU-Teppich gekehrt. Pontius Schäuble spürt so etwas, deshalb ist er ja auch nicht mehr Finanzminister. Auch er hat sich seine zittrigen Hände in Unschuld gewaschen. Gott sei Dank haben wir Corona und die Flüchtlingskrise – nicht nur als Ablenkung vom realen Euro-Problem, sondern vielleicht auch als dessen Grund, warum plötzlich alles zusammenkracht. Das wäre dann schon wieder ein Zufall. Corona ist an allem schuld. Hurra!

Die mit etwas frostigem Charme regierende Madame Christine Lagarde von der EZB legt just in der Ausgangssperre ein neues „Hilfsprogramm" auf und kauft wertlose Wertpapiere über eintausend Milliarden Euro ein. Die gewiefte, ehemalige Synchronschwimmerin lächelt dabei auch unter dem Wasserspiegel. Dass das BIP durch Corona um mindestens 20 Prozent sinken wird, scheint sie nicht zu beeindrucken. Jeder, der logisch denken kann, weiß, dass es der völlig falsche Zeitpunkt ist, gerade jetzt *faule Wertpapiere* zurückzukaufen. Aber trockene Logik behindert hier allenfalls die blühende Fantasie der EZB-Monopolybank in Frankfurt. Frau Lagarde, auf dem Weg zum Olymp. Doch halt – im letzten Moment wird die im Jahre 2016 von einem französischen Gericht Verurteilte vom Bundesverfassungsgericht in Karlsruhe zurückgepfiffen. Alles aus? Aber nein, nur ein kleines Aufmucken, damit wir glauben, dass alles korrekt zu- und hergeht. Ja, das Jahr 2020 wird in die Geschichte eingehen. Nürnberg 2.0 wird nicht reichen.

Nun, die Luft ist schon seit Jahren aus diesem Euro raus, und in der selbstverschuldeten Not werden seit Jahren einfach Milliarden von frischen Euros gedruckt. In einer realen Welt wäre die Sache schon längst gegessen und die EU pleite. Es wäre das letzte Kapitel gewesen, der endgültig letzte Sargnagel im EU-Elitenprojekt. Mais non, mes amis, il y a un miracle à Bruxelles! (Aber nein, meine Freunde, es gibt ein Wunder in Brüssel!)

Was ist, oder besser gesagt, was war denn die EU? Gemäß dem bayrischen Schriftsteller und Redakteur Hans Magnus Enzensberger ist die EU: *„…das Projekt eines postdemokratischen Zeitalters. Das viel zitierte demokratische Defizit der Union ist nichts anderes als ein vornehmer Ausdruck für die politische Entmündigung der Bürger. Mit den demokratischen Traditionen Europas ist die EU nicht vereinbar. Immerhin kann sich die Europäische Union einer Herrschaftsform rühmen, für die es kein historisches Vorbild gibt. Ihre Originalität besteht darin, dass sie gewaltlos vorgeht. Sie bewegt sich auf leisen Sohlen. Sie gibt sich erbarmungslos menschenfreundlich. Nicht durch Zwang, auch nicht durch Befehl herrscht die EU, sondern durch Verfahren. Sie will ihre Bürger auch nicht unterdrücken, sondern alle Lebensverhältnisse auf dem Kontinent lautlos homoge-*

nisieren. *Nicht an einem neuen Völkergefängnis wird gebaut, sondern an einer Besserungsanstalt."* Volltreffer, Enzensberger. Mit Jahrgang 1928 erfrischend jung gedacht.

Die EU schafft sich ihre neue Welt: Die normative Kraft des Faktischen bekommt eine neue Dimension. Durch die von der EU herbeigeführte Entwicklung wird ein neuer Ist-Zustand geschaffen, der die zurechtgebogene Rechtsordnung stillschweigend anerkennt und sogar zu neuem Recht macht. Oder eben: Gut ist, was eine angebliche Mehrheit tut. Man muss sie nur dazu überreden. Daher muss von einem neuen Machtmissbrauch der europäischen Eliten gesprochen werden. Die Eigendynamik der Brüsseler Bürokratie ist nicht zu unterschätzen und hat auch eine fatale Wirkung auf die Demokratie in den Mitgliedsländern. Aus der Demokratie wird so eine Demokratur geschaffen. Der Geist lässt sich nun mal schlecht wieder in die Flasche drücken. Das Schicksal nimmt wohl seinen Lauf, wie damals 1933. Die deutsche, aber auch die restliche europäische Öffentlichkeit schaut weg, wohl wissend oder zumindest ahnend, dass ihre Nüstern gewaltig irritiert werden – es stinkt zum Himmel!

Die kleine Schweiz, Herz Europas

Wie kann ich denn als Schweizer die EU überhaupt einordnen? Um sich eine vernünftige Perspektive zu verschaffen, hilft es, die Sache von außen zu betrachten. Alles Sehen soll ja perspektivisch sein. Ich sage Ihnen erst mal, was Sie wahrscheinlich von meiner kleinen Schweiz denken: Wir sind die Rosinenpicker, die sich mit tausend bilateralen Handelsverträgen am Portemonnaie der über fünfhundert Millionen Europäer verlustieren, ohne für sie die Verantwortung zu übernehmen. Das kann man so sehen, und da ist natürlich was dran. Nur macht das die EU mit uns Schweizern und etwa 150 anderen Ländern auch. Das ist völlig normal, das ist Business. Die Schweiz ist der fast größte Handelspartner der EU. Werfen Sie mal einen Blick auf die Eurostat, die Daten Ihrer Statistiker in Brüssel. Der Tod Ihrer aufgeblähten EU wird also auch uns Schweizer weit mehr schmerzen, als wir uns das eingestehen möchten, glauben Sie mir. Wir alle werden kleinere Brötchen backen müssen. Ja, auch diejenigen, die jetzt noch einen „Coronasicheren" Job haben. Wir werden alle ein bisschen bescheidener leben müssen, auch in der Schweiz. Um wettbewerbsfähig und innovativ zu bleiben, müssen wir Schweizer autonom bleiben und mit diesen bilateralen Verträgen ein gutes und faires Verhältnis mit Europa schaffen.

Der Vorwurf der Rosinenpickerei ist bei näherer Betrachtung unbegründet und polemisch. Das Gegenteil ist vielleicht sogar richtig, denn um diese bilateralen Verträge zu stützen, haben wir häufig viele unappetitliche EU-Kröten geschluckt. Hier ein paar Kröten-Exemplare: die Personenfreizügigkeit, teilweise Übernahme des EU-Rechts, unfaire Stromabkommen, die verbotenen Abendanflüge aus Norden nach Zürich (über süddeutschem Luftraum, der von der Schweiz aus überwacht wird) und viele andere Abkommen. Für die EU haben wir auch den längsten Eisenbahntunnel der Welt gebaut, für den schnellen Nord-Süd-Transport europäischer Güter – ein riesiges Loch für 24 Milliarden Euro, praktisch exklusive für die EU und vor allem durch Ihre deutschen Großfirmen ausgeführt. Ja, die EU hat es geschafft, mit einem Loch zweimal zu verdienen. Zu erwähnen wäre auch der Umstand, dass wir für Sie zwar den 57 Kilometer langen Gotthard-Basistunnel gebaut haben, die Europäer es aber nicht auf die Reihe bekommen, die Anschlüsse in Deutschland bzw. Italien zu bauen. Dasselbe gilt übrigens für den Brenner-Tunnel. Bei den Produkten sieht es ähnlich aus: Wir beziehen etwa 70 Prozent aller Güter aus Ihrer EU, und etwa 50 Prozent unserer Güter verkaufen wir in Ihre EU. Wir kaufen bei Ihnen 75 Prozent unserer Agrarprodukte ein, verkaufen hingegen nur 58 Prozent unserer Landwirtschaftprodukte an die EU (Stand 2019). Eine der besten Airlines der Welt, Ihre derzeit leider taumelnde Lufthansa, hat sich unsere Swissair praktisch umsonst unter die Flügel ihres Kranichs genommen. Die Nettogewinne gehen seit Jahren von der Schweiz nach Köln. Dass wir hauptsächlich deutsche Autos kaufen, spricht natürlich für Ihre guten Produkte, dazu braucht es keine Verträge mit der EU. Wenn wir schon dabei sind: Bitte tragen Sie Sorge für Ihre Automobilindustrie, ich möchte meinen nächsten Audi A6 Avant BiTurbo Diesel nicht aus indischer Produktion kaufen. Newsflash: Der A6 für den asiatischen Raum wird bereits seit Jahren dort zusammengebaut. Auch VW lässt seine Passat 2.0 Diesel künftig in der Türkei bauen. Damit umgeht man die irrsinnigen EU-Vorschriften. BMW produziert seine tollen Fahrzeuge schon seit Jahren in den USA – zunächst hauptsächlich für den amerikanischen Markt, aber immer häufiger auch für Saudi-Arabien und China. BMW ist der größte Auto-Exporteur der USA. Nur Porsche scheint noch etwas Hemmungen zu haben. Dass der Inbegriff für den täglichen Gebrauch ausgelegter Sportfahrzeuge sogar ein völlig unmögliches E-Modell anbietet, zeigt, wie verfahren die Situation ist. Es zeigt gleichzeitig, wie mächtig die Sozialisten in Brüssel sind. Wie Sie sehen, ist es nur eine Frage der Zeit, bis alle deutschen Autohersteller sich ein Billiglohnland ausgesucht haben und dort mit billigen Arbeitern teure Autos produzieren. Die Gewinne fließen nach Bermuda, Zypern oder zu uns auf eine schweizerische Bank. Unsere drei Länder, Deutschland, Österreich und die Schweiz, sind also wirtschaftlich sehr stark verbunden. Das ist gut, und dafür sollten wir gemeinsam Sorge tragen.

Das von unseren etwas flapsigen Amateurpolitikern ausgehandelte EU-Übereinkommen über die totale Personenfreizügigkeit hat der schweizerische Stimmbürger dankenswerterweise an der Abstimmungsurne korrigiert. Wir Schweizer haben 2014 aus diesem Grund mit Hilfe einer Initiative erfolgreich gegen diesen politischen Unfug abgestimmt. Damit konnten wir Bürger eine Masseneinwanderung in die Schweiz verhindern. Man ist nun dabei, diesen einseitigen Vertrag anzupassen. Wir sind schließlich das Volk. Nur mit der schnellen Ausführung dieses Abstimmungsresultats scheint unser Bundesrat, das höchste politische Gremium in der Schweiz (nach uns Stimmbürgern), etwas Mühe zu haben. Unsere Bundesräte möchten es sich mit der EU nicht verscherzen und lassen sich Zeit mit der Durchsetzung des Volkswillens. Diese Kröte werden wir Schweizer natürlich nicht ohne Weiteres schlucken. Barroso, Juncker, von der Leyen und ihre überbezahlten Brüsseler Kollaborateure schäumen heute noch vor Wut. Sie können es immer noch nicht fassen, dass ein Volk stärker ist als der Staat.

Dass wir fast die Hälfte des EU-Rechts stillschweigend (und leider sogar vorauseilend) übernommen haben, zeigt aber auch auf, dass die andere Hälfte der Gesetze in unserem Land deutlich besser ist und folglich nicht zur Disposition steht. Unsere linken Parteien scheinen dies immer noch nicht ganz zu begreifen. Für sie ist ein EU-Beitritt der Schweiz immer noch das erklärte Ziel, ein feuchter Sozialistentraum. Unsere Sozen werden von Brüssel aus von ebenso linken EU-Parlamentariern und geldgierigen Lobbyisten geködert. Für die EU-Abgeordneten wäre es ein beruflicher Reichsparteitag, wenn sie sich die unabhängige und erfolgreiche Schweiz als Netto-Beitragszahler einverleiben könnten. Es wird nicht geschehen, liebe Freunde in der EU. Schminkt Euch das ab! Wer ist in der Schweiz das Volk? Eben. Wir sind es, der Souverän. Die Roten und Grünen lassen trotzdem nicht locker. Warum soll ich es nicht sagen: Unsere schweizerischen, europhilen, linken und grünen Politiker erwecken in mir manchmal den sehnlichen Wunsch, das Ganze in einer Vollmondnacht mit einem brennenden Holzpflock zu Ende zu bringen. Ein Scherz! (Nur damit der Verfassungsschutz nicht wieder übermütig wird.) Linke Heimat-Hasser, begreift es endlich: Unsere Schweiz steht nicht zum Verkauf. Basta!

Glücklicherweise haben wir in der Schweiz das in der ganzen Welt unbekannte Konkordanz-System. Diese politische Eintracht zwingt uns zum politischen Konsens. Dadurch haben unsere Spitzenpolitiker praktisch keine Macht. In der Schweiz spielt es de facto absolut keine Rolle, wer Bundesrat oder Bundespräsident ist. Eine Horrorvorstellung für Angela. Wir Stimmbürger fordern bei Bundesratswahlen zwar starke und innovative Führungskräfte, kritisieren die Gewählten dann aber umso lieber, wenn sie im Amt mal unkonventionelle Ideen einbringen. So sind wir halt, wir Helvetier. Politische Macht gehört in Bürgerhände! Das kennen Sie in Österreich und Deutschland gar nicht. Machen Sie sich nichts daraus, das kennt auch kein anderes Land auf der Welt.

Noch eine kleine Überraschung für Sie: Unsere schweizerischen Politiker sind größtenteils nur Teilzeitbeschäftigte. Richtig, sie arbeiten nur während etwa sechs Monaten für uns, das Volk. Den Rest ihrer Arbeitszeit verbringen sie in ihren angestammten Berufen, vom Bäcker bis zum Anwalt, vom Piloten bis zum Bauern. Für den Nebenjob als Parlamentarier bekommen sie steuerbegünstigte 160.000 SFR pro Jahr. Nicht schlecht, sollte also reichen. Nicht zuletzt deswegen gibt es bei uns praktisch keine Korruption. Der schlagende Vorteil dieser Art von Politik ist: Unsere beruflich unterschiedlich tätigen Teilzeitpolitiker wissen haargenau, wo uns Bürgern der Schuh drückt. Es mag zutreffen, dass unser Milizsystem nur „Friedenszeit-erprobt" ist – die Corona-Krise zeigte uns, dass wir damit schnell an unsere Grenzen gelangen. Die Bundesratentscheide waren tatsächlich unprofessionell. Aber ansonsten funktioniert unser System immerhin seit fast zweihundert Jahren tadellos. Böse, vor allem linke Zungen sprechen gerne von politischen und wirtschaftlichen Seilschaften innerhalb unseres Parlaments. Das kann man so sehen. Ich spreche lieber von konkurrenzfähiger Führungskräftebündelung. Wer im täglichen Business für seine Firma mit Amerika, Asien, Deutschland und Frankreich verhandelt, der kann das zwischendurch auch für unser Land als Politiker tun. So viel zu meiner kleinen Schweiz.

Großbritannien und sein erfolgreicher Brexit

Als die Briten die einmalige Chance nutzten, der Gefangenschaft der Europäischen Union zu entkommen, wurde das EU-Establishment auf dem falschen Fuß erwischt. Das Undenkbare wurde zur Gewissheit. Zum Glück für die Briten. Man braucht wahrlich keine Kristallkugel, um ein Erstarken des mit der ganzen Welt verflochtenen Großbritanniens vorauszusehen, auch wenn unsere Medien uns seit Jahren das Gegenteil beschwören. Man darf nicht vergessen, dass die Briten mit ihrem coolen und gewagten Entscheid in Kauf nahmen, zunächst wirtschaftliche Einbußen auf sich zu nehmen, und das alleine, um endlich die Freiheit wiederzuerlangen. Dem gebührt mein voller Respekt. Die Freiheit ist ein wichtiges Gut! Trotz groß angelegter Hetze von Links schaffte es die Unabhängigkeits-Partei UKIP mit ihrem charismatischen Anführer Nigel Farage, die Wähler zu überzeugen. Der Brexit war der erste finale Dolchstoß gegen das Elitenprojekt EU. Es mag zutreffen, dass die meisten Briten erst einmal „raus" aus der EU wollten. Was aber etwas schwieriger zu vollbringen sein wird, ist, die neue Position als unabhängige Nation mit den verschiedenen Ansichten der Engländer, Waliser, Nordiren und Schotten in Einklang zu bringen. Gut Ding will Weile haben. In Brüssel zünden die EU-Funktionäre heute noch jeden Abend ein Kerzlein an, damit der Brexit wenigstens zum abschreckenden Beispiel für die verbleibenden 27 Mitglieder wird. Sie spüren die Angst im Nacken, die Dominosteine bewegen sich.

Nigel Farage, ehemaliges Mitglied des Europäischen Parlaments und aktueller Parteichef der Brexit-Partei, sagte*: „England bezahlte über Jahrzehnte jeden Tag über 50 Millionen Pfund Mitgliederbeitrag an die EU. Wir Parlamentsabgeordneten der EU zahlen aber bloß 17 Prozent Steuern. Was wir hier tun, ist unsinnig und ungerecht."* Er ist für mich der glaubwürdigste Politiker Europas. Gewiss, Nigel Farage mag ein Bier trinkender Populist sein, aber im guten Sinn. Was er damit auch sagen wollte: Das Volk, das von den Parlamentariern in Brüssel ja vertreten sein sollte, zahlt mindestens das Doppelte an Steuern. Ich denke, dass nicht nur England die EU verlassen sollte, ganz Europa sollte die EU verlassen. Falls Sie sich jetzt fragen, von wem diese britische Beitragslücke von rund 18 Milliarden Euro jährlich gefüllt wird – ja, Sie erahnen es richtig: Ihr gütiges Deutschland wird das hauptsächlich tun und dann insgesamt 43 Milliarden Euro nach Brüssel zahlen. Jährlich. Peanuts? Für eine vierköpfige Familie macht das etwa 3.000 Euro Brutto pro Jahr. Man kann übrigens für 150 Euro ganz gut essen in Brüssel. Das wäre dann pro Person, nicht pro Familie.

Russland in Europa

Die Herrschaft der EU-Bürokraten zeigt sich seit der Corona-Krise zum ersten Mal in ihrer Geschichte verwundbar – ohne Konzept, ohne Einigkeit, ohne starke Währung, ohne Rückhalt im Volk und ohne Armee. Wozu denn eigentlich eine EU-Armee? Schon seit Jahren versuchen die zivilen Vorsteher der nationalen Armeen, von ihrer Kolonialmacht USA die Erlaubnis zu erhalten, eine neue EU-Armee zu gründen. Es sind gestählte Kämpfer-Figuren eines Formates von Annegret Kramp Karrenbauer, der kriegserprobten Nachfolgerin von Frau Ursula von der Leyen. Das sind Frauen, die zu nichts fähig, aber zu allem bereit sind. Den US-Präsidenten Donald Trump interessierten solche geostrategischen Militärspiele überhaupt nicht. Zum Glück, wie ich meine. Aber als Geschäftsmann wollte er den Europäern schon ein paar Waffen verkaufen. Davon leben die USA schließlich. Joe Biden wird eine EU-Armee niemals zulassen, denn die NATO-Osterweiterung würde dann offiziell bis exakt vor Wladimir Putins Haustüre gehen. Er weiß, dass ein von Alaska bis zur Ukraine eingekesseltes Russland nicht besonders friedensfördernd sein würde. Auch Waffen werden so eher schlecht verkauft. Eine direkte Konfrontation schadet dem mittel- bis langfristigen Geschäft. Die Gefahren müssen ausgewogen, latent und für die politischen Akteure nachvollziehbar sein, damit Schutz- und Angriffswaffen gekauft werden. Das weiß jeder Rüstungsexperte. Der US-Präsident wird also nur seine NATO stärken, nicht etwa die EU.

US-Oberbefehlshaber Joe Biden und der russische Zar Putin verstehen sich überhaupt nicht, denn sie wissen beide, dass das Abkommen zur Auflösung des ehemaligen Warschauer Paktes eine NATO-Osterweiterung klar verboten hatte, die USA hingegen dieses Abkommen seit Anbeginn mit Füßen getreten haben. Wussten Sie das aus Iherer Tageszeitung? Wohl eher nicht. Auch Ihr Staatsfernsehen in Österreich, Deutschland und in der Schweiz hat den klaren Auftrag, ausschließlich über den bösen Zar Putin zu berichten. Ich bin sehr stark der Meinung, dass wir alle froh sein sollten, dass der geduldige und äußerst intelligente Wladimir Putin am Ruder ist und nicht etwa irgendein reicher Playboy-Oligarch. Im gleichen Atemzug kann man sagen, dass der wohl reichste Mann der Welt schließlich lange genug beim KGB war. Putin ist der KGB, und somit genießt er den vollen Respekt und Rückhalt vom Militär, vom Parlament, vom Volk, aber auch von den finanzstarken Oligarchen. Die große Frage ist nur: Wer kommt nach Putin? Ach so, der Zar darf ja noch bis 2036. Uns Europäern ist es zu wünschen, denn er ist schließlich ein relativ friedlicher Zar. Ich persönlich gehe sogar einen Schritt weiter und finde, dass wir uns endlich an den Gedanken gewöhnen sollten, Russland als Verbündeten zu sehen. Man mag mich einen Putin-Troll oder Putin-Versteher nennen, aber für mich ist es naheliegend, dass wir mit den Russen vermehrt Geschäftsbeziehungen pflegen sollten. Ich erinnere an George Friedman...

Ich fliege jeden Monat zweimal über das ganze Russen-Reich. Die Bodenschätze und Ölvorkommen sind riesig. Das ferne Russland ist uns möglicherweise näher als der Nahe Osten. Wir alle hören von unserer linken und der Atlantik-Brücke hörigen Presse sehr viel *über* Putin, aber wir hören praktisch nichts *von* ihm, obwohl er ganz ordentlich deutsch spricht. Man muss schon gezielt nach seinen Reden suchen. Ich habe das für Sie getan und diese Reden ausgewertet. Putin lässt sich, im Gegensatz zu westlichen Präsidenten, auch unangenehme Fragen stellen. Er beantwortet diese ruhig, konsequent und mit Scharfsinn. Seine Geduld mit den teilweise profanen, europäischen Zeitungs- und Fernsehfritzen ist bemerkenswert. Moderator Armin Wolf, bekannt als linke Zecke, Journalist und Fernseh-Onkel beim Österreichischen Rundfunk, blamierte sich und sein Land bei einem Fernsehinterview beim Zaren. Der schmierige, kleine Wadenbeißer versuchte tatsächlich, Zar Putin mit seinen naiven Fragen in Bedrängnis zu bringen. Putin stellte ihn ruhig, gefasst und mit präzisen Antworten kalt, teilweise sogar auf Deutsch. Erbärmlich, welch unfähiges Personal unsere Staatssender haben. Und wir sollen diesen Journalisten vertrauen?

Eine gesicherte Tatsache ist, dass Putins ehrliche Antworten auf schwierige Fragen kaum in unseren drei Staatsfernsehen zu sehen sind. Der lange Arm des Atlantischen Bündnisses sorgt für eine Zensur, die man sonst nur von kommunistischen oder totalitären Regimes kennt, wie etwa in Venezuela oder Kuba. Wenn Sie auch mal die russische Seite sehen möchten, dann kann ich Ihnen den RT-News-Sender empfehlen. Seine Funktion entspricht in etwa der vom Deutschlandfunk (Deutsche Welle TV) oder von der ehemaligen BBC World. Natürlich ist er pro-Russland, keine Frage, aber immerhin gibt er uns eine Möglichkeit, uns die andere Seite wenigstens anzuhören. RT-News ist ein Tochterunternehmen der staatlichen russischen Rossija Sewodnja und sieht sich als Alternative zu den etablierten Nachrichtenagenturen wie Reuters oder Associated Press (AP). Was wir dann persönlich daraus machen, ist unsere Sache. Wenn wir weiterhin naiv und unkritisch unsere Staatsmedien konsumieren, dann sind wir in der Tat auf dem Holzweg. Wenn ich mir die Texte unserer eigenen Staatsmedien anschaue, dann sind eindeutige Parallelen zur damaligen *„National Zeitung"* erkennbar. Darin stand in typischer Sprache: *„Meidet das Propaganda-Gift! Feindliche Rundfunksender hören ist geistige Selbstverstümmelung. Ein warnendes Beispiel."* Nun, so weit möchte ich natürlich nicht gehen.

Zurück zum russischen Infokanal. Ich kenne viele Russen persönlich, und wie ich feststelle, sind die meisten sehr intelligent und gut ausgebildet. Können Sie das von Ihrem Nachbarn oder von Ihren NachrichtensprecherInnen auch sagen? Das nächste Mal, wenn wir Armin Wolf oder Claus Kleber sehen, einfach kurz innehalten und sich an einen alten Bekannten erinnern: *Wenn eine Lüge ständig wiederholt wird, dann wird sie zur neuen Wahrheit.* Es ist nicht einfach, die Lüge von der Wahrheit zu unterscheiden, wenn alle dauernd dasselbe erzählen. Denken Sie mal nach, ob Ihr Nachbar die Lüge von der Wahrheit unterscheiden könnte. Sehen Sie, die große Masse hat gar keinen Bock darauf, sich mit diesem wichtigen Detail zu befassen. Brot und Spiele – und schon fühlt sich Ihr Nachbar pudelwohl. Aber auch Sie und ich sind vor der Propaganda nicht gefeit, denn sie ist raffiniert. Auch ich falle immer wieder auf ihre Tricks herein. Aber ich gebe nicht auf. Man muss sich immer wieder zwingen, zwischen den Zeilen zu lesen, natürlich ohne dabei gleich paranoid zu werden. Alles mit „Lügenpresse" zu beschimpfen, würde zu kurz greifen und wäre wohl auch nicht wahr. Trotzdem dürfen wir unsere wertvolle Zeit nicht damit verschwenden, einfach die Meinung eines Redakteurs oder Fernsehmoderators zu übernehmen.

Russland hilft der Welt. Die europäische Presse musste im Jahre 2020 mit Widerwillen die Meldung über russische Hilfsgüter nach Italien verbreiten. Zehn riesige Iljuschin-76 Frachtflugzeuge und ganze Lastwagenkonvois brachten medizinische Hilfe zu den von ihrer EU-

Mama von der Leyen alleine gelassenen Italienern. Zwischenfrage: Würde Europa etwa den Russen helfen? Fragen Sie nicht den deutschen Gesundheitsminister Jens Spahn, aber googeln Sie ihn und seine überraschenden Verbindungen. Daniel Funke, sein Ehemann, ist schließlich der von Burda (Seit 2019 ist Daniel Funke Leiter des Berliner Büros und Lobbyist beim Burda Verlag, einem Geschäftsbereich des Medienunternehmens Hubert Burda Media.) Viel Spaß bei der „Atlantischen Brücke". Die neutrale schweizerische Internetseite „*Medien-Navigator*" hilft Ihnen dabei.[16] Ich vermute, dass dabei einigen von Ihnen eine EU-Sparlampe aufgehen wird. Es tut mir leid, dass ich Ihr Weltbild damit schon wieder in Schieflage bringe, aber leider gehört das zum Reinigungsprozess dazu. Wenn wir nämlich wissen, warum gewisse Dinge passieren, dann haben wir auch weniger Zukunftsangst. Es ist wie bei einer Phobie: Wir werden die Angst vor Spinnen oder die Flugangst nie verlieren, aber wir können lernen, mit ihr umzugehen.

Um in Europa einen dauerhaften Frieden zu erreichen, ist eine faire wirtschaftliche Zusammenarbeit mit Russland also unabdingbar. Das sollte jedem von uns einleuchten.

Das EU-Volk ist müde

Zurück zum Elitenprojekt EU: Warum gibt es keine Aussicht auf Besserung der Situation innerhalb der zerstrittenen EU? Nun, gute Argumente sind in der Öffentlichkeit nicht diskussionsfähig, weil sie zwar richtig sind, aber der beschränkte Sachverstand der Politiker nicht ausreicht, sie zu bewerten. Bequemerweise wird uns auch hier wieder ein Meinungskorridor auferlegt, damit wir nicht nachhaken können. Diese medialen Scheuklappen helfen der EU, ihre Pferdchen schön auf Kurs zu halten – und so wiehern wir alle leise und brav mit. Wir sind politikmüde gemacht worden, wir sind zermürbt. Genau deswegen fehlt uns Bürgern auch die Energie, wenigstens zornig und empört zu sein. Gemäß dem deutschen Kabarettisten Georg Schramm, eigentlich ein SPD-Mitglied, soll Papst Gregor schon im siebten Jahrhundert gewusst haben: *„Die Vernunft kann sich mit größerer Wucht dem Bösen entgegen-*

stemmen, wenn der Zorn ihr dienstbar zur Hand geht." Brillant, dieser Papst Gregor? Aber von Zorn keine Spur, im Gegenteil. Die Menschen hängen seit zwanzig Jahren apathisch im Internet herum. Diese unglaubliche Lethargie des mündigen Bürgers, diese abgrundtiefe Gleichgültigkeit, ohne mit der Wimper zu zucken, wenn ihm sehenden Auges Europa vor die Füße kracht. Früher hat man das Gehirnwäsche genannt, heute nennt man das moderne Kommunikation. Mobil immobil. Diese Gehirnwäsche bemerkt der täglich fernsehende Hartz-IV-Bürger gar nicht – Ihr Nachbar auch nicht. Für ihn sind Fernsehsender wie ARD und ZDF, 3SAT, RTL, NTV oder EuroNews völlig legitime Berichterstatter mit interessanten Beiträgen zu Technik, Gesellschaft, Kultur und Wissenschaft. Dream on.

Versuchen Sie, bei jedem Medienkonsum an den unabhängigen *Medien-Navigator* zu denken. Es kann durchaus sein, dass er bald gesperrt wird. Laden Sie das darin gezeigte Bild der Verbindungen auf Ihr Handy und beamen Sie es in Ihr Gehirn. Dieses Bild entschlüsselt auf visuelle Art, wer hinter den Fernsehanstalten und Zeitungsmachern, aber auch den Politikern und Milliardären steht. Nein, es sind nicht alles schlechte Menschen. Gewiss nicht. Nur muss man wissen, mit wem man es zu tun hat. Dass ein Hartz-IV-Empfänger sich so etwas antut, ist nicht anzunehmen. Aber zumindest Sie sollten ab sofort wissen, wer Sie informiert.

Dass hier subtil eine Message verbreitet wird, ahnt der EU-Fernsehzuschauer natürlich nicht. Es ist wie bei jedem Junkie, ob er nun Alkoholiker oder Kettenraucher ist – Selbstleugnung ist die Wurzel des Elendes. Diese denkfaulen Mitbürger bemerken es nicht, dass sie dauernd mit EU-Werbebotschaften zugedonnert werden. *„Es ist doch okay, wenn wir keinen Pass mehr brauchen, um durch Europa zu reisen."* Oder noch naiver: *„Dank dem Euro brauche ich kein Geld zu wechseln, wenn ich nach Malle fliege."* Diesen Menschen kann kaum geholfen werden, weil sie weder rechnen noch abschätzen können. Wer rechnen kann, der weiß beispielsweise, dass eine eigene Währung sehr viel mehr Wert hätte als der künstliche und auf sehr wackeligen Beinen stehende Euro. Wir alle sind Opfer unseres Intellektes. Wer zu faul ist, sich selbst zu informieren, verdient es, ein durchschnittlicher Europäer zu bleiben. Brüssel lacht sich seit Jahren krumm, aber nicht nur Brüssel, sondern auch China, die USA und Russland. Die Asiaten können ihr Glück kaum fassen, dass die Deutschen sich selbst aus dem Rennen nehmen. Ohne Not lassen es die *Exportweltmeister* zu, dass Angela Merkel die Kern- und Kohlekraftwerke abstellt und zehntausende, völlig idiotische Windräder über das ganze Land verstreut – mit Technologie aus China. Der die Linken, die Grünen und die Altparteien wählende Bürger fühlt sich als Weltretter, und der Deutsche Bundestag verkommt zur drittklassigen Waldorfschule. Lass uns Deinen Namen tanzen, Anton. Es ist nicht zu fassen.

Liebe deutsche Nachbarn, ich mag nicht glauben, dass Sie wirklich alle über Nacht so apathisch geworden sind. Sie haben sich den Schneid von den Grünen und Blöden auf billigste Weise abkaufen lassen. Wenn wir ehrlich sind, geschieht es Ihnen ganz recht, dass die gesamte Welt Ihr Deutschland verspottet. Dass Sie es nicht mal auf die Reihe bekommen, einen einfachen Flughafen zu bauen, mag man ja noch damit begründen können, dass die Regierung diesen bauen wollte, aber die eigene Stromproduktion abschalten, die Autoindustrie zerstören, Dieselfahrverbote verhängen? Sind Sie verrückt geworden, kann bei Ihnen keiner mehr einfachste Mathematik? Jetzt kommen Sie mir nicht mit dem Klimawandel. Die meisten von Ihnen kennen weder den Unterschied von Klima und Wetter noch den von Dieselmotoren und Elektroantrieb. Die meisten haben *„null Checkung"* (damit es auch der letzte Handy wischende Nachwuchs-Vollhorst in seinem Duktus rafft).

So, geht es wieder? Ich habe mit vielen, ja sehr vielen Deutschen und Deutschinnen gesprochen – die Ahnungslosigkeit ist eklatant. Um es auf den Punkt zu bringen: Wer jetzt nicht AfD wählt, ist und bleibt ein altruistischer, links-grüner Spießer. Sie müssen die Altparteien zwingen, sich endlich zu reformieren. Nur damit wir uns richtig verstehen: Deutschland braucht die CDU/CSU und die FDP, keine Frage. Aber damit die FDP endlich wahrgenommen wird, muss sie sich umgehend von Christian Lindner trennen. Die SPD ist bedeutungslos. Auch die

Grünen sollen dabei sein, aber erst, wenn sie sich von ihren stalinistischen Ideologien trennen und wieder vernünftigen Umweltschutz betreiben. Die Linken braucht kein Mensch! Weg damit. Für Österreich gilt dasselbe. Dieses Auslaufmodell der Altparteien muss endlich einen kräftigen Tritt in den Allerwertesten bekommen. Mir als Schweizer könnte dies an selbigem vorbeigehen, nur, ich mache mir nicht nur Sorgen um Euch. Ich mache mir viel mehr Sorgen, dass Euer Untergang auch meine beschauliche Schweiz negativ beeinflussen könnte. Und damit wird es persönlich: Je doofer sich Deutschland anstellt, umso schlechter geht es uns Schweizern. Das ist nicht gut. Also, reißen Sie sich endlich zusammen. Was ist bloß aus Ihrem schönen Land geworden? Warum ist Deutschland zu einem Volk von naiven Bahnhofsklatschern und E-Bike fahrenden Heulsusen geworden? Na ja, schämen Sie sich wenigstens ein bisschen. Selbst die EU finden Sie toll: Ihr überbordender EU-Liberalismus fördert die Reglementierung in Richtung Rauchverbot (ich bin Nichtraucher), fettarmem Essen, täglichem Joggen und so weiter. Von Brüssel verlangen Sie implizit, dass man sich in Zukunft vierteljährlich auf Krebs untersuchen lässt, den Führerschein alle zwei Jahre erneuert sowie jährlich das Passfoto und die Fingerabdrücke. Die Freiheit des EU-Volkes wird durch die Reglementierungswut der europäischen Polit-Aristokratie aufs Gröbste beschnitten, und Sie finden das auch noch normal. Außer Ihrer Elite bringt das Ganze niemandem etwas, und Sie merken es nicht einmal. Wir haben doch alle ein Gehirn, also versuchen wir, es wieder zu benutzen. Wie sagte Konrad Adenauer? *„Wir alle leben unter dem gleichen Himmel, den gleichen Horizont haben wir aber nicht."* Er sagte allerdings auch: *„Machen Sie sich erst einmal unbeliebt, dann werden Sie auch ernst genommen."* Ich ahne, dass ich bei Ihnen zumindest unbeliebt bin, liebe Freunde aus Deutschland. Das ist okay, denn es geht hier ja nicht um mich.

Die Kräfte des liberalen Marktes sind nicht die einzige Wahrheit, aber zugegebenermaßen die bisher beste Möglichkeit, Gerechtigkeit zu schaffen, und das sogar für die Mehrheit der Menschen in Europa. Wer mehr tut, erreicht normalerweise auch mehr. Generell. Man kann sich auch zurücklehnen und nichts machen. Jeder hat es in seiner Hand.

Lieber ein unzufriedener Sokrates als ein glückliches Schwein? Das muss jeder Mensch für sich entscheiden. Nur muss man sich dann nicht wundern, wenn man vom Metzger geschlachtet wird.

Sie, liebe Deutsche und Österreicher, werden in kleinen Schritten Ihrer Identität beraubt. Das ist durchaus gewollt. Anzufügen wäre in diesem Zusammenhang, dass Ex-EU-Kommissionspräsident *José Manuel Barroso* ein glühender, ehemaliger portugiesischer Kommunist ist. Googeln Sie ihn, den milde lächelnden Marxisten. Eklig. Auch er wurde damals nicht wirklich zum Kommissionspräsidenten gewählt – er war der Einzige auf der Liste. Das ist im Kommunismus normal. Heute genießt der mehrfache Millionär seine Rente in Saus und Braus auf seinem geschützten Anwesen in Portugal. Genießen Sie auch eine Rente von Netto 15.000 Euro pro Monat, plus Personenschutz und Limousine mit Chauffeur? Dachte ich mir.

Wir scheinen uns also mitten in der Inkubationsphase zur „Neuen Weltordnung" zu befinden. Auch hier dürfen Sie ruhig mal bei Wikipedia reinschauen. Natürlich ist auch Wikipedia kein Hort der freien Meinung oder gar der Wahrheitsfindung, aber als grobe Informationsquelle tut es uns, mit einem kritischen Blick bewaffnet, einen guten Dienst. Diese Inkubationsphase zur Neuen Weltordnung ist zeitlich nicht definiert und somit ein bewusst schleichender Prozess. Genau deshalb ist er kaum wahrnehmbar. Wir sind wie der Frosch im sich langsam erhitzenden Wasser. In kleinen Temperaturschritten werden wir gekocht. Ob diese Neue Weltordnung letztlich schlechter sein wird als unsere aktuelle, auf Korruption und Manipulation ausgerichtete repräsentative Demokratie, werden die Historiker vielleicht in dreißig Jahren herausfinden.

Der Euro: Wie entstand eigentlich die Euro-Krise? Sie hat ihren Ursprung bei der Einführung als Buchgeld im Jahre 1999 bzw. bei der Einführung als Bargeld 2002. Ohne das Volk zu befragen, wurde über die Köpfe hinweg entschieden. Helmut Kohl hat entschieden, um genau zu sein. Abgesehen davon, dass es unmöglich ist, verschiedene Kulturen unter einer Einheitswährung zu vereinigen, muss auch daran erinnert werden, dass sich einige Staaten mit dem Beitritt zur Währungsunion über Nacht ihrer Schulden entledigten. England und Norwegen haben diesen Trick erkannt und sind deshalb dem Euro ferngeblieben. Ein weiser Entscheid.

Die Euro-Krise entstand auch, weil die europäischen Südländer höhere Zinsen hatten als zum Beispiel Deutschland. Die EZB hatte sich selbst ein Inflationsziel von zwei Prozent (pro Jahr) gesteckt. Das heißt, dass ein Produkt, das 1999 100 Euro kostete, zehn Jahre später bereits etwa 120 Euro kosten durfte (Zinseszins, Sie erinnern sich). Ist Ihre Lohntüte in gleicher Weise gewachsen? Die Frage ist rhetorisch. Wenn also ein Produkt vor zehn Jahren 100 Euro kostete, müssten dafür heute in Griechenland etwa 133 Euro bezahlt werden. In Deutschland ist das gleiche Produkt aber für unter 110 Euro zu haben. Da der Grieche keine Drachme mehr zum Abwerten hat, wird er nun auch seine Produkte nicht mehr los. Griechenland produziert ja nicht nur Olivenöl und Ouzo. (Ich trink Ouzo, was machst Du so?) Deswegen war Griechenland plötzlich nicht mehr in der Lage, am Wettbewerb mit Deutschland, Holland oder Finnland teilzunehmen. Das Gleiche gilt für Spanien, Portugal und Italien.

Der dritte Grund für die Euro-Krise ist in den Lohnstückkosten-Unterschieden innerhalb der EU zu finden. Wenn die Löhne mehr steigen als die Inflationsrate, dann werden die Produkte teurer. So ist es dann auch im Süden geschehen. Hinzu kommt, dass die Bevölkerung dieser Südländer lange Zeit mit Hilfe der Euro-Kreditkarte weit über ihre Verhältnisse gelebt hatte. Nicht unbedingt die Staaten, aber das Fußvolk. Zudem erpressten die griechischen Reeder den Staat damit, ins Ausland abzuwandern, falls sie Steuern zahlen müssten.

Aber der Hauptgrund war wohl, dass der Grieche plötzlich billiges Geld haben konnte. Man konnte beobachten, wie die Billigflieger innerhalb von Europa plötzlich mit griechischen Passagieren herumdüsten. Ja, ab Griechenland und vor allem mit jungen Griechen an Bord, im Sommer und im Winter. Verkehrte Welt: Flogen früher die Europäer im Sommer nach Griechenland, düsten die klammen Griechen plötzlich ganzjährig nach Europa. Kredit sei Dank. In einem anderen Buch

(»...*vorne links*«) beschreibe ich, wie die ganze Billigfliegerei funktioniert. Tatsache ist, dass sich immer mehr dieser jungen Menschen verschuldeten, um ihre vielen Städteflüge zu bezahlen. Eine wahre Sucht ist dabei entstanden, und offenbar wollte dem keiner Einhalt gebieten – der Staat und die Politik natürlich zuletzt, denn sie profitierten ja vom scheinbar steigenden Bruttoinlandsprodukt, nicht nur in Griechenland. Dass eine Währung darunter leiden muss, steht außer Zweifel. Das etwas fantasielose, aber probate Gegenmittel heißt seither: Geld drucken. Es wurde in der Geschichte nie so viel Geld gedruckt, vor allem seit Corona. Oder, um es etwas überspitzt im Panzerknacker-Jargon zu sagen: Die EU wird seit Jahren von den Banken geplündert, und die Politiker stehen zuverlässig Schmiere. Dass dabei der Euro zusätzlich entwertet wird, ist auch für mathematische Laien nachvollziehbar. Davon lassen sich unsere Politiker natürlich nicht irritieren. Und der Bürger? Er ist ahnungslos und hat den Faden längst verloren.

Staatsanleihen – wissen Sie, was das ist? Es ist die zuverlässige Milchkuh, die als Gegenwert eines Gegenwertes steht. Bei Bedarf werden solche Staatsanleihen abgeschrieben. Es wird nun versucht, die Abschreibungen auf die toxischen Papiere im Süden Europas auf die Steuerzahler Kerneuropas zu übertragen. Das ist zwar illegal, aber wirksam. Diese Zahlen sind unvorstellbar groß, und deshalb geht es nur mit einem teilweisen Schuldenerlass bzw. Abschreibungen. Abschreiben war doch in der Schule schon verboten. Ja, die Zeiten ändern sich, und ein neuer Berufszweig hat sich einen Namen gemacht: der Bilanz-Kosmetiker. Dass mit der Fälschung dieser Daten auch künftige Hochrechnungen falsch sein müssen, ist folgerichtig. Mit diesen falschen Prognosen werden wir auch die falschen Ziele erreichen. Die Parallelen zur verfehlten Klimapolitik sind augenscheinlich. Und wer ist schuld? Wir Bürger! Durch unser Fernbleiben von Abstimmungen und unsere generelle Politikverdrossenheit machen wir uns mitschuldig. Es ist unsere kollektive Trägheit, die den Politikern regelmäßig die Taschen füllt. Viele unserer Nachbarn kennen nicht mal den Unterschied von links und rechts. Netto und Brutto, Aktiva und Passiva, Soll und Haben sind für sie Fremdwörter. Hauptsache Malle.

Schlagwort Casino-Kapitalismus: John Meynard Keynes, nach dessen Lehren unsere aktuelle Geldpolitik zum großen Teil funktioniert, war ein leidenschaftlicher Spieler. Er ging mehrfach pleite, wurde auch mehrfach reich. Folglich entwickelte sich nicht nur sein eigenes Leben nach seiner Lehre. Große Staaten tun dasselbe. Viele bedeutende Personen im öffentlichen Dienst, wie zum Beispiel Präsident Macron und Kanzlerin Merkel, zerstören so unsere hart verdienten Euros, Dollars und Franken, um ihr Euro-Casino am Leben zu erhalten. Sie produzieren immer mehr Geld und müssten dadurch auch mehr Güter schaffen. Diese Güter können durchaus auch Waffen sein, produziert von Amerikanern und Europäern. Damit diese Waffen auch gekauft werden, muss in den Konfliktregionen eine latente, andauernde Destabilisierung geschaffen werden. Übrigens: Deswegen – und nur deswegen – werden wir nie Frieden im Nahen Osten haben. Nur deswegen lässt man Despoten wie zum Beispiel Kim Jong-un in Nordkorea am Leben und alle anderen unsäglichen, afrikanischen Staatsoberhäupter. Von Venezuela mag ich gar nicht sprechen. Ich schweife ab.

Der Euro also: Er sollte meiner Meinung nach idealerweise wieder zum ECU (European Currency Unit, 1979-1998) zurückentwickelt werden. Gleichzeitig sollten die EU-Länder wieder ihre nationalen Währungen einführen. Lieber ein Ende mit Schrecken als ein Schrecken ohne Ende. Erinnern Sie sich an den Euro-Rettungsschirm? Ein „Knirps" wird in Zukunft nicht mehr reichen. Und übrigens: Wieso nennt man das überhaupt „Rettungsschirm"? Ein Regenschirm schützt vor Regen – und ein Rettungsschirm schützt vor... der Rettung? Die Logik in Brüssel.

Mit der eigenen Währung hätte jeder finanziell angeschlagene Staat innerhalb der EU (und das sind die meisten) endlich wieder eine faire Chance, den eigenen Haushalt in Ordnung zu bringen, unter anderem mit der Abwertung der eigenen Währung. Das ging früher problemlos. Aber genau dagegen sträubt sich das Triumvirat EZB, Deutsche Bank und Frau Merkel mit äußerster Vehemenz, denn alle drei hätten dabei viel zu verlieren. Die Deutsche Bank würde auf ihren Schuldscheinen sitzen bleiben, Frau Angela Merkel würde ihre Macht abgeben, und die

Europäische Zentralbank würde ihre Daseinsberechtigung verlieren. Das ist etwas viel auf einmal. Die Alternative ist allerdings fatal und wird eintreffen müssen. Zeitnah! Sobald die Eurozone zusammenbricht, wird Deutschland zum Armenhaus Europas. Deutschland ist heute zwar immer noch fast Exportweltmeister, erhält dafür aber schon lange kein Geld mehr, sondern lediglich Schuldscheine, die aus in ferner Zukunft zu bezahlenden Steuergeldern der Mitgliedstaaten bestehen – ein Ponzi-Schema der Superlative, ein Schneeballsystem für Schneeflocken-Bürger. Es interessiert offenbar keinen Europäer, was mit seinen Steuern geschieht.

„Scheitert der Euro, scheitert die EU." Merkels Worte 2014. Labsal für die Banksters und gleichzeitig entlarvend für die EU-Politik. Gewisse Akteurinnen zitiert man am besten wörtlich. Es gibt kaum eine bessere Möglichkeit, sie zu beleidigen.

Das Hauptproblem eines gemeinsamen Euros innerhalb grundverschiedener Wirtschaften ist, dass jeder Euro, weil eben nicht inflationsbereinigt, in allen Ländern genau gleich viel wert ist. Ein Griechen-Euro ist genauso viel wert wie ein Preussen-Euro. Bei wem es hier noch nicht klingelt, dem sei das Märchen des europäischen Exportweltmeisters erklärt: Dieser Mythos wird zeitweilig auch von unseren Politikern geglaubt. Tatsache ist aber, dass der Deutsche seit Einführung des Euros gerade mal etwa 9 Prozent (nicht inflationsbereinigt natürlich), der Grieche hingegen 70 Prozent mehr Kaufkraft hat. Hatten die Griechen früher die Mülltonnen der Deutschen geleert, scheinen sie heute ihre Kassen zu leeren. Die deutsche Politik schaut diskret weg. Sie muss wegschauen, weil die EZB von der amerikanischen FED dazu genötigt wird, bei ihrem unsäglichen Spiel der Gelddruckerei mitzumachen. Wenn auch nicht gerne, wir erinnern uns: Deutschland ist nach wie vor am Gängelband der Amis, die BRD ist ein Vasallenstaat. Der Krieg ist für die Gewinner noch lange nicht vorbei, leider.

Der Euro müsste innerhalb Europas, aber auch gegenüber dem US-Dollar real stabil definiert und bei Inflation entsprechend abgewertet werden. Das heißt, wenn dann abgewertet würde, bliebe der Wechselkurs zum Dollar, aber auch innerhalb der Euroländer stabil. Viele asiatische Länder machen das schon seit Jahrzehnten.

Der nackten und etwas trockenen Wirtschaftslehre steht die dynamische Psychologie der verschiedenen Akteure gegenüber. Es ist ein bisschen wie mit der globalen Erwärmung: Alle sind dagegen und zahlen artig CO_2-Abgaben, obwohl man heute weiß, dass die Erwärmung (Wo ist sie eigentlich?) vom Menschen nicht beeinflusst werden kann. Der Dumme ist wieder einmal, Sie ahnen richtig, der einfache Bürger. Also Sie und ich. Und was sagen wir, das Volk, dazu? Nichts. Wie schon Schopenhauer sagte: *„Menschen sind dumme, trieb- und glaubensgesteuerte Marionetten der Obrigkeit."* Und falls Sie als vermeintlicher Mittelständler glauben, dass Ihr Betrag auf Ihrem Bankkonto einem realen Wert entspricht, werden Sie sich noch wundern, wie die Zahlen kollabieren werden, wenn die Geld-Scheinpolitik entlarvt wird und die Börse kollabiert. Was Sie tun sollen beim nächsten Corona-Kick? Halten Sie zuhause ein paar Goldbarren oder auch –münzen und auch Silber in kleinen Stücken als Zahlungsmittel bereit. Am besten für ein Jahr. Sollten Sie zu den Glücklichen gehören, die über eine abbezahlte, eigene Immobilie verfügen, dann genießen Sie Ihr Dach über dem Kopf. Renovieren Sie es, solange es noch geht. Eigene Immobilien sind die einzige Flucht vor dem drohenden Kollaps. Viel Spaß beim künftigen Tauschhandel. Nein, Toilettenpapier ist ein schlechter Performer. Man darf hier die Reihenfolge nicht durcheinanderbringen. Zuerst muss man etwas zu Essen haben, bevor man...

Der Euro muss und wird sterben! Die einzelnen Länder werden sich mit einer eigenen Währung wieder etwas stabilisieren. Die D-Mark, die Lire, der Franc, die Peseten, der Schilling und der Gulden werden die vorläufige Lösung für den europäischen Wirtschaftsraum sein – oder ein Europa der starken Länder. Es ist die einzig machbare Lösung. Aber damit ist noch nicht einmal die Problematik des Zinseszinses gelöst. Der Zinseszins ist ja sowieso die größte Lüge in der Finanzwelt. Vielleicht wäre es mal Zeit, diesen zu eliminieren. Um aber ein neues System der Geld-Welt zu schaffen, fehlt unseren politischen Vordenkern die intellektuelle Kompetenz und der Mut. Um gegen die Bankenwelt anzukämpfen, fehlt unseren Finanzjongleuren der Humor. So werden wir gezwungen, das immer gleiche Spiel von Zinserhöhung, Inflation, Geldentwertung, Besitzentwertung, Deflation und Bankenrettung zu spielen. Ich finde das ziemlich fantasielos. Als Gesellschaft scheinen wir auch diesbezüglich den Zenit bereits vor Jahren erreicht zu haben. Der Gedanke, dass gerade unsere „Wirtschaftsexperten" zu bahnbrechenden, neuen Lösungen kommen würden, ist abwegig. Es sind ja genau sie, die vom Status quo profitieren. Der Dumme ist immer... – genau! Langfristig bleibt Europa also ein wirtschaftlicher Krisenherd. Asien wird in der Zwischenzeit seine Hausaufgaben gemacht haben und neben den USA Wirtschafts-Weltmachtführer werden. Europa ist am Ende. Hoffen wir, dass es keinen Bürgerkrieg gibt. Die Gelbwesten in Paris sind leider erst der Anfang. Das Unwohlsein im Volk produziert bisweilen unangenehme Flatulenzen: Blähungen sind schließlich der Aufwind des kleinen Mannes. Hoffen wir, dass der europäische Darm hält. Wir wissen schließlich, dass wir von dessen Ende regiert werden.

Ein Systemwechsel drängt sich auf. Wie der aussehen soll, wissen die Götter. Die „Götter" sind in diesem Fall die Organisationen, die die Systeme schaffen und seit Jahrzehnten zu ihrem eigenen Vorteil manipulieren. Ihnen zu entgehen, wird uns nicht gelingen. Vielleicht ist das auch gar nicht nötig, denn diese Organisationen haben möglicherweise sogar ein größeres Ziel (was man von unseren Politikern nicht behaupten kann). Die großen Hedgefonds der Reichen werden die Richtung vorgeben. Der Corona-Skandal kam für diese wie gerufen. Wenn man weiß, dass das Vermögen der reichsten 1 Prozent im Jahre 2020 um 25 Prozent zugenommen hat, versteht man die Dimensionen. Hedgefonds sind die Vermögensverwalter der Reichen, sie arbeiten wie Banken. Sie waren früher sogar von Banken beauftragt, zwielichtige Geschäfte durchzuführen, weil Hedgefonds nicht den Regulierungen unterlagen. Diese Hedgefonds wurden im Laufe der letzten dreißig Jahre immer mächtiger und bestimmen heute, wohin die Reise geht. Sie beherrschen die Weltwirtschaft. Diese Hedgefonds werden von Corona profitieren, falls das System zusammenbricht. Sie haben sich bereits so positioniert, dass sie sofort zuschlagen können. Dass es Corona war, ist vielleicht ein

Zufall. Wir werden sehen, dass vermehrt einerseits Aktienrückkäufe und andererseits Put-Optionen auf verschiedene Firmen getätigt werden. Dazu kommen Leerverkäufe, die die Firmen ruinieren, die Händler aber sehr reich machen. Ja, auch bei den Reichen gibt es offenbar Unvermögen... Es wird spannend. Wenn wir schon bei den Reichen sind – George Soros hat seiner *Open Society Foundations* im Jahre 2017 das nette Sümmchen von 18 Milliarden Dollar geschenkt. In Wahrheit ist diese gemeinnützige Stiftung eine aggressive Lobbyisten-Organisation, die unter anderem supranationale Strukturen wie die EU mit Geld unterstützt und für den freien Personenverkehr (Flüchtlings-Import) alle Hebel in Bewegung setzt.

Soros' riesiger Einfluss in Brüssel ist außergewöhnlich, um es mal politisch korrekt zu sagen. Im Jahre 2016 hatte die *Open Society Foundations* 42 EU-Meetings in Brüssel. Einmal pro Woche wird also mit George Soros verhandelt. Es gibt sogar ein Buch mit den für ihn zuverlässigsten EU-Abgeordneten – es sind 226 Personen, die mit der *Open Society Foundations* auf Du und Du sind. Ja, auch die Spitzenfunktionäre sind mit dabei. Überrascht? War ich auch. Diese News habe ich vom Umfeld des Briten Nigel Farage, dem Vater des Brexit. Als seine Partei UKIP sich anschickte, Großbritannien zu retten, nahm sein Büro mit mir Kontakt auf. Sie wollten von einem unabhängigen Schweizer erfahren, wie die direkte Demokratie funktioniert und wo die Schwachstellen sind. Der erste Schritt ist getan, die Briten sind in Sicherheit. Der nächste Schritt ist, ihnen das Volksrecht nach Schweizerart schmackhaft zu machen. Das wird allerdings noch etwas dauern. Die britische Obrigkeit hat was dagegen. Ich verstehe das.

Schulden sind der Treibstoff der freien Marktwirtschaft. So steht's in den Büchern geschrieben. Nur: Durch das Installieren des Europäischen Stabilitätsmechanismus (ESM) wurde eine Hochfinanz-Diktatur eingeführt. Der ESM hat die ultimative Macht über die Staaten. Der Schuss wird mit Sicherheit nach hinten losgehen müssen, dafür sorgt nicht zuletzt Deutschlands Flinten-Uschi. Wurde die EU damals als geballte Wirtschaftskraft gegen die USA und Asien installiert, zerbricht sie jetzt am internen Wirtschaftskrieg. Um einen Exportweltmeister Deutschland feiern zu können, bedarf es auch vieler Wirtschaftsverlierer innerhalb des Euro-Resteuropas. Das ist Mathematik. Der Wirtschaftskrieg wird zum Wirtschaftsbürgerkrieg. Ich gehe davon aus, dass das alles so gewollt ist, denn nicht ganz zufällig steht mittlerweile der IWF mit seinen Kopiloten von der Weltbank vor Brüssels Toren und bietet *„Hilfe"* an. Das hatten wir doch alles schon damals in Argentinien, Chile, Philippinen, Thailand, Russland, Südkorea usw. *„Schockstrategie"* heißt diese Medizin, ein altes und sehr bewährtes Mittel, schon vergessen?

Dass der IWF auch in Sachen Corona seine Hausaufgaben gemacht hat, bestätigen die Kreditanfragen der vielen klammen Staaten, auch außerhalb Europas. Durch den Lockdown sind viele Nationen gezwungen worden, Kredite beim IWF bzw. bei der Weltbank anzufordern. Ein Zufall? Fragen Sie Frau Lagarde.

Wenn Griechenland, Deutschland und Portugal die gleiche Währung haben, dann müssten eigentlich auch die USA, Mexiko und Kanada eine eigene Währungsunion haben. Haben sie als NAFTA natürlich nicht. Die Amis möchten ja nicht an den Schulden ihrer Schuldner teilhaben. In Europa ist das anders, hier war es ein Kuhhandel zwischen Deutschland und Frankreich. Als willkommenes Nebenprodukt stellte sich heraus, dass die europäischen Bürger bis zum heutigen Tag große Mühe bekunden, einigermaßen abzuschätzen, wie viel ein Euro in ihrer Denkweise der alten Währung wert ist. Der Österreicher rechnet immer noch mit dem Faktor 14 und der Deutsche macht alles mal zwei, um einigermaßen abzuschätzen, wie arg man über den Tisch gezogen wird.

Diese Währungsunion hatte immer das Ziel, die schwächeren Länder in der EU zuerst mit billigen Krediten anzufixen und danach zu enteignen – zuerst mit der *EZB* und danach mit gütiger Mithilfe der *Weltbank* und des *IWF*. Diese sind schließlich erfahrene Anfixer vieler Staaten der Welt. Die eine Organisation verkauft die Droge *„billiges Geld"*, die andere Abteilung waltet als Inkassounternehmen, damit die Zinsen auch immer brav bezahlt werden. Die Schulden werden ganz bewusst nie zurückverlangt. Diese könnten auch gar nicht zurückbezahlt werden. Nein, das Geschäftsmodell der heutigen Weltbank und des IWF basiert auf permanenter, ja schon fast penetranter Schuldner-Betreuung. Sollten die klammen Länder es jemals wagen, die Zinsen nicht pünktlich zurückzubezahlen, wird die staatliche Eingreiftruppe der USA geschickt. So ein Flugzeugträger macht Eindruck – nicht zuletzt deshalb, um den anderen Gläubigern aufzuzeigen, was es bedeutet, in Zahlungsrückstand zu geraten. Woher ich das so genau weiß? Ich hatte ein langes Gespräch mit einem offenbar nicht ganz unbedeutenden Passagier in unserer First Class. Der *IWF-Mitarbeiter* erzählte mir dies und das auf dem langen Weg von Asien nach New York. Der Mann war sehr gesprächig. Ich bekam während fast drei Stunden einen Crash-Kurs in *das wirklich große Geschäft dieser Welt*. Dass wir normalen Bürger hier völlig naiv im Regen stehen, scheint mir seither gesichert zu sein. Die Zusammenhänge sind erst auf den zweiten und dritten Blick ersichtlich. Die Verflechtungen sind manchmal unglaublich. Die Parallelen zu den privaten Cockpit-Gesprächen mit meinem Scheich aus 1001 Nacht und den anderen Milliardären sind augenscheinlich. *„Man trifft sich zum täglichen Gedankenaustausch gerne im Starbucks an der Pennsylvania Avenue."*, meinte der IWF-Banker. Der IWF und die Weltbank befinden sich in Washington praktischerweise an der gleichen Straße, unmittelbar gegenüber. Latte Macchiato?

Es gab immer wieder Stimmen gegen diese Art von Geldpolitik, zumindest gegen den Euro. In wissenschaftlichen Kreisen wurde schon vor der Einführung des Euros über das diskutiert, was heute Realität ist. Einige bezahlten ihre Euroskepsis offenbar sogar mit ihrem Leben. Erinnern Sie sich an Manfred Herrhausen? Er war Chef der Deutschen Bank und wurde angeblich von der RAF ermordet. Das müssen wir glauben. Nach seiner Ermordung zogen Zehntausende durch das Frankfurter Bankenviertel. Immerhin. Ein Schweigemarsch war alles, was den Deutschen dazu einfiel. Andere werden seither zum Glück nur mundtot gemacht. Wie lange noch?

Preisfrage: Weiß überhaupt jemand, wem die EZB gehört? Die EU ist ja kein Bundesstaat. Die EU ist ein Staatenbund. Big Difference! Oder ist es egal, wem die größte Bank Europas gehört? Kann man ein Konto bei der Europäischen Zentralbank eröffnen? Was ist die EZB? Es sind für meinen Geschmack zu viele Fragen. Natürlich ist es keine normale Bank, aber fragen Sie doch mal Ihren Volksvertreter, wem die Europäische Zentralbank gehört. Er wird es nicht wissen. Ich bin mir sicher, dass es so gut wie niemand mit Sicherheit weiß. Auch Ihr Banker des Vertrauens wird einen roten Kopf bekommen. Fragen Sie ihn nicht. Also, wer besitzt denn nun die EZB? Fragen Sie Angela Merkel. Lassen Sie sich nicht abwimmeln, haken Sie nach. Fehlanzeige, auch Angela hat keinen blassen Schimmer, wem die EZB gehört. Frau Lagarde vielleicht? Ja, sie könnte es wissen. Aber sie wird es für sich behalten. Diese Frage wird Ihnen keiner beantworten können, weil es darauf wahrscheinlich keine ehrliche Antwort gibt. Da bleibt dann wohl nur noch eines: Die EZB ist illegal. Der Euro wird mit Monopoly-Geld gemacht, und die Akteure, na ja, sie agieren eben. Ich werde mich hüten, mich zu weit hinauszulehnen. Ein Manfred Herrhausen reicht völlig. R.I.P.!

Wie immer in diesem Buch: Sie müssen mir nicht glauben. Sie müssen einfach selbst zu Ihren eigenen Schlüssen kommen. Sie müssen mir nicht zustimmen, denn davon habe ich nichts. Das Buch haben Sie ja auch schon bezahlt. Ich kann nur hoffen, dass Sie die Zeit finden, um zu einem eigenen Urteil zu kommen. Widersprechen Sie mir ruhig. Aber mit stichhaltigen Fakten, bitte.

Viele unserer Bürger erkennen langsam, dass wir verschiedene Währungen brauchen, wenn wir die Interessen der Menschen und der Staaten in Europa berücksichtigen wollen. Die Funktionäre der Politik werden indes nicht müde, uns das Gegenteil einzutrichtern. Ihnen geht es um das Geld- bzw. Bankenmonopol. Es ist schon erstaunlich, dass der IWF, der nichts anderes als eine Bank ist, heute die marode Lage der staatlichen Kassen anklagt und gleichzeitig, oh Wunder, perfekte Sanierungsmaßnahmen im Gesamtpaket anbietet. „Fallschirme" werden sie genannt. Das ist seit den 1970er-Jahren ein sehr bewährtes Geschäftsmodell. Die internationale Finanzlobby zwingt die Staaten gleichzeitig, die Finanzinstitute mit echten Steuergeldern zu versorgen. Das klingt ziemlich abenteuerlich, ist aber wahr. Dieses Chaos zu überblicken, ist für uns Normalos unmöglich. Auch für unsere Finanzminister dürfte es viel zu komplex sein. Für die Wallstreet hingegen ist das „business as usual". Ich bin ab und zu in ihren Kneipen in Lower Manhattan, New York. Manchmal denke ich für einen kurzen Augenblick, im falschen Business zu sein – es wäre so einfach und verlockend, schnelles Geld zu machen. Aber ich kann halt schlecht lügen. Gut so.

Ewiges Wachstum: Um zu überleben, braucht die EU unendliches Wachstum. Darauf basiert ihr Geschäftsmodell. Der Euro sollte dabei eine trickreiche Überbrückungshilfe sein, nach zwanzig Jahren wird er zum Stolperstein. Trotz vieler Warner zog Helmut Kohl mit seinen Getreuen sein Lebenswerk knallhart durch. Wir erinnern uns an den sympathischen Bayern Theo Waigel. Alles wurde ohne Legitimation durchgewinkt. Dem Volk wurde nicht einmal die Gelegenheit gegeben, für oder gegen den Euro abzustimmen – es wurde einfach übergangen. Haben Sie gewusst, dass die Einführung des Euros sogar gemäß einem deutschem Bundesgerichtsentscheid illegal war? Das können Sie in einer freien Minute ja mal nachschlagen. Stört das die Politik etwa? Kaum. Auch das sind keine Verschwörungstheorien. Informieren Sie sich auf den entsprechenden staatlichen Internetseiten. Der Euro ist illegal, und Ihre Politiker wissen es schon lange!

Wie kann es aber sein, dass sich niemand dagegen wehrt? Tun wir nichts, nur weil wir keine Zeit haben, uns darüber Gedanken zu machen? Das ist gut möglich, denn wir verwenden unsere Zeit hauptsächlich damit, für uns und unseren Arbeitgeber Geld zu generieren. Mit dem kleinen Teil, der uns am Ende des Monats noch übrigbleibt, versuchen wir, unsere Familien zu verwöhnen bzw. über die Runden zu bringen. Wir haben doch gar keine Energie mehr, uns um politische Gedanken oder wirtschaftliche Zusammenhänge zu kümmern. Wir überlassen es den Politikern. Die werden es schon richtig machen. Es geht uns ja gut. Deutschland ist ja Exportweltmeister...

Die EU-Presse weiß natürlich Bescheid über die Illegalität des Euros. Sie macht sich in vollem Bewusstsein mitschuldig an diesem Raub und steht wie eine Eins hinter dem Euro. Da höre ich mich fragen: Wer bezahlt denn eigentlich die Presse? Nein, nicht die EU. Das wäre zu einfach. Gab es da nicht noch die Bilderberger, die Atlantik-Brücke, den Club of Rome oder gar die Freimaurer usw.? Ach was. Verschwörer!

Übrigens – und das wirklich nur ganz am Rande – gibt es nur eine Währung auf der Erde, die wirklich mit einem reellen Wert unterlegt ist: der US-Dollar. Alle anderen Währungen sind von ihm abhängig, weil ihr eigener Wert mit US-Dollarnoten unterlegt ist. Nach wie vor. Wenn Ihnen Ihr Bankberater (der vom Geldsystem übrigens in der Regel weniger versteht als Sie jetzt) etwas anderes erzählt, hat er natürlich seinen guten Grund. Seinen ureigenen, finanziellen Grund natürlich. Ja, die Banken. Das perfekte Verbrechen. Quasi das Kapitalverbrechen mit uns Sparern als Komplizen. Banken haben Moral nicht in ihrem Portfolio. Es gibt natürlich auch vernünftige Banken. Schon mal in der Schweiz gewesen? Bei uns kann ich Ihnen die Kantonalbanken empfehlen. Das sind die gesunden Banken der schweizerischen „Länder". Sie werden von der schweizerischen Nationalbank geschützt. Ans Herz legen würde ich Ihnen speziell die Graubündner Kantonalbank. Suchen Sie sich eine Bank in St. Moritz, Davos oder Flims. Von den Großbanken lasse ich persönlich die Finger. Ich denke, dass ich das juristisch korrekt gesagt habe.

Die Amerikaner hatten bis zur Auflösung des Gold-Standards 1971 tatsächlich geglaubt, in Fort Knox genügend Gold für ihre Dollars zu horten. Als der damalige französische Präsident Charles De Gaulle seine US-Scheine in Gold sehen wollte, hatten die Amis, unter Präsident Nixon, kurzerhand die Spielregeln geändert. Es flog auf, dass weit mehr Geldscheine gedruckt worden waren als Sicherheiten in Gold gehortet wurden. Ein Unglück? Aber nein, daraus wurde später sogar eine Strategie, die heute noch munter angewendet wird. Und keiner stört sich daran. Alles wird gut. Kann durchaus sein, dass mit dem zeitweiligen

Ölförderungsboom in den USA die Geschichte sogar ein gutes Ende nimmt. Man darf ja hoffen. Tatsache erscheint mir jedenfalls, dass der US-Dollar zu einem Höhenflug ansetzen wird. Die Logik spricht eindeutig dafür. Man darf gespannt sein. Sie haben doch Goldbarren zuhause.

Der Schweizer Franken: Wir sind alle Verlierer in diesem Monopoly. Ja, auch die Schweiz. Glücklicherweise haben wir den Schweizer Franken nicht aus der Hand gegeben und sind der EU nicht beigetreten. Dafür dürfen wir dem Milliardär und Ex-Bundesrat Christoph Blocher ruhig dankbar sein. Man muss ihn nicht verehren oder gar verfluchen. Man sollte ihn schätzen. Er hat die Zeichen der Zeit früh in den 1990er-Jahren erkannt und durch seine harte Arbeit dem Schweizer viel Ungemach erspart. An dieser Stelle möchte ich (als Parteiloser) ihm im Namen aller Schweizer danken.

Zombies: Unternehmenspleiten sind völlig normal und finden regelmäßig statt. Der Markt sortiert die schlechten Geschäftsstrategien aus und bestimmt, wer überlebt und wer ins Gras beißt. Man weiß, dass jährlich etwa ein bis zwei Prozent der Firmen pleitegehen müssen, weil sie unproduktiv und ineffizient geworden sind, je nach Branche. Das wird von Wirtschaftsdozenten als Prozess der kreativen Zerstörung bezeichnet. Man mag das philosophisch vielleicht anders formulieren, weil hier schließlich ganze Existenzen und Schicksale dranhängen. Dennoch: Pleiten sind gut für das Wandern des Kapitals. Dieses Kapital sucht sich „aufstrebende Firmen", um sich vernünftig zu vermehren. So funktionierte der normale Kapitalismus bis etwa zur Bankenkrise 2008. Doch seither verhindert dies die fantasielose Nullzins-Politik der EU. Sie steht sich selbst im Wege, um aus der Krise zu kommen. Ich bezweifle, dass die führenden Politiker genügend Fachwissen und Sachverstand aufbringen, die Komplexität dieser Situation auch nur ansatzweise zu erkennen bzw. Mittel zu finden, gegen einen Kollaps des Finanzsystems anzukämpfen. Das Wissen vieler Politiker ist von keiner Sachkenntnis getrübt. Sie spielen auf Zeit, obwohl ihnen klar sein muss, dass sie diese gar nicht haben. Da alle Akteure in diesem Spiel bereits im fortgeschrittenen Alter sind, versuchen sie, sich in die Pension zu retten. Nach mir die Sintflut.

Hier einer der Hauptgründe, warum das Finanzsystem sehr bald aus den Fugen geraten muss: Nein, die Corona-Geschichte ist nicht der Grund, sie ist vielleicht der Anlass. Also, hier der wahre Grund: Tausende Zombie-Firmen werden mit billigem, zinslosem Geld geflutet und leben als Scheintote weiter. Die Corona-Krise hat die Anzahl dieser Firmen noch einmal erhöht. Viele von ihnen erhielten zu dieser Zeit zusätzliches Geld, um sich über Wasser zu halten. Was mit geschenktem Geld passiert, ist klar. Die Kohle wurde auf Privatkonten verschoben, und die Firma ging dann in die Insolvenz. Was sind denn überhaupt Zombie-Firmen? Das sind Firmen, die unter normalen Umständen eigentlich längst pleite sein sollten. Sie werden aber mit billigen Krediten künstlich am Leben gehalten. Wir sprechen hier von etwa 10 bis 15 Prozent aller Firmen in der EU, die seit Jahren am Tropf der Banken hängen! Die Kapitalkosten entfallen, weil diese Firmen ja praktisch keine Zinsen mehr zahlen müssen. Die Firmenchefs leisten sich aber nach wie vor ihren großen Benz und fahren skrupel- und bedenkenlos dreimal im Jahr in den Urlaub. Sie leben, als hätten sie genügend Reserven. Sie leben, als gebe es kein Morgen. Man gewöhnt sich so gerne an den Luxus der Firmenkreditkarte. Das ist für viele Betriebsinhaber offenbar unbedenklich.

Wo drückt der Schuh? Frau Merkel spricht ja dauernd vom Exportweltmeister Deutschland. Es mag zutreffen, dass für einige wenige Betriebe eine solche temporäre Geldhilfe richtig sein kann, für die Innovation innerhalb einer Wirtschaft, vor allem also für die EU, ist das mit Sicherheit tödlich. Das Resultat kann nur ein Kollaps sein, weil es mit Zombie-Firmen kein Wachstum gibt. Kein Wirtschaftsraum kann 15 Prozent Nieten verkraften, die nichts beitragen, aber Geld kosten. Die Corona-Krise hat uns vor Augen geführt, dass die wenigsten Firmen drei Monate ohne Einkünfte überleben können. Auch Private konnten kaum ein halbes Jahr ohne Einkommen leben.

Seit der Bankenkrise 2008 schrumpft das Wachstum innerhalb der EU kontinuierlich. Nicht nur das, denn die faulen Eier dieser toxischen, dahinsiechenden Firmen sind besonders kapitalhungrig und brauchen noch mehr billiges Geld, um zu überleben. Damit werden nun aber vor allem die systemrelevanten Banken infiziert und drohen, einmal mehr, vom Steuerzahler gerettet werden zu müssen. Diese faulen Kredite machen ihre Runde, und am Schluss haben Sie, lieber Bürger, wieder den Schwarzen Peter in der Hand. Gegen diesen Betrug der EU bzw. der EZB schreitet fast keine Partei ein. Wir haben offenbar weder das Rückgrat noch die personelle Führung, die uns Bürger vor dem sicheren Ruin schützt. Einen kleinen Lichtblick können wir auch hier in unseren drei Ländern erkennen: In Deutschland ist die AfD, in Österreich die FPÖ und in der Schweiz die SVP dafür zuständig, dass sich solches nicht wiederholt. Aber ohne Mithilfe der anderen Parteien wird es nicht gelingen. Es ist also schwierig und funktioniert nur mit Ihrer Mithilfe, liebe Leser. Gehen Sie wählen, denn wenn Sie glauben, dass Ihre grün-rote Wohlfühlpartei auch nur im Ansatz die Logik dieser stark verkürzten Analyse verstanden hat, dann träumen Sie weiter. Trauen Sie einer Flasche wie Anton Hofreiter oder einer Bundestagsvizepräsidentin Claudia Roth zu, einen komplexen Sachverhalt zu verstehen und dann auch noch Strategien zu entwickeln, die Lage für die Bürger zu verbessern? Sag ich doch.

Googeln Sie mal das Wort „Zombieunternehmen", dann geht Ihnen vielleicht eine Energiesparlampe auf. Da jede siebte EU-Firma eigentlich aus dem Verkehr gezogen werden müsste, ist die EU auch schon lange pleite. Keine Wirtschaft kann sich so etwas leisten. Der EU bzw. der EZB fehlen im Moment etwa zwei Billionen, das sind zweitausend Milliarden Euro. Ja, das sind zwei Millionen Millionen. Bei einer nahenden Zinswende gehen viele dieser Firmen, aber vor allem auch viele Eigenheimbesitzer, in kürzester Zeit pleite. Ja, auch Ihr geliebtes, auf Pump geleastes Schmuckstück steht dann günstig im Immobilien-Schaufenster, weil Sie sich dann eine kleine Mietwohnung suchen müssen. Wenn der Zins nur um ein einziges Prozent steigt, sind die meisten Häuslebauer finanziell mausetot. Wie, nie gehört?! Konsumieren Sie immer noch ARD und ZDF, ORF und SRG? Wann kommen Sie endlich runter von dieser Droge? Was haben Sie während Ihrer Schulzeit eigentlich gelernt? Bestimmt nichts über den Zinseszins.

Übrigens sind die Gewinner auch hier wieder – Wer hätte das gedacht? – die systemrelevanten Großbanken. Too big to fail! Das hatten wir doch schon mal. Nein, nicht 2008. Das war ein laues Lüftchen. Ich spreche von 1929. Seit der Corona-Falle sind wir nahe dran. Vielleicht zur Erinnerung: Die Börse lief bis einen Tag vor dem Kollaps 1929 wunderbar. Übrigens auch danach, es war wie 2008. Na also, langsam merken Sie wenigstens, dass da etwas faul sein muss. Schmerzt es? Gut, denn noch haben Sie etwas Zeit, Ihre Assets außerhalb der EU zu parken. Die Schweiz ist außerhalb der EU, inmitten Europas. Finden Sie meine Adresse heraus und kontaktieren Sie mich. Ich werde Sie an vertrauenswürdige schweizerische Bankiers verweisen. Alles legal, natürlich. Ich habe einen guten Ruf zu verlieren, wie Sie auch. Wenn Sie zufrieden sind, dann dürfen Sie sich nach ein paar Jahren erkenntlich zeigen – freiwillig selbstverständlich!

Wirtschaft ist ein ziemlich langweiliges Fach. Aber auch heute gilt: Das Wirtschaftswachstum basiert auf dem Produktivitätswachstum, das sich aus dem technischen Fortschritt ergibt. Vergessen Sie für einen Moment Keynes „Nachfrage"-Märchen. Der Markt bestimmt den Preis? Falsch: Der Preis bestimmt den Preis. Der Preis und das Produkt bestimmen den Markt. Das dürfen Sie nochmals lesen, denn die Universitäten lehren solche Dinge eher nicht. Die Innovation ist die Triebfeder des Wachstums. Seit vielen Jahren haben wir in Europa ein winziges Wirtschaftswachstum, das mit einem noch kleineren Produktivitätswachstum einhergeht. Das bedeutet eine Stagnation an Innovation. Ein Beispiel: Der Diesel wird nicht mehr weiterentwickelt, weil die Politiker keinen Dunst von Technik haben und es bequemer ist, auf der Klimawelle zu reiten. Durch das Unwissen der Politiker wird die Autoindustrie gezwungen, auf steinalte Elektrotechnik zurückzugreifen. Wo sind sie denn, Ihre deutschen Ingenieure? Offenbar nicht im Deutschen Bundestag. Diese Stagnation wird von den genannten Zombie-Firmen begünstigt, ja sogar gefördert. Fragen Sie mal Ihre politischen Wirtschafts-Vollwaisen, ob Sie davon etwas verstehen. Wohl kaum. Lesen Sie diesen Abschnitt ruhig nochmals durch, ich habe schließlich viele Stunden dafür aufgewendet. Glauben Sie mir nicht einfach, sondern informieren Sie sich alternativ im Internet. Von Berufes wegen bin ich zu wenig geeignet, Wirtschaft zu verstehen. Aber ich bin geeignet, etwas von Technik zu verstehen und die Wahrheit von der Lüge zu unterscheiden. Als Flugkapitän tu ich gut daran, den richtigen Daten zu vertrauen. Ein Fehler kann fatale Konsequenzen haben. Politiker haben solches nicht einmal ansatzweise zu befürchten.

Was ist Geld? Das wird an unseren Schulen natürlich nicht gelehrt, nicht einmal der Umgang damit. Wir sollen in der Schule brav lernen, damit wir dereinst Geld verdienen und das Geldsystem und die Wirtschaft damit unterhalten. Was wir nicht tun sollen, ist zu hinterfragen, was Geld ist. Sie, als aufgeklärter Leser, haben sich bestimmt schon mal Gedanken darüber gemacht, was Bargeld eigentlich ist. Aber wenn Sie sich den Euroschein genauer ansehen, dabei die schöne Draghi-Unterschrift betrachten und zufrieden denken, dass dieses Stück Papier auch in zehn Jahren noch etwas wert ist, dann sei Ihnen das gegönnt. Nun, es ist erst einmal strittig, was Geld eigentlich ist. Die einen sagen, dass nur das Geld ist, was der Staat zu Geld macht, die anderen sagen: Geld ist alles, womit Du bezahlen kannst. Ich persönlich denke, dass Geld eine wichtige Sache ist, um einen Gegenwert zu beziffern. Mit Bargeld lernen wir schon als Kinder abzuschätzen, wie viel etwas vergleichsweise kostet. Wenn wir uns beim Kauf eines Produktes von unserem ersparten Bargeld trennen, dann schmerzt das, und die innere Saldo-Uhr ruft uns in Erinnerung, wo wir finanziell stehen. Das ist eine gute Sache und spricht deshalb für das Bargeld. Mit Kreditkarten verliert man schnell das Gefühl dafür, wie viel etwas tatsächlich kostet, weil wir ja bloß eine Zahl bzw. einen Code in ein Gerät eintippen. Kurz und schmerzlos: Es ist der erste Schritt in die Insolvenz, weil wir schlecht im Rechnen sind. Ein Blick ins fast bargeldlose Skandinavien macht es deutlich: Die Schulden häufen sich in einem schwindelerregenden Tempo. Deshalb darf das Bargeld niemals abgeschafft werden. Ihre Bank des Vertrauens wird Ihnen eine ganz andere Geschichte auftischen, aus guten Gründen. Es liegt an Ihnen, wie immer.

Untergang der EU: Die EU zerfällt, weil ihre demokratisch nicht legitimierten Entscheide den Bürgern höchst zuwider sind. Hätten die Europäer die Chance gehabt, über den Euro oder die Flüchtlingspolitik abzustimmen, hätte die Europäische Union vielleicht eine Chance gehabt weiterzuleben. Da die EU-Politiker in ihrem Elfenbeinturm nach eigenem Gutdünken schalten und walten, sägen sie sich langsam und unbemerkt den Ast ab, auf dem sie sitzen. Der freie Fall ist garantiert. Er wird vielleicht mit viel frisch gedrucktem Geld etwas verzögert.

Das Politikerversagen hat seine Ursache in der repräsentativen Demokratie. Ein Abgeordneter braucht bei Ihnen in Deutschland und Österreich relativ wenige Stimmen, um in den Bundestag oder in den Nationalrat gewählt zu werden. Diese Parlamentarier regieren ohne Skrupel mit einer winzigen Anzahl erhaltener Stimmen. Versuchen Sie mal herauszufinden, mit wie wenigen Stimmen Frau Katrin Göring-Eckardt 1998 in den Bundestag gespült wurde. Ein paar hundert plus die Stimmen ihrer Verwandtschaft? Beruflich hat auch sie nichts als ein abgebrochenes Studium (Theologie) vorzuweisen. Das stört offenbar niemanden. Warum eigentlich nicht? Oder Claudia Roth. Ach, lassen wir das. Als wichtigste Lektion lernten wir in der Schweiz: Gib den Politikern keine Macht! Wer „wir schaffen das" nachplappert, entlarvt sich als Schwätzer.

Der Luxemburger *Jean Claude Juncker* sagte im vermuteten Vollbesitz seiner geistigen Kräfte wörtlich: *„Wir beschließen in der EU etwas, stellen es dann in den Raum und warten einige Zeit ab, ob was passiert. Wenn es dann kein großes Geschrei gibt und keine Aufstände, weil die meisten gar nicht begreifen, was da beschlossen wurde, dann machen wir weiter, Schritt für Schritt, bis es kein Zurück mehr gibt."* Es ist entlarvend, aber genau dies wird seither in Brüssel gemacht – Euro-Transferunion, EU-Armee und so weiter. Dazu kommen die üblichen Schachtelsätze mit ihren Abkürzungen, damit man den Anschluss verliert und sich nicht mehr getraut nachzuhaken. Damit wird alles verschleiert. Es wird so getan, als ob alles logisch wäre und dem gesunden Menschenverstand entspricht. Der durchschnittliche EU-Bürger ist ahnungslos und der intelligente Zeitungsleser überfordert. Das hat Kalkül. So einfach ist das. Und das Erstaunliche ist: Selbst die führenden Politiker sind damit völlig überfordert. Fragen Sie mal deren Ehefrauen.

Sichert die EU den Frieden in Europa? Nein, es ist andersrum. Der Frieden in Europa hat die EU erst möglich gemacht. Dank des Kalten Krieges wurde eine EWG und später die EU erst ermöglicht. Das mag neu sein für Sie. Aber denken Sie mal nach. Tun Sie es ruhig.

Na, nachgedacht? Wir werden an der Nase herumgeführt wie dumme Jungs. Übrigens haben die Nationalsozialisten im Dritten Reich schon von einer EWG und einer Europäischen Währungsunion geträumt. Die Zentralbank sollte in Wien sein.

Gehen wir gemeinsam den letzten Schritt: Der Euro wird daran schuld sein, dass die EU kollabiert. Und damit werden einige gewiefte Politiker sogar den Kopf aus der Schlinge ziehen können. Der Euro ist schuld, das Volk applaudiert und zahlt zum wiederholten Male die Zeche. Es läuft also alles nach Plan, nach dem modifizierten *Coudenhove-Kalergi*-Plan. Das können Sie in einer freien Minute ja mal nachschlagen. Es geht dort um die *Pan-Europäische Idee von 1922*, die Verbindung von Demokratie und Plutokratie. Schon Winston Churchill erwähnte diese „*Vereinigten Staaten von Europa*" in seiner Rede an der Universität von Zürich. Das war kurz nach dem Krieg, 1946. Dass daraus eine Weltordnung gezimmert würde, verriet er der staunenden Hörerschaft ein Jahr später in London – eine spannende Idee für die einen, der völlige Verlust der Mitsprache für die anderen, für uns anderen, für das Volk.

Vivat Europa et pereat EU. Es lebe Europa, die EU möge zugrunde gehen.

„Aber wehe, wehe, wehe! Wenn ich auf das Ende sehe!!" (Wilhelm Busch) Ja, ich bewundere Ihren deutschen Humor.

Nachwort

Liebe Mitbürger in Europa, ich habe Sie mit diesem Buch mit vielen unangenehmen Dingen konfrontiert, die Sie nun möglicherweise in einem etwas anderen Licht sehen. Mein Ziel war es nie, Sie zu überreden, obwohl dieser Eindruck manchmal entstehen konnte. Ich wollte Sie zum Denken anregen und, ja, ich gebe es zu, ich wollte Sie überzeugen. Ich kann nur hoffen, dass Sie und Ihr Nachbar die Welt, trotz aller Verwerfungen, in einem etwas positiveren Licht sehen. Je mehr man weiß, umso einfacher wird es, die Wahrheit von der Lüge zu trennen.

Vielleicht haben Sie Ihre Meinung durch dieses Buch bestätigt bekommen – oder sogar geändert. Vielleicht haben Sie auch gute Gründe, mich auf Ihre persönliche Abschussliste zu setzen. Jedenfalls haben Sie durchgehalten und im schlimmsten Fall die Position eines Nicht-Linken gelesen. Dafür möchte ich mich bei Ihnen bedanken.

Ein Wort noch, vielleicht an meine Kritiker unter den Journalisten: Ja, ich habe Sie ganz bewusst frontal angegriffen. Nicht aus Spaß an der Freude, sondern weil Sie es als Berufsstand verdient haben. Beweisen Sie mir, dass ich mit diesem Buch falsch liege. Falsifizieren Sie meine Aussagen mit Argumenten, Statistiken und wissenschaftlichen Beweisen. Klären Sie uns alle auf, damit wir mitdiskutieren können. Nachplappern kann jeder, behaupten sowieso. Versuchen auch Sie, Ihr Land aus einer anderen Perspektive zu sehen. Denken Sie an Ihre Kinder. Wägen Sie ab, ob es den Mitmenschen gegenüber fair ist, sie täglich mit großen und kleinen Unwahrheiten zu belügen. Fragen Sie Ihr Gewissen, ob es okay ist, die Agenda einer Obrigkeit zu verbreiten. Schauen Sie in den Spiegel und werden Sie erwachsen. Werden Sie ein moderner Journalist.

Die Klima-Lüge

Liebe Deutsche, Österreicher und Schweizer, ich möchte Ihnen etwas die Angst vor der Zukunft nehmen. Erinnern wir uns gemeinsam daran, dass wir *von der Angst getrieben werden*. Unsere Einpeitscher finden wir vor allem bei den Medien, den Klimaaktivisten, den NGOs und natürlich bei den grünen Politikern. Außer einer Tracht Prügel verdienen sie ihr täglich Brot damit, dass wir Angst vor der Zukunft haben. Wie Sie nun wissen, verkehre ich mit allen möglichen und unmöglichen Menschen und Figuren. Auch diese Leute haben ein vitales Interesse daran, dass Sie ein schlechtes Gewissen und Angst vor der Zukunft haben. Nach langem Abwägen und reiflichem Reflektieren hat sich bei mir eine Sicht der Dinge entwickelt, die ich persönlich als objektiv einstufen würde. Die Psychologen unter Ihnen lächeln jetzt milde, ich weiß. Also, hier meine subjektive Sicht, nach etwa vierzig Jahren Beobachtung: Trotz aller Verwerfungen geht es unserer Welt bedeutend besser als noch vor vierzig Jahren, nicht nur politisch, sondern auch ökologisch.

Gehen wir gleich ans Eingemachte: *Glauben Sie an den Klimawandel?* Diese trickreiche Frage wird ausschließlich von den linken und grünen Öko-Stalinisten gestellt, um damit ihre eigene Ideologie zu verkaufen. Durch diese *binäre Fragestellungstaktik* werden Sie gezwungen, entweder dafür oder dagegen zu sein. Wenn Sie, wie die meisten Menschen, mit „ja" antworten, dann haben Sie sich für den gesellschaftlich akzeptierten Königsweg entschieden. Wer „ja" zum Klimawandel sagt, ist ein guter Mensch. Wer „nein" zum Klimawandel sagt, ist ein menschenverachtender Egoist. Durch diese linke Fragestellung wird der gute Mensch *gezwungen*, die Ideologie der Energiewende gutzuheißen und die Klimabewegung zu unterstützen. Entweder man ist mit dem politischen Lösungsangebot der Ideologen einverstanden oder man ist eine schlechte Person. Man ist dann ein „Klima-Leugner", so wie ich! Obwohl man ein Klima nicht leugnen kann und obwohl ich weiß, dass es den Klimawandel gibt! Nun, die Frage, ob man an einen Klimawandel *glaubt*, kann man gar nicht mit „ja" oder „nein" beantworten. Man kann aber einwenden, dass die korrekte Frage sein müsste: *„Glauben Sie an* *den vom Menschen verursachten Klimawandel?"* Diese Frage wäre fair und richtig. Was man mit Sicherheit sagen kann, ist, dass man etwas gegen die Luftverschmutzung tun kann oder dass man die Ressourcen vernünftiger nutzen sollte. Man kann sagen, dass man Elektroautos in der Stadt sinnvoll findet oder dass man generell weniger Energie verbrauchen sollte. Diese Chance bekommt man mit der Frage nach dem Klimawandel nicht. Das ist ganz bewusst so gemacht. Der Kommunismus funktionierte nach dem genau gleichen Prinzip – denken Sie an die *Öko-Kommunisten Baerbock, Neubauer, Rackete und Habeck.* Soll das etwa Ihre deutsche Zukunft sein? Ich hoffe nicht.

Die politische Lösung dieser Frage nach dem Klimawandel heißt *New Green Deal* und hat seine Wurzeln in den USA. Mit ein paar Klicks lässt sich schnell herausfinden, wer die Akteure sind. Von der UNO bis zum neuen US-Präsidenten Joe Biden – alle sehen das größte Problem der Menschheit im Klimawandel. Auch die deutsche Opportunistin Ursula von der Leyen hat diese linken Ziele für die EU klar definiert: Es muss alles staatlich geregelt werden, von der Krankenversicherung über die Arbeitsplatzgarantie, von der Regulierung der Mieten bis zum Mindestlohn für alle. Unsere Linksparteien und deren Wurmfortsatz, die völlig überrumpelten Altparteien, propagieren diesen unsäglichen Wechsel in eine angeblich *klimaneutrale* und *erneuerbare* Stromproduktion.

Diese zwei Euphemismen (Beschönigungen) sind übrigens beide physikalische Unmöglichkeiten. Aber daran stören sich die grünen Ideologen nicht. Wer sich in seinem Physikunterricht nicht nur auf die physikalischen Merkmale der Lehrerin konzentriert hat, der weiß: Es gibt keine *erneuerbaren Energien.* Man kann Energie vielleicht in Stauseen oder in Batterien (mit erheblichen Verlusten) speichern, aber *erneuern* kann man sie nicht. Energie kann zwischen verschiedenen Energieformen *umgewandelt* werden, beispielsweise von Bewegungsenergie in Wärmeenergie. Außerdem kann Energie aus einem System heraus oder in ein System hinein *transportiert* werden. Es ist jedoch nicht möglich, Energie zu erzeugen oder zu vernichten (Energieerhaltungssatz). Wenn Sie also in Zukunft von Ihren grünen und „ehemals-Mitte"-

Politikern hören, dass sie Energie erzeugen wollen, dann haben diese nur geistige Energie in Wärmeenergie umgewandelt. Ob ihre warme Luft zur globalen Erwärmung beiträgt, ist noch nicht abschließend geklärt.

Die CO_2-Lüge: Wenn eine Lüge ständig wiederholt wird, dann wird sie vom Gehirn als Wahrheit empfunden. Das ist wissenschaftlich belegt, das wusste ja schon der Berufslügner und Reichspropagandaminister Joseph Goebbels. Auch der wesentlich friedlichere Voltaire meinte: *„Je öfter eine Dummheit wiederholt wird, desto mehr bekommt sie den Anschein von Klugheit."* Eine solche Dummheit ist auch die Behauptung, dass ein E-Auto weniger CO_2 ausstoßen soll und auch sonst eine bessere Umweltbilanz hätte als ein Dieselfahrzeug. Das ist eine große Marketinglüge. Es ist hinlänglich bekannt, dass ein Diesel über eine bessere Gesamt-Umweltbilanz verfügt als ein Elektroauto. Deshalb wird auch mein nächster Audi A6 ein BiTurbo Diesel sein – ein deutsches Wertprodukt, keine Tesla-Krücke.

Eine weitere Taktik der Klima-Hysteriker ist, dass man keine Fragen stellen soll. Man darf nicht fragen, warum keine ihrer schockierenden Umweltprognosen bisher eingetroffen ist. Man darf keine Greta Thunberg hinterfragen, keinen Elon Musk, keinen Al Gore. Man muss brav den deutschen *Klima-Pinocchios Hans Joachim Schellnhuber, Mojib Latif* und *Harald Lesch* glauben. Ja, Sie spüren es: Wir sollen gefälligst glauben, nicht dumm fragen! Im Mittelalter wurde dieselbe Taktik angewendet. Sollten Sie als Bürger sich plötzlich erfrechen, Fragen zum Klimawandel zu stellen, dann werden Sie in kürzester Zeit von Ihrem Nachbarn oder Ihren Familienmitgliedern mundtot gemacht und in die Ecke der Verschwörungstheoretiker gemobbt. Spätestens seit Albert Einstein wissen wir aber, dass der Erfolg jeder Wissenschaft darauf beruht, dass man dauernd Fragen stellen muss! Wir müssen unser Recht einfordern, unsere logischen Fragen an die offenbar so zahlreichen Klima-Wissenschaftler zu richten. Ich weiß nicht, ob es Ihnen auch aufgefallen ist – genau, denn es gibt gar keine Klima-Wissenschaftler. Die Klima-Wissenschaft existiert nicht wirklich. Es gibt die Physik-

Wissenschaften, die Meteorologie-Wissenschaften, die Mathematik-Wissenschaften und so weiter, aber es gibt keine Klima-Wissenschaft. Es geht noch weiter: Nehmen wir die offiziellen UNO-Statistiken zu Hilfe, dann sehen wir, dass sich die Weltdurchschnittstemperatur seit 1997 *nicht* verändert hat – also keine globale Erwärmung seit bald einem Vierteljahrhundert. Wozu dann also das Ganze? Gute Frage. Auch das CO_2 ist nicht des Teufels. Im Gegenteil, wir brauchen viel Kohlendioxid, damit die Pflanzen blühen und wir unsere steigende Bevölkerungszahl überhaupt ernähren können. *Zudem kann CO_2 physikalisch ja gar keine Temperatur verändern.* Das lernt man im Physikunterricht, der offenbar am *Fridays for Future* stattfindet, aber da streiken die Kids ja lieber.

Wenn Sie sich alternativ informieren möchten, dann kann ich Ihnen die Internetseite www.eike-klima-energie.eu empfehlen. Eine Fülle von *Peer-reviewed Publications*, also von Experten begutachteten Veröffentlichungen, hilft Ihnen, die physikalische Wahrheit über den angeblich vom Menschen verursachten Klimawandel zu finden. Ohne Politische Korrektheit werden Sie dort mit wissenschaftlich korrekten Daten informiert. Der Klimawandel ist ein Business geworden, bei dem die Akteure sich als Weltretter gebärden. Diese Lüge wird von EIKE (Europäisches Institut für Klima und Energie) schonungslos aufgedeckt. Hinter dieser Internetseite stehen anerkannte Professoren, die sich etwas getrauen. Sie getrauen sich, ihre Meinung zu sagen, weil sie im *Ruhestand* sind und sie nicht mehr die Agenda ihrer Universitäten und Hochschulen predigen müssen. Sie sind endlich frei und dürfen ihr wissenschaftliches Wissen mit uns Bürgern teilen. Das alleine unterstreicht meiner Auffassung nach ihre Legitimität und schafft einen gesunden Gegenpol zur verbreiteten Meinung über den Klimawandel.

Nochmals: *Niemand bestreitet den Klimawandel.* Es geht darum, ob der Mensch einen störenden Einfluss auf das Klima hat – oder eben nicht. Alle Berechnungen der letzten fünfzig Jahre über Aufzeichnungen der letzten Jahrmillionen beweisen, dass der Einfluss des Menschen dermaßen klein ist, dass wir das Klima damit physikalisch gar nicht beeinflussen können. Ich habe viele Gespräche mit Meteorologen, Physikern und Ozeanologen geführt. Ihre Meinung ist identisch. Alleine die Vulkanausbrüche produzieren ein Vielfaches des CO_2, das der Mensch der Umwelt antun könnte. Es sind die *Weltmeere*, die den gewaltigen Hauptteil des angeblich die Temperatur beeinflussenden CO_2 auf der Erde produzieren. Der *Täter* lacht uns jeden Tag entgegen: *die Sonne*. Ohne sie wäre kein Leben möglich. Durch unterschiedlich starke Sonnenaktivitäten, die in langen Zyklen stattfinden, werden die Meere manchmal mehr, manchmal weniger erwärmt. *Wenn das Meer sich erwärmt, gibt es CO_2 ab, wenn es abkühlt, dann nimmt es CO_2 auf.* Unser Erdball hat eine Gesamtfläche von etwa 510 Millionen Quadratkilometern, davon sind 71 Prozent Wasseroberfläche. Diese 360 Millionen Quadratkilometer Meeresoberfläche haben einen weitaus größeren Einfluss auf die Temperatur und das CO_2 als der Mensch, der gerade mal zwei Prozent der Erdoberfläche bewohnt (etwa drei Millionen Quadratkilometer).

Dazu ein Beispiel, um zu verdeutlichen, wie wenige Menschen wir tatsächlich sind: Würden wir alle nebeneinanderstehen, dann hätten wir bequem in Liechtenstein Platz. Also, zurück zur Rechnung: Über 95 Prozent der Landoberfläche sind also äußerst dünn besiedelt. Das kann ich von meinem Cockpit aus, auf 10.000 Metern über Grund, leicht feststellen. Dazu gibt es eine interessante Grafik auf der Internetseite www.metrocosm.com. Würde die Bevölkerung der gesamten Erde in einer Stadt leben, würde diese kleiner sein als die Bundesrepublik Deutschland. Sehen Sie sich Deutschland auf dem Globus mal an. Ja, Ihr Land ist vergleichsweise klein, meine winzige Schweiz sowieso. Denken wir zwischendurch wieder daran, dass die Medien uns mit Emotionen zumüllen – Überbevölkerung ist ein Angst produzierendes Konstrukt der linken Presse. Dass sich die Klima-Lüge der letzten zwanzig Jahre dermaßen in die Gehirne der Menschen eingebrannt hat, haben wir dem Film eines demokratischen Ex-US-Vizepräsidenten zu verdanken: *Al Gore* produzierte den Umwelt-Thriller *"Inconvenient Truth"* und erhielt dafür sogar einen Oscar. Er bekam ihn natürlich von seinen linken Hollywood-Freunden. Dass er mit seiner *unbequemen Wahrheit* auch noch einen Nobelpreis erhielt, stellt für mich die Qualität dieser Stiftung in Frage. Ohne schlechtes Gewissen nahm Millionär und „Weltretter" *Al Gore 2007 den Friedensnobelpreis* in Oslo entgegen. Das Volk war gerührt und den Tränen nah, die *Klima-Lüge* war geboren. Die Organisation „Gapminder" des verstorbenen Professors Hans Rosling zeigt in einer wissenschaftlich höchst genauen, aber auch visuell ansprechenden Form, dass es unserer Welt sehr viel besser geht, als uns gesagt wird (www.gapminder.org). Als Mediziner und Statistiker schafft er es mit seinen interaktiven Videos, komplizierte Abläufe logisch zu vermitteln. Er entwickelte eine Statistik-Software, die trockene Daten in leicht verständliche Bilder verwandelt. Als Mitbegründer der *Ärzte ohne Grenzen* arbeitete er auch in Afrika. Seine TED-Talk-Auftritte sprengten alle Rekorde. Wenn ein Professor glaubwürdig ist, dann Hans Rosling. Die Klima-Pinocchios Al Gore, Harald Lesch, Mojib Latif und Hans Joachim Schellnhuber sind seither entlarvt!

Und was machen wir daraus? Das Beste!

Wo stehen wir politisch heute? Ist alles schlecht? Nein, im Gegenteil. Wenn ich mir wieder die offiziellen UNO-Statistiken ansehe, fällt mir persönlich Folgendes auf: Die weltweiten Kriege haben seit der Jahrtausendwende, trotz Afghanistan, Irak und Syrien, abgenommen. Was kaum in den Medien erwähnt wurde: Dank Donald Trump gibt es seit 2016 keine amerikanischen Invasionen mehr. Umgerechnet auf die achtjährige Amtszeit von Barack Obama und seinem Vize Joe Biden sind das etwa 400.000 gerettete Menschenleben! Was sein Nachfolger mit dieser erfreulichen Tatsache machen wird, ist leider zu befürchten: Die US-Militärs brauchen dringend Kriege und freuen sich schon darauf, das nächste Land mit ihrer bewaffneten Liebe zu erdrücken. US-Präsident Joe Biden wird Amerika in den neuen Krieg führen. Ist Ihnen auch aufgefallen, dass er manchmal wirres Zeug redet? Meine Ferndiagnose: Demenz. Dann hoffen wir mal, dass er nicht auf den roten Knopf drückt. Hoffen wir zudem, dass er uns nur als Präsident in Erinnerung bleibt, welcher dreimal die Treppe hoch gestolpert ist. Ich fürchte aber, dass er als seniler, dementer Kriegstreiber in die Annalen eingehen wird.

Islam als Provokation: Ich finde, dass wir unsere Energie dafür verwenden sollten, möglichst friedlich miteinander zu leben. Religionen dürfen in unserer modernen Zeit keine Macht mehr haben. Zu viele Menschen sind bereits geopfert worden. Europa bzw. die Europäische Union muss sich endlich zur eigenen Bevölkerung bekennen, und diese ist *nicht-muslimisch*. Wir sind die Mehrheit. Das verpflichtet uns, die Minderheiten zu respektieren. Wo der Respekt aber mit Füßen getreten wird, müssen wir mit aller Kraft reagieren.

Lösungen

Was können wir aus allen diesen Verwerfungen, Manipulationen und Lügen lernen? Ich denke, recht viel. Wenn wir begriffen haben, wie die Welt *in etwa* funktioniert und wir uns dieser Lügen bewusst sind, können wir unser persönliches Leben darauf einstellen. Sehen Sie, es ist nicht hilfreich, wenn man sich dauernd über die Ungerechtigkeiten empört und die Faust im Sack macht. Das führt zu Magenverstimmungen und zu Frust. Hilfreich ist, wenn man sich erst einmal persönlich darauf einstellt, dass man an der Nase herumgeführt wird und dann entsprechende persönliche Maßnahmen ergreift. Diese können vielfältig sein.

Als einen ersten Schritt können Sie Ihr Geld auf verschiedene Banken aufteilen, um das Klumpenrisiko eines Bankenkollapses zu mindern. Etwas Gold und Silber in Münzen oder Barren ist in dieser Situation besser als irgendwelche Zertifikate. Genau deshalb empfehle ich Ihnen in diesen volatilen, also unbeständigen Zeiten auch einen konsequenten Aktienverkauf. Trennen Sie sich von Ihren todsicheren Anlagen, egal ob Sie dabei Geld verlieren, das Ihnen versprochen wurde. Lassen Sie sich von Ihrem netten Bankberater nicht verschaukeln. Er wird in zwölf Monaten arbeitslos sein. Versuchen Sie, bleibende Werte zu besitzen, natürlich ohne die Hilfe der Bank: ein Haus, eine Wohnung oder ein Grundstück in bester Lage. Es muss nicht groß sein, aber abbezahlt.

Als nächsten Schritt empfehle ich Ihnen, den Fernseher nur noch zur Unterhaltung zu benutzen, als Informationsquelle haben die Fernsehanstalten ausgedient. Nein, nicht einmal auf den Wetterbericht ist

Verlass, weil die Wetterableser uns weismachen wollen, dass sie das Wetter fünf Tage im Voraus wissen. Ich habe täglich mit wirklichen Meteorologen zu tun und weiß, dass das Unfug ist. Als dritten Schritt möchte ich Sie dazu ermuntern, Ihre Familie mit möglichst korrekter Information aus dem Internet zu versorgen. Damit wird eine vernünftige Diskussion erst möglich. Sollten Sie nicht aufs Fernsehen verzichten können, dann machen Sie familienintern einen Wettbewerb, wer die meisten Lügen des Mainstreams erkennt. Versuchen Sie dabei, möglichst fair zu sein, denn man kann auch korrekte Sachverhalte fälschlicherweise als Lüge interpretieren. Das passiert mir täglich. Mit dieser gemeinsamen Übung schaffen Sie zwei Dinge: Zum einen werden Sie sehr schnell ein routinierter Informations-Benutzer, der den Medien um einen Schritt voraus ist, und zum anderen begründen Sie dadurch eine gefestigte Familie, die sich mit Hilfe dieser zielführenden Kommunikation zum Fels in der Brandung entwickeln kann. Übrigens wird man als Eltern von den Kindern eher akzeptiert, wenn man zwischendurch auch mal „Ich weiß es nicht." sagt. Wichtig ist, dass man gemeinsam die Lösung sucht und sie vielleicht auch findet. Man kann nicht alles wissen. Denken Sie daran, dass wir Piloten dies jeden Tag tun, um *sicher von A nach B* zu gelangen. Als letzten Schritt würde ich vorschlagen, Ihre Stimme derjenigen Partei zu geben, die den Informationen entspricht, die Sie für vertrauenswürdig halten. Nachdem Sie von der *Droge Mainstream* weggekommen sind, sollte es einfacher sein, die richtigen Parteien und Volksvertreter zu wählen. Youtube ist da sehr hilfreich.

Wer Angela Merkel und ihre Kumpane nach meinem Dafürhalten sind, wissen Sie ja hinlänglich. Das Gleiche gilt für den österreichischen Emporkömmling Sebastian Kurz. In der Schweiz kann ich nur hoffen, dass die Sozialisten und die Grünen endlich in ihre marxistischen Schranken gewiesen werden. Jeder Mensch hat ein Recht auf eine Meinung – dem Volk ist meines Erachtens gedient, wenn es *die eigene Meinung* des einzelnen Bürgers ist. Lassen wir uns künftig von Wissen leiten, nicht von Ideologien treiben.

Corona zum Letzten

Wer sich mit der Übernahme von Verantwortung etwas auskennt, der weiß, dass man auch bereits gefällte Entscheidungen laufend hinterfragen muss. Expertenmeinungen müssen verglichen und die Entscheidungen der aktuellen Lage angepasst werden. Neues Wissen muss in die Entscheidungsfindung einfließen. Sehen Sie, selbst als jeder Laie erkennen konnte, dass in Deutschland, Österreich und der Schweiz *keine Leichenberge* zu sehen waren und *keine Übersterblichkeit* im Vergleich zu den vorausgegangenen Jahren registriert wurde, setzten die Politiker einen weiteren Lockdown durch und führten die Maskenpflicht ein. Selbst als man mit Sicherheit wusste, dass die Berechnungen der Experten völlig daneben sein *mussten*, wurde das Volk weiterhin mit Horrorszenarien verängstigt. Der *Fallzahlen-Ticker* wurde immer eingeblendet, und somit sickerte auch langsam die Angst in unser Gehirn. Im Dezember 2020 war von mutierten Coronaviren in England die Rede, die Flüge aus Großbritannien wurden gestrichen. Tausende englische Touristen mussten in Deutschland, Österreich und in der Schweiz in den Hausarrest. Kein Politiker brachte den Mut auf, diesen Wahnsinn zu stoppen. Alle machten mit, von links bis rechts – bloß nicht eingestehen, dass der Lockdown-Entscheid falsch war. Er war falsch, das wissen wir heute auf die zweite Stelle hinter dem Komma. Die Asiaten wunderten sich zu Recht über diese europäische Dummheit. Am Anfang beobachteten sie das Treiben in der EU noch mit einer gewissen Schadenfreude, später merkten sie aber, dass dadurch auch ihre eigene Wirtschaft, vorerst nur die Luftfahrt und ihre verwandten Geschäftsfelder, später aber auch die Produktion der Güter, arg in Mitleidenschaft gezogen wurde. Ihnen verging das Lachen schnell. Der Rest ist Geschichte.

Dass in Europa oder anderswo ausgerechnet von rot-grünen Regierungen wirtschaftliche Kenntnisse erwartet werden, zeugt von einer grenzenlosen Naivität der Stimmbürger. Mal ehrlich, sehen Sie sich diese Traumtänzer in Ihren Parlamenten doch mal an. Dass die Linken, die Grünen und die links-grün-gefärbten Altparteien immer noch gewählt werden, spiegelt aber leider die unglaubliche Gedankenlosigkeit unseres Wahlvolkes wider. Ich weiß nicht, wie lange Sie noch schlafen wollen. Können Sie denn überhaupt noch schlafen? Glauben Sie tatsächlich, dass sich die Wirtschaft in ein, zwei Jahren wieder einigermaßen erholt hat? Glauben Sie, dass mit einer Corona-Impfung plötzlich alles gut ist? Na dann: Viel Glück! Diese Impfung ist in höchstem Maße gefährlich. Fragen Sie nicht Karl Lauterbach, fragen Sie Ihren gesunden Menschenverstand oder beispielsweise den *Virologen Dr. Sucharit Bhakdi*. Sein guter Ruf ist Angela Merkel und ihrer Entourage ein Dorn im Auge. Ich vermute mal, dass Doktor Bhakdi genau weiß, was uns mit einer Impfung passieren wird. Meine Meinung? In unserer Todesanzeige wird dann vielleicht stehen, dass wir *an* oder *mit der Impfung* gestorben sind. Im besten Alter.

Wir alle wissen grundsätzlich sehr wenig über Viren. Ja, auch Ihr Arzt hat keinen blassen Schimmer davon, Herr Lauterbach sowieso nicht. Erinnern Sie sich an die Schweinegrippe im Jahre 2009? Sie wurde uns von der Weltgesundheitsbehörde WHO und Herrn *Christian Drosten* als hochgefährlich verkauft. Fakt ist, dass diese Grippewelle eine der harmlosesten in den letzten Jahrzehnten war. Drosten lag schon immer falsch. Wir werden heute abermals von ihm und den Medien für dumm verkauft. Ihre Wortwahl ist subtil. Ein Beispiel: Kennen Sie den Unterschied zwischen *positiv Getesteten* und *Infizierten*? Wo liegt der Unterschied zwischen Fallzahlen und Inzidenz? Nachdem Sie es gegoogelt haben, werden Sie es auch garantiert gleich wieder vergessen. Egal, aber was uns von offizieller Stelle aufgetischt wird, hat mit seriöser Statistik doch schon lange nichts mehr zu tun. Es geht einzig und allein nur um die *Bewirtschaftung unserer Angst*. Kurz vor der *zweiten* *Welle* wurden die Tests ohne Grund plötzlich verdreifacht – logisch, dass dabei auch dreimal so viele Infizierte gefunden wurden. Jeder Mathematiker weiß, dass damit *nicht* bewiesen ist, dass es in der Bevölkerung deshalb auch mehr Infizierte geben muss. *Mehr Infizierte würde auch nicht bedeuten, dass wir mehr Kranke haben!*

Kein Politiker scheint die intellektuelle Kapazität aufzubringen, diese essentiellen Dinge zu verstehen oder wenigstens zu hinterfragen. Es ist unseren Volksvertretern auch egal. Von ihnen wird uns dauernd eingebrannt, dass die Infektionen *exponentiell* ansteigen würden, falls wir nicht brav die Maske aufsetzten – eine weitere Lüge. Würden Infektionen exponentiell ansteigen, wären alle Menschen innerhalb von einer Woche infiziert. Uns wird praktisch nie gesagt, wie viele *Netto-Erkrankte* es denn überhaupt gibt, das ist die Differenz zwischen den Erkrankten und den Genesenen. So starren wir heute noch, wie die Maus vor der Schlange, auf den *Fallzahlen-Ticker* und sehen immer nur die Neuerkrankten. Am nächsten Tag sprechen wir in der Mittagspause mit unseren Kollegen darüber und sind uns einig: Die Zahlen müssen runter. Nein, müssen sie nicht. Wir müssen aufhören zu testen!

Die nächste Lüge: Es wird kein Unterschied gemacht, ob jemand nur *infiziert* ist oder ob er tatsächlich *erkrankt* ist – krank ist, wer zumindest Symptome hat. Das ist ein riesiger Unterschied, nicht nur mathematisch, sondern vor allem medizinisch. Die Lügen gehen weiter: Die von den Star-Virologen großmundig angekündigte *Welle von Intensivpatienten* wird wiederholt maßlos überschätzt und bewusst nicht nach unten korrigiert. Die Krankenhäuser bleiben leer, und wichtige Operationen werden verschoben. Somit sterben unzählige Patienten oder überleben mit bleibenden Schäden. Alleine in Deutschland wurden im Jahre 2020 über 50.000 kritische Krebs-Operationen abgesagt. Fakt ist, dass die Krankenhäuser zeitweise sogar eine massive Unterbelegung haben. In Deutschland melden Ärzte und Kliniken Kurzarbeit für über 400.000 Menschen an. Von einer Überlastung der Krankenhäuser kann also wirklich keine Rede sein. Menschen sterben, weil sie nicht operiert werden. Das ist fahrlässig!

Die Mutter aller Corona-Lügen ist aber diese: Als die *Reproduktionszahl* bereits *weit unter eins* war, wurde am 23. März 2020 der erste Lockdown verfügt. Die Grippe war also längst vorbei, *erst dann wurde das Volk eingesperrt*. Nennen wir das Kind doch beim Namen: Seit dem 23. März 2020 sind wir Bürger im *Offenen Vollzug* – die App ist unsere Fußfessel, zwischendurch dürfen wir raus. Seither müssen wir Abstand halten und die Maske aufsetzen, die Restaurants werden geschlossen und der Besuch von Sportveranstaltungen wird uns auch verboten. Aber: Wir dürfen im überfüllten Bus zur Arbeit fahren, damit wir auch brav Geld verdienen und Steuern zahlen können. Der Gipfel der Unverfrorenheit unserer Gesundheitsminister folgte dann im Dezember 2020. Nachdem die Gastro-Betriebe Millionen investierten, um ihre Lokale „Corona-sicher" zu machen, wurden sie von den drei Hirnlosen Jens Spahn, Sebastian Kurz und Alain Berset in die Pfanne gehauen und ausgelacht: Als die mit Abstand sichersten Orte im Land mussten alle Restaurants grundlos dichtmachen – bei einer Ansteckungsgefahr von lächerlichen 2,8 Prozent. Und die Presse? Nichts, kein Aufschrei ging durch die Medien. Im Gegenteil: Die Medien forderten noch strengere Maßnahmen! Das ist nicht nur schizophren, das ist absurd und muss rechtliche Konsequenzen haben! Wer hier nicht merken will, dass die Medien vom Staat bezahlt werden, ist selbst schuld. Frau Merkel appellierte scheinheilig an das Volk: *„Wir müssen alle einen gemeinsamen Kraftakt vollbringen, um die Fallzahlen zu senken."* Bei 2,8 Prozent Ansteckungsgefahr in den Restaurants? Hier entlarvte sich die Kanzlerin zum wiederholten Mal. Denken Sie an den Titel dieses Buches. Übrigens hatte Angela null Euro Einbußen während des von ihr verursachten Corona-Skandals. Warum lassen wir so etwas zu? Aber wehe die *Fallzahlen* gehen wieder hoch, meint sie – sofort zurück ins Kittchen. Das sind keine Maßnahmen, das sind Diktate einer Diktatorin. Maßnahmen und Verordnungen müssen verhältnismäßig und evidenzbasiert sein. Wo ist der Beweis bei 2,8 Prozent Ansteckungsgefahr? Zum Vergleich: Zuhause ist die Ansteckungsgefahr etwa 30 Prozent. Richtig, deswegen sperrten sie uns zuhause ein. Geht's noch?

Unsere Politiker feierten sich danach selbst: *„Mit dem Lockdown haben wir Covid-19 vertrieben und viele Menschen gerettet."* Liebe Bürger in Deutschland, Österreich und in der Schweiz: *Haben Sie getrunken? Sie werden von Ihrer Regierung bis heute (es fehlen mir die politisch korrekten Worte) nach Strich und Faden verarscht!*

Corona ist der größte und teuerste gesundheitspolitische Fehlalarm des noch jungen Jahrtausends. Alle Masken tragenden, braven und obrigkeitsgläubigen, naiven Bürger sind gleichzeitig und kollektiv beim großen IQ-Test durchgefallen. Das europäische Volk lässt sich von den Wissenschaftlern, den Politikern und den Mainstream-Medien am Nasenring durch die Manege führen. Es ist bedenklich und historisch gesehen zugleich logisch: Damals, in den 1930er-Jahren, ließ sich das deutsche Volk von einer Handvoll Spinnern in den Zweiten Weltkrieg treiben. Heute sagt Ihre Kanzlerin Merkel, wohin die Reise geht. Ich spüre, wie Sie wütend werden – auf sich selbst. Liebe Leser, das gehört zum Heilungsprozess, aber ein bisschen schämen dürfen Sie sich schon. Das gilt auch für die Österreicher und vor allem auch für uns Schweizer, keine Frage. Auch wir schlafen!

Und heute? Die Virologen fischen nach wie vor im Trüben und tischen uns jeden Tag eine neue Lüge auf. Es wird uns nach wie vor Angst gemacht. Die Medien, die Politiker und die Experten tun dies bereits mantrahaft – die einen bewusst, die anderen *aus Mangel an Bewusstsein*. Die Angst vor dem Tod schwächt unser Immunsystem. Menschen sterben, weil sie Angst haben. Es wird nach wie vor getestet, was das Zeug hält, als ob mehr Tests das Virus vertreiben könnten. Trotzdem (oder gerade deswegen) bleiben die Fallzahlen hoch. Logisch, haben wir doch alle mittlerweile ein klein bisschen Covid-19 in uns. Das ist normal und völlig ungefährlich. Übrigens sind diese glorreichen *PCR-Tests* für klinische Diagnosen absolut ungeeignet, ja unbrauchbar und zudem gar nicht zertifiziert. „*Der PCR-Test kann nichts über Infektionen aussagen.*" (Rechtsanwalt Dr. Rainer Fuellmich, Covid-19 YT-Interview, Sammelklage, 20.11.2020). Das wissen auch Christian Drosten und alle anderen Virologen, sie behalten es aber für sich. PCR-Tests sagen weder etwas darüber aus, ob ein Mensch *krank* ist, noch darüber, ob er *infektiös* ist. Ein PCR-Test sagt nichts darüber aus, ob ein Mensch andere Menschen anstecken kann. Die Angaben von Fernsehen und Presse über beispielsweise 10.000 neue Corona-Fälle oder Neuinfektionen sind schlichtweg falsch. Sie *sind nichts anderes als positiv PCR-*

Getestete. Über 80 Prozent der positiv Getesteten sind völlig gesund, etwa 15 Prozent haben mittlere Grippesymptome, und ein bis zwei Prozent sind vielleicht schwer krank und müssen auf die Intensivstation. Die Todesfälle bewegen sich im Bereich von 0,2 Prozent. Das heißt im Klartext: *Zwei von tausend positiv Getesteten*, zumeist steinalte Menschen, sterben an oder mit Corona. Diese Angaben finden wir sogar im *Deutschen Ärzteblatt* (www.aerzteblatt.de). Wer noch nicht ganz überzeugt ist, darf sich gerne das *Gerichtsurteil vom 11. November 2020 aus Lissabon* herunterladen (https://tribunal-relacao.vlex.pt/). Darin steht sinngemäß, dass *der PCR-Test für den Nachweis einer Infektion mit Sars-CoV-2 nicht zulässig ist, weil er dazu nicht in der Lage ist*. Bei diesem mittlerweile *Drosten-Test* genannten Verfahren geht es vor allem um die *Amplifikation*, also die Anzahl der verwendeten Zyklen, um einen Nachweis einer Infektion zu erhalten – je mehr Zyklen, desto eher findet man etwas. Das bedeutet immer noch nicht, dass man krank ist! In der Urteilsverkündung wird festgestellt, dass bei 25 Zyklen ein Zuverlässigkeitsgrad von 70 Prozent herrscht. Bei den in den meisten amerikanischen und europäischen Labors durchgeführten 35 Zyklen liegt die Zuverlässigkeit, eine Infektion nachzuweisen, gerade mal bei *3 Prozent*. Mit anderen Worten: *97 Prozent der Tests müssen daher höchstwahrscheinlich falsch positiv* sein! Gleichzeitig können wir auch sagen, dass der österreichische Massentest im Dezember 2020 mit zwei Millionen Getesteten und gerade mal 4.200 Positiven (0,2 Prozent) natürlich auch falsch sein muss.

Was bedeutet das? Nun, es bedeutet, dass mit diesem PCR-Test eigentlich *jeder* Mensch als krank gilt, obwohl er gesund ist und keine Symptome hat. Es gibt also nur noch Kranke, keine Gesunden mehr. Der ganze Shutdown/Lockdown basiert ausschließlich auf PCR-Tests. Die Politik begeht zum Schutz der Menschen einen sozialen Selbstmord! Aus lauter Angst vor dem Tod bringen wir uns selbst um. Wir sind wirklich die Corona der Schöpfung.

Selbst wir machen jedem Mitmenschen Angst, eine Gefahr für die anderen zu sein, wenn wir nicht beginnen, die Masken wegzuschmeißen und uns die Hände wieder zu schütteln. Wir machen uns zu Mittätern. Das ist absurd. Wenn wir es zulassen, dass Kinder im Schulunterricht eine Schutzmaske tragen müssen, machen wir uns der kollektiven Kindesmisshandlung schuldig! Ich hoffe, dass Ihrem Nachbarn langsam ein Licht aufgeht. Dr. Fuellmich sagte im gleichen Interview: *„Wir haben keine Corona-Pandemie, wir haben eine inszenierte PCR-Test-Pandemie."*

Es wird Zeit, dass wir die Schuldigen dieses *Corona-Skandals* an den Pranger stellen. Es kann und darf nicht sein, dass Figuren wie *Jens Spahn, Sebastian Kurz, Angela Merkel, Emmanuel Macron* oder die *Schweizer Bundesräte und Bundesrätinnen* rund um den linken *Alain Berset* ungeschoren davonkommen. Das *Robert Koch Institut* sollte umgehend geschlossen werden, und den Virol*ügen*-Drosten sollten Sie, liebe Deutsche, umgehend aus dem Verkehr ziehen, zumal auch sein Doktortitel nicht über alle Zweifel erhaben ist – Sie leben doch in keiner Bananenrepublik. ☺

Man kann von Donald Trump halten, was man will, aber mit einem Satz hatte er recht: *„Hätten wir keine Corona-Tests gemacht, dann hätten wir kein Virus im Land."* Die Logik leuchtet erst auf den zweiten Blick ein – je mehr Tests, desto mehr Corona-Positive. Das ist nicht Polemik, das ist einfache, logische *Mathematik*. Okay, Sie wollen den mathematischen Beweis: *Wenn von 1.000 Tests 500 positiv sind, dann ist das die Hälfte. Das sind also sehr viele. Wenn jetzt aber 4.000 Tests gemacht werden und nur 1.000 positiv sind, ist das ein Viertel, aber relativ gesehen eben doppelt so viel, wie wenn man weniger Tests durchführt. Je mehr Tests, desto mehr Positive.* Das ist mathematische Logik. Denken Sie ruhig mal darüber nach – ohne Reflex gegen Donald oder Ihren Mathelehrer.

Stasi 2.0: Ist es Ihnen auch schon aufgefallen? Wenn sich jemand in der Öffentlichkeit etwas *Corona-inkompatibel* bewegt, wird er von seinen Mitmenschen angesprochen. Er wird freundlich, aber bestimmt darauf hingewiesen, den Mundschutz korrekt zu tragen oder den Mindestabstand einzuhalten. Obwohl jeder selbst denkende Mensch erkennen kann, dass die von der Politik verordneten Maßnahmen in keinem Verhältnis zur Gefährlichkeit von Sars-CoV-2 stehen, regen auch wir uns gelegentlich darüber auf, wenn andere Mitmenschen den Gesetzen und Verordnungen nicht Folge leisten.

Unsere Logik: Wenn wir selbst gehorchen müssen, dann sollen es die anderen gefälligst auch tun. Diese *Blockwart-Mentalität* kennen einige von Ihnen vielleicht noch aus der DDR. Ja, sie ist wieder da, die Stunde der *Spitzel und Denunzianten*. Sie tun dies heute sogar, ohne dafür Geld oder Privilegien zu erhalten, der *befriedigende Akt der Zurechtweisung* genügt ihnen schon. Der Denunziant hat ein gutes Gefühl dabei, andere anzuschwärzen. So wird aus dem kleinen Wicht plötzlich der große Moralist. Nun, Sie können es sich aussuchen: Die Wahrheit suchen oder mit der Masse mitschwimmen. Es kommt nur darauf an, ob man etwas riskieren möchte. Die meisten von uns schwimmen leider brav mit. Wir tun uns halt schwer, uns von *falschen Freunden* zu trennen. Der Mensch ist Mensch. Also, Maske auf? Hier trifft der angepasste, friedliebende Mülltrenner auf die Pandemie-Panik – ein psychologischer Cocktail mit Folgen. Es gibt allerdings einen kleinen Lichtblick: Über 20.000 Mediziner und Wissenschaftler unterstützen die MWGFD, die Initiative *Mediziner und Wissenschaftler für Gesundheit, Freiheit und Demokratie*. Diese durchwegs gut ausgebildeten Menschen stellen die Verhältnismäßigkeit der von der Regierung angeordneten Maßnahmen in Frage. Ja, Sie ahnen es: Diese Fachleute werden von der Politik denunziert oder im besten Falle vom Mainstream *nicht wahrgenommen*.

Dass die Corona-Welle schon seit April 2020 vorbei ist und wir über ein Jahr später die Masken immer noch tragen, scheint niemanden mehr zu stören. Man gewöhnt sich daran. Für mich und den ehrlichen Teil der Wissenschaft ist längst bewiesen: Die besonnenen *Schweden* sind die Sieger! Was zurückbleibt, ist eine gespaltene Gesellschaft. Mal anders gefragt: Fällt es tatsächlich nur mir auf, dass über Schweden und

Südkorea nicht gesprochen wird? Warum werden die Erfahrungen dieser Länder nicht wenigstens überprüft? Weder Deutschland noch Österreich und die Schweiz halten es für angebracht, den schwedischen Weg wenigstens verstehen zu wollen und allfällige Konsequenzen daraus zu ziehen. Das Gegenteil ist der Fall: Der öffentlich-rechtliche Rundfunk polemisiert noch heute dauernd *gegen* die Schweden. Fakt ist: Der schwedische *Sonderweg* war unter dem Strich sehr viel erfolgreicher, weil maximal gleich viele Menschen wie bei uns an oder mit Corona verstorben sind, *die Wirtschaft hingegen am Leben blieb*. Kein Lockdown, keine Maskenpflicht, nichts. Einzig die älteren Menschen wurden gebeten, größere Menschenansammlungen zu vermeiden. Das war es dann auch schon. Das Durchschnittsalter der Covid-19-Toten war in Schweden stattliche 86 Jahre. Noch Fragen?

Sauber kann die ganze Corona-Geschichte also nicht sein, oder haben Sie etwa gewusst, dass gemäß EU-Richtlinien jeder Mensch, der innerhalb von 28 Tagen *nach einem positiven Corona-Test verstirbt*, ein „*Corona-Toter*" ist? Es spielt keine Rolle, woran er gestorben ist – Autounfall, Herzinfarkt, völlig egal. Ja, ich habe auch gestaunt.

Nun, spätestens seit Corona wissen wir, dass wir die Politiker, die Experten und staatsnahen Wissenschaftler nicht unbeobachtet schalten und walten lassen dürfen. Meine Einschätzung: Genau genommen regiert in Ihrer deutschen und österreichischen *parlamentarischen Demokratie* schon lange keiner mehr. Ihre Titanic hat keinen Kapitän. Nein, weder Merkel noch Kurz regieren. Sie *organisieren*, um an der Macht zu bleiben. Alle politischen, medialen und wissenschaftlichen Protagonisten tun auch einfach ihren Job, damit sie ihren Job gemacht haben, ihn behalten und unbehelligt bleiben. Das ist der pure Egoismus, frei nach dem Motto: Wenn jeder an sich selbst denkt, dann ist an alle gedacht. Dieser neue *technische Staat* mit seinen *Verordnungen, Erlassen, Verfügungen und Dekreten* entzieht der Demokratie letztlich die Substanz. Wir werden auch bei jeder *künftigen Krise* vor vollendete Tatsachen gestellt. Diese normative Kraft des Faktischen wird in der Psychologie ausreichend behandelt. Das Grundgesetz oder die Verfassung wird auch bei jeder künftigen Krise ausgehebelt und durch willkürliche Verordnungen ersetzt werden. Nur damit hier kein falscher Eindruck entsteht: Ihre Spitzenpolitiker sind nur die *willfährigen Bediener* dieser Verordnungen, tief unten im Maschinenraum der Titanic, die Verfasser sitzen auf dem Achterdeck ihrer 100-Meter-Jacht, schlürfen Austern und trinken Champagner. Der Hubschrauber ist jederzeit bereit. Ich habe Jahre mit diesen Menschen verbracht – ja, auch auf dem Achterdeck und auch mit Champagner und Austern. Zwischendurch drehen sie dann am großen Rad. Sehen Sie, unsere gesellschaftlichen Probleme interessieren die wirkliche Obrigkeit nicht. Solange wir als Konsumenten und Steuerzahler brav funktionieren, halten sich die Mächtigen da raus. Und wir? Hände falten, Schnauze halten! Unsere Bewegungsfreiheit wird zunehmend eingeschränkt. Wir spüren es zwar, wollen aber offenbar wenig bis nichts dagegen unternehmen. Diese feige Resignation ist letztlich entwürdigend und bedeutet einen evolutionären Stillstand unserer Gesellschaft. Darwin tobt, und Sie buchen den nächsten Billigurlaub auf Malle. Brot und Spiele.

Wer jetzt immer noch politikmüde ist, hat es meiner Ansicht nach verwirkt, ein ernst zu nehmender Teil unserer Gesellschaft zu sein.

Es mag zutreffen, dass wir Menschen kognitiv hochintelligent sind, aber wir sind emotional ziemlich infantil. Hier müssen wir gemeinsam nachbessern. Dazu gehört auch, dass wir uns nicht von marxistischen Bewegungen wie *„Black-Lives-Matter"* und *„Klimaretten"* verunsichern lassen. Diese von Milliardären bezahlten Bewegungen sind nichts weiter als der Proletarismus des 19. Jahrhunderts. Das Volk begehrt auf, versteht die Zusammenhänge nicht und schreit, was die Rädelsführer ihm vorsagen. So gesehen sind wir kein bisschen weiter gekommen. Überlegen Sie sich das mal in der Werbepause. Zudem glaube ich, dass wir als Gesellschaft die Fähigkeit verloren haben, über komplexe Probleme sachlich zu diskutieren. Wir geben zu schnell auf und übernehmen aus purer Bequemlichkeit die Mainstream-Meinung. Es wäre ein Merkmal der Demokratie, wenn wir eine harte, aber kultivierte Debatte führten, aber das geschieht schon lange nicht mehr. Auch die Polemik ist tot. Denken Sie an den Klimawandel, an den Euro, an Corona oder an die Flüchtlingskrise. Es werden nur noch Schlagwörter gebraucht, um die Diskussion zu gewinnen. Die Teilnehmer der Talkshows gehen auf keine einzige Frage ein. Schlimmer noch: Es werden nicht einmal mehr Fragen gestellt. Das Moralisieren steht im Vordergrund, die Lösung des Problems wird zur Nebensache. Das mag vielleicht unterhaltsam sein, ist aber der Tod der Demokratie. Es ist nicht direkt erkennbar, aber das Wichtigste an der Talkshow ist, die Menschen zu verwirren. Die Verwirrung bietet den idealen Nährboden für die neue *Spezies des gefügigen Bürgers*. Der gefügige Bürger hat ein geringes Empörungspotenzial und eine hohe Status-quo-Neigung, das heißt, er möchte keine Veränderung seines *verschlechterten* Zustandes. Es ist für ein einfaches Gemüt wie mich schon erstaunlich, wie durch diese *Verwirrung* der Grad der Zustimmung und der Duldung der Bevölkerung erhöht werden kann.

Was ist zu tun? Wir müssen uns mit wachsamem Geist und vor allem alternativ im Internet informieren. Um eine perspektivische Sicht zu bekommen, müssen wir zwingend *beide Seiten* betrachten. Erst dann ist eine eigene Meinungsbildung überhaupt möglich. Legen Sie jeden Satz der Tagesschau-Moderatoren auf die Waagschale. Die Lüge ist perfid und kommt mit einer gewinnenden Persönlichkeit in die gute Stube. Stehlen Sie sich, verdammt noch mal, diese Zeit. Denken Sie an die brutalen Hexenverbrennungen im Mittelalter, das Volk war damals schon dumm.

Trotzdem: Bei aller Wut und Verdrossenheit möchte ich klarstellen, dass jeder seine eigene Meinung haben darf – auch wenn sie mir nicht passt. Sehen Sie, wenn ich glauben würde, dass jeder Andersdenkende ein Blödmann ist, wäre nichts gewonnen. Suchen Sie das Gespräch mit Ihren Verwandten und Bekannten. Riskieren Sie es, als Verschwörungstheoretiker beschimpft zu werden. Sollte Sie jemand einen *Covidioten* nennen, müsste dieser sich vielleicht mal fragen, was er damit genau meint – ein Idiot ist nämlich, wer an Corona glaubt. Gerade weil Sie dieses Buch gelesen haben, sind Sie kein Theoretiker mehr, sondern Sie sind nun ein Verschwörungs-Praktiker! In diesem Buch haben Sie genügend Munition gefunden, um zurückzuschießen. Es ist Ihr persönliches Arsenal an Waffen gegen den Mainstream, gegen die Gutmenschen und gegen die Staatsverachter. Wir werden seit zwanzig Jahren von den öffentlich-rechtlichen Anstalten belogen, und genau deshalb muss der veröffentlichten Meinung die Maske von der Fratze gerissen werden. Wir leben nicht mehr im 20. Jahrhundert. Suchen Sie deshalb selbst nach der Wahrheit. Ihr Staatsfernsehen wird sie Ihnen garantiert nicht liefern, Claus Kleber und Armin Wolf schon gar nicht. Auch Marietta Slomka würde uns nie erzählen, dass bis zum heutigen Tag kein einziger Wissenschaftler das Coronavirus überhaupt nachweisen konnte – auch Charité-Kasper Christian Drosten hat es nie nachgewiesen. Wir alle tragen eine Maske, obwohl es überhaupt nicht klar ist, wie tödlich dieses Virus tatsächlich ist. Dass die Masken vielleicht für Bakterien einen gewissen Schutz bieten, aber für den Virenschutz völlig ungeeignet sind, wird nicht einmal mehr diskutiert. Wer Fragen stellt, wird mundtot gemacht. Alle Staaten dieser Welt glaubten blind und in einem Anflug von krimineller Naivität diesem höchst umstrittenen Professor Drosten. Schürft man etwas an Drostens Vita, kommt Erstaunliches zu Tage. Seine Leistungsbilanz ist offenbar schon seit Jahren negativ. Es ist derselbe, Angst und Panik verbreitende Professor, der schon bei der *Schweinegrippe H1N1* im Jahre 2009 völlig danebenlag und fälschlicherweise Millionen von Toten voraussagte. Gestorben sind damals laut WHO weltweit etwa 20.000 (im Labor bestätigte Fälle). Dass dieser Herr Drosten von der *Bill & Melinda Gates Foundation* bezahlt wird, würde ich nie behaupten. Natürlich werden Sie verstehen, dass ich mich hier nicht zu weit hinauslehnen darf, aber in einem privaten Gespräch in Seattle hat mir ein Microsoft-*Privatjet-Kapitän* interessante Details seiner Flüge nach Deutschland berichtet. Vorsicht ist angebracht, in diesem Milieu wird scharf geschossen. Das meine ich todernst. Googeln Sie einfach mal „Mister Genius" Neil Ferguson und *Professor Drosten*, dann geht auch Ihnen vielleicht ein Licht auf. Professor Drostens Freund, der rührige Herr Ferguson, hatte bei der *Vogelgrippe* auf satte

200 Millionen Tote gewettet. Die Welt geriet in Panik, die Märkte waren entzückt. Ein paar wenige hundert Menschen starben dann tatsächlich. Natürlich stellen wir uns alle die Frage: Warum sagen *unsere Ärzte* nichts? Die kurze Antwort: Ganz einfach, weil sie dann garantiert ihren Job verlieren würden. Die Pharmaindustrie ist mächtig. (Googeln Sie mal die Worte „Horst Seehofer" und „Pharma-Lobby")[18] Mehr als *die Hälfte der ärztlichen Einkünfte* werden mit *Medikamenten* gemacht. Ein ehemaliger CEO eines Pharma-Giganten fährt regelmäßig in seiner Bentley-Limousine an meinem Haus vorbei. Er besitzt, unter anderem auch hier in der Schweiz, ein schmuckes Ferienhaus – bezahlt mit unserer *kollektiven Angst vor Krankheit und Tod*. Er trägt jetzt einen Bart. Widerlich, dieser Drogendealer.

Überraschung: Es gibt schon seit Jahren ein *Prophylaxe*-Mittel gegen Corona: *HCQ*, *Hydroxychloroquin*. Gemäß Packungsbeilage ist es ein entzündungshemmender, immunmodulierender, antiparasitärer und antiviraler Wirkstoff. Übersetzt ist es im Prinzip ein Malariamittel, das man in Dritte-Welt-Ländern in jeder Apotheke findet. Es ist auch bei uns im Supermarkt-Regal gleich neben den Vitaminen zu finden, falls es Sie interessiert. Okay, es war bis April 2020 dort zu finden. Nach dreißig Tagen wäre der Corona-Spuk vorbei gewesen. Wetten? Um aber ein effektives Heilmittel für bereits an Covid-19 *Erkrankte* zu finden, muss man allerdings schon sehr intensiv forschen. Das dauert Jahre. Das Problem ist, dass sich die Viren schnell verändern und viele Virenstämme haben. Es ist unmöglich, alle diese Stämme mit einem einzigen Mittel zu bearbeiten. Die Lösung? *Wir müssen mit dem Coronavirus leben lernen.* Genau so, wie wir es als Menschen seit etwa 300.000 Jahren mit allen vergangenen Viren erfolgreich getan haben. No big deal!

Corona ist also die Krönung aller Lügen – Covid-19 führt zum größten ökonomischen Desaster seit dem Zweiten Weltkrieg. Nein, die langen Kriege in Korea, Vietnam, Afghanistan und Irak waren vergleichsweise gar nichts, 9/11 sowieso nicht. Die finanziellen Schäden lassen sich noch gar nicht beziffern. Wie bei jedem großen ökonomischen Desaster zuvor, muss man auch hier annehmen, dass mit gezinkten Karten gespielt wird. Stichwort Wuhan: Mal ehrlich, Corona bloss in einer einzigen chinesischen Grossstadt? Eher nicht. Das bedeutet also: Corona wurde möglicherweise von langer Hand vorbereitet. Dass die ganzen Lockdowns und Shutdowns nur die Folge einer überstürzten Handlung überforderter Politiker sein sollen, ist nicht ganz einleuchtend. Hier spielen wohl die grossen Buben Monopoly. Zäpfchen? Ein Zäpfchen wird leider nicht reichen, auch eine Impfung nicht – Corona könnte der Beginn einer ganzen Massnahmen-Reihe sein. Corona ist gewissermassen der Lackmustest, um zu sehen, ob wir schon so weit sind. Glauben Sie mir, wir sind so weit. Verschwörung? Aber klar doch.

Bleibt die letzte Frage: Wo sind sie denn geblieben, die Corona-Toten? Jemand wird hoffentlich die Verantwortung dafür übernehmen müssen. Wenn Sie immer noch nicht überzeugt sind, dann dürfen Sie sich als Sahnehäubchen die Medien-Studie der Universität Passau geben (www.uni-passau.de/bereiche/presse). Darin kanzeln die Wissenschaftler Dr. Dennis Gräf und Dr. Martin Hennig die deutschen Journalisten in einer ungewohnt direkten, aber wissenschaftlich fundierten Weise ab: *Der Mainstream hätte eine einseitig informierende und einen Tunnelblick erzeugende Schreibweise benutzt und im Fernsehen suggestiv und manipulativ berichtet. Des Weiteren hätten sie die wichtigen Themen ausgeblendet und Mister-Corona Dr. Christian Drosten glorifiziert.* Die Wissenschaftler untersuchten die Sendungen „ARD Extra" und „ZDF Spezial" über einige Monate während der Corona-Zeit. Eine sogenannte *„Affirmation der staatlichen Massnahmen"*, also die Unterstützung der Politik des Lockdowns und des Maskentragens, war festzustellen und eine tiefer gehende Kritik am Staat blieb aus. Besuchen Sie diese Universitäts-Internetseite. Sie werden staunen und begreifen, mit welcher fiesen Art von Manipulation Sie vom öffentlich-rechtlichen Rundfunk hinters Licht geführt werden. Das österreichische Staatsfernsehen und unser schweizerisches Staatsfernsehen würden wohl die gleiche Schelte abbekommen. Auf der anderen Seite beobachten wir die schwache Leistung der Politiker. Haben sie sich einfach ver-galoppiert und kommen nicht mehr aus der Nummer raus, oder stecken sie tiefer drin? Trifft es zu, dass man bereits von einer Corona-Diktatur sprechen muss? Ich weiß es doch auch nicht. Ich tendiere dazu, den Politikern diese Abgebrühtheit abzusprechen. Im Moment denke ich eher, dass *Corona als Sündenbock für die Finanzkrise* missbraucht wird. Der Euro wird kollabieren, es wird ein Schuldenschnitt gemacht, und alle fangen von vorne an. Corona ist die Lösung – zumindest für unsere Politiker. Damit meine ich alle Politik-Darsteller jeder Couleur. Ach ja, bevor ich es vergesse: Ihr Geld auf dem Konto wird leider nicht mehr viel wert sein, die Aktien und andere *Wert*papiere sowieso nicht. Der baldige Crash wird einen Neuanfang einläuten. Auch eine Verschwörung? Mit Sicherheit nicht. Planen Sie, den Louis-Vuitton-Gürtel Ihrer Ehefrau enger zu schnallen.

Seit Corona sind wir Menschen unisono darauf gedrillt, Angst zu haben. Das nächste Virus steht schon in den Startlöchern. Dabei ist es völlig unerheblich, ob es gefährlich ist. Es kommt einzig darauf an, wie Sie darauf reagieren. Der Staat *hilft* Ihnen dabei – er testet, bis Ihnen die Ohren wackeln. Je mehr getestet wird, umso panischer reagieren wir. Mit dem Virus hat das gar nichts zu tun. Wenn wir nicht zeitnah beginnen, rational zu denken, dann werden wir bereits nächstes Jahr in die nächste Falle tappen. Wenn wir noch einmal so kopflos reagieren, sind wir wirtschaftlich mausetot. Denken Sie an 1945, einfach ohne die zerbombten Städte. Alle werden pleite sein – ja, auch Ihr Chef.

Die vielen Tests sind völlig nutzlos. Von den Infizierten waren gerade mal 0,02 Prozent ernsthaft erkrankt. Von diesen 0,02 Prozent haben 99,8 Prozent ohne bleibende Schäden überlebt. Sars-CoV-2 war nie besonders gefährlich, aber unsere Angst davor hat uns in den Ruin getrieben. Die Politiker haben sich mit Freude an ihr neues Machtinstrument gewöhnt, mit *Maßnahmen* zu regieren. Geltende Gesetze wurden schamlos umgangen. Der Bürger bemerkt so etwas nicht, weil er leider schläft und dem Staat vertraut. Liebe Leser, vielleicht bewegen Sie Ihre Familie, Ihre Nachbarn und Ihre Arbeitskollegen dazu, sich alternativ zu informieren. Vielleicht versuchen Sie sogar, ihnen diese Message zu vermitteln: *Bei einer Pandemie müssen die Risikogruppen und die Wirt-*

schaft geschützt werden, sonst stirbt der Staat mitsamt seinen Bürgern. *Die Angst vor dem Corona-Tod bringt uns alle um.* Wir werden dann sehen, ob sich viele große und kleine Firmen zusammentun und die Staaten mit einer Sammelklage in die Knie zwingen. Ich spreche hier von hunderten von Milliarden, alleine in Deutschland. Keine Peanuts! Denken Sie daran, dass ein *Covidiot* einer ist, der an Corona glaubt. Er weiß nicht annähernd so viel, wie Sie jetzt wissen – weil er glaubt.

Von der Psychologie im Zusammenhang mit Covid-19 haben wir noch nicht wirklich gesprochen – einerseits, weil ich natürlich nichts von Psychologie verstehe, ist schon klar, andererseits, weil da etwas sein könnte, was uns beunruhigen würde. So tun wir, was wir immer tun: Wir verdrängen es, wir verneinen es. Der deutsche Philosoph, Soziologe und Anthropologe Max Scheler (1874 bis 1928) sagte dazu: *„Der Mensch als das Tier, das Nein sagen kann"* oder *„Der Mensch, das vernunftbegabte Tier."* Der kluge Mann hatte wohl recht. Wir Menschen verdrängen Tatsachen und beschönigen unangenehme Situationen. Das ist zwar nicht immer schlecht, aber angesichts der Corona-Müdigkeit meiner Mitmenschen mache ich mir schon Sorgen. Wenn ich mich so umschaue, dann sehe ich doch einige zermürbte Gesichter. Erstaunlicherweise reißt der Geduldsfaden mit einer beachtenswerten Langsamkeit. Mir drängt sich die Frage auf: *Warum rebelliert denn keiner? Warum ist die Akzeptanz gegenüber dem Corona-Regime so groß?* Wir haben offenbar länderübergreifend beschlossen, den Mund zu halten und auf ein Wunder zu hoffen. Das kann nicht gutgehen, auch das wissen wir. Aussitzen als Strategie? Wie lange denn – sechs Monate, ein Jahr, zehn Jahre? Kein Mensch schafft es, über mehrere Monate im Corona-Alarmzustand zu sein, ohne an sich eine gewisse Ermüdung festzustellen. Wenn die Gedanken dauernd um Corona kreisen, hinterlässt das Spuren. Natürlich will das keiner zugeben, doch wenn man etwas tiefer gräbt, dann kommt die Wahrheit ans Licht. Bei jedem. Was das für Folgen haben wird, kann ich auch nicht sagen. Wir Erwachsenen werden damit vielleicht klarkommen, aber wie sieht es mit den Kindern und den Jugendlichen aus? Was hier produziert wird, ist möglicherweise eine neue No-Future-Generation. Es ist nicht mal ihre Schuld. Das Corona-

Chaos hinterlässt nicht nur eine kaputte Wirtschaft, sondern auch kaputte Menschen. Es ist letztlich unsere eigene Schuld. Bei vielen Menschen war die Meinung bereits im April 2020 gemacht. Wir vertrauten grundlos dem Staat, und zwar voll und ganz. Selbst nachdem nun wirklich auch der letzte Korbflechter vom Wuppertal feststellen konnte, dass da etwas ganz schieflief – kein Reflektieren, kein Zurückkrebsen, keine Einsicht, dass man falschliegen könnte. Die meisten Menschen blieben einfach unkritisch, nur um das Gesicht zu wahren. Was würde meine Frau, der Nachbar, mein Chef denken, wenn ich plötzlich meine Meinung zu Corona ändern würde? Damit wurden wir zu willfährigen Mittätern. Wir wurden teilweise auch zu Mittätern, weil wir uns schon fast wohl fühlten, bei dieser *Corona-Übung* mitzumachen. Denken Sie an das Blockwartdenken vieler Mitbürger oder auch das Denunziantentum der Gutmenschen. Vielleicht war Corona ja tatsächlich nur eine Übung – ein Test, um herauszufinden, wie weit der Staat gehen kann. Wie weit kann man gehen, um Leute mit Druck dazu zu bringen, etwas *freiwillig* zu tun? Haben Sie sich schon mal die Frage gestellt, ob es Corona als Killervirus wirklich gibt? Dann stellen Sie sich die Frage jetzt. Viel Spaß. Nein, ich bin immer noch kein Freund von Verschwörungstheorien, aber Sie müssen zugeben, dass die ganze Corona-Geschichte mindestens so abenteuerlich ist wie 9/11. Aber ist sie deswegen gleich unwahr? Es gibt einfach noch keine rationale Erklärung, also leben wir damit. Einstweilen. Womit wir leider auch leben müssen, ist der Umstand, dass in den Parlamenten und deren Hinterzimmern auch während der Corona-Zeit *wichtige Entscheidungen* gefällt wurden. Davon haben wir nichts mitbekommen, weil wir zu beschäftigt waren, Fallzahlen zu verdauen, Toilettenpapier zu kaufen und unser Homeoffice einzurichten. Während wir auf der Couch lagen und Chips in uns hineindrückten, wurden unzählige Gesetze, Beschlüsse und Finanzierungen von oberster Stelle durchgewinkt. Die sog. vierte Gewalt, die Presse, hatte offenbar weder Zeit noch Interesse, uns diese wichtigen Informationen zukommen zu lassen. Als Dankeschön bekommt die Presse jedes Jahr viele Millionen Euro *Branchenhilfe* vom deutschen Staat. Wes' Brot ich ess'…

Ich persönlich muss damit leben, als Corona-Leugner zu gelten. Wer die Corona-Maßnahmen anzweifelt, Bedenken äußert oder unsicher ist, ob die Impfung das Richtige ist, wird automatisch abgestempelt: *Corona-Leugner, Vaterlandsverräter, Wissenschafts-Leugner!* Nur schon, wer sich über Covid-19 Gedanken macht oder die ganzen Fallzahlen hinterfragt, der gilt als Wirrkopf und Nestbeschmutzer. Schließlich sind wir in unserem neu erlangten Bewusstsein allesamt potenzielle Virenschleudern und können beim Ausatmen andere Menschen töten. Wir werden künftig von unseren Mitmenschen erst mal als *Verseuchter* angesehen. Wir müssen mit einem Corona-Test beweisen, dass wir gesund sind. Der Impfausweis ist immer mit sich zu tragen. Er ist ein Jahr gültig. Wenn wir ins Kino, ins Theater oder ins Flugzeug wollen, ist eine Impfung Pflicht. So viel zur Freiwilligkeit. Also: Maske auf, Hirn aus, Impfung rein!

Die ganze Corona-Geschichte beweist uns eines: *Die Medizin ist schlimmer als die Krankheit.* Hätten wir gar nichts unternommen, dann wären genau die alten Menschen gestorben, die ohnehin schon sehr schwach waren. Ihnen hat man ein paar Monate geschenkt. Der Preis dafür ist unbezahlbar. Die Corona-Katastrophe hat nicht nur die globale Wirtschaft, sondern auch viele *gesunde, junge Menschen getötet,* weil die Krankenhäuser eben wichtige Operationen aufgeschoben haben, um die Betten für *kaum vorhandene Corona-Patienten* frei zu halten. Dass die Politiker, aber auch die Ärzte dafür nicht zur Rechenschaft gezogen werden, ist ein Skandal!

Nachdem sich der Rauch etwas gelichtet hat, sehen wir immer deutlicher, wer die Gewinner dieser Corona-Geschichte sind: Es sind die Internet-Giganten des Silicon-Valley, Facebook und Google. Aber auch die Tesla-Aktien sind in die Höhe geschossen. Mir kann bis heute niemand erklären, wie ausgerechnet ein Stromauto-Produzent von einer Pandemie profitieren kann. Weitere Gewinner sind natürlich viele andere börsennotierte Buden. Die Kurse sind offenbar immun gegen Covid-19. Das Ganze wird von den Notenbanken befeuert. Das Geld ist nicht nur billig, das Geld ist kostenlos. Ja, sogar die Staatsapparate werden als Gewinner verortet: Alleine Deutschland hat im Jahre 2020 über 80.000 neue Vollzeitstellen geschaffen. *„Wer soll das bezahlen, wer hat das bestellt..."* Richtig: Der Bürger bürgt auch hier.

Auf der anderen Seite sehen wir auch die finanziellen Schäden, die durch Corona entstanden sind. Der Internationale Währungsfonds hat berechnet, dass sich die weltweiten Schäden auf unglaubliche 26 Billionen Dollar belaufen. Das sind etwa 26.000 Milliarden, für die Schnellrechner unter Ihnen.

Zur Erinnerung: Noch am Tage vor dem *Börsencrash von 1929* floss der Champagner in Strömen, und man feierte ausgelassen die Goldenen Zwanzigerjahre. *Am nächsten Morgen war Schluss mit lustig.* Crash! Die allermeisten wohlhabenden Familien waren pleite. Die Welt erholte sich erst ein langes Vierteljahrhundert später von diesem Schock.

Zum Schluss vielleicht noch ein kleiner Wink mit dem Zaunpfahl zu den Grünen und nach links außen zu den Sozialisten und Kommunisten, die im Bundestag und im Nationalrat den Lockdown unterstützten: *Ihr glaubt tatsächlich, dass mit Corona der „große Reset" passiert – ich fürchte, er wird nicht so geschehen, wie Ihr Euch das in Euren feuchten Träumen ausgemalt habt. Ihr glaubt nämlich, dass dieser „große Reset" den bedingungslosen Klimaschutz als oberste Priorität hat, dass jeder überall einwandern darf und alle Menschen vom Staat Geld erhalten, ohne dafür arbeiten zu müssen. Nein, GrünInnen, das läuft ganz anders. Also schminkt es Euch ab. Warum? Weil Ihr es, einmal mehr, nicht zu Ende gedacht habt und weil Ihr Egoisten seid. So einfach ist das. Mein Tipp: Wenn Ihr das wirklich wollt, dann müsst Ihr nach China auswandern. Aber dazu habt Ihr keinen Schneid, um mal wieder ein altes Wort zu benutzen. Ja, liebe Leute von den Linken, mit grün-roten, vollen Hosen ist gut stinken. Den „großen Reset" wird es wahrscheinlich sogar geben. Auch Ihr werdet die Verlierer sein. Großes Ehrenwort.*

Wenn Sie wissen möchten, wer an diesem „großen Reset" schraubt, wage ich mich noch einmal ein bisschen aus dem Fenster: *Event 201* heißt das Zauberwort. Dieses ziemlich obskure, regelmäßige Treffen verschiedener *Pandemie-Planspiele* betreibenden Akteure fand gemäß meinen Recherchen zum letzten Mal im Oktober 2019 in New York statt. Ich war zufälligerweise im Restaurant des Hotels *The Pierre*, ein Taj-Hotel an der Fifth Avenue. Der Kellner erwies sich als zuverlässiger Informant. Mit dabei waren offenbar die Vertreter der größten PR-Agentur der Welt, die Gates-Foundation, Vertreter der Seuchenschutzbehörden der USA und Chinas, die Vertreter des größten Pharmakonzerns der Welt, Mitglieder der Weltbank und eine Vertreterin der CIA. Mehr möchte ich dazu nicht sagen – das ist Big Business. Hier wird scharf geschossen.

Okay, vielleicht hier doch noch ein kleiner Einblick in den vielleicht bald bevorstehenden *Reset*: Das Drehbuch ist geschrieben, die Schauspieler sind bekannt, selbst wir spielen mit. Wir spielen zwar keine große Rolle, aber als zahlende Statisten missbraucht man uns gerne. Die Zermürbungstaktik greift, wir machen in diesem Theater brav mit und lassen uns sogar impfen, damit wir weiterspielen dürfen. War doch toll, als wir nach dem dreizehnten Lockdown wieder ohne Masken bis zwanzig Uhr nach draußen durften – mit Abstand, natürlich, ist ja logisch. Ja, Sie verstehen, worauf ich hinaus will. Medizinisch nutzlose Impfungen und sinnlose PCR-Tests machen uns abhängig – ohne Impfpass dürfen wir nicht mehr in den Urlaub jetten, auch ins Kino dürfen wir nur mit dem Pass. Wir sind schon sehr nahe am chinesischen Punktesystem dran. Was, ich ein Verschwörungstheoretiker? Aber nein, im Gegenteil: Ich bin ein Verschwörungs-Diagnostiker. Werden Sie es auch. Was wir gegen den *Reset* tun können? Selbständig denken und ab sofort alle staatsnahen Medien meiden. Das reicht vorerst, dem Reset zu entgehen. Vorläufig, wenigstens. Aber man wird es immer wieder versuchen, keine Frage. Nach Corona ist vor Corona.

Genug von Corona. Ich wünsche mir, dass vor allem der deutsche Staatsbürger seine *Obrigkeitsgläubigkeit* ablegt und endlich die Verantwortung für sein eigenes Leben übernimmt. Geschätzte Deutsche, Sie dürfen nicht dauernd nach dem Staat rufen. Er hört Sie nicht. Sie müssen ein führender Teil Ihres eigenen Staates werden. Werden Sie endlich Staatsbürger der Bundesrepublik Deutschland, und seien Sie stolz auf Ihr schönes Land. Deutschland hat der Menschheit sehr viel Gutes gebracht, und darauf dürfen Sie mit Fug und Recht stolz sein. Bringen Sie sich aktiv in die Gestaltung Deutschlands mit ein, indem Sie mit Ihren Mitmenschen, mit Ihrer Familie und mit Ihren Politikern hart, aber fair diskutieren. Lassen Sie sich nicht mit Zweiter-Weltkrieg-Schuldphrasen einschüchtern. Keiner von Ihnen trägt diese Erbschuld. Schützen Sie Ihre Grenzen. Deutschland muss die Welt nicht retten. Flüchtlinge sind in erster Linie kalkulierende Migranten. Kämpfen Sie gegen die primitive Art von Miesmacherei seitens der Politiker und der linksliberalen Lehrerschaft. Stehen Sie Ihren Mann, auch als Frau!

Ich verspreche Ihnen, dass Deutschland durch dieses neu gewonnene kollektive Selbstvertrauen auch wirtschaftlich durchstarten wird. Davor haben vor allem Frankreich und die EU-Führungsriege, aber auch die ganze restliche Welt der Wirtschaft berechtigte Angst. Das ist hervorragend! Nach über zwanzig Jahren in Asien kann ich behaupten, dass die Asiaten, und allen voran die Chinesen, sowieso völlig überbewertet sind und endlich einen Schuss vor den Bug bekommen sollten. Liebe Leser, werden Sie wieder zum *Leader*, denn *Follower* gibt es genug. Kaufen Sie europäische Produkte, und gönnen Sie sich endlich den wohlverdienten Mercedes-, BMW-, VW-, Audi- oder Porsche-Diesel. Schmeißen Sie Ihr Elektroauto auf den Sondermüll. Die Globalisierung gibt es seit über zweihundert Jahren – sorgen Sie dafür, dass das Zentrum ab morgen wieder bei uns ist. Nach spätestens fünf kurzen Jahren wird der ganze Spuk vorbei sein, und Ihre Kinder und Enkel bekommen damit ihre verdiente Chance auf ein schönes, sicheres Leben. Aber dazu braucht es Ihren hundertprozentigen Einsatz. Stehen Sie konsequent zu Ihrer eigenen Meinung und kämpfen Sie!

Wir können vielleicht unsere Geschichte verleugnen, aber wir können uns nicht aus der Verantwortung stehlen. Wenn Ihnen die Freiheit etwas bedeutet, wenn Ihnen das Recht auf ein würdiges Leben wichtig ist: Stehen Sie auf! Es ist nicht Ihre Schuld, dass wir heute da sind, wo wir eben sind. Aber es wird Ihre Schuld sein, wenn wir als Gesellschaft nichts dagegen unternehmen. Wie sagte schon Cassius: *„Die Schuld daran, lieber Brutus, dass wir Untertanen sind, liegt nicht in unseren Sternen, sondern in uns selbst."*

Wir erleben eine Zeit, in der die Gesinnung wichtiger ist als die Argumente. Die zur Schau gestellte Moral ist wichtiger als die Fakten. Das Denken in Gruppenidentitäten bestimmt die Richtung in den Debatten. Individuelles Denken wird als Egoismus stigmatisiert. Dadurch wird eine Diskussion verunmöglicht. Der allgegenwärtige und immer enger werdende Meinungskorridor wird von den Altparteien, den Universitäten und den Lobbyisten vorgegeben. Die Mainstream-Medien tun, was von ihnen verlangt wird: Sie gehorchen der Obrigkeit. Liebe Mitbürger Europas: Wir haben ein Recht darauf, unsere eigene Meinung zu bilden und diese vorzubringen. Das ist nicht etwa ein Privileg, sondern das steht zum Beispiel in Ihrem deutschen Grundgesetz. In freien Staaten steht es sogar in der Verfassung. ☺

Der Debattenraum muss wieder für alle offen sein. Damit würden sich vielleicht auch politikmüde Menschen an ihrem eigenen Schicksal beteiligen. Alle Meinungen müssen angehört werden, damit wir uns eine eigene Meinung bilden können. Das wäre allerdings das Armageddon für die parlamentarischen Demokratien von Deutschland und Österreich. Davor haben die Politiker richtig Schiss. Die Schlinge zieht sich langsam zu, liebe Politiker und Politikerinnen. Es ist höchste Zeit, mit offenen Karten zu spielen. Es ist Ihre letzte Chance! Denken Sie an Den Haag – es werden Köpfe rollen, sobald der Wind gedreht hat. Im Moment ist es bereits windstill... tick, tack, tick...

Die aggressive Art und Weise, wie unsere Altparteien-Politiker mit Andersdenkenden umgehen, erinnert an die Nachkriegszeit. Googeln Sie mal das Wort *„Kontaktschuld"*. Meine Einschätzung? Eine Regierung, die ihre Kritiker zu Staatsfeinden macht, ist selbst eine Gefahr!

Wenn es um Zukunfts-Entscheidungen geht, dann berufe ich mich auf mein humanistisches Gewissen. Es ist mir schleierhaft, warum gerade Deutschland sich selber demontiert. Es ist nicht nur das Land der Dichter und Denker, es ist seit tausend Jahren das Land mit der größten Kultur in Europa und somit der ganzen Welt. Die deutsche Art, differenziert und logisch zu denken und damit die gesamte Menschheit weiterzubringen, wird von keinem anderen Volk der Erde auch nur annähernd erreicht. Nein, weder die Ägypter, die Mayas, noch die Römer schafften das. Die Chinesen schon mal gar nicht. Der moderne Mensch hat seinen Ursprung und die Basis seines Erfolges bei uns, im Zentrum der humanen und humanistischen Kultur. Denken Sie bei Fürsten und Königen nicht reflexartig an stinkreiche Gutsbesitzer oder Sklavenhändler – ohne unseren Adel, welcher die verstreuten Familien bis zum heutigen Tag zusammenhält, wären wir längst ein multikulturelles „Einwanderungsland" ohne Hirn, ohne Seele und ohne Zukunft. Deshalb sollten wir Bürger uns vielleicht auch einmal bei den traditionsbewussten Adeligen bedanken und ihnen als längst fälliges Dankeschön Ihre Güter und Ländereien zurückgeben, welche vom Staat gestohlen wurden.

Tradition ist die Erhaltung des Feuers, nicht Anbetung der Asche. Knüpfen wir gemeinsam das moderne 21. Jahrhundert an das erfolgreiche 19. Jahrhundert an, und starten wir mit frischem Elan durch. Entsorgen wir die Grünen artgerecht – kompostieren böte sich an (ein kleiner Scherz zur Auflockerung). Ernsthaft: Schicken wir die Grünen auf den Komposthaufen der Geschichte und kümmern wir uns um die schöne Natur unserer Heimat. Nachhaltig, aber mit Hirn und Herz. Am Deutschen Wesen muss nicht die Welt genesen, aber wir!

Liebe Leser, es ist fünf Sekunden vor zwölf, und Sie wissen es. Die Grenze des Erträglichen ist längst überschritten! Ohne es zu bemerken, befinden wir uns seit Jahren in einer besonderen Art von Krieg, in welchem kein Schuss fällt. Noch nicht. Liebe Trümmerfrauen- und Männer, machen Sie mit beim geistigen Wiederaufbau unserer Länder. Eine Krise kann eine Chance sein. Nutzen wir sie gemeinsam – als Deutsche, als Österreicher und als Schweizer. Ich wünsche uns allen viel Glück und dass wir es nicht brauchen. Hinter dem Horizont geht's weiter. Aber das wissen nur wir Piloten und Udo Lindenberg.

Ich habe versucht, in diesem Buch nicht moralisierend zu wirken. Dass mich trotzdem einige Leser als Besserwisser betiteln werden, liegt an dem Umstand, dass ich vielleicht einer bin oder dass ich wahrscheinlich nicht die richtigen Worte gewählt habe und etwas zu direkt in der Formulierung war. Dafür möchte ich mich entschuldigen. Mein Ziel war immer, Sie und vor allem Ihren Nachbarn zum selbst denken und selbst entscheiden zu bewegen. Etwas Polemik kann da hilfreich sein. Selbstverständlich muss auch meine Meinung hinterfragt werden, denn woher soll denn gerade ich die Wahrheit genau kennen? Ich kenne sie nicht, dazu ist die Welt viel zu komplex. Ich habe aber in den letzten dreißig Jahren sehr viel Zeit investiert, beide Seiten des politischen Spektrums im Detail kennen zu lernen. Beide Seiten *lügen*, um ihre Ziele zu erreichen. Der gesunde Menschenverstand wird dauernd herausgefordert. Füttern Sie ihn deshalb mit möglichst kritisch durchforsteter Information von beiden Seiten. Das ist eine riesige Herausforderung.

Lassen Sie mich mit Immanuel Kant schließen: „*Aufklärung ist der Ausgang des Menschen aus seiner selbstverschuldeten Unmündigkeit. Unmündigkeit ist das Unvermögen, sich seines Verstandes ohne Leitung eines anderen zu bedienen. Selbstverschuldet ist diese Unmündigkeit, wenn die Ursache derselben nicht am Mangel des Verstandes, sondern der Entschließung und des Mutes liegt, sich seiner ohne Leitung eines anderen zu bedienen. Sapere aude! Habe Mut, Dich Deines eigenen Verstandes zu bedienen!*"[21]

Wenn wir es schaffen, uns nicht mehr von den Medien manipulieren zu lassen, dann können wir jetzt und heute den zweiten Teil der Aufklärung einläuten. Tun wir es nicht, dann sind die letzten dreihundert Jahre umsonst gewesen. Kant dreht sich im ostpreußischen Kaliningrad gerade unruhig im feuchten Grab.

Nochmals: Um zu wissen, was Sache ist, müssen wir die korrekten Zahlen kennen. Diese sind zu finden. Das erfordert Ihre werte Zeit, und dafür werden Sie mit *der Wahrheit* belohnt. Auch das verspreche ich Ihnen.

Ich bin eigentlich ganz anders, aber ich komme nur selten dazu. Tja, wer ist schon er selbst. Auch wenn ich Ihnen einen sehr direkten Schreibstil zugemutet habe, mir ging es in diesem Buch immer darum, *was richtig ist* und nicht wer recht hat. Es ging mir darum, nicht zu lügen. Das Leben ist langfristig viel einfacher, wenn man nicht lügt. Es hilft uns Menschen, das Bewusstsein, aber auch das Unterbewusstsein zu stärken. Ich spreche noch nicht mal vom kollektiven Unbewussten (Jung) oder gar von dem von Raum und Zeit unabhängigen Feld der puren Potenzialität (Liebe und Wissen). Ich weiß nur eines: Man weiß so wenig. Und: Ehrlichkeit, gepaart mit einem gerüttelt Maß an Wissen, führt zu einem gesunden Menschenverstand.

Ich hoffe, dass ich Ihnen damit einen Denkanstoß gegeben habe. *Es wäre mir eine Freude, wenn Sie dieses Buch auf den Küchentisch stellen würden – nicht als Bibel, sondern als Diskussionsgrundlage.* Sprechen Sie mit Ihrer Familie über diese und andere wichtige Themen, unaufgeregt und mit dem gemeinsamen Ziel, *nach* der Diskussion mehr zu wissen als zuvor. Nur so schaffen wir es gemeinsam, dass die Zeit, in der wir bis jetzt gelebt haben, in zehn Jahren nicht als die *guten, alten Zeiten* wahrgenommen werden muss. Durch Ihr ständiges *Hinterfragen der News* und die auf Vernunft basierende Kritik an Ihren Politikern werden diese guten Zeiten bereits in fünf Jahren erst so richtig beginnen. Wir haben unsere Zukunft in der Hand!

Herzlichen Dank für Ihre werte Zeit. Ich hoffe, dass Ihnen das Buch gefallen hat, ein zweiter Teil ist in Vorbereitung. Ich gehe mit meiner provokanten Schreibweise als auch mit den Enthüllungen ein durchaus bewusstes Risiko ein, es kann nämlich gut möglich sein, dass ich aus meinem Job gemobbt werde. Der lange Arm der Obrigkeit ist nicht zu unterschätzen… Trotzdem habe ich mich dazu entschieden, dieses

Buch zu veröffentlichen. Nicht dass ich besonders mutig wäre, aber einer musste es ja tun. Egal, was man tut im Leben, jede Entscheidung birgt immer ein Risiko. Es ist das Risiko, etwas zu tun, aber auch das Risiko, etwas nicht zu tun. Beide Risiken sind in der Regel katastrophal. Nachdem ich eine Risikoabwägung durchgeführt habe, entschied ich mich *für* das Buch. Der Kampf gegen die Sozialisten muss geführt werden. Hart aber fair. Die unbequemen Dinge müssen angesprochen werden. Das Duckmäusertum darf nicht wieder aufleben. Wir müssen die eilfertigen Leisetreter, Kriecher und Heuchler zur Rede stellen. Wir brauchen gute Menschen, keine Gutmenschen. Ich verlange von Ihnen keine Zivilcourage – ich verlange nur, dass Sie sich Ihre eigene Meinung bilden und danach handeln. Das ist eine große Herausforderung. Nehmen Sie sie an.

Das meiste, was Sie hier gelesen haben, wussten Sie schon vorher. Sie können sich nicht davor drücken, endlich Verantwortung zu übernehmen. Menschen sterben, weil wir wegschauen. Die Wirtschaft wird zerstört, weil wir die Partei des kleineren Übels wählen. Unsere Kinder werden mit der Hälfte unseres Wissens ins Leben entlassen, die Professoren und die Lehrerinnen behalten ihren lukrativen Job. Die Politiker erbrechen ihre Sprechblasen von Anne Will bis Sandra Maischberger, und wir bezahlen das Ganze dreifach. Es liegt an Ihnen, es liegt an uns!

Ich wünsche Ihnen ein langes, gesundes und schönes Leben, in einem Land, wo man gut und gerne in Frieden wohnt.

Your Captain, *Renato Stiefenhofer*

„Freiheit ist ein Gut, dessen Dasein weniger
Vergnügen bringt als seine Abwesenheit Schmerzen."
Jean Paul

Über den Autor

Renato Stiefenhofer ist 1963 in der Schweiz geboren und lebt im Kanton Graubünden und in Seoul/Südkorea. Nach der Grundschule, dem Gymnasium und der Berufsmatura liess er sich zunächst zum Maschinenkonstrukteur und später zum Linienpiloten ausbilden. Er leistete seinen obligatorischen Militärdienst bei der Schweizer Luftwaffe, nicht als Kampfpilot, sondern als Flugzeugmechaniker. Nach einer mehrjährigen Durststrecke auf kleinen zweimotorigen Turbo-  prop-Flugzeugen schaffte er den Sprung in die Großfliegerei. Zunächst als Kopilot auf der Boeing 737, später dann als Kapitän auf seinem persönlichen Berufsziel, dem Jumbojet. Renato Stiefenhofer fliegt heute das neueste Modell, die Boeing 747-8.
Er arbeitete in seiner Karriere für verschiedene Airlines: Lufthansa, British Airways, Trans European Airways, Vietnam Airlines, Saudia, China Airlines und Korean Air. Zwischenzeitlich steuerte er als Commander die Airforce One der Vereinigten Arabischen Emirate und die Privatjets europäischer Milliardäre. Captain Stiefenhofer, dessen Vorfahren im 17. Jahrhundert aus Bayern in die Eidgenossenschaft auswanderten (zu Fuß), ist verheiratet und kinderlos. Da er in einem Ferienort mitten in den Bergen wohnt, sind seine Hobbies Bergwandern, Mountain-Biken und etwas Schifahren. Aber auch beim Golf bemüht er sich seit Jahren, die weiße Kugel unfallfrei und auf möglichst direktem Weg einzulochen. Sein größtes Hobby ist aber das Fliegen, welches er zum Beruf gemacht hat. Vom Drachenflieger bis zum Hubschrauber und von der P-51 Mustang bis zum Jumbo hat er so ziemlich alles geflogen. Er liebt zudem das gesellige Beisammensein mit Freunden. Renato Stiefenhofer gehört keiner Partei und keiner Vereinigung an – das möchte er auch so beibehalten.

Kontakt:
Email: jetmail737@yahoo.com

Literatur-und Quellenverzeichnis

(1) www.ucl.ac.uk/news/2016/oct/
(2) www.tagesspiegel.de/politik/die-kanzlerin
(3) https://de.statista.com/statistik/daten/studien
(4) https://bdeclaration.org
(5) de.wikipedia.org/wiki/Graue_Wölfe
(6) www.youtube.com/watch?v=qFOcqzno5jc
(7) https://de.statista.com/statistik/daten
(8) https://ebm.bmj.com/content
(9) www.who.int/influenza/resources/documents/pandemic_guidance_04_2009/en/)
(10) https://swprs.org/netzwerk-medien-deutschland
(11) https://de.wikipedia.org/wiki/RedaktionsNetzwerk_Deutschland
(12) www.achgut.com/artikel/das_rote_medien_imperium
(13) https://de.wikipedia.org/wiki/Liste_von_Mitgliedern_der_Atlantik-Br%C3%BCcke
(14) Jahrbuch „*Qualität der Medien*", Universität Zürich
(15) www.ntsb.gov/investigations/
(16) https://swprs.org/netzwerk-medien-deutschland/
(17) https://bildblog.de/89290/axel-springer-gibt-sich-neue-alte-grundsaetze/
(18) www.diagnose-funk.org/publikationen/artikel/detail?newsid=982
(19) www.heise.de/tp/features/Cancel-Culture-ist-unmodern-4902224.html;
www.youtube.com/watch?v=hAmr5sN6YwI&t=39s
Gunnar-Kaiser-Zitat beginnt etwa 00:38, YouTube 31.8.2020
(20) https://jungefreiheit.de/debatte/kommentar/2020/wirre-thesen-corona-als-bote-der-weltverbesserung/
(21) www.uni-muenster.de/FNZ-Online/wissen/aufklaerung/quellen/kant.htm

ISS RICHTIG ODER STIRB!

Vera Wagner

Von der Wiege bis zum Pflegebett, von der Babymilch bis zum Menü im Heim: Big Food konditioniert unseren Geschmack. Macht uns krank mit Zucker, Salz und Fett. Vergiftet uns mit toxischen Zusätzen und in High-Tech-Laboren zusammengebrauten Aromen. Und bringt damit viele Menschen ins Grab. Die Nahrung ist für die meisten Todesopfer weltweit verantwortlich, sagt die WHO – und kollaboriert hinter den Kulissen mit den Food-Konzernen. Diejenigen, die Ernährung kontrollieren müssten, haben die Kontrolle abgegeben. Früher wäre es strafbar gewesen, Erdbeergeschmack aus Sägespänen herzustellen. Heute ist es legal.
Die Zeit des Umbruchs ist gekommen, auch beim Thema Ernährung. Ernährungswissenschaftler fordern: Der Grad der industriellen Verarbeitung sollte auf Produkten angegeben werden. Doch wie lange wird es dauern, bis das umgesetzt ist? **Sie haben nur eine Chance: Sie müssen die Sache selbst in die Hand nehmen!**

ISBN 978-3-938656-57-3 • 24,00 Euro

LOCKDOWN

Michael Morris

Der Ausnahmezustand ist die neue Norm!

- Wie kann man den längst überfälligen systemischen Crash der Weltwirtschaft organisieren, ohne dass es einen Schuldigen gibt?
- Wie kann man die Nutzung von Bargeld abschaffen, ohne Widerstand aus der Bevölkerung zu erzeugen?
- Wie kann man problemlos die flächendeckende und lückenlose Überwachung aller Menschen etablieren?
- Wie kann man Versammlungs- und Demonstrationsverbote ohne Widerstand durchsetzen?
- Wie kann man die Menschen dazu bewegen, sich freiwillig impfen und chippen zu lassen?
- Wie kann man die Weltbevölkerung reduzieren, ohne dass irgendjemand Verdacht schöpft?

Dafür bräuchte es ein Ereignis, das so einschüchternd wirkt, dass die Menschen freiwillig auf ihre verfassungsmäßig garantierten Rechte verzichten und alle bisherigen Überzeugungen, Gewohnheiten und Ideale aufgeben. Dafür bräuchte es einen unsichtbaren Feind, der nie besiegt werden kann, weil er sich immer wieder verändert und immer wieder hinterhältig und erbarmungslos zuschlägt. Es bräuchte etwas, das uns alle betrifft, das niemand versteht, und das dennoch alle Menschen in Angst und Schrecken versetzt. Und genau das erleben wir jetzt!

ISBN 978-3-938656-19-8 • 21,00 Euro

HANDBUCH FÜR GÖTTER

Jan van Helsing

Egal, was die Illuminaten vorhaben, was ist DEIN Plan?

In diesem Buch spricht Jan van Helsing, der bereits im August 2019 über den Corona-Plan informiert war, mit Johannes, einem Hellsichtigen, der sozusagen einen guten „Draht nach oben" hat. Beide gehen der Frage nach, wieso die Mächtigen dieser Welt – die Illuminaten –, die hinter all diesen Szenarien stecken, eine solche Angst haben, dass ihre Machenschaften auffliegen, dass sie deswegen Videos, Bücher sowie Menschen auf dem gesamten Globus zensieren. Wovor haben sie Angst? Die Illuminaten kennen ein Geheimnis, das sie ganz schnell ihrer eigenen Macht berauben würde – hätten die Menschen Kenntnis davon. Es ist etwas, das in jedem von uns verborgen ist, weshalb man uns durch eine gigantische Ablenkungsindustrie davon abhält, uns auf die Suche nach diesem Geheimnis zu machen. Das „Handbuch für Götter" zeigt Möglichkeiten auf, wie jeder Einzelne diese Kraft entdecken und im täglichen Leben zum Einsatz bringen kann.

ISBN 978-3-938656-64-8 • 21,00 Euro

DEINE SEELE GEHÖRT UNS!

Alexander Kohlhaas Anna-Maria Valeton

Zeugen Jehovas und Klimaretter – dasselbe Prinzip!

Glauben Sie, dass Religionen als überwunden anzusehen sind? Religionen, die seit Jahrhunderten Menschen spalten, verurteilen, abwerten und Andersdenkende diffamieren? Oder leben wir heute nicht in einer Zeit, in der solche teuflischen Methoden wieder zur vollen Wirkung kommen? Mit Insiderwissen eines Aussteigers einer Extremgruppe und einer Aussteigerin aus der Medienbranche beleuchten die Autoren:

- Welche Mechanismen in Extremgruppen wie Scientology oder den Zeugen Jehovas wirken und mit welchen Methoden sie Menschen an sich binden.
- Wie Klimaretter gleiche Methoden und religiöse Sprache verwenden!
- Welche Mechanismen in Greta Thunbergs Familie wirken, damit sie Erlösung erfährt!
- Wie der Öffentliche Rundfunk Framing als Waffe verwendet, um Menschen zu spalten

ISBN 978-3-938656-59-4 • 19,00 Euro

WIR TÖTEN DIE HALBE MENSCHHEIT!

Eileen DeRolf   Jan van Helsing

Jetzt machen sie Ernst. Corona ist erst der Anfang!

„*China wird eine Erkältung bekommen.' Diese Epidemie soll sich dann über die ganze Welt ausbreiten – entweder als Rache der Chinesen oder weil der Virus mutiert ist – und die Menschen generell dezimieren, um zirka 50 Prozent!*" Das sagte ein britischer Hochgradfreimaurer im Gespräch mit Bill Ryan (Project Camelot) im Jahr 2010.

Über die Jahrzehnte haben verschiedene Autoren über die kommende Neue Weltordnung geschrieben und darüber, dass eine kleine Elite die Welt an sich reißen und alles privatisieren will. Die Corona-Epidemie ist ein geschickt genutztes Werkzeug, einen Finanzcrash zu tarnen, Bargeld zu entziehen, Zwangsimpfungen und möglicherweise auch ein Chippen von Menschen zu erwirken. Und es gibt einen Plan: Zum einen gibt es den für die Menschheit der Zukunft, die auf mindestens die Hälfte reduziert werden soll. Wie sie das machen werden und wen sie als erstes im Visier haben, erfahren Sie in diesem Buch. Die Neue Weltordnung selbst wird u.a. über die Agenda 21 und Agenda 2030 im links-grünen Gewand eingeführt. Dies schildert die Aktivistin Eileen DeRolf am Beispiel der USA in aller Ausführlichkeit. Um die 'Privatisierung der Welt' und die historischen Hintergründe derselben besser verstehen zu können, hat Jan van Helsing mit dem Insider Hannes Berger und dem Climate-Engineering-Spezialisten Andreas Ungerer im Anhang ein langes Interview geführt.

ISBN 978-3-938656-53-2 • 21,00 Euro

DIE KENNEDY-VERSCHWÖRUNG

Dan Davis

War es eine Freimaurer-Hinrichtung?

Etwa 2.800 bislang geheime Dokumente zum Mord an John F. Kennedy wurden von Präsident Donald Trump zur Veröffentlichung freigegeben. In diesem Buch werden die neusten Erkenntnisse über den Mord an JFK am 22. November 1963 in Dallas, Texas, thematisiert und aufgelistet. Neben den brandaktuellen Fakten werden weitere offene Fragen erstmals beantwortet: Warum waren alle Entscheidungsträger, die mit der „Aufklärung" des Mordes zu tun hatten, Freimaurer? Welche von JFK geplanten Gesetzesänderungen verschwanden nach dem Attentat umgehend wieder? Warum kam es zu einem Massensterben von Augenzeugen? War es reiner „Zufall", dass Kennedys Sohn 1999 mit seinem Flugzeug abstürzte, wenige Tage vor einer geplanten Kandidatur zum US-Präsidenten?

ISBN 978-3-938656-52-5 • 21,00 Euro

WENN DAS DIE MENSCHHEIT WÜSSTE...

Daniel Prinz

Wir stehen vor den größten Enthüllungen aller Zeiten!

Der neue Blockbuster von Daniel Prinz – 720 Seiten! Der Inhalt dieses Buches wird Sie aus den Schuhen hauen! Im Folgeband des Bestsellers „Wenn das die Deutschen wüssten..." hat Daniel Prinz im ersten Teil in aufwendiger Recherchearbeit brisante Hintergründe zu den beiden Weltkriegen aufgedeckt, die mit dem gefälschten Geschichtsbild der letzten 100 Jahre mit eisernem Besen gründlich aufräumen. In Teil 2 geht es um Chemtrails, die Dezimierung der Menschheit, Zensur und Gedankenpolizei, Impfungen und das Krebsgeschäft, und in Teil 3 kommt die kosmische Variante mit ins Spiel: das geheime Weltraumprogramm!

ISBN 978-3-938656-89-1 • 33,00 Euro

GEHEIMSACHE „STAATSANGEHÖRIGKEITSAUSWEIS"

Max von Frei

Wussten Sie, dass ein Reisepass oder ein Personalausweis nicht dazu ausreicht, Ihre deutsche Staatsangehörigkeit nachzuweisen? Wenn Sie beispielsweise als Deutscher in den USA oder Russland eine Firma gründen wollen, verlangen die dortigen Behörden Ihren "Staatsangehörigkeitsausweis" als Nachweis, dass Sie Deutscher sind. Noch nie davon gehört? Diesen Ausweis erhalten Sie beim Landratsamt, und er kostet nur 25 Euro. War Ihnen bekannt, dass Sie nur mit dem "Staatsangehörigkeitsausweis" die Bürgerrechte – laut Grundgesetz die sog. „Deutschenrechte" – beanspruchen können? Aber wieso wissen wir das nicht, und wieso erhält man dieses Dokument nicht ganz automatisch mit der Geburt ausgehändigt? Wieso macht die BRD den Staatsangehörigkeitsausweis zur Geheimsache? Könnte die Offenbarung dieses Geheimnisses über die Zukunft Ihres Vermögens entscheiden? Könnte diese neue Erkenntnis darüber hinaus vielleicht sogar zu einem von Deutschland ausgehenden, weltweiten Frieden führen?

Max von Frei beantwortet diese Fragen im Detail – belegt durch geltende und gültige Gesetze sowie zahlreiche Dokumente – und erklärt darüber hinaus, wieso die BRD nicht wirklich souverän ist und weshalb die „Menschenrechte" in „Handelsrecht" und „Staaten" in „Firmen" umgewandelt werden.

ISBN 978-3938656-61-7 • 21,00 Euro

FAKE NEWS

Michael Morris

Wer einmal lügt, dem glaubt man nicht...

Das politische, wirtschaftliche und gesellschaftliche System des 20. Jahrhunderts ist gescheitert, doch die alten Eliten in Politik und Medien versuchen alles, um weiter daran festzuhalten und ein neues Konzept zu verhindern. Sie versuchen, jegliche Kritik an ihrem eigenen Fehlverhalten als „Fake News" oder als „rechte Propaganda" zu diskreditieren. Obwohl die Geheime Weltregierung und ihre Handlanger immer brutaler gegen ihre Kritiker vorgehen, schwindet ihre Macht, weil immer mehr Menschen erwachen und ihr schmutziges Spiel durchschauen, was die alten Eliten schier in den Wahnsinn treibt. Erfahren Sie die Wahrheit über die Entstehung der „Fake News"-Hysterie, und lesen Sie alles über jene Enthüllungen der NASA und des Vatikans, die Ihnen die Massenmedien verschweigen!

ISBN 978-3-938656-21-9 • 21,00 Euro

VERRATEN – VERKAUFT – VERLOREN?

Gabriele Schuster-Haslinger

Der Krieg gegen die eigene Bevölkerung

Wir Menschen werden – speziell in der westlichen Welt – gezielt manipuliert. Wir wissen, dass die Politiker unfrei sind und selten zum Wohle des Volkes entscheiden. Medien werden für Propaganda genutzt. Es ist mittlerweile auch bekannt, dass Konzerne politische Entscheidungen diktieren. Dass wir jedoch in sämtlichen Alltagsbereichen absichtlich verraten, belogen und betrogen werden, ist der Bevölkerung meist nicht bekannt. Wussten Sie beispielsweise, dass Ex-Papst Benedikt vom *Internationalen Tribunal für die Aufklärung der Verbrechen von Kirche und Staat* (ITCCS) wegen angeblichem rituellen Kindesmord angezeigt wurde? Oder dass Fluorid bereits vor 75 Jahren eingesetzt wurde, damit die Menschen stumpfsinnig wurden und nicht auf die Idee kamen, zu rebellieren? Es ist ein unvorstellbar großes Netzwerk, das alle Lebensbereiche durchdringt und beeinflusst. Wer sind die Drahtzieher?

ISBN 978-3-938656-32-7 • 26,00 Euro

Alle hier aufgeführten Bücher erhalten Sie im Buchhandel oder bei:

ALDEBARAN-VERSAND

Tel: 0221 – 737 000 • Fax: 0221 – 737 001
Email: bestellung@buchversand-aldebaran.de
www.amadeus-verlag.de